Hufenbecher
Die Veränderung von Wettbewerbsregeln als unternehmerische
Gestaltungsoption

GABLER EDITION WISSENSCHAFT

Internationalisierung und Management

Herausgegeben von Professor Dr. Hans A. Wüthrich

Die Schriftenreihe präsentiert Ergebnisse der betriebswirtschaftlichen Forschung zu den Themengebieten Internationalisierung und Management. Im verbindenden Diskurs zwischen Theorie und Praxis verfolgt die Reihe das Ziel, Organisationen praxisnahe Lösungsansätze zu aktuellen Managementherausforderungen bereitzustellen und gleichzeitig einen Beitrag zur theoretischen Fundierung von Fragestellungen der Führungspraxis, nicht zuletzt im internationalen Kontext, zu leisten.

Philipp Hufenbecher

Die Veränderung von Wettbewerbsregeln als unternehmerische Gestaltungsoption

Ein Bezugsrahmen zur strategischen Analyse

Mit einem Geleitwort
von Prof. Dr. Hans A. Wüthrich

Deutscher Universitäts-Verlag

Die Deutsche Bibliothek - CIP-Einheitsaufnahme

Hufenbecher, Philipp:
Die Veränderung von Wettbewerbsregeln als unternehmerische Gestaltungsoption :
ein Bezugsrahmen zur strategischen Analyse
/ Pilipp Hufenbecher. Mit einem Geleitw. von Hans A. Wüthrich.
- Wiesbaden : Dt. Univ.-Verl. ; Wiesbaden : Gabler, 2000
   (Gabler Edition Wissenschaft : Internationalisierung und Management)
Zugl.: München, Univ. d. Bundeswehr, Diss., 1998
ISBN 3-8244-6898-0

© Betriebswirtschaftlicher Verlag Dr. Th. Gabler GmbH, Wiesbaden, und
   Deutscher Universitäts-Verlag GmbH, Wiesbaden, 2000
Lektorat: Ute Wrasmann / Michael Gließner

Der Gabler Verlag und der Deutsche Universitäts-Verlag sind Unternehmen der
Bertelsmann Fachinformation GmbH.

http://www.gabler.de
http://www.duv.de

Höchste inhaltliche und technische Qualität unserer Produkte ist unser Ziel. Bei der Produktion und Verbreitung unserer Werke wollen wir die Umwelt schonen. Dieses Buch ist deshalb auf säurefreiem und chlorfrei gebleichtem Papier gedruckt. Die Einschweißfolie besteht aus Polyäthylen und damit aus organischen Grundstoffen, die weder bei der Herstellung noch bei der Verbrennung Schadstoffe freisetzen.

Die Wiedergabe von Gebrauchsnamen, Handelsnamen, Warenbezeichnungen usw. in diesem Werk berechtigt auch ohne besondere Kennzeichnung nicht zu der Annahme, dass solche Namen im Sinne der Warenzeichen- und Markenschutz-Gesetzgebung als frei zu betrachten wären und daher von jedermann benutzt werden dürften.

Druck und Buchbinder: Rosch-Buch, Scheßlitz
Printed in Germany

ISBN 3-8244-6898-0

Geleitwort

„Jeder einzelne muß die Weiterentwicklung seines geistigen Vorstellungsvermögens vorantreiben, muß seine Bilderwelt ständig ändern, wenn er sich erfolgreich an seine ständig wechselnde Umwelt anpassen will. "

Alvin Toffler

Der Blick in die Unternehmenspraxis zeigt, daß der Erhalt bzw. Ausbau der Wettbewerbsfähigkeit primär in einer inkrementalen Verbesserung bestehender Ansätze und Konzepte gesucht wird. Eine zunehmende Konformität des Wettbewerbsverhaltens, insbesondere bei etablierten Unternehmen, ist die Folge. Empirische Studien belegen, daß erfolgreiche Firmen – mit nachhaltigen profitablen Wachstumsperspektiven – oft ihre Stärke der Veränderung von Wettbewerbsregeln verdanken. Sie „revolutionieren" gesamte Branchen indem sie durch strategische Innovationen die „rules of competition" beeinflussen. Ein aktuelles und in der Presse thematisiertes Beispiel ist der Angriff von Dell in den USA auf die Etablierten der Computerbranche.

Heutige Instrumente des Strategischen Managements berücksichtigen den Aspekt der Veränderung von Wettbewerbsregeln als aktive Gestaltungsoption nur in Ansätzen. An dieser Stelle setzt die Arbeit von Herrn Hufenbecher an. Sie rückt die bewußte Regelveränderung durch Strategien bzw. strategische Innovationen in den Vordergrund. Es wird ein umfassendes Framework zur strategischen Analyse dargestellt, das die Unternehmenspraxis sowohl bei der Identifikation bestehender Wettbewerbsregeln als auch bei deren Veränderung unterstützt.

Die Arbeit thematisiert eine wichtige und aktuelle Fragestellung im Zusammenhang mit den erforderlichen Transformationsprozessen der Wirtschaft. Herrn Hufenbecher ist es gelungen dieses anspruchsvolle Thema konzeptionell umfassend und in einer differenzierten Form zu bearbeiten. Illustrative Fallbeispiele tragen zur Verdeutlichung und Plausibilisierung der Argumentation bei. Insgesamt leistet die Arbeit einen Beitrag zur Schließung einer bestehenden Lücke im weiten Feld der Strategieforschung.

Prof. Dr. Hans A. Wüthrich

Vorwort

Die Ausarbeitung der vorliegenden Dissertation war nur durch die Unterstützung vieler Menschen möglich, bei denen ich mich an dieser Stelle herzlich bedanken möchte.

Ganz besonderer Dank gebührt meinem Doktorvater Herrn Prof. Dr. Hans A. Wüthrich für die Betreuung der Arbeit. Sein konstruktiv-kritisches Hinterfragen, seine pragmatischen, zielorientierten Vorschläge und die offene, dialogorientierte Zusammenarbeit haben mir immer wieder geholfen, die Dissertation weiter voranzubringen. Des weiteren danke ich Herrn Prof. Dr. Rainer Marr für die Übernahme des Korreferats.

Bei Frau Prof. Kathryn R. Harrigan möchte ich mich für ihre unbürokratische Unterstützung zur Verwirklichung meines Forschungsaufenthalts an der Columbia Business School, New York und die wertvollen Gespräche bedanken. Dank schulde ich ferner Frau Catherine Metcalf vom Jerome A. Chazen Institute of International Business, die bei der Lösung vielfältiger organisatorischer Probleme behilflich war.

Mein Dank gilt auch der Management-Gruppe von Bain & Company für die umfassende Unterstützung sowie vielen weiteren Mitarbeitern von Bain & Company, von deren theoretischem Wissen und praktischer Erfahrung ich wesentlich profitieren konnte. Bedanken möchte ich mich außerdem bei den zahlreichen Gesprächspartnern aus der Unternehmenspraxis, mit denen ich die Thematik diskutieren konnte und, die mir zu neuen Perspektiven verholfen haben.

Von ganzem Herzen danken möchte ich meiner Freundin Constanze. Sie war stets eine konstruktive Diskussionspartnerin und stand mir während der ganzen Zeit hilfreich zur Seite. Nicht zuletzt gebührt meinen Eltern großer Dank für deren Rückhalt und Förderung, nicht nur während der Dissertation, sondern auf meinem gesamten Lebensweg.

Philipp Hufenbecher

Inhaltsübersicht

Inhaltsverzeichnis

Abbildungsverzeichnis

Verzeichnis der Fallbeispiele

Abkürzungsverzeichnis

a.M.	am Main
AG	Aktiengesellschaft
Anm. d. Verf.	Anmerkung des Verfassers
Aufl.	Auflage
Bd.	Band
bzw.	beziehungsweise
ca.	circa
CD	Compact Disc
CEO	Chief Executive Officer
Co.	Company
d.h.	das heißt
Diss.	Dissertation
DM	Deutsche Mark
durchges.	durchgesehene
EDV	Elektronische Datenverarbeitung
erg.	ergänzte
erw.	erweiterte
et al.	et alii
ff.	fortfolgende
f.	folgende
GmbH	Gesellschaft mit beschränkter Haftung
Hrsg.	Herausgeber
i.d.R.	in der Regel
i.e.S.	im engeren Sinn
i.w.S.	im weiteren Sinn
IL	Illinois
Inc.	Incorporated
m.w.N.	mit weiteren Nachweisen
MA	Massachusetts
masch.	maschinenschriftlich
MI	Michigan
Mio.	Millionen
Mrd.	Milliarden
NJ	New Jersey

o.Jg.	ohne Jahrgangsangabe
o.Nr.	ohne Nummernangabe
o.S.	ohne Seitenangabe
o.V.	ohne Verfasserangabe
PC	Personal Computer
rev.	revidiert
S.	Seite
sog.	sogenannt
Sp.	Spalte
u.ä.	und ähnlich
u.d.T.	unter dem Titel
überarb.	überarbeitete
Univ.	Universität
unveränd.	unveränderte
US	United States
USA	United States of America
USD	US-amerikanische Dollar
verb.	verbesserte
vgl.	vergleiche
vs.	versus
z.B.	zum Beispiel
z.T.	zum Teil
zugl.	zugleich

I. Einführung

1. Einleitendes Fallbeispiel

Das Starbucks Fallbeispiel soll zur Problemstellung der Arbeit hinführen und wird im folgenden wiederholt zur Illustration einzelner Aspekte herangezogen.

Fallbeispiel 1: **Starbucks - Ein Unternehmen verändert die Wettbewerbsregeln der Kaffeebranche**

> *"I knew early on that I wanted to*
> *recreate the paradigm."[1]*

Starbucks ist *Branchenpionier* und *Marktführer im Specialty-coffee-Segment*[2] der amerikanischen Kaffeebranche. Das Unternehmen kauft qualitativ hochwertige Kaffeebohnen, die in eigenen Röstereien weiterverarbeitet werden. Der Vertrieb des Kaffees erfolgt hauptsächlich über "Starbucks-Stores" und nur in geringem Umfang durch Katalogversand und Direktbelieferung. Die "Starbucks-Stores" sind jedoch keine Einzelhandelsgeschäfte im klassischen Sinn, sondern vielmehr "Kaffeebars", in denen neben über 30 verschiedenen Kaffeesorten und Produkten zur Kaffeezubereitung (z.B. Kaffeemaschinen, Kaffeetassen) auch Kaffee- und Espressogetränke angeboten werden. Insgesamt besitzt Starbucks, über ganz Nordamerika verteilt, mehr als 1000 Geschäfte und realisierte im Geschäftsjahr 95/96 einen Umsatz von ca. 700 Mio. USD. Mit einer jährlichen durchschnittlichen Wachstumsrate von knapp 60% bei steigender Profitabilität[3] gehört Starbucks zu den am schnellsten wachsenden Unternehmen der USA.[4] Wöchentlich kaufen etwa vier Millionen Menschen

---

[1] Howard Schultz, zitiert nach: Carlin (1995), S. 42. Howard Schultz ist Chairman und CEO von Starbucks und bezieht sich hier auf das Paradigma in der amerikanischen Kaffeebranche Mitte der achtziger Jahre.

[2] Der Begriff Specialty-coffee entstand in den sechziger Jahren und bezeichnete ungemischten Kaffee aus qualtitativ hochwertigen Arabica-Bohnen verschiedener Anbaugebiete. Später wurden auch "Dark-roast-coffees" und spezielle Mischungen (z.B. Columbian Blend) unter diesem Begriff zusammengefaßt. Aufgrund des differenzierten Geschmacks und der hochwertigen Qualität entwickelten sich auch Bezeichnungen wie Gourmet-coffee oder Premium-coffee (vgl. Andrews (1992), S. 4ff.).

[3] Bezieht sich auf die durchschnittliche jährliche Umsatz- und Profitabilitätssteigerung der Jahre 1990-1996 (vgl. Starbucks Coffee Company (1996); Starbucks Corporation (1994)).

[4] Starbucks zählte 1994, 1995 und 1996 zu "America's 100 fastest growing companies", die jedes Jahr vom Fortune-Magazin ermittelt werden (vgl. Starbucks Coffee Company (1996a), S. 2).

ihren Kaffee in Starbucks-Geschäften. 1996 expandierte Starbucks mit der Eröffnung zweier Geschäfte in Tokio erstmals international.[5]

Starbucks besitzt heute eine herausragende Marktdominanz: Von allen Geschäften der Top-20 Specialty-coffee-Ketten in den USA entfallen ca. 41% auf Starbucks. Läßt man die Wettbewerber außeracht, deren Geschäfte in Einkaufszentren liegen und die daher keine direkten Wettbewerber von Starbucks sind, liegt der Anteil sogar bei ca. 57%.[6]

---

[5] Vgl. Starbucks Coffee Company (1996b), S. 1; Henkoff (1996), S. 78ff.; Starbucks Corporation (1996), S. 2; Casper (1996), S. 92ff.

[6] Die Marktanteilsberechnung basiert auf einer Untersuchung von William Blair & Company Mitte 1996, als Starbucks ca. 780 Geschäfte betrieb (vgl. William Blair & Company (1996), o.S.).

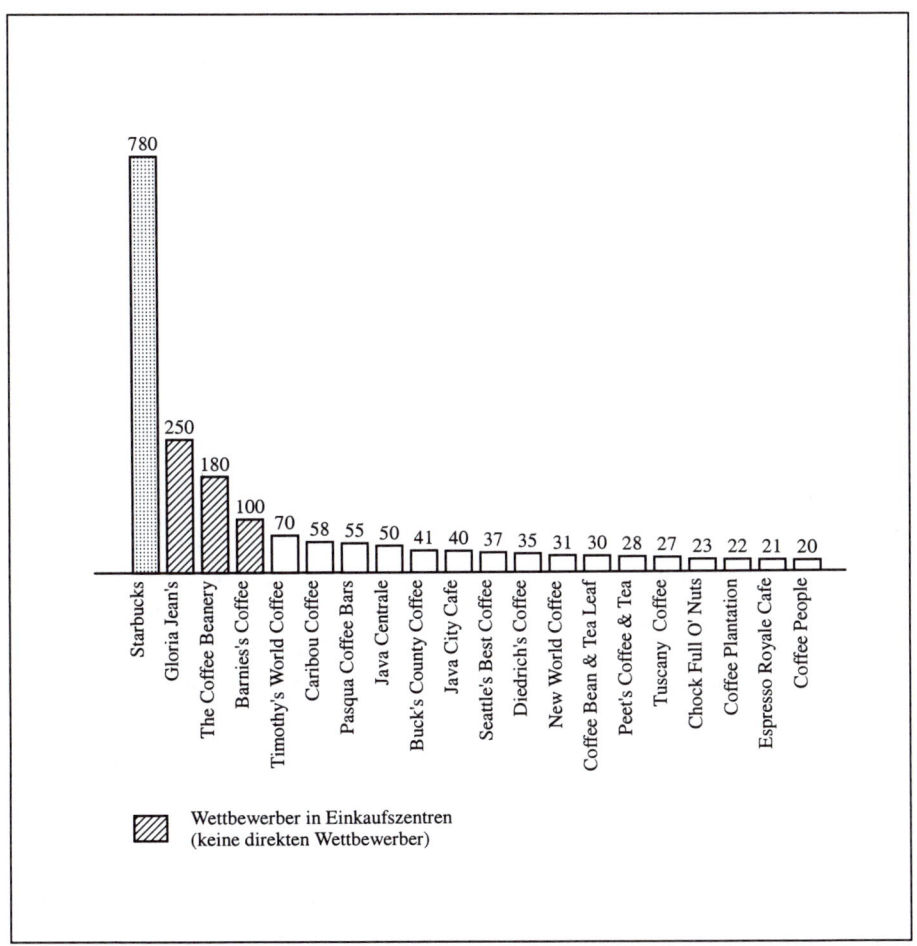

Abb. 1: Anzahl der Geschäfte der zwanzig führenden Specialty-coffee-Ketten auf dem US-amerikanischen Markt Mitte 1996[7]

---

[7] Vgl. William Blair & Company (1996), o.S.

Eine weitere aggressive Expansion wird angestrebt:

"Our mission as a company is to establish Starbucks as the premier purveyor of the finest coffees in the world, while maintaining our uncompromising principles as we grow."[8]

Die Starbucks Erfolgsgeschichte ist dadurch geprägt, daß die *bestehenden Konventionen oder "ungeschriebenen Regeln" der Branche* hinsichtlich (erfolgreichen) Wettbewerbsverhaltens durch eine innovative Strategie gebrochen und verändert wurden. Dies führte nicht nur zu einem unternehmensindividuellen Erfolg, sondern löste auch "Revitalisierungseffekte" in der Kaffeebranche aus, die einer Vielzahl von Unternehmen zugute kamen. Starbucks hat somit gezeigt, daß Unternehmen auf Basis von Regelveränderungen auch in wenig dynamischen bzw. stagnierenden Branchen erfolgreich wachsen und zum Erfolg anderer Unternehmen beitragen können.

Die Ausgangssituation von Starbucks

Ende der siebziger Jahre stellte Professor Davis von der University of Chicago Graduate School of Business auf einem Kongress der National Coffee Association fest, daß sich die *Kaffeebranche in der Reifephase* befinde. Das Produkt Kaffee sei ein "Commodity" mit geringer Wertschöpfung und für den Kunden nicht sehr "aufregend". Solange die Branche keine substantiellen Innovationen hervorbringe, würde die Nachfrage nach Kaffee weiter abnehmen.[9] Doch statt mit Innovationen den Markt wiederzubeleben, versuchten die großen Kaffeeanbieter durch Preiswettbewerb und Ausnutzung von Skaleneffekten (z.B. durch große Röstereien) Kostenvorteile zu erlangen. Die Qualität des Kaffees sank durch günstigere Kaffeemischungen, während gleichzeitig versucht wurde, durch erhöhten Werbeaufwand Marktanteile zu gewinnen. "A label became a more important product attribute than flavor."[10] In der Branche begann ein Konzentrationsprozeß, dem vor allem mittelgroße, meist regional operierende Unternehmen zum Opfer fielen. Sie wurden von den "Großen

---

[8] Howard Schultz, zitiert nach: Starbucks Coffee Company (1996b), S. 1.

[9] Vgl. Heuman (1994), S. 5; 1962 wurde mit 3,1 Tassen pro Person täglich ein Konsumhöhepunkt erreicht, in den Jahren danach sank der Kaffeekonsum bis auf nur noch 1,7 Tassen pro Person in 1986 (vgl. Alex. Brown & Sons, Inc. (1992), o.S.).

[10] Andrews (1992), S. 4

Drei" (Kraft General Foods, Procter & Gamble und Nestlé) oder anderen mittelgroßen Wettbewerbern aufgekauft.[11]

Neben diesem "Mainstream" entstand das *Marktsegment des Specialty-coffee*. Obwohl die Anfänge des Specialty-coffee bis in die späten sechziger Jahre zurückreichen, begann die eigentliche Ausbildung dieses Marktsegments erst mit einem Wachstumsschub in den achtziger Jahren. Es entstand eine Vielzahl sogenannter "Micro-roasteries"[12], die qualitativ hochwertigen, ungemischten Kaffee herstellten. Sie positionierten sich mit entsprechend hohen Preisen[13] als die "Gourmet-Kaffeeanbieter". Specialty-coffee wurde zunächst primär in den eigenen Geschäften der Röster, sonstigen "Specialty-coffee stores", "Specialty-food stores" oder "Gift/houseware stores" verkauft. Später begannen auch Supermärkte Specialty-coffee in ihr Sortiment aufzunehmen sowie der Versand über Katalog.[14] Ein Brancheninsider beschreibt die typische Wettbewerbssituation der Anfänge[15] im Specialty-coffee-Segment folgendermaßen:

"You had a unique product that basically sold itself, a fiercely loyal customer base, and not too much competition. Creativity and passion for the product made up for a thin pocketbook ... To imagine that the specialty coffee industry in this country would grow 'mainstream' to the dimensions it has today was unthinkable 10 years ago, let alone experience the dramatic shift in most markets from being bean and equipment based to being primarily driven by coffee beverages."[16]

Starbucks wurde 1971 in Seattle gegründet und ist einer der Specialty-coffee-Pioniere. Das Einzelhandelsgeschäft verkaufte frisch gerösteten Kaffee, der zunächst noch zugekauft, jedoch nach kurzer Zeit selbst geröstet wurde sowie Kaffeezubehör (z.B. Tassen, Kaffeefilter). 1982 trat Howard Schultz, der heutige CEO und Chairman, als Direktor für "Retail operations and Marketing" in das Unternehmen ein. Während des Besuchs einer Haus-

---

[11] Vgl. Andrews (1992), S. 4ff.
[12] "Micro-roasteries" sind Unternehmen mit weniger als fünf Mitarbeitern und einer Produktion von 15 bis 30 Tonnen pro Jahr (vgl. Andrews (1992), S. 12 und Exhibit 3a).
[13] 1992 wurden Specialty-coffees zwischen 5 USD und 40 USD pro Pfund verkauft, während der durchschnittliche Einzelhandelspreis in den USA für das Pfund Kaffee 2,65 USD betrug (vgl. Alex. Brown & Sons, Inc. (1992), o.S.).
[14] Vgl. Andrews (1992), S. 6ff.
[15] Mullins, der 1982 beim Specialty-coffee-Hersteller Coffee Bean International als Brand Manager begann, spricht treffenderweise von den "Unsophisticated days" (vgl. Mullins (1995), o. S.).
[16] Mullins (1995), o. S.

haltswarenmesse in Italien im Jahre 1983 sah Schultz die unzähligen Espresso-Bars, in denen die Menschen nicht nur hochwertigen Kaffee tranken, dort fand auch eine intensive soziale Interaktion statt. Schultz glaubte, daß auch in den USA Potential für die Entwicklung einer *ähnlichen Kaffee-Kultur* vorhanden sei. Da die Starbuckseigentümer von seiner Idee nicht überzeugt waren, gründete er zunächst seine eigene Kaffeebar-Kette, übernahm 1987 mit der Unterstützung lokaler Investoren Starbucks und markierte damit den eigentlichen Beginn der beispielhaften Unternehmensexpansion.[17]

Das Brechen der "Konventionen" durch eine innovative Strategie

"I bought the company in 1987 when they had six stores and began to reposition the entire business around growth and development with a strategic plan to create a national brand that would be the standard of excellence; a concept unheard in the U.S., but common in Europe."[18]

Obwohl Schultz durch seine Italienreise Inspirationen für sein Geschäftskonzept erhielt, zeigt das obige Zitat, daß dem Erfolg von Starbucks klare strategische Überlegungen zugrundeliegen. Folgende Punkte verdeutlichen diese strategischen Überlegungen und deren innovativen und konventionsbrechenden Charakter. Starbucks widersprach sowohl den "ungeschriebenen Regeln" des Mainstream als auch denen, des sich langsam entwickelnden Specialty-coffee-Segments:

- Kern der innovativen Strategie von Starbucks ist *schnelles Unternehmenswachstum zum Aufbau eines nationalen Markennamens*. Die Notwendigkeit einer Marke wurde zwar im "Mainstream" - insbesondere von den großen Kaffeeanbietern - betont, dort allerdings eher als Substitut für sinkende Qualität. Die Unternehmen im stark fragmentierten Specialty-coffee-Segment strebten nicht den Aufbau eines (nationalen) Markennamens an, sie verkannten vielmehr dessen strategische Bedeutung. Anstatt sich auf die Erhöhung des lokalen Markanteils zu konzentrieren, gleich den anderen Anbieter im Specialty-coffee-Segment, hat Starbucks durch nationales Wachstum den Aufbau des Markennamens vorangetrieben und damit neue Eintrittsbarrieren geschaffen. Da keine großen Werbebudgets (wie bei den Anbietern im "Mainstream") vorhanden waren, wurde über eine innovative "Store-clustering-strategy" und lokale Marketingmaßnahmen die

---

[17] Vgl. Starbucks Coffee Company (1996c), S. 1; Carlin (1995), S. 41ff.; Reese (1996), o.S.
[18] Howard Schultz, zitiert nach: Clark (1994), o.S.

für herausragende Qualität bürgende Marke "Starbucks" aufgebaut.[19] "Marketing experts rank the value of the Starbucks brand in the rarefied company of giants like Nike Inc. or Levi Strauss & Co."[20]

• Starbucks verfügt über *ein einzigartiges Leistungs- und Selbstverständnis*. Kaffee soll nicht als rein physisches Produkt an den Kunden verkauft werden, sondern ähnlich der Kaffee-Kultur in Italien fester Bestandteil des gesellschaftlichen Zusammenlebens werden. Starbucksgeschäfte sollen eine "Starbucks-experience" vermitteln: "You get more than the finest coffee when you visit a Starbucks - you get great people, first-rate music, a comfortable and upbeat meeting place, and sound advice on brewing excellent coffee at home ... Starbucks is rekindling America's love affair with coffee, bringing romance and fresh flavor back to the brew."[21]

• Die Strategie von Starbucks spiegelt sich in *seinem innovativen Geschäftssystem* wider, das sowohl aus Sicht der damaligen "Mainstream"-Unternehmen als auch der Unternehmen im Specialty-coffee-Segment einmalig war. Starbucks setzte von Anfang an auf vertikale Integration, um eine hohe Produktqualität sicherzustellen, was wiederum zum Aufbau des Markennamens notwendig war. Das Unternehmen kontrolliert die Beschaffung der Kaffeebohnen durch langfristige Lieferantenbeziehungen mit Kaffeebauern, röstet diese selbst, verpackt den Kaffee und verkauft diesen überwiegend in eigenen Geschäften. Neben der Qualitätssicherung entsteht durch die vertikale Integration ein komplexes Geschäftssystem, das die Imitierbarkeit erschwert und damit neue Eintrittsbarrieren schafft.[22] Mit der vertikalen Integration verbunden war der potentielle Wettbewerb mit Unternehmen aus verschiedenen Branchen bzw. Branchensegmenten: Mit Kaffeeunternehmen aus dem "Mainstream", Röstern im Specialty-coffee-Segment, Diners[23] und Restaurants, "Gourmetgeschäften" etc.

---

[19] So sponserte Starbucks zur Steigerung des Bekanntheitsgrades beim Verbraucher prestigeträchtige Veranstaltungen, wie z.B. das Chicago Jazz Festival oder das San Francisco Film Festival (vgl. Alex. Brown & Sons, Inc. (1992), o.S.).

[20] Bank (1997), B1

[21] Howard Schultz, zitiert nach: Starbucks Coffee Company (1996b), S. 2

[22] Vgl. zur vertikalen Integration von Starbucks William Blair & Company (1996), o.S. und Alex. Brown & Sons, Inc. (1992), o.S.

[23] Eine spezielle Art von Gastronomiebetrieben in den USA, in denen hauptsächlich kleinere Speisen, Frühstück sowie nicht-alkoholische Getränke angeboten werden.

- Starbucks hat eine für die Branche *außergewöhnliche Stakeholderorientierung*.[24] Beispiel hierfür ist das Verhältnis zu den Mitarbeitern, die als Partner behandelt und deren Leistungen entsprechend honoriert werden: "Starbucks employees enjoy what is perhaps the most progressive benefits package in the retail industry."[25] Auch das gesellschaftliche Engagement von Starbucks als Nordamerikas größter Sponsor der Hilfs- und Entwicklungsorganisation CARE, die versucht die Lebens- und Arbeitsbedingungen in den kaffeeproduzierenden Ländern zu verbessern, unterstreicht die Stakeholderorientierung des Unternehmens.[26]

Die oben genannten Beispiele beleuchten einige Teilaspekte der strategischen Überlegungen von Starbucks. Ein Großteil des Erfolgs von Starbucks liegt sicherlich darin begründet, daß die Strategie bzw. das Geschäftskonzept des Unternehmens mehr ist, als nur die Summe seiner Einzelteile. Schultz verwendet hierfür das deutsche Wort "Gestalt".[27] Die Strategie von Starbucks orientiert sich an vier miteinander verknüpften Grundprinzipien.

---

[24] Stakeholder können in interne und externe Interessengruppen des Unternehmens unterteilt werden. Zu den internen Interessengruppen zählen die Eigentümer, das Management und die Mitarbeiter. Externe Interessengruppen sind die Fremdkapitalgeber, die Kunden sowie der Staat und die Gesellschaft (vgl. Achleitner (1985), S. 73ff.).

[25] Carlin (1995), S. 42

[26] Vgl. Starbucks Coffee Company (1996b), S. 2

[27] Vgl. Stark (1991), S. 11ff.

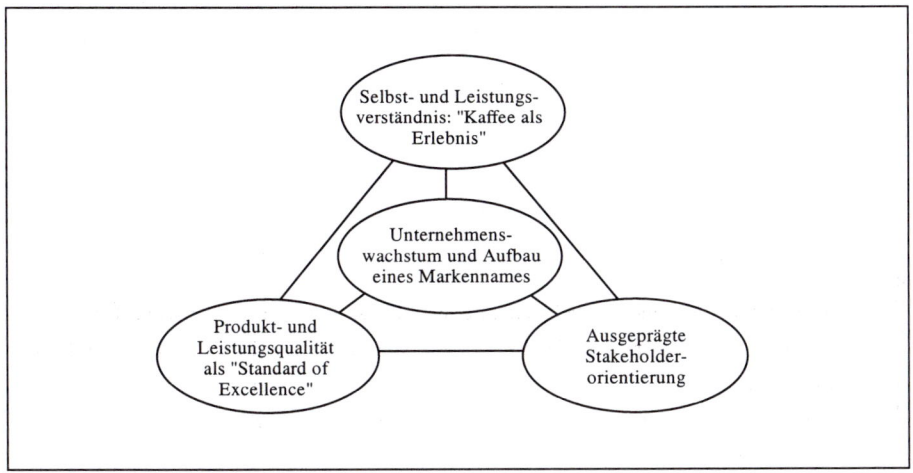

Abb. 2: Grundprinzipien von Starbucks

Diese miteinander verknüpften Grundprinzipien bildeten, bezogen auf die damaligen Strategien und das Wettbewerbsverhalten, sowohl im "Mainstream" als auch im Specialty-coffee-Segment, die Basis für eine grundlegende strategische Innovation. Starbucks versuchte nicht, sich an bestehenden Konventionen zu orientieren und damit innerhalb akzeptierter Verhaltensweisen zu konkurrieren, sondern machte gerade die Positionierung außerhalb der allgemein anerkannten Wettbewerbsregeln sowie deren Veränderung zum zentralen Gegenstand der Strategie. Ergebnis war eine außergewöhnlich erfolgreiche Unternehmensentwicklung, die zu einem Wandel in der Kaffeebranche und zu einer Vielzahl von Imitationsversuchen führte.

2.   Problemstellung und Zielsetzung

Im April 1997 führte das Marktforschungsinstitut Gallup im Auftrag von MCI in den USA
eine Studie durch, bei der 555 Vorstandsvorsitzende, Eigentümer und Mitglieder des Topmanagements von Unternehmen mit mehr als 100 Mitarbeitern in Atlanta, Baltimore, Chicago,
New York und San Francisco befragt wurden. Gegenstand der Studie war die Veränderung der
Wettbewerbslandschaft: "The objective of the survey was to gain insights into business lea-
ders opinions and viewpoints about competitive marketplace, how it is changing, and how
those changes impact the way they do business - today and into the new millenium."[28]

Die Studie zeigt folgendes:[29]

* *Die Strategien der Hauptwettbewerber gleichen sich zunehmend*
  45% der befragten Führungskräfte gaben an, daß die Strategien der Hauptwettbewerber in
  ihrer Branche in den letzten fünf Jahren immer ähnlicher wurden, während nur 21% eine
  zunehmende Differenzierung registrierten.

* *Neue Wettbewerber nutzen die größer werdende Konformität der Strategien aus, indem sie*
  die Regeln verändern
  41% der Befragten halten den Einfluß von Wettbewerbern, die vor zehn Jahren noch nicht
  in der jeweiligen Branche tätig waren, für wesentlich, nur 23% für unbedeutend. Die erfolgreichsten "Newcomer", die in den letzten fünf Jahren zu einer ernsten Bedrohung für
  etablierte Unternehmen wurden, konkurrieren nach Ansicht von 62% der Führungskräfte
  "by changing the rules in some important way"[30]. Nur 31% sind der Ansicht, daß diese
  "Newcomer" nach den gleichen Regeln, allerdings effizienter als die etablierten Unternehmen konkurrieren.

* *Neue Wettbewerber werden auch zukünftig an Bedeutung gewinnen*
  64% der Führungskräfte sind der Ansicht, daß sich im Jahre 2007 das "Set of competitors",
  dem sich das eigene Unternehmen gegenüber sieht, stark von dem heutigen unterscheiden
  wird. Nur 34% glauben, daß sie es größtenteils mit mehr oder weniger den gleichen Wettbewerbern zu tun haben werden.

---

[28]   MCI Market Research Business Information Services (1997), o.S.
[29]   Vgl. MCI Market Research Business Information Services (1997), o.S.
[30]   MCI Market Research Business Information Services (1997), o.S.

- *Erfolgreiche Konkurrenz verlangt strategischen Wandel*

  60% der Führungskräfte glauben, daß die Strategie ihres Unternehmens wesentlich verändert werden muß, um über die nächsten fünf Jahre hinweg erfolgreich konkurrieren zu können.

Die Ergebnisse der MCI-Studie unterstreichen, was HAMEL als das Erreichen der *"limits of incrementalism"* bezeichnet. Marginale Verbesserungsansätze (z.b. bei der Kostenposition, der Auftragsabwicklungsdauer oder der Time-to-market) werden durch Unternehmen, die die Regeln in den Branchen verändern, ad absurdum geführt.[31] Wettbewerbsfähigkeit von Unternehmen wird immer weniger eine Frage des "kleiner" oder "besser" werdens (z.b. durch Umstrukturierung, Personalabbau oder Reengineering), sondern immer mehr des "anders" werdens, im Sinne eines "Neuerfindens" des Wettbewerbsfelds und einer Veränderung der Wettbewerbsregeln durch innovative Strategien.[32]

Die *Veränderung von Wettbewerbsregeln*, die für bestimmte Unternehmen mit erheblichen Erfolgspotentialen verbunden ist (in der MCI-Studie die regelverändernden "Newcomer"), gleichzeitig für andere Unternehmen aber eine große Bedrohung darstellt (in der MCI-Studie die etablierten Unternehmen), ist für die Unternehmenspraxis folglich ein *zentraler strategischer Problemkomplex*. Entsprechend dem Verständnis einer anwendungsorientierten Betriebswirtschaftslehre[33] gilt es diesen Problemkomplex aufzugreifen, Konzepte und Ansätze zur Unterstützung von Problemlösungen zu erarbeiten und diese der Unternehmenspraxis zur Verfügung zu stellen. Aus dem oben genannten Problemkomplex können *grundlegende Fragestellungen* abgeleitet und im Rahmen der vorliegenden Arbeit diskutiert werden:

- Was versteht man unter Wettbewerbsregeln und nach welchen "Grundmechanismen" funktioniert deren Entstehung bzw. Veränderung?

- Welche Wirkungen sind mit der Veränderung von Wettbewerbsregeln verbunden? Inwiefern kann die Regelveränderung zur Erzielung unternehmensindividueller Wettbewerbsvorteile beitragen?

- Wie kann aus strategischer Sicht die Veränderung von Wettbewerbsregeln erreicht werden? Welche Mittel sind dazu notwendig?

---

[31] Vgl. Hamel (1996), S. 69
[32] Vgl. hierzu Hamel/Prahalad (1995), S. 25ff.
[33] Vgl. hierzu die Ausführungen im folgenden Kapitel I. 3.

- Wie muß die strategische Analyse gestaltet sein, um die Veränderung von Wettbewerbsregeln wirkungsvoll zu unterstützen? Welche Instrumente sind dabei notwendig und wie lassen sie sich in ein entsprechendes Framework zur strategischen Analyse integrieren?

Die *zentrale Zielsetzung der Arbeit* ist daher die Entwicklung eines *Frameworks zur strategischen Analyse*, das die Unternehmenspraxis bei der Identifikation von bestehenden Regeln und Ansatzpunkten zur Regelveränderung sowie der Genese strategischer Innovationen unterstützt. Damit wird versucht, die Lücke, die in der Strategieforschung hinsichtlich praxisorientierten strategischen Analyseframeworks zur Veränderung von Wettbewerbsregeln besteht, zu schließen.

3.   Forschungsmethodik und Vorgehensweise

Die vorliegende Arbeit folgt dem von HANS ULRICH geprägten Verständnis der *Betriebswirtschaftslehre als anwendungsorientierte Sozialwissenschaft.*[34] Der Forschung fällt dabei die Aufgabe zu, *praxisbezogene Aussagen zu erarbeiten* und zwar insbesondere in Form von Gestaltungsmodellen bzw. Gestaltungsregeln, die der Schaffung zukünftiger sozialer Wirklichkeiten dienen sowie der Entwicklung von Lösungen bzw. Lösungsverfahren für konkrete Probleme der Praxis.[35] Der Praxisbezug wird für solch eine Forschung konstitutiv: Die Forschungsbemühungen reichen von der Erfassung praktischer Problemstellungen bis zur Prüfung der erarbeiteten Aussagen im Anwendungszusammenhang. Im Gegensatz zum wissenschaftstheoretischen Verständnis des kritischen Rationalismus, das besagt, daß für den Erkenntnisgewinn Hypothesen formuliert und an der bestehenden Realität geprüft werden müssen, was wiederum die Existenz einer objektiven Welt voraussetzt,[36] geht es in der angewandten Wissenschaft "nicht um die Gültigkeit von Theorien .., sondern um die praktische Anwendbarkeit des Modells, nicht um die Wahrheit von allgemeinen Aussagen, sondern um Nutzen und Schaden von potentiellen realen Gestaltungen."[37] Regulativ des Prozesses der angewandten Forschung ist damit nicht die Wahrheit von wissenschaftlichen Aussagen, sondern deren Nutzen für die Unternehmenspraxis.[38]

---

[34]   Vgl. Ulrich (1981), S. 3ff.; vgl. auch Ulrich (1982), S. 1ff.

[35]   Vgl. Ulrich (1981), S. 10ff., der den Schwerpunkt betriebswirtschaftlicher Forschung zukünftig vor allem in der Erarbeitung von Gestaltungsmodellen und -regeln sieht.

[36]   Vgl. zum kritischen Rationalismus Popper (1989).

[37]   Ulrich (1981), S. 7

[38]   Vgl. Ulrich (1984), S. 203

Die der anwendungsorientierten Betriebswirtschaftslehre zugrundeliegende wissenschafts-
theoretische Position spiegelt sich auch im sogenannten *Radikalen Konstruktivismus*[39] wider,
der davon ausgeht, daß die Realität für den Menschen nicht zugänglich ist, sondern vielmehr
Konstruktionen der Welt gebildet werden, die den Individuen zur Orientierung dienen und die
für diese sozusagen "zur Welt werden". Somit erfolgt ebenfalls eine Abkehr von den Erkennt-
nisidealen des kritischen Rationalismus: Nicht mehr das Testen von Hypothesen an der Realität und das Streben nach der "objektiven" Wahrheit ist von Bedeutung, sondern die Schaffung von "funktionierenden" Konstruktionen[40] (z.B. in Form von Theorien oder Vorstel-
lungsmodellen), die dem Theoretiker oder Praktiker eine Orientierung in der Welt erleich-
tern.[41] Als Legitimation jeglicher Forschungstätigkeit dient damit der Nutzen für menschli-
ches Leben.[42]

In der Betriebs- und Volkswirtschaftslehre finden sich fünf *Ebenen der Theoriebildung*: Formale Systeme, Modelle, Frameworks, Konzepte und Ad-hoc-Erklärungen.[43] Für die vorliegende Arbeit wurde die Ebene der *Frameworks* gewählt. Sie ist vor dem Hintergrund des Verständnisses der Betriebswirtschaftslehre als anwendungsorientierte Sozialwissenschaft sowie
des komplexen Problemkontextes der Veränderung von Wettbewerbsregeln besonders geeignet:

"Frameworks identify the relevant variables and the questions which the user
must answer in order to develop conclusions tailored to a particular industry and
company ... The theory embodied in frameworks is contained in the choice of in-
cluded variables, the way variables are organized, the interactions among the va-
riables, and the way in which alternative patterns of variables and company
choices affect outcomes."[44]

Ein Framework entsteht dabei aus dem Zusammenspiel von deduktiv gebildeten Modellen
und induktiv ermittelten Einsichten aus Einzelfallstudien. Die Modelle dienen dazu, die relevanten Zusammenhänge in komplexen Beziehungen von Ereignissen und vielschichtigen

---

[39] Vgl. z.B. Schmidt (1992); Schmidt (1987a); Glasersfeld (1985).

[40] Es wird in diesem Zusammenhang von der "Viabilität" gesprochen. Eine Konstruktion ist viabel (oder funktioniert), wenn sie sich bezüglich der jeweils relevanten Zielsetzungen bewährt (vgl. Glasersfeld (1991), S. 166ff.).

[41] Vgl. hierzu auch Knyphausen-Aufsess (1995), S. 384ff.

[42] Vgl. Schmidt (1987), S. 37f.

[43] Vgl. Osterloh/Grand (1995), S. 4ff.

Phänomenen aufzuzeigen. Die Einzelfallstudien weisen auf empirisch relevante Variablen und wichtige praktische Problemstellungen hin, wodurch die "weak links", die in den Modellen nicht abgebildet sind, mit einbezogen werden. Frameworks stellen Strukturierungsinstrumente für komplexe Probleme dar und sind zugleich "'Redeinstrumente' für die Generierung möglicher Handlungsalternativen".[45] Sie zeichnen sich ferner dadurch aus, daß *sie auf unterschiedliche Situationen* anwendbar sind.[46] Dem konstruktivistischen Verständnis folgend, sind Frameworks ebenfalls "Konstruktionen", die dem Anwender das Zurechtfinden im entsprechenden Problemkontext ermöglichen sollen.

Der vorliegenden Arbeit liegt keine alleinige, umfassende Theorie zugrunde. Vielmehr wird *die "Ökologie der Ideen"*,[47] insbesondere aus der Industrieökonomie und der Resource-based-view, komplementär genutzt. Dabei wird ein *qualitativ-empirischer Forschungsansatz* auf Basis von *Fallstudien* verfolgt. Es wurden mehrere Unternehmen unterschiedlicher Größe aus verschiedenen Branchen und Regionen ausgewählt[48], die entweder selbst Impulsgeber einer Veränderung von Wettbewerbsregeln waren oder Teil eines Wettbewerbsfelds sind, in dem sich eine bedeutende Regelveränderung abspielte (bzw. abspielt). Als Forschungsinstrument wurden teilstrukturierte Interviews eingesetzt, ergänzt durch eine ausführliche Dokumentenanalyse bezüglich der relevanten Unternehmen bzw. Wettbewerbsfeldern. Ziel der Fallstudienforschung war vor allem die Exploration des Problemfeldes und die Identifikation der relevanten Fragestellungen für die Praxis sowie die Generierung erster Lösungsansätze bzw. Ideen in der Diskussion mit Praktikern. Dabei wurde zwangsläufig auf "quasi-empirisches" Wissen[49] aus der Beratungserfahrung des Autors zurückgegriffen. Die mit Hilfe der Fallstudienforschung generierten Ideen und Erkenntnisse wurden aufgegriffen und durch eine *deduktive, logisch nachvollziehbare Argumentationsführung* abgestützt, bei der auf theoretische Modelle und verschiedene Frameworks in der Literatur zurückgegriffen wurde. Die in der Arbeit in Kapitel I., III. und IV. 3. eingearbeiteten Fallbeispiele sind Ergebnis der Fallstudienforschung. Sie dienen vorrangig der Illustration und Plausibilisierung der Argumentationsführung, nicht jedoch deren Begründung.

---

[44]   Porter (1991), S. 98
[45]   Osterloh/Grand (1995), S. 6
[46]   Vgl. Osterloh/Grand (1995), S. 6ff.
[47]   Vgl. Knyphausen-Aufsess (1995), S. 50ff., S. 431ff.
[48]   Diese "breite" Auswahl der Fallbeispiele bietet sich vor dem Hintergrund des allgemeingültigen, kontextunabhängigen Charakters des zu erarbeitenden Frameworks an.
[49]   Vgl. Kutschker/Bäurle/Schmid (1997), S. 12

Die Arbeit gliedert sich in vier Hauptteile. Im *ersten Hauptteil* wird der Leser mit Hilfe eines Fallbeispiels an die Problemstellung herangeführt, die anschließend expliziert wird und aus der sich die Zielsetzung der Arbeit ableitet. Des weiteren werden Forschungsmethodik und Vorgehensweise erläutert.

Die wesentlichen theoretischen Grundlagen und Definitionen sind Gegenstand des *zweiten Hauptteils*. Hierbei geht es zunächst um die Abgrenzung dessen, was unter Wettbewerb aus volkswirtschaftlicher beziehungsweise aus betriebswirtschaftlich-strategischer Sicht zu verstehen ist. Anschließend wird die strategische Analyse im Rahmen des strategischen Managements diskutiert. Im Sinne der Nutzung der "Ökologie der Ideen" wird auf die industrieökonomische Sichtweise und den Resource-based-view als komplementäre, die strategische Analyse beeinflussende Perspektiven eingegangen. Im Anschluß daran erfolgt eine begriffliche Abgrenzung des hier zugrundegelegten Verständnisses der strategischen Analyse und die Begründung ihrer Notwendigkeit für die Entstehung von Strategien sowie die Darstellung traditioneller Analysefelder und der dort verwendeten Instrumente bzw. Frameworks. Den Abschluß des zweiten Hauptteils bildet die Definition von Wettbewerbsregeln, wobei neben der Begriffsbestimmung ein Erklärungsmodell zur Regelentstehung und -veränderung erarbeitet wird.

Im *dritten Hauptteil* werden die grundlegenden Wirkungen von Regelveränderungen und darauf aufbauend die Interessenlagen von Unternehmen hinsichtlich solcher Veränderungen analysiert. Anschließend werden strategische Innovationen als Mittel zur Veränderung von Wettbewerbsregeln dargestellt.

Der *vierte Hauptteil* umfaßt das eigentliche Framework zur strategischen Analyse. Es besteht aus vier Teilen, die jeweils Gegenstand einzelner Hauptkapitel sind. Zunächst werden die Grundprinzipien, an denen der Anwender des Frameworks seine Analysetätigkeit auszurichten hat und deren Umsetzung durch den methodischen Aufbau des Frameworks unterstützt wird, dargestellt. Anschließend wird ein heuristischer Denkrahmen entwickelt, der das Unternehmen in seiner Umwelt abbildet und als Basis für die folgenden Frameworkbestandteile fungiert. Die Darstellung modularer Analysebereiche, die dem Anwender des Frameworks zur Identifikation von bestehenden Wettbewerbsregeln und deren Bestimmungsfaktoren sowie von Ansatzpunkten zur Regelveränderung dienen, ist Inhalt des nachfolgenden Hauptkapitels. Den Abschluß des Frameworks bildet die Verknüpfung der Analysebereiche zu einem schöpferischen Analyseprozeß.

Dabei wird in erster Linie versucht, durch Integration einer inside-out- und einer outside-in-orientierten Vorgehensweise, sowohl den Antizipationsbedarf hinsichtlich eines zukünftigen, unternehmensexternen Wandels (und den daraus resultierenden Gelegenheiten und Bedrohungen) als auch die Möglichkeit des Unternehmens als proaktiver "Mitgestalter", eine nicht-determinierte zukünftige Entwicklung zu "erschaffen", gleichermaßen zu berücksichtigen.

Den Abschluß der Arbeit bildet der *fünfte Hauptteil* mit einer zusammenfassenden Darstellung und einer Bewertung der Kerninhalte sowie mit Ansatzpunkten für zukünftige Forschungsarbeiten.

II.   Theoretische Grundlagen und Definitionen

1.   Unternehmen im Wettbewerb

1.1.   Wettbewerb aus volkswirtschaftlicher Sicht

1.1.1.   Definition und Funktionen des Wettbewerbs in der Volkswirtschaftslehre

Die Volkswirtschaft hat als Realwissenschaft und Teil der Wirtschaftswissenschaften die Untersuchung gesamt- und einzelwirtschaftlicher Sachverhalte zum Gegenstand.[50] Die Wettbewerbstheorie als Teil der Volkswirtschaftslehre fokussiert auf eine realitätsbezogene Erklärung von Wettbewerbsprozessen. Sie ist dabei weniger an der Analyse von Ausgangs-, Übergangs- und Endzuständen interessiert, sondern vielmehr am eigentlichen Ablauf und den treibenden Kräften, die zu solchen Zuständen führen können.[51]

Der Komplex der Wettbewerbstheorie (und -politik) ist wie kaum ein anderes Gebiet der Volkswirtschaftslehre Gegenstand kontroverser Diskussionen. Eine allgemeingültige *Definition des Begriffs "Wettbewerb"* existiert nicht.[52] Charakteristisch für marktwirtschaftlichen Wettbewerb ist jedoch "ein rivalisierendes Streben mehrerer Wirtschaftssubjekte (Unternehmen, Haushalte), als Anbieter oder Nachfrager auf konkreten Märkten durch bestimmte Aktivitäten einen größeren Erfolg ... als die Rivalen zu erzielen."[53] Damit sich Wettbewerb entfalten kann, bedarf es bestimmter rechtlicher und institutioneller Bedingungen sowie der Fähigkeit und des Willens der Anbieter und Nachfrager wettbewerblich zu agieren.[54]

Die *Funktionen des Wettbewerbs* betreffen die vom Wettbewerb ausgehenden Wirkungen. Sie sollen zur Erfüllung der wirtschaftspolitischen Primärziele, die sich aus den obersten gesell-

---

[50]   Vgl. Woll (1996), S. 5ff.; zur Klassifizierung der Gebiete der Volkswirtschaftslehre vgl. z.B. Blum (1994), S. 12.

[51]   Vgl. Woll (1996), S. 289ff.; die Wettbewerbstheorie unterscheidet sich dadurch in ihrem Ansatz stark von der traditionellen Preistheorie. Größen, die in der Preistheorie als Daten betrachtet werden (z.B. Nachfrage, Angebot, Marktform, Verhaltensweisen), sind aus wettbewerbstheoretischer Sicht abhängige Variable, deren Veränderung im Wettbewerbsprozeß erklärt werden soll (vgl. Clapham (1977), S. 118.).

[52]   Vgl. Olten (1995), S. 16ff., vgl. zur Definitionsproblematik auch Herdzina (1993), S. 7ff.

[53]   Olten (1995), S. 14, der weitere Definitionen aufführt.

[54]   Vgl. Olten (1995), S. 15f, 159ff. Die Wettbewerbspolitik versucht in diesem Zusammenhang wettbewerbsbeschränkendes Verhalten und wettbewerbsgefährdende Marktstrukturen zu verhindern bzw. freie und funktionsfähige Wettbewerbsprozesse zu fördern.

schaftspolitischen Zielen (wie z.B. Freiheit, Gerechtigkeit, Wohlstand) ableiten, beitragen. Zwar existieren auch hier in der Literatur unterschiedliche Systematisierungsansätze, ein gemeinsamer Kern von Wettbewerbsfunktionen ist jedoch erkennbar:[55]

- *Freiheitsfunktion:* Wettbewerb ermöglicht den Menschen Freiheitsräume und zwar im Sinne einer formalen Freiheit (fehlender Handlungszwang) und einer materiellen Freiheit (Möglichkeit zum Handeln).

- *Koordinations- und Anpassungsfunktion*: Wettbewerb koordiniert Angebot und Nachfrage und sorgt für eine Anpassung der Produktion an Bedarfsänderungen.

- *Allokationsfunktion*: Wettbewerb führt zu einer optimalen Allokation der Produktionsfaktoren, im Sinne eines Maximum an Produktivität und entsprechend der Güternachfrage.

- *Anreiz- und Auslesefunktion*: Wettbewerb sorgt dafür, daß die leistungsfähigsten Marktteilnehmer zum Zuge kommen. Weniger leistungsfähige Teilnehmer scheiden aufgrund des Wettbewerbsdrucks aus dem Markt aus. In diesem Zusammenhang wird auch von der Fortschrittsfunktion des Wettbewerbs gesprochen.

- *Verteilungsfunktion*: Wettbewerb sorgt für die Verteilung der Wertschöpfung auf die einzelnen Haushalte, d.h. er determiniert, welche Vergütung (Einkommen) die Haushalte für ihre Faktorleistungen erhalten. Da über den Wettbewerbsprozeß Prinzipien wie Bedarfsgerechtigkeit oder Opfergerechtigkeit nicht realisiert werden können, wird die funktionale Einkommensverteilung durch eine staatliche Umverteilungspolitik korrigiert.

1.1.2.   Wettbewerb als dynamischer Prozeß

In der Literatur findet sich häufig eine Drei-Phasen-Einteilung um die historische Entwicklung der Wettbewerbstheorie zu beschreiben:[56]

- Phase I: Die *klassische dynamische Wettbewerbstheorie*, die den freien Leistungswettbewerb als dominierendes ökonomisches Anreiz-, Steuerungs- und Kontrollinstrument in den Vordergrund stellt.

---

[55]   Vgl. Olten (1995), S. 20ff., der die Systematisierungsansätze von Herdzina (1993), S. 34, Kantzenbach (1967), S. 16ff. und Ahrns/Feser (1985), S. 38ff. vergleichend gegenüberstellt; Herdzina (1993), S. 33 spricht in diesem Zusammenhang von einer Art *"Grundkonsens bezüglich der Wirkungen"*.

[56]   Vgl. Olten (1995), S. 52ff.; Schmidt (1993), S. 1ff.; Clapham (1977), S. 115ff.; vgl. zur Kritik an der Drei-Phasen-Einteilung - insbesondere die Problematik der eindeutigen Phasenabgrenzung - Herdzina (1975), S. 15ff.

- Phase II: Die *statische Gleichgewichtstheorie*, in der sich das ursprünglich dynamisch-prozessuale Wettbewerbsverständnis in Richtung preistheoretischer Betrachtung wandelt und zum Leitbild der vollkommenen Konkurrenz sowie der Präzisierung verschiedener Marktformen führt.

- Phase III: Die *moderne dynamische Wettbewerbstheorie*, die den Wettbewerb als dynamischen Prozeß betrachtet und Marktunvollkommenheiten nicht grundsätzlich negativ bewertet.

Die *klassische dynamische Wettbewerbstheorie* fußt auf der Konzeption des klassischen Liberalismus.[57] Der freie Leistungswettbewerb ist dabei vorherrschendes ökonomisches Anreiz-, Steuerungs- und Kontrollinstrument. Im Gegensatz zum Merkantilismus bestimmt nicht mehr der Staat, was produziert und verbraucht wird, sondern es ist der unter Wettbewerbsbedingungen entstehende Prozeß der freien Preisbildung, der für eine Koordination einzelwirtschaftlicher Pläne auf den Märkten sorgt und zu einem individuellen und gesamtwirtschaftlichen Optimum führt. Der Staat beschränkt sich auf wenige Aufgaben, wie die Herstellung der Sicherheit und Ordnung, die Bereitstellung öffentlicher Güter und die Rechtspflege.[58]

Einzelne *Elemente der modernen dynamischen Wettbewerbstheorie* finden sich bereits bei diesen Klassikern. So interpretierte ADAM SMITH den Wettbewerb nicht als einen Anpassungsprozeß, der auf ein statisches Gleichgewicht abzielt, sondern als *dynamischen Prozeß*, der durch vorstoßende Aktion und imitierende bzw. überholende Reaktion der Konkurrenten gekennzeichnet ist. Vorsprungsgewinne, die sich aus diesem Prozeß ergeben, sind nur von kurzfristiger Natur; letztendlich stellt sich ein durch den natürlichen Preis[59] gekennzeichneter Gleichgewichtszustand ein.[60]

Die wissenschaftlichen Bemühungen in der nachfolgenden Phase der *statischen Gleichgewichtstheorie* konzentrieren sich immer stärker darauf die Marktform, die bei ADAM SMITH als "Freier Wettbewerb" bezeichnet wurde, theoretisch zu präzisieren und abzugrenzen und führen schließlich zu Formulierung des Modells der vollkommenen (oder vollständigen) Kon-

---

[57]   Der klassische Liberalismus wurde Ende des 18. Jahrhundert von Adam Smith (1723-1790), James Mill (1773-1836), David Ricardo (1772-1823), Jean Baptiste Say (1767-1832) und anderen entwickelt (vgl. Olten (1995), S. 31).

[58]   Vgl. Olten (1995), S. 31ff.

[59]   Der natürliche Preis entspricht den durchschnittlichen Faktoraufwendungen, die zur Herstellung eines Gutes notwendig sind. Der Marktpreis kann kurzfristig Zusatzgewinne ermöglichen, langfristig nähert er sich jedoch dem natürlichen Preis an (vgl. Olten (1995), S. 34f.).

kurrenz. Dies bedeutete eine Konzentration auf preistheoretische Betrachtungen, die es er-
möglichten, im Rahmen von Partialanalysen die Bedingungen für ein kurz- und langfristiges
Gleichgewicht des Marktes und des Einzelunternehmens sowie die Auswirkungen exogener
Störungen auf die Gleichgewichtslage zu untersuchen. Damit verlagerte sich nicht nur der
Forschungsschwerpunkt, sondern es entstand ein ganz neues Konzept: Während bei ADAM
SMITH der freie Wettbewerb noch als *Prozeß* verstanden wurde, der auf ein bestimmtes Er-
gebnis, nämlich die Bildung des natürlichen Preises, hinsteuert, stellt für die Neoklassiker
Wettbewerb eine *Situation* dar; ein Gleichgewichtszustand als Resultat aus dem Marktpro-
zeß.[61]

Das Modell der vollkommenen Konkurrenz diente der Ökonomie jahrzehntelang als Leitbild,
da der Wettbewerb in ihm seine Funktionen optimal erfüllt. Aus heutiger Sicht wird das Modell insbesondere aufgrund der zugrundeliegenden Prämissen und der daraus resultierenden
"Realitätsferne" teilweise stark kritisiert.[62]

> *"Das zeit- und raumlose Modell der sog. 'vollkommenen Konkurrenz' hat nicht*
> *das Geringste mit der sich in Zeit und Raum abspielenden Konkurrenz zu tun, die*
> *sich in der ökonomischen Wirklichkeit findet. Jeder Schluß von diesem zeit- und*
> *raumlosen Grenzbegriff auf die Realität ist logisch unzulässig, auch wenn viele*
> *Ökonomen glaubten (und z.T. heute noch glauben), daß es in der Realität*
> *'vollkommene Konkurrenz' gibt."[63]*

Die Abkehr von der statischen Gleichgewichtstheorie hin zu einer *modernen dynamischen
Wettbewerbstheorie* ist wesentlich durch JOSEF A. SCHUMPETER und F.A. V. HAYEK geprägt
und wurde vor allem durch JOHN MAURICE CLARK und HELMUT ARNDT begründet, die den
Gedanken der Nützlichkeit von Marktunvollkommenheiten[64] und den des dynamischen Pro-

---

[60] Vgl. Olten (1995), S. 38f.; Neumann (1982), S. 40ff.

[61] Vgl. Clapham (1977), S. 115f.; zur vollkommenen Konkurrenz im historischen Rückblick vgl. Stigler
      (1975), S. 30ff.

[62] Vgl. Olten (1995), 49ff. Die Weiterentwicklung des Denkansatzes durch E.H. Chamberlin (1899-1967)
      sowie Joan Robinson (1903-1983) mit der Theorie der "Monopolistic competition" bzw. "Imperfect com-
      petition" berücksichtigt zwar Realitäten, die Autoren "hielten aber stets am Leitbild der 'vollkommenen
      Konkurrenz' fest" (S. 51); vgl. zur Kritik an der vollkommenen Konkurrenz auch Aberle (1992), S. 28f.

[63] Arndt (1979), S. 45f; zur Kritik an raum- und zeitlosen Modellen in der Volkswirtschaftlehre vgl. Arndt
      (1979), S. 34ff.

[64] Dieser Gedanke geht auf das von Clark entwickelte Konzept der "Workable competition" (1939/40) zurück,
      das im Kern besagt, daß Marktunvollkommenheiten nützlich sein können und gewisse Abweichungen vom
      Idealzustand der vollkommenen Konkurrenz dem Wettbewerb durchaus förderlich sind, ja sogar herbeige-

Fortsetzung der Fußnote auf der folgenden Seite

zesses der schöpferischen Zerstörung[65] zu einem realistischeren Wettbewerbsverständnis integrieren.[66]

Anhand der von ARNDT vorgenommen Unterscheidung des Wettbewerbs der *Bahnbrecher* und des Wettbewerbs der *Nachahmer* läßt sich der Kern des dynamischen Wettbewerbsverständnisses verdeutlichen. Die Bahnbrecher führen Differenzierungen herbei. Ihr Anreiz ist die Erzielung von Sonderrenten (oder Sondergewinnen) durch den Aufbau eines Leistungsmonopols. Die Nachahmer versuchen, die Unterschiede, z.b. in Form von günstigeren Produktionsverfahren bei der Konkurrenz, durch Imitation auszugleichen, wodurch auch die Sondergewinne neutralisiert werden. Dies führt zu einem ständigen Wechsel zwischen Differenzierung und Nivellierung.[67]

"Ein Wettbewerber, der zunächst mit anderen Wettbewerbern etwa auf gleicher Höhe liegt, eilt diesem davon. Es ist wie in einem Wettrennen, wo aus dem Felde, das am Start noch dicht beieinander liegt, plötzlich einzelne hervorstoßen und - mehr oder minder erfolgreich - das Gros zu überrunden trachten. Entweder werden hierbei die größeren Fähigkeiten eingesetzt, oder es wird - bei Gleichheit der Fähigkeiten - versucht, von diesen einen besseren Gebrauch zu machen. Ohne Unterschiede in den Fähigkeiten wie in den Leistungen wäre ein Wettbewerb der Bahnbrecher nicht denkbar." [68]

Folgende Darstellung faßt die Grundgedanken der modernen Wettbewerbstheorie aus heutiger Sicht mit den wettbewerbstheoretischen Begriffen überblicksartig zusammen.

---

führt werden sollten, um den Wettbewerb funktionsfähig zu machen (vgl. Clark (1975), S. 143ff.); die Entwicklung des Konzepts der "Workable competition"wurde durch Erkenntnisse der empirisch orientierten "Industrial organization"-Forschung in den USA befruchtet. Mittlerweile ist diese mit dem "Workable competition"-Ansatz verschmolzen (vgl. Aberle (1992), S. 29f.).; die "Industrial organization" oder Industrieökonomie wird im weiteren Verlauf der Arbeit (vgl. Kapitel II. 2.2.1.) im Zusammenhang mit ihrem Einfluß auf das strategische Management noch vertiefend dargestellt.

[65] Auf den von Schumpeter beschriebenen Prozeß der schöpferischen Zerstörung wird in Kapitel II. 1.1.3. vertiefend eingegangen.

[66] Vgl. Olten (1995), 65ff.

[67] Vgl. Arndt (1975), S. 247ff.

[68] Arndt (1975), S. 248

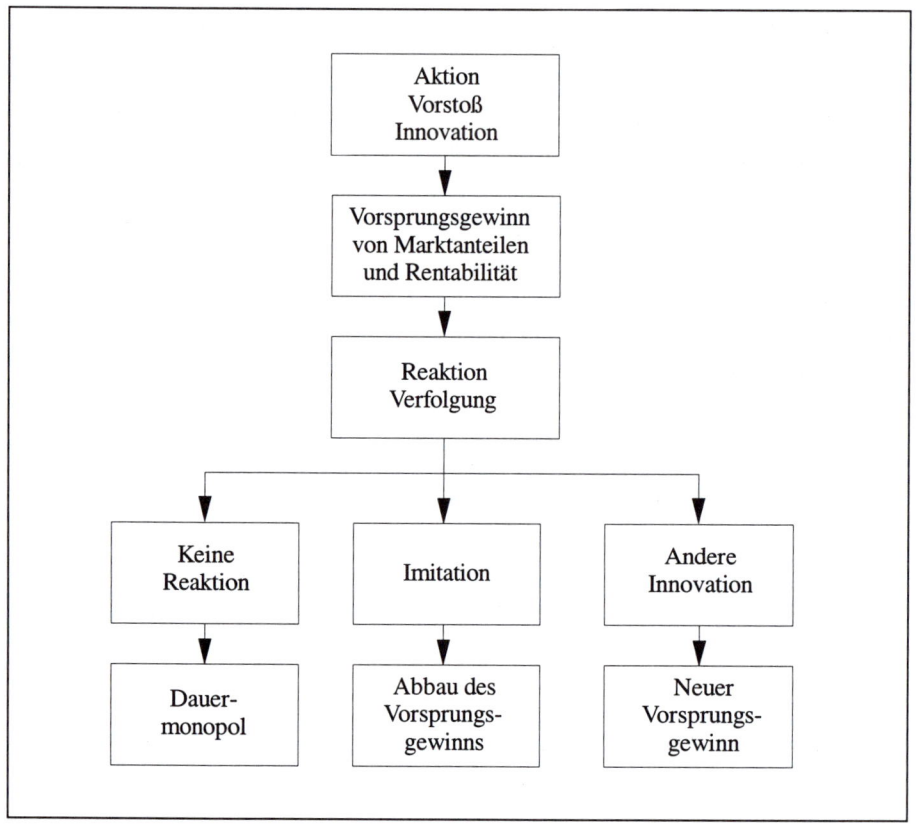

Abb. 3:   Ablauf des dynamischen Wettbewerbsprozesses[69]

Zusammenfassend läßt sich marktwirtschaftlicher Wettbewerb aus volkswirtschaftlicher Sicht folgendermaßen charakterisieren:[70]

- Wettbewerb ist ein *dynamischer Prozeß* in Raum und Zeit, gekennzeichnet durch Vorstoß und Verfolgung, durch Machtentstehung und -abbau.[71]

---

[69]   Vgl. Olten (1995), S. 68

[70]   Vgl. Olten (1995), 69f. Kontrovers werden jedoch nach wie vor die Funktionen des Wettbewerbs im marktwirtschaftlichen Prozeß, die Frage, wie und woran die Funktionsfähigkeit des Wettbewerbs erkannt werden kann sowie die Bestimmung des wettbewerbspolitischen Leitbilds diskutiert.

- *Individualisierende und generalisierende* Wettbewerbsströme sind Voraussetzungen für einen dynamischen Wettbewerbsprozeß.

- Der Wettbewerbsprozeß ist in die *Wachstums- und Strukturveränderung* der Volkswirtschaft insgesamt sowie in den *Entwicklungsprozeß* des entsprechenden Produkts und des Marktes eingebettet.

- Wettbewerber arbeiten in diesem Prozeß mit *unterschiedlichen absatzpolitischen Parametern,* wie Preis-, Produkt- und Sortimentspolitik, Standortpolitik, Werbung, Marktinformationssystemen, Vertriebsmethoden und Produktionskapazitäten.

1.1.3. Wettbewerbsbasis Innovation: Schumpetersches Wettbewerbsverständnis und das Prinzip der schöpferischen Zerstörung

Insbesondere vor dem Hintergrund der innovativen Veränderung von Wettbewerbsregeln besitzen die von SCHUMPETER (1883 - 1950)[72] entwickelten Gedanken zum Wettbewerbsprozeß hohe Aktualität und werden deshalb im folgenden vertiefend dargestellt.

SCHUMPETER betrachtet die Wirtschaft als ein dynamisches Phänomen. Im Gegensatz zur bereits dargestellten neoklassischen statischen Gleichgewichtstheorie wird bei SCHUMPETER jeder Gleichgewichtszustand, wenn überhaupt vorhanden, durchbrochen.[73] Wie bereits erwähnt, war für SCHUMPETER der Prozeß der *schöpferischen Zerstörung* essentiell für die Entwicklung und Veränderung der kapitalistischen Wirtschaft. Schöpferische Zerstörung ist ein "Prozeß einer industriellen Mutation ... , der unaufhörlich die Wirtschaftsstruktur von innen heraus revolutioniert, unaufhörlich die alte Struktur zerstört und unaufhörlich eine neue schafft."[74]

Treibende Kraft im Prozeß der schöpferischen Zerstörung sind Innovationen:

"Der fundamentale Antrieb, der die kapitalistische Maschine in Bewegung setzt und hält, kommt von den neuen Konsumgütern, den neuen Produktions- und

---

[71] Bereits hier ist anzumerken, daß in den volkswirtschaftlichen Theorien die "Mikrostruktur" des Wettbewerbsprozesses, die sich in der Abfolge einzelner Wettbewerbsmaßnahmen ausdrückt, für die Untersuchung bestimmter strategischer Fragestellungen (wie z.B. die Einflußnahme auf die Bildung eines Branchenstandards) nicht hinreichend konkretisiert wird (vgl. Steinmann/Heß (1993), Fußnote 5).

[72] Für einen Überblick über Leben und Werk von Schumpeter vgl. März (1989), S. 251ff.

[73] Vgl. Schumpeter (1993), S. 103ff.

[74] Schumpeter (1993), S. 137f.

Transportmethoden, den neuen Märkten, den neuen Formen der industriellen Or-
ganisation, welche die kapitalistische Unternehmung schafft. "[75]

Für SCHUMPETER verlagert sich damit auch die Aufgabe der ökonomischen Forschung. Anstatt statischer Analyse stellt er die Untersuchung der Veränderung von Strukturen in den
Vordergrund.[76] Er wendet sich vom Modell der vollkommenen Konkurrenz ab und beschreibt
eine von Großunternehmen geprägte, oligopolistische Rivalität.[77] Anstelle der Preiskonkur-
renz gewinnt eine neue Art der Konkurrenz an Bedeutung:

> *"In der kapitalistischen Wirklichkeit ... zählt ... die Konkurrenz der neuen Ware,*
> *der neuen Technik, der neuen Versorgungsquelle, des neuen Organisationstyps ...*
> *- jene Konkurrenz, die über einen entscheidenden Kosten- oder Qualitätsvorteil*
> *gebietet und die bestehenden Firmen nicht an den Profit- und Produktionsgren-*
> *zen, sondern in ihren Grundlagen, ihrem eigentlichen Lebensmark trifft.* "[78]

In seinem frühen Werk "Theorie der wirtschaftlichen Entwicklung"[79] bezieht SCHUMPETER
den Innovationsbegriff auf die Durchsetzung neuer Kombinationen, d.h. "Dinge und Kräfte
anders zu kombinieren"[80], wobei er fünf Fälle unterscheidet:[81]

- "Herstellung eines neuen ... Gutes oder einer neuen Qualität eines Gutes"

- "Einführung einer neuen, d.h. dem betreffenden Industriezweig noch nicht praktisch bekannten Produktionsmethode"

- "Erschließung eines neuen Absatzmarktes"

- "Eroberung einer neuen Bezugsquelle von Rohstoffen oder Halbfabrikaten"

- "Schaffung einer Monopolstellung ... oder Durchbrechen eines Monopols"

---

[75] Schumpeter (1993), S. 137

[76] Schumpeter (1993), S. 139, hierzu: "Gewöhnlich wird nur das Problem betrachtet, wie der Kapitalsmus mit
bestehenden Strukturen umgeht, während das relevante Problem darin besteht, wie er sie schafft und zerstört."

[77] Vgl. Schumpeter (1993), S. 143ff.; Schumpeter widersprach dadurch deutlich dem Mainstream des damaligen westlichen ökonomischen Denkens (vgl. Scherer (1984), S. VII).

[78] Schumpeter (1993), S. 140

[79] Das Werk wurde 1911 veröffentlicht. Schumpeter schrieb allerdings 1926 das zweite Kapitel, das Innovationen behandelt, fast völlig neu (vgl. Schumpeter (1964), Vorwort zur zweiten Auflage, S. XI).

[80] Schumpeter (1964), S. 100

[81] Schumpeter (1964), S. 100f.

In seinem 1939 erschienen Werk "Konjunkturzyklen" definiert SCHUMPETER Innovationen als die "Aufstellung einer neuen Produktionsfunktion"[82], beschränkt sich also nicht auf technische Innovationen.[83] Diese Definition umfaßt aus SCHUMPETERs Sicht alle Arten neuer Kombinationen, wie sie in früheren Werken beschrieben wurden. Die ursprüngliche Definition behält folglich ihre Gültigkeit, da letztendlich inhaltlich keine neue Definition gegeben wird.[84]

Die Bestimmungsfaktoren von Innovationen, kausale Zusammenhänge im Innovationsprozeß und die Träger von Innovationen lassen sich anhand der *zwei Modelle*[85] in SCHUMPETERs Theorie darstellen. Im Gegensatz zu der nur unwesentlichen Veränderung des Innovationsbegriffs weisen die beiden Modelle insbesondere bezüglich der Träger von Innovationen deutliche Unterschiede auf.

In seinem *ersten Modell*, das in der "Theorie der wirtschaftlichen Entwicklung"[86] vorgestellt wird, ist der dynamische Unternehmer Träger von Innovationen. Ausgangspunkt bilden wissenschaftliche Erkenntnisse und Inventionen (Erfindungen) als exogene Variablen. Der dynamische Unternehmer erkennt das Zukunftpotential dieser ungenützten Inventionen und setzt sie in Form von Innovationen[87] um. Er wird durch außergewöhnliches Wachstum und temporäre Monopolgewinne belohnt, die allerdings durch nachfolgende Imitatoren erodiert werden. Bevor das System jedoch in einen endgültigen Gleichgewichtszustand verfallen kann, sorgen wiederum neue Innovationen für eine Destabilisierung, so daß ein Zyklusphänomen entsteht.[88]

In seinem *zweiten, späteren Modell*[89] sind Innovationsträger nicht mehr primär[90] dynamische Unternehmer, sondern vor allem oligopolistische Großunternehmen. Inventionen als Quelle

---

[82] Schumpeter (1961), S. 94.; zum Begriff der Produktionsfunktion bei Schumpeter vgl. Heertje (1988), S. 82ff.

[83] Schumpter wird oft im Zusammenhang mit technologischem Wandel zitiert. Allerdings findet bei ihm fast keine Auseinandersetzung mit der Entwicklung oder Diffusion technologischen Wissens statt. "It seems to be fair to conclude that Schumpeter dealt only incidentally with technology and that he did not present us with a systematic economic analysis of technical change." (Heertje (1988), S. 82).

[84] Vgl. Schumpeter (1961), S. 94ff.; Heertje (1988), S. 76f; Keßler (1992), S. 14f.;

[85] Die zwei Modelle von Schumpeter werden von Phillips (1971), S. 4ff. dargestellt; vgl. hierzu auch Freeman/Clark/Soete (1982), S. 38ff.

[86] Vgl. Schumpeter (1964)

[87] Innovationen sind damit die erstmalige marktliche Verwertung von Inventionen (vgl. Wieandt (1994), S. 2ff.).

[88] Vgl. zur Beschreibung des ersten Modells Freeman/Clark/Soete (1982), S. 19f., S. 38ff; Mütze (1990), S. 23ff.; Keßler (1992), S. 21ff.

[89] Vgl. Schumpeter (1993)

für Innovationen werden nicht mehr ausschließlich als exogene Variable betrachtet, sondern sind auch Ergebnis der unternehmensinternen Forschungs- und Entwicklungstätigkeit, d.h. endogen. Die aufgrund von Innovationen realisierten Gewinne werden für weitere Forschungs- und Entwicklungsaktivitäten bzw. Innovationen eingesetzt. Es entsteht ein selbstverstärkender Kreislauf, der die Wettbewerbsposition von Großunternehmen stärkt und die Marktkonzentration vorantreibt.[91]

Bei *beiden Modellen* sind *Innovationen die Ursache* für Strukturveränderungen und für wirtschaftliche Entwicklung. Innovationen führen zu einer Nachfrageerhöhung, d.h. "die Innovation schafft sich ihre eigene Nachfrage."[92] Im Gegensatz hierzu steht die sogenannte "Demand-pull theory"[93], die von einer umgekehrten Kausalität ausgeht: Es sind Nachfrage(struktur)änderungen, die zu Innovationsprozessen führen und in einer Befriedigung der Nachfrage durch neue oder verbesserte Güter resultieren. Die empirische Diskussion der beiden Positionen ergab kein eindeutiges Ergebnis[94] und eine rein monokausale Argumentation, die sich auf nur eine der beiden Sichtweisen stützt, scheint zur Erklärung von wirtschaftlichem Wachstum und Strukturwandel nicht auszureichen.[95]

Basierend auf den obigen Darstellungen lassen sich im SCHUMPETERschen Sinne folgende, für die Arbeit wesentliche Aussagen formulieren:

- Wettbewerb ist ein *dynamischer Prozeß*, Gleichgewichtszustände existieren, wenn überhaupt, nur vorübergehend.

- Bestehende Strukturen unterliegen einer *fortlaufenden Veränderung* und werden revolutioniert.

---

[90] Schumpeter verneint in "Kapitalismus, Sozialismus und Demokratie" nicht explizit, daß kleine Unternehmen Innovationen hervorbringen können, weshalb man von einer Modifizierung des ersten Modells sprechen kann, nicht jedoch von einer gänzlichen Ablösung (vgl. Keßler (1992), S. 26f.); die Untersuchung des Zusammenhangs zwischen Unternehmensgröße und Innovationsaktivität ist Gegenstand zahlreicher empirischer Untersuchungen. Die Ergebnisse sind jedoch äußerst widersprüchlich und eine endgültige Beurteilung, ob große oder kleine Unternehmen eine höhere Innovationsbereitschaft besitzen, ist nicht möglich (vgl. Corsten (1984), S. 224ff.).

[91] Vgl. zur Beschreibung des zweiten Modells Freeman/Clark/Soete (1982), S. 40ff.; Mütze (1990), S. 24ff.; Keßler (1992), S. 21ff.

[92] Mütze (1990), S. 26

[93] Ein wesentlicher Begründer der Demand-pull theory ist Schmookler (1966)

[94] Vgl. Mütze (1990), S. 29 m.w.N.

[95] Vgl. Freeman/Clark/Soete (1982), S. 35ff., Mütze (1990), S. 26ff.

- *Innovationen sind der Motor* des Veränderungsprozesses und treiben die wirtschaftliche Entwicklung voran. Sie schaffen, verändern und zerstören Märkte.[96]

- *Innovationen werden von Unternehmen geschaffen*, so daß den Unternehmen selbst die Rolle des Veränderers oder Revolutionärs zufällt.

- Durch Innovationen können Unternehmen (wenn auch nur temporär) *Monopolgewinne* und *überdurchschnittliches Unternehmenswachstum* realisieren.

- Innovationen sind nicht nur eine Reaktion auf Nachfrageveränderungen, sondern *schaffen sich ihre Nachfrage* selbst.

1.2. Wettbewerb aus betriebswirtschaftlich-strategischer Sicht

Die Betriebswirtschaftslehre und die Volkswirtschaftslehre sind "Nachbarwissenschaften", deren Erkenntnisobjekte in interdependentem Zusammenhang stehen.[97] Die Schnittstelle zwischen Volkswirtschaftslehre und Betriebswirtschaftslehre erweist sich dabei "zunehmend als permeable Membran des wirtschaftswissenschaftlichen Erkenntnisfortschritts".[98] Zum einen zeigt sich z.b. in der steigenden Popularität der institutionellen Ökonomie[99] das Interesse der Volkswirtschaftslehre an der Erforschung des individuellen Unternehmens mit seinen spezifischen Strukturen, Prozessen und Erfolgspotentialen.[100] Zum anderen bedient sich die Betriebswirtschaftslehre, insbesondere im Zusammenhang mit strategischen Fragestellungen[101], der Erkenntnisse und theoretischen Ansätze der Volkswirtschaftslehre. So hat z.B. die Industrieökonomie[102] die Forschung im strategischen Management wesentlich geprägt und zu ver-

---

[96]   Vgl. hierzu Wieandt (1994), der sich in seiner Arbeit mit der Entstehung, Entwicklung und Zerstörung von Märkten durch Innovationen beschäftigt und sich an den von Schumpeter dargestellten Aspekten des Strukturwandels orientiert.

[97]   Vgl. Woll (1996), S. 7, der die Betriebswirtschaftslehre sogar wissenschaftssystematisch als Bestandteil der Volkswirtschaftslehre betrachtet. Die Betriebswirtschaftslehre hat sich im deutschen Sprachraum jedoch als völlig selbstständige Disziplin entwickelt.

[98]   Rasche (1994), S. 31; vgl. hierzu auch Rumelt/Schendel/Teece (1991), S. 5ff.

[99]   Vgl. zur institutionellen Ökonomie Barney/Ouchi (1986)

[100]   Vgl. Francis (1992), S. 68f.; Rasche (1994), S. 30ff.

[101]   Im folgenden wird in diesem Zusammenhang der Begriff "betriebswirtschaftlich-strategisch" verwendet. Strategisches Management (bzw. strategische Unternehmensführung) wird damit als Teil der Betriebswirtschaftslehre verstanden.

[102]   Auf die Industrieökonomie und deren Beitrag zum strategischen Management wird in Kapitel II. 2.2.1. vertiefend eingegangen.

schiedenen strategischen Analyseframeworks und Konzepten[103] geführt.[104] Auch das dynamische SCHUMPETERsche Wettbewerbsverständnis hält Einzug in die Strategieforschung.[105]

Trotz der notwendigen Verzahnung volkswirtschaftlicher und betriebswirtschaftlich-strategischer Forschung sind die zugrundeliegenden Betrachtungsperspektiven und Zielsetzungen bezüglich des Wettbewerbs verschieden. Während sich die Volkswirtschaftslehre bemüht, das Phänomen *Wettbewerb aus gesamtwirtschaftlicher Perspektive* zu verstehen und Ansatzpunkte für Steuerungsmaßnahmen entsprechend gesellschaftlicher und wirtschaftspolitischer Zielsetzungen zu finden, orientiert sich die betriebswirtschaftlich-strategische Forschung primär daran, wie das *individuelle Unternehmen* langfristig im Wettbewerb überleben und sich weiterentwickeln kann. Die betriebswirtschaftlich-strategische Sicht bedient sich dabei volkswirtschaftlicher Erkenntnisse hinsichtlich der "Mechanismen des Wettbewerbs" und leitet daraus Schlußfolgerungen für vorteilhaftes individuelles Unternehmensverhalten ab. So zeigt die Volkswirtschaftslehre z.B. auf, daß Eintrittsbarrieren bestimmten Unternehmen ein monopolisierendes Wettbewerbsverhalten ermöglichen, das wiederum die Markteffizienz negativ beeinflußt und deshalb zu vermeiden ist. Dieser Wirkzusammenhang fließt in betriebswirtschaftlich-strategische Überlegungen ein. Allerdings wird dort der Aufbau von Eintrittsbarrieren aufgrund ihres Potentials für überdurchschnittliche Unternehmensgewinne explizit angestrebt.

1.2.1.   Erzielung von individuellen Wettbewerbsvorteilen und Unternehmenswachstum als zentrale Bezugspunkte

Aus betriebswirtschaftlich-strategischer Sicht steht das langfristige Überleben des einzelnen Unternehmens und dessen (Weiter-)Entwicklung im Vordergrund.[106] Bezogen auf den Wett-

---

[103]   Das "Five competitive forces"-Framework und das Konzept der generischen Strategien von Porter (1980) sind im wesentlichen Ergebnis industrieökonomisch geprägter Überlegungen.

[104]   Vgl. hierzu Rumelt/Schendel/Teece (1991), S. 5ff., welche die gegenseitige Beeinflussung der Ökonomie und des strategischen Managements diskutieren.

[105]   Vgl. z.B. Baden-Fuller (1995), S. 3ff., der durch eine Verknüpfung zweier Perspektiven, nämlich der Betrachtung marktorientierter Wettbewerbsprozesse mit unternehmensinternen Change-Prozessen, die Rolle von strategischen Innovationen und Entrepreneurship herauszuarbeiten versucht und dabei stark auf das Schumpetersche Wettbewerbsverständnis aufbaut.

[106]   Vgl. Bleicher (1996), S. 73f., 104ff., der im Rahmen seiner Weiterentwicklung des St. Galler Management-Konzeptes die Sicherung der Überlebens- und Entwicklungsfähigkeit als Kern des normativen Managements darstellt, aus dem sich wiederum die Bezugsgrößen des strategischen Managements ableiten; nach Kirsch (1997), S. 29ff. steht das Überleben des Unternehmens in der sich ständig ändernden Umwelt im Mittelpunkt des strategischen Denkens der zweiten Generation. Das Denken der dritten Generation, zu dem

Fortsetzung der Fußnote auf der folgenden Seite

bewerb hängt dies stark davon ab, inwiefern es dem Unternehmen gelingt, Vorteile gegenüber der Konkurrenz aufzubauen und zu erhalten bzw. Nachteile zu vermeiden. In der Literatur findet sich in diesem Zusammenhang der Begriff der Wettbewerbsvorteile.[107] WÜTHRICH/ WINTER[108] sprechen von "strategischer Wettbewerbskraft", die sich in Wettbewerbsvorteilen manifestiert.

Um Wettbewerbsvorteile erzielen zu können wird vom Unternehmen verlangt, daß es sich von den Wettbewerbern "unterscheidet" beziehungsweise bestimmte "Einzigartigkeiten" aufweist. Von dauerhafter Natur sind Wettbewerbsvorteile nur dann, wenn es dem Unternehmen gelingt, diese Unterschiede aufrechtzuerhalten.[109] Aus marktorientierter Sicht zeigen sich die Unterschiede in der Leistung des Unternehmens für die Kunden. Dies führt zu zwei Grundtypen von Wettbewerbsvorteilen:

- Das Unternehmen besitzt einen Kostenvorteil, der es dazu befähigt, ein identisches Produkt oder eine Dienstleistung[110] zu einem geringeren Preis als die Konkurrenz anzubieten.

- Das Unternehmen besitzt einen Differenzierungsvorteil solcher Art, daß der Kunde bereit ist, ein Preispremium zu zahlen, das die zusätzlichen Differenzierungskosten übersteigt.[111]

Differenzierung und Kostenvorteil schließen sich nicht unbedingt gegenseitig aus. So stellten HAMEL/PRAHALAD bei der Analyse globaler Expansionsstrategien japanischer Unternehmen fest, daß diese mehrere Schichten von Wettbewerbsvorteilen aufgebaut haben, die gleichzeitig auf Kostenvorteilen und auf Differenzierung basieren: "What some call competitive suicide -

---

sich Kirsch bekennt, begnügt sich nicht mit der Sicherung des Überlebens, sondern möchte darüber hinaus einen Fortschritt in der Befriedigung von Interessen und Bedürfnissen, der vom Handeln des Unternehmens Betroffenen, erzielen. Somit ist auch die Frage nach dem Sinn und der Verantwortung des Unternehmens von wesentlicher Bedeutung.

[107] Vgl. insbesondere Porter (1986)

[108] Vgl. Wüthrich/Winter (1994), S. 303ff. Die strategische Wettbewerbskraft besteht aus vier interdependenten Bausteinen: Der Kosteneffizienz ("kleinste Leistungserbringungskosten"), der Markteffizienz ("größter Kundennutzen"), der ökologischen Effizienz ("geringstmögliche Umweltbelastung") und der Management-Effizienz als integrative Klammer; obwohl in der Literatur im Zusammenhang mit der Erzielung von Wettbewerbsvorteilen primär Kosten- und Differenzierungsaspekte diskutiert werden, gewinnt auch die ökologische Dimension von Wettbewerbsvorteilen zunehmend an Bedeutung. Dies zeigt sich z.B. darin, daß für Unternehmen wie Coca-Cola, American Airlines oder Bell-Atlantic die Verwendung von recycelten Produkten bzw. deren Herstellung sowie Forschungs- und Entwicklungsinvestitionen im Bereich Recycling feste Bestandteile der Geschäftsstrategie sind (vgl. Biddle (1994), S. 44ff.).

[109] Vgl. Aharoni (1993), S. 31ff.

[110] Unter Produkt werden im folgenden sowohl physische Produkte als auch immaterielle Dienstleistungen verstanden.

[111] Vgl. Porter (1985), S. 11ff.; Grant (1995), S. 167ff.

pursuing both cost and differentiation - is exactly what many competitors strive for."[112] Die
Quellen der am Markt beobachtbaren Kosten- bzw. Differenzierungsvorteile liegen im Zusammenspiel einer Vielzahl von Faktoren, wie z.b. dem Aufbau des Geschäftssystem des
Unternehmens, der eingesetzten Technologien, der Zusammenarbeit mit Lieferanten, begründet. Wie im Verlauf der Arbeit noch dargestellt wird, spielen insbesondere die unternehmensspezifischen Ressourcen bzw. Kompetenzen und deren kontextgebundener Einsatz im Rahmen der Wertschöpfungsaktivitäten des Unternehmens eine wesentliche Rolle beim Aufbau
marktorientierter Wettbewerbsvorteile.[113] Aus strategischer Sicht stellt sich also immer die
Frage, welche Faktoren Wettbewerbsvorteile fundieren und wie diese von Unternehmen gestaltet werden können.

Wettbewerbsvorteile und Unternehmenswachstum[114] stehen in einem interdependenten Verhältnis zueinander. Zum einen kann das Unternehmen aufgrund dauerhafter Wettbewerbsvorteile wachsen. So bietet z.b. ein gravierender Kostenvorteil dem Unternehmen die Möglichkeit, das Produkt zu einem deutlich geringeren Preis anzubieten als die Konkurrenz und damit
Marktanteile zu gewinnen, was sich wiederum in entsprechendem Umsatzwachstum niederschlägt. Zum anderen gründen sich aber auch viele Wettbewerbsvorteile gerade auf Unternehmenswachstum und die damit verbundene steigende Unternehmensgröße. Ein Beispiel
hierfür sind Skaleneffekte und die daraus resultierenden Kostenvorteile. So verstanden, ist
Wachstum einerseits das Resultat von Wettbewerbsvorteilen und andererseits wesentliche
Bestimmungsfaktor für deren Generierung.

---

[112]   Hamel/Prahalad (1989), S. 69; vgl. auch Piller (1997), S. 15ff. m.w.N., der gerade in der Verknüpfung von
        Differenzierung und Kostenvorteil durch eine hybride Wettbewerbsstrategie (z.B. Mass Customization) er-
        hebliches Potential für Wettbewerbsvorteile sieht oder auch Grant (1995), S. 169f., der an mehreren Bei-
        spielen aus der Unternehmenspraxis erläutert, daß eine Dichotomie der Begriffe für die Praxis nicht zuträg-
        lich ist, sondern vielmehr bei besonders erfolgreichen Unternehmen ein "sowohl als auch" vorzufinden ist;
        Porter (1985), S. 11ff. hingegen betrachtet Kostenführerschaft und Differenzierung als zwei sich gegenseitig
        ausschließende generische Strategien. Unternehmen, die sich nicht klar im Sinne einer Strategie positionie-
        ren, laufen Gefahr "to become stuck in the middle" und damit wenig profitabel zu sein.

[113]   Vgl. hierzu insbesondere die Darstellung der Resource-based-view in Kapitel II. 2.2.2.; vgl. auch Bharad-
        waj/Varadarajan/Fahy (1993), S. 84ff., die Differenzierungs- und Kostenvorteile als Resultat von Ressour-
        cen und Fähigkeiten verstehen, deren "Wirkung" durch Kontextfaktoren (Branchenmerkmale, Unterneh-
        menscharakteristika) beeinflußt wird.

[114]   Aus traditioneller betriebswirtschaftlicher Sicht wird Unternehmenswachstum als positive Betriebsgrößen-
        veränderung verstanden, wobei die Bestimmung der Ziel- und Maßgröße des Wachstums problematisch ist
        (vgl. Bleicher (1992), S. 10); für einen Überblick über die verschiedenen theoretischen Ansätze und Mo-
        delle des Unternehmenswachstums sowie der zugrundeliegenden Fragestellungen vgl. Graumann (1994), S.
        501ff. bzw. Graumann (1994a), S. 911ff.

Vor dem Hintergrund der Generierung dauerhafter Wettbewerbsvorteile kann Wachstum folglich als ein der Unternehmensentwicklung zugrundeliegendes Leitmotiv[115] verstanden werden. BLEICHER klassifiziert die Wachstumsmotive, die "als Motor für das Wachstum von Unternehmungen"[116] fungieren, anhand der beiden Dimensionen Motivstruktur und Betrachtungsebene. Dabei wird deutlich, daß neben sach-rationalen Motiven (wie z.b. Kostenvorteile durch Skaleneffekte) zum Teil auch sozio-emotionale Motive (wie z.b. Statuszuwachs für das Unternehmen) dem Streben nach Wachstum zugrundeliegen.

---

[115] Vgl. Bleicher (1992), S. 10; vgl. auch Roemer (1988), S. 9ff., der den hohen Stellenwert von Unternehmenswachstum für die Überlebensfähigkeit des Unternehmens allgemein darstellt und sogar eine Wachstumsnotwendigkeit deduziert. Ein "unkontrolliertes Wachstum" kann allerdings die Überlebensfähigkeit gefährden, weshalb eine Steuerung des Wachstumsprozesses notwendig ist.

[116] Bleicher (1992), S. 11

	Motivstruktur	
	sach-rational	sozio-emotional

institutionell	• Ausbau der Wettbewerbsposition durch
	   – Kostenminimierung
	   – Marktanteilszuwachs
	• Erhöhung der Wertsteigerung
	   – Gewinnsteigerung
	   – Kapitalisierung
	• Gesteigerte Überlebens- und Entwicklungsmöglichkeiten durch erhöhte Nutzenbereitstellung für Bezugsgruppen
		• Identität und Statuszuwachs für das Unternehmen im gesellschaftlichen Umfeld
		• Verminderung des inneren Konfliktpotentials durch Befriedigung von Ansprüchen
		• Schaffen einer Kultur unternehmerischer Herausforderung
		• Attraktion von Mitarbeitern mit zukunfts- und chancenorientierten Werthaltungen

individuell	• Entwicklung von Verdienstmöglichkeiten • Arbeitsplatzsicherheit und Aufstiegsmöglichkeiten	• Gesteigerte Möglichkeiten zur Selbstverwirklichung • Machterweiterung • Persönlicher Status- und Prestigegewinn

Betrachtungsebene (Zeilenbeschriftung links)

Abb. 4:   Sach-rationale und sozio-emotionale Wachstumsmotive auf institutioneller und individueller Ebene[117]

Das Streben nach Wachstum ist jedoch immer mit der Gefahr einer zu "kurzfristigen Sichtweise" verbunden, die dann sogar in der Verringerung der Überlebens- und Entwicklungsfähigkeit des Unternehmens bzw. einem mangelnden Aufbau zukünftiger Wettbewerbsvorteile (oder strategischer Erfolgspotentiale)[118] resultieren kann. Beispiele hierfür sind die Unterlas-

---

[117] Vgl. Bleicher (1992), S. 11

[118] "Als ein Nutzenpotential ist eine in der Umwelt, im Markt oder im Unternehmen latent oder effektiv vorhandene Konstellation zu bezeichnen, die durch Aktivitäten des Unternehmens zum Vorteil aller Bezugsgruppen erschlossen werden kann." (Pümpin (1989), S. 47). Die gestalterische Konkretisierung solcher Nutzenpotentiale im Rahmen des strategischen Managements führt zu strategischen Erfolgspotentialen, die eine große Bedeutung für den nachhaltigen Unternehmenserfolg besitzen und als Technologie-, Markt(beziehungs)potentiale und Human- und Managementpotential zu einem spezifischen Kundennutzen führen (vgl. Bleicher (1996), S. 393ff.). Die Entwicklung potentialorientierter Ansätze im strategischen Management geht auf Gälweiler (1987) zurück.

sung von Forschungs- und Entwicklungsaufwendungen zugunsten einer kurzfristigen Ergeb-
nissteigerung oder Preissenkungen zum "Erkaufen" von Marktanteilen zur Realisierung kurzfristiger Umsatzsteigerungen.[119]

Vor dem Hintergrund der obigen Ausführungen zu Wettbewerbsvorteilen bzw. Unternehmenswachstum ergeben sich aus betriebswirtschaftlich-strategischer Sicht zwei grundsätzliche
Fragestellungen bezüglich des Wettbewerbs:

- *Wo soll das Unternehmen konkurrieren?* Hierbei geht es um die Auswahl der "Arena" des
  Wettbewerbs[120] (Branche, Branchensegment, strategische Gruppe etc.), die für das Unternehmen attraktiv ist.

- *Wie soll das Unternehmen konkurrieren?* Diese Frage betrifft die Festlegung der Strategie,
  die zur Schaffung und zum Erhalt dauerhafter Wettbewerbsvorteile in der "Arena" dient.

In der Literatur zum strategischen Management findet sich die Unterscheidung in Unternehmensstrategie (Corporate Strategy) und Wettbewerbsstrategie bzw. Geschäftsfeldstrategie
(Business strategy). Während die Unternehmensstrategie darauf abzielt, das Geschäftsportfo-
lio im Sinne einer Unternehmenswertsteigerung zu managen und damit den Gesamttätigkeits-
bereich (z.B. in verschiedenen Branchen) definiert, umfaßt die Wettbewerbsstrategie die
möglichst gewinnbringende Positionierung des Unternehmens innerhalb dieser Tätigkeitsbereiche und den Aufbau nachhaltiger Wettbewerbsvorteile.[121] Bereits hier sei jedoch darauf
hingewiesen, daß die grundsätzlichen Fragen nach dem "wo" und "wie", so wie sie in der vorliegenden Arbeit verstanden werden, nicht eindeutig der Unternehmens- oder Wettbewerbsstrategie zuzuordnen sind. "Wo konkurrieren" kann eine unternehmensstrategische Fragestellung sein, wenn es z.B. um die Diversifizierung in neue Geschäfte geht. Geht es um die Segmentierung einer Branche und die Auswahl bestimmter Segmente, ist sie auf der Ebene der
Wettbewerbsstrategie anzusiedeln. "Wie konkurrieren" ist, obwohl primär eine Fragestellung
der Wettbewerbsstrategie, ebenfalls auf beiden Ebenen relevant. Benötigt ein Unternehmen
z.B. für den Aufbau von Wettbewerbsvorteilen in einem bestimmten Geschäftsfeld komplementäre Kompetenzen oder Ressourcen[122] aus anderen Geschäftsfeldern und wird damit eine
unternehmensübergreifende Koordination notwendig, ist dies Gegenstand der Unternehmens-

---

[119] Vgl. Bleicher (1992), S. 11
[120] Day (1990), S. 6ff. spricht von der "Market arena"; Porter (1985), S. 1 bezeichnet die Branche als "the
       fundamental arena in which competition occurs."
[121] Vgl. Porter (1986), S. 19ff.; Porter (1987), S. 43; Emans (1988), S. 109ff.
[122] Zum Begriff der komplementären Ressourcen ausführlicher in Kapitel IV. 1.2.2.

strategie.[123] Insofern wird im weiteren Verlauf der Arbeit auf eine Unterscheidung in Unternehmens- und Wettbewerbsstrategie verzichtet.

1.2.2. Bestimmung des Wettbewerbsfelds

Die "Arena" des Wettbewerbs als Gesamtheit der konkurrierenden Unternehmen wird im folgenden als Wettbewerbsfeld bezeichnet. Je nach Bezugsebene kann dies z.b. eine oder mehrere Branchen, ein Branchensegment oder eine strategische Gruppe[124] umfassen. Es ist dabei nicht nur auf den aktuellen Tätigkeitsbereich des Unternehmens beschränkt, sondern umfaßt auch potentielle Arenen.[125]

Die *Attraktivität eines Wettbewerbsfelds* gliedert sich in zwei Bereiche:

- Die *generelle Attraktivität* des Wettbewerbsfelds, die sich aus den strukturellen Faktoren, der Rentabilität[126], dem Wachstum des Wettbewerbsfelds, regulativen Bestimmungen etc. ergibt.

- Die *spezifische Attraktivität* des Wettbewerbsfelds, die von den Möglichkeiten eines bestimmten Unternehmens abhängt, Wettbewerbsvorteile in einer Branche aufzubauen und zu erhalten. Sie erfordert die Berücksichtigung unternehmensspezifischer Gegebenheiten, wie z.B. der Position des Unternehmens im Wettbewerbsfeld, verfügbarer Ressourcen und Kernkompetenzen.

Idealerweise wählt das Unternehmen ein Wettbewerbsfeld bzw. mehrere -felder mit hoher genereller und spezifischer Attraktivität aus. Eine niedrigere generelle Attraktivität kann jedoch durch eine höhere spezifische Attraktivität kompensiert werden. Letztendlich ist die spe-

---

[123] Insofern sind die Fragestellungen "wo konkurrieren" und "wie konkurrieren" weiter gefaßt als dies z.B. bei Emans (1988), S. 122ff. und Feider/Schoppen (1988), S. 676ff. der Fall ist, die diese Fragestellungen als die beiden Dimensionen des "strategischen Spielbretts" nur auf die Ebene der Wettbewerbsstrategie beziehen.

[124] Auf das Konzept der strategischen Gruppe wird in Kapitel II. 2.3.2.1. näher eingegangen.

[125] Bei Porter (1986), S. 82ff. findet sich ebenfalls der Begriff "Wettbewerbsfeld". In der englischen Erstausgabe (Porter (1985), S. 53ff.) wird vom "Competitive scope" gesprochen. Gemeint ist das Tätigkeitsspektrum des Gesamtunternehmens, das die Branchensegmente, den vertikalen Integrationsgrad, die regionalen Tätigkeitsbereiche und die unterschiedlichen Branchen umfaßt; in der vorliegenden Arbeit steht der Begriff Wettbewerbsfeld jedoch nicht für das Tätigkeitsspektrum des Gesamtunternehmens, sondern als Überbegriff für "Arenen" des Wettbewerbs wie Branchen, Branchensegmente oder strategische Gruppen, wie z.B. auch bei Müller (1987), S. 206f.

[126] Auf das "Five competitive forces"-Framework von Porter (1980), das die Wettbewerbskräfte als Funktionen der Branchenstruktur und als Bestimmungsfaktoren der Branchenrentabilität versteht, wird später noch eingegangen (vgl. Kapitel II. 2.3.2.1. und Kapitel IV. 3.2.2.1.).

zifische Attraktivität, der entscheidende Bestimmungsfaktor für eine überdurchschnittliche Unternehmensperformance.[127]

Für die Bestimmung des Wettbewerbsfelds sind grundsätzlich zwei *Betrachtungsperspektiven* relevant:

• Das Unternehmen ist Lieferant einer bestimmten Leistung in Form eines physischen Produkts bzw. einer Dienstleistung und konkurriert mit anderen Unternehmen auf *Absatzmärkten* um die Gunst der Kunden.

• Das Unternehmen benötigt für seine Leistungserstellung bestimmte Produkte bzw. Dienstleistungen und konkurriert auf *Beschaffungsmärkten* mit anderen Unternehmen um die Gunst der Lieferanten.

In der Literatur zum strategischen Management wird die absatzmarktorientierte Sichtweise bei Wettbewerbsfeldbetrachtungen meist in den Vordergrund gestellt. Unternehmen sind Teil bestimmter Branchen, die sich über die hergestellten Produkte bzw. Dienstleistungen definieren.[128] Spricht man von Wettbewerb, wird dann auch meist die Konkurrenz auf dem Absatzmarkt gemeint. Wie im Verlauf der Arbeit noch dargestellt wird, müssen jedoch beide Perspektiven explizit berücksichtigt werden.

Da Unternehmen meist in verschiedenen Branchen tätig sind, hängt die Bestimmung des relevanten Wettbewerbsfelds von der zugrundeliegenden Bezugsebene ab. Auf der Ebene des Gesamtunternehmens leitet sich das Wettbewerbsfeld aus der Gesamtheit aller Tätigkeitsbereiche ab und beinhaltet bei einem diversifizierten Unternehmen Wettbewerber aus verschie-

---

[127] Vgl. Rumelt (1991), S. 167ff., dessen empirische Forschung zeigt, daß die wichtigsten Bestimmungsfaktoren der Erträge von Geschäftseinheiten (verstanden als Unternehmensteile, die ganz in einer Branche tätig sind) geschäftseinheitsspezifische Ressourcen oder Marktpositionierungen sind und nicht die "Mitgliedschaft" in einer bestimmten Branche; Schmalensee (1985), S. 341ff. stellt in seiner empirischen Untersuchung fest, daß ca. 20% der Varianz der Erträge über Branchenfaktoren erklärbar sind, weshalb er die Bedeutung der Branche als Profitabilitätsbestimmungsfaktor betont. Für die restlichen 80% der Varianz werden keine Bestimmungsfaktoren identifiziert. Rumelt (1991), S. 167ff. zeigt jedoch auf, daß der überwiegende Anteil dieser 80% (bei ihm beträgt die vergleichbare Größe ca. 83%) auf die oben genannten geschäftseinheitsbezogenen Faktoren zurückzuführen ist.

[128] Die Unterscheidung von Branche und Markt ist in der Literatur nicht eindeutig. Oft wird eine Branche nur als die Anbieterseite eines Marktes verstanden: "An industry can be defined as a group of firms offering products or services which are close substitutes of each other." (Hax/Majluf (1984), S. 261; vgl. hierzu auch Hax/Majluf (1991), S. 36.) Spricht man von Markt, wird dies oft nur auf die Abnehmerseite bezogen (vgl. Curran/Goodfellow (1989), S. 16., Pümpin/Geilinger (1988), S. 25); Bauer (1989), S. 18ff. versteht Markt hingegen als ein Relationssystem bestehend aus Nachfragern, Anbietern und Gütern sowie bestimmten Beziehungen zwischen diesen Elementen. Zusammenfassungen *bestimmter Anbieter zu Branchen* oder *bestimmter Kunden zu Marktsegmenten* sind für ihn nur unterschiedliche objektbezogene Marktabgrenzungen.

denen Branchen. Bei der Betrachtung einzelner Geschäftsbereiche oder sonstiger organisatorischer Unternehmenseinheiten, beschränkt sich das Wettbewerbsfeld gegebenenfalls auf Unternehmen bestimmter Branchen oder Branchensegmente. Zur Systematisierung von Planungs- und Analyseaktionen innerhalb des strategischen Managements und deren Zuordnung zu organisatorischen Verantwortungsbereichen, muß der gesamte Tätigkeitsbereich in *entsprechende Einheiten unterteilt werden*. Aus Sicht der Strategieentwicklung ist dabei die Unterteilung in sogenannte strategische Geschäftsfelder von herausragender Bedeutung. Strategische Geschäftsfelder sind möglichst isolierte Ausschnitte aus dem gesamten Betätigungsfeld des Unternehmens, für die sich relativ unabhängig Wettbewerbsstrategien bzw. strategische Programme entwickeln lassen. Sie fallen dabei meist nicht mit historisch gewachsenen Grenzen zwischen den organisatorischen Verantwortungsbereichen zusammen. Sie können des weiteren branchenübergreifend sein. Aus Unternehmensgesamtsicht bilden die strategischen Geschäftsfelder ein Portfolio, das basierend auf der Bewertung der einzelnen strategischen Geschäftsfelder im Rahmen der Portfolio-Analyse gestaltet wird. Obwohl eine völlige Unabhängigkeit der strategischen Geschäftsfelder angestrebt wird, sind in der Praxis "Überlappungen" von Lieferanten, Kunden und Wettbewerbern nicht zu vermeiden.[129]

Die Branchen- bzw. Marktabgrenzung dient im allgemeinen dazu, die komplexen Beziehungen zwischen Anbietern, Nachfragern und Gütern zu analysieren und besser zu verstehen, um dann den einzel- (oder gesamtwirtschaftlichen) Zielen entsprechende Maßnahmen ergreifen zu können. Die konkrete Abgrenzung ist dabei aber immer abhängig vom *individuellen Zweck*.[130] "Ultimately, drawing boundaries around industries and markets is a matter of judgment, and judgment needs to take account of the purposes of the analysis."[131] Eine *allgemeingültige Abgrenzung* kann es folglich nicht geben. Brancheneinteilungen, wie sie z.B. für Zwecke der Wirtschafts- oder Verbandspolitik (z.B. für statistisch-vergleichende Aussagen) verwendet werden, sind deshalb für betriebswirtschaftlich-strategische Fragestellungen nur bedingt geeignet, oft sogar hinderlich. Unternehmen orientieren sich an diesen scheinbaren

---

[129]   Vgl. Kirsch (1997), S. 298ff., 503ff.; vgl. auch Carqueville et al. (1991), S. 74ff., die strategische Geschäftsfelder auch als "strategische Märkte" bezeichnen; in der Literatur findet sich in diesem Zusammenhang auch der Begriff der "Strategic business unit" oder strategischen Geschäftseinheit (vgl. Hax/Majluf (1991), S. 26ff.; Porter (1986), S. 405ff.).

[130]   Vgl. Bauer (1989), S. 23ff., der diese zweckorientierte Marktabgrenzung nicht nur auf das strategische Management bezieht, sondern auch Zwecke der Marktabgrenzung in der Wirtschaftspolitik, der Wettbewerbspolitik und im Wettbewerbsrecht sowie in der Marketingpolitik erläutert.

[131]   Grant (1995), S. 80

"Branchengrenzen", was dazu führen kann, daß Unternehmen aus anderen Branchen nicht als Wettbewerber wahrgenommen werden und Branchenverschmelzungen unbemerkt bleiben.

1.2.3.   Bestimmung der Art des Konkurrierens

Erfolgreiche Konkurrenz in einem Wettbewerbsfeld verlangt den Aufbau und den Erhalt von Wettbewerbsvorteilen. Wie bei der Bestimmung des Wettbewerbsfelds steht auch im Zusammenhang mit Wettbewerbsvorteilen die Kundensicht in der strategischen Literatur im Vordergrund.[132] Für erfolgreichen Wettbewerb und die Erzielung von Wettbewerbsvorteilen muß das Unternehmen folgende Bedingung erfüllen: "It must deliver greater value to customers or create comparable value at a lower cost, or do both."[133] Im folgenden soll in diesem Zusammenhang der Begriff des Wertgewinns verwendet werden. Ein Kunde trifft seine Kaufentscheidung, indem er verschiedene Alternativangebote hinsichtlich des erwarteten Wertgewinns beurteilt. Der Wertgewinn ergibt sich dabei aus der Differenz zwischen der Wert- und der Kostensumme. Die Wertsumme (oder der Wert) besteht aus dem Produktwert, dem Wert ergänzender Dienstleistungen, dem Wert durch Image etc. Er ist das, was der Kunde maximal bereit ist zu zahlen, und damit im wesentlichen eine Funktion der Bedürfnisbefriedung, die durch Leistung erreichbar ist. Die Kostensumme ergibt sich aus dem tatsächlich bezahlten Preis, der Zeit, dem psychischen Aufwand etc. Ziel des Unternehmens muß es sein, ein Produkt mit möglichst hohem Wertgewinn (relativ zur Konkurrenz) anzubieten, was durch eine Erhöhung des Werts und/oder durch eine Senkung der Kosten möglich ist.[134] Dies bedingt folglich einen Differenzierungs- oder Kostenvorteil bzw. eine Kombination dieser Vorteile.

Grundsätzlich können *zwei Formen des Konkurrierens* unterschieden werden:[135] Zum einen können Wettbewerbsvorteile durch die Erhöhung der "Operational effectiveness" erzielt wer-

---

[132]   Diese eingeschränkte Betrachtung wird von Feurer/Chaharbaghi (1994), S. 49f. bemängelt und auf die "Konkurrenz um die Gunst der Shareholder" erweitert; wie im weiteren Verlauf der Arbeit noch aufgezeigt wird, konkurriert das Unternehmen auch um die Gunst anderer Stakeholder, wie z.B. der Mitarbeiter oder Lieferanten.

[133]   Porter (1996), S. 62

[134]   Vgl. zum Begriff des Wertgewinns, der Wert- und Kostensumme Kotler/Bliemel (1995), S. 50ff.; Feurer/Chaharbaghi (1994), S. 50ff. definieren den Customer-value als Verhältnis von Nutzen zu Preis. Das heißt ein Wertgewinn ergibt sich hier ebenfalls durch Erhöhung des Nutzens bzw. Verminderung des Preises.

[135]   Vgl. zum folgenden Porter (1996), S. 61ff. Kern sämtlicher Wettbewerbsvorteile sind für Porter Aktivitäten: "Activities .. are the basic units of competitive advantage." (Porter (1996), S. 62). Porter knüpft an die in "Competitive Advantage" (vgl. Porter (1985)) dargestellten Überlegungen an. Als Instrument zur Untersu-

Fortsetzung der Fußnote auf der folgenden Seite

den. Unternehmen führen dann die *gleichen Aktivitäten besser durch als ihre Konkurrenz*. Japanische Unternehmen konkurrierten in den achtziger Jahren insbesondere auf Basis dieser "Operational effectiveness", die es ihnen ermöglichte Kosteneinsparungen zu realisieren und gleichzeitig bessere Qualität anzubieten. Total-quality-management, Time-based-competition und Benchmarking sind Methoden, die auf die Verbesserung der "Operational effectiveness" abzielen. Aufgrund der schnellen Diffusion von Wissen und Best-practice-Ansätzen sind Wettbewerbsvorteile aufgrund von "Operational effectiveness" nur von kurzer Dauer und können insgesamt zu destruktivem Wettbewerbsverhalten führen.[136]

Eine zweite Form des Wettbewerbs besteht darin, *andere Aktivitäten (bzw. die Aktivitäten auf andere Art und Weise) als die Konkurrenz* auszuführen, um dadurch für den Kunden einzigartigen Wertgewinn zu schaffen. Dabei beruhen die dauerhaften Wettbewerbsvorteile weniger auf den einzelnen Aktivitäten, es ist vielmehr *die Konfiguration des Gesamtsystems von Aktivitäten*, die den Erfolg ausmacht. Diese zweite Form des Wettbewerbs ist die strategische Dimension des Wettbewerbs.[137] So verstanden, impliziert die strategische Dimension des "Wie konkurrieren" auch eine andersartige Konfiguration der Wertschöpfungskette (bzw. des Geschäftssystems), die eine Abbildung der Aktivitäten des Unternehmens (bzw. der Unternehmenseinheiten) sowie deren Verknüpfung darstellt.[138]

Wettbewerb muß nicht zwangsläufig zwischen einzelnen Unternehmen stattfinden, sondern kann auch als Konkurrenz von Koalitionen mehrerer Unternehmen verstanden werden. MCGRATH/MACMILLAN sprechen in diesem Zusammenhang von "Collaboration", welche die positiven Aspekte einer Zusammenarbeit zwischen Unternehmen betont und ein neu aufkommendes "competitive paradigm in strategy"[139] darstellt. Damit wird Wettbewerb weniger zur Konkurrenz zwischen Unternehmen, sondern vielmehr zum Wettbewerb zwischen Netzwerken.[140] Zwar sind Unternehmensnetzwerke eine eher auf kooperativen als auf kompetitiven Beziehungen aufbauende Organisationsform, dennoch können auch innerhalb des Netzwerks

---

chung des "Fits" der einzelnen Aktivitäten zu einem stimmigen Gesamtkonzept stellt er "Activity-system maps" dar.

[136] Vgl. Porter (1996), S. 61ff.

[137] Vgl. Porter (1996), 64ff.

[138] Vgl. zur Wertschöpfungskette und zum Geschäftssystem insbesondere Kapitel IV. 3.1.3.

[139] McGrath/MacMillan (1996), S. 14.; der Erfolg verschiedener Kooperationsformen hängt stark davon ab, inwieweit es gelingt, Win-win-Situationen (im Gegensatz zu Null-Summen-Spielen) zu schaffen (vgl. Backhaus/Meyer (1993), S. 333f.; vgl. hierzu auch Wissema/Euser (1991), S. 39 und Jarillo (1988), S. 37f.).

[140] Vgl. McGrath/MacMillan (1996), S. 15; Gomes-Casseres (1997), S. 69 spricht deshalb von einem "collective competition" zwischen verschiedenen Unternehmenskonstellationen bzw. -netzwerken

weiterhin kompetitive Elemente bestehen, die teilweise auch sinnvoll sind.[141] Insofern ist eine harmonische Koexistenz kooperativer und kompetitiver Elemente innerhalb des Netzwerks anzustreben, wie es z.b. im japanischen Wirtschaftssystem in Form von "Keiretsus" anzutreffen ist.

Vertikale Keiretsus sind Netzwerke, typischerweise bestehend aus einem Großunternehmen das koordinierend wirkt, und aus einer Vielzahl von Zulieferunternehmen sowie Unternehmen im Bereich Absatz und Vertrieb. Das Führungsunternehmen fördert einerseits die *kompetitiven Elemente* innerhalb des Netzwerks (z.b. durch Vermeiden von Single-sourcing innerhalb des Keiretsus und Einkauf bei mindestens einem Lieferanten außerhalb des Keiretsus), was insbesondere eine Monopolstellung einzelner Unternehmen verhindern soll. Andererseits versucht es aber auch, durch *Kooperation* mit den Zulieferunternehmen (z.b. im Bereich Forschung und Entwicklung) und finanzieller sowie technologischer Unterstützung insbesondere der "wettbewerbsschwachen" Unternehmen, den Zusammenhalt im Keiretsu zu festigen. Auf dieser Basis ist ein erfolgreicher Wettbewerb gegenüber anderen Keiretsus möglich. Dem Führungsunternehmen obliegt die schwierige Aufgabe, die *Balance zwischen Kooperation und Wettbewerb* zu steuern. *Horizontale Keiretsus* sind Gruppen von Unternehmen, die sich durch gegenseitige Kapitalverflechtungen, meist Minderheitsbeteiligungen, auszeichnen. Im Gegensatz zu Mischkonzernen besteht keine einheitliche Führung oder Strategie, sondern nur eine lose Koordination über laufenden Meinungsaustausch der Führungskräfte und ungeschriebene "Gentlemen agreements". Die Unternehmen unterstützen sich innerhalb ihres Keiretsus im Wettbewerb gegenüber Unternehmen anderer Keiretsus, wobei jedoch auch innerhalb des horizontalen Keiretsus kompetitive Elemente vorhanden sind.[142]

Das Streben nach Wettbewerbsvorteilen darf daher nicht in eine strikte Freund-Feind-Klassifizierung münden. Zum einen muß differenziert werden, welche Unternehmen in welchem Kontext tatsächlich als "Konkurrenz" fungieren. Oft bestehen legale Möglichkeiten der Kooperation mit (vermeintlichen) Wettbewerbern, wodurch die Zielsetzungen aller Beteiligten besser erreicht werden können als bei einer konkurrenzorientierten, individuellen Vorgehensweise. Wettbewerbsvorteile werden dann gemeinsam gegenüber dem umgebenden Bezugssystem realisiert. Zum anderen darf es zu keiner Fixierung auf das "Besiegen" oder die "Vernichtung" der Wettbewerber kommen. Dies verlangt einen "maßvollen" Umgang mit Wettbewerbsvorteilen. Besitzt z.B. ein Unternehmen einen gravierenden Kostenvorteil, so

---

[141] Vgl. Sydow (1993), S. 79, 93f.

eröffnet dies die Möglichkeit einer Preissenkung und damit einer Verdrängung der Wettbe-werber. Dadurch kann es jedoch zu einer Eskalation im Wettbewerb kommen, die in einen Preiskrieg mündet und in dem selbst das bevorteilte Unternehmen zu den Verlierern zählt.[143] BRANDENBURGER/NALEBUFF prägen in diesem Zusammenhang den Begriff der Co-opetition, einer Wortkombination aus "Cooperation" und "Competition":

"It's not all war with competitors. It's war and peace."[144]

---

[142]   Vgl. Tezuka (1997), S. 83ff.

[143]   Vgl. hierzu Nielsen (1988), S. 479ff., die auf Basis spieltheoretischer Überlegungen eine Systematisierung kooperativer Strategien darstellen. Der hier beschriebene "maßvolle" Umgang mit Wettbewerbsvorteilen würde zu den Deeskalationsstrategien zählen.

[144]   Brandenburger/Nalebuff (1996), S. 38

2.   Strategische Analyse im Rahmen des strategischen Managements

2.1.   Kernelemente des strategischen Managements

Der Begriff Strategie stammt von dem aus "stratos" und "igo" zusammengesetzten altgriechischen Wort "Strataegeo" ab. Entsprechend der Bedeutung der beiden Wortteile läßt sich Strategie als die Ausrichtung des Denkens und Handelns an übergeordneten, umfassenden Zielen interpretieren.[145] Wesentlicher Ursprung strategischen Denkens ist die Kunst der Staatsführung, die sich später auf die militärische Kriegsführung verengte.[146] Strategie im militärischen Bereich dient dazu, das langfristige Überleben einer Populationsgemeinschaft zu sichern und zwar durch Bewahrung der Eigenständigkeit (defensive Zielsetzung) und/oder durch eine Erweiterung des Einflußbereichs (offensive Zielsetzung).[147] Obwohl die Übertragung des strategischen Denkens aus dem militärischen Bereich auf die Unternehmensführung Gegenstand kontroverser Diskussionen ist[148], lassen sich erste Gemeinsamkeiten bezüglich der Merkmale von strategischen Entscheidungen festhalten: Strategische Entscheidungen sind *von großer Bedeutung*, sie sind mit einem *signifikanten Ressourceneinsatz* verbunden und nur *schwer umkehrbar*.[149]

Die *Anfänge* des *strategischen Managements*[150] liegen in den USA und reichen bis in die fünfziger Jahre zurück, als erstmals der Begriff der Strategie im wirtschaftswissenschaftlichen

---

[145]   Vgl. Gälweiler (1987), S. 65f.

[146]   Die Anfänge strategischen Denkens in der Kriegsführung lassen sich in der Literatur weit zurückverfolgen. So verfaßte Sun Tzu, bereits ca. 500 Jahre vor Christus in China ein Werk über strategische Kriegsführung (vgl. Sun Tzu (1963)). Weitere Grundsätze der strategischen Kriegsführung in der neueren Literatur finden sich bei Clausewitz (1980), 1832-1834 erstmals veröffentlicht, oder Bülow (1806).

[147]   Vgl. Wüthrich (1991), S. 26

[148]   Grant (1995), S. 12 zeigt die Grenzen der Übertragbarkeit anhand der Dualität von Diplomatie und Kriegsführung auf. Erst, wenn die Diplomatie, die eine friedliche Gestaltung der Beziehungen zwischen Ländern zum Ziel hat, versagt, werden militärische Maßnahmen ergriffen. Da in der Unternehmenspraxis Beziehungen zwischen Unternehmen typischerweise kooperative und kompetitive Elemente enthalten und nur selten eine destruktive Rivalität mit dem Ziel der Zerstörung des Feindes dominiert, liegt eine Analogie zwischen Strategie und Diplomatie nahe; vgl. zu den grundlegenden Unterschieden zwischen Militär- und Unternehmensstrategie Gälweiler (1987), S. 60ff.

[149]   Vgl. Grant (1995), S. 10f.

[150]   In der Literatur finden sich im Zusammenhang mit dem Komplex "Strategie" zahlreiche unterschiedliche Begriffe, wie z.B. strategische Unternehmensführung, strategische Planung, strategisches Management (bzw. in der angelsächsischen Literatur Strategic planning, Policy etc.). Zur genauen Differenzierung vgl. Knyphausen-Aufsess (1995), S. 299ff.; Kirsch (1991), S. 7ff. grenzt strategisches Management von strategischer Unternehmensführung insbesondere dadurch ab, daß es Ausdruck einer spezifischen Führungskon-

Fortsetzung der Fußnote auf der folgenden Seite

Sprachgebrauch auftaucht.[151] Der eigentliche Begriff des strategischen Managements findet sich aber erst in den siebziger Jahren[152] und verbreitet sich zunehmend in den achtziger Jahren in der Literatur.[153] Heute kann man vom strategischen Management als einer eigenen *wissenschaftlichen Disziplin* sprechen.[154] Die *Forschungsthemen* des strategischen Managements haben im Laufe der Zeit einen Wandel erfahren: In den späten siebziger und den achtziger Jahren waren die am häufigsten untersuchten Themen die Strategieformulierung und der "Strategy Content" (insbesohdere die Performance-Wirkung von Strategien). In den achtziger Jahren nahm das Interesse an der Strategieimplementierung deutlich zu, was mit den Enttäuschungen, die die Unternehmenspraxis regelmäßig nach arbeits- und kapitalintensiven (Neu)-Formulierungen von Strategien erfährt, zusammenhängt. Wichtige Themen der neunziger Jahre waren weiterhin die Strategieimplementierung, aber auch Technologie und Innovation sowie die Internationalisierung bzw. Globalisierung der Unternehmenstätigkeiten.[155]

Die Forschungsbemühungen des strategischen Managements sind geprägt von *unterschiedlichen Forschungstraditionen*, was zu einer breiten "Ökologie der Ideen" führte.[156] MINTZBERG versucht mit seinen *"10 Schools of Thought"* die verschiedenen, das strategische Management beeinflussenden Forschungstraditionen in bestimmte "Schulen" einzuteilen und zeigt so die vorhandene Ideen- und Perspektivenvielfalt auf.[157]

Die "Schools of Thought" unterteilen sich in drei Gruppen.[158]

- Die *präskriptiven Schulen*, die sich mit der Frage beschäftigen, wie Strategien idealerweise formuliert werden sollen. Die Ansätze dieser Schulen betrachten die Entstehung von Stra-

---

zeption bzw. Führungsphilosophie ist. Die Begriffsfassung ist damit enger als bei der strategischen Unternehmensführung.

[151] Vgl. Mintzberg (1990), S. 113, der die erstmalige Verwendung des Terminus Strategie im heutigen Sinne William Newman von der Columbia University Business School (vgl. Newman (1951), S. iii, S. 110ff) im Jahre 1951 zuschreibt.

[152] Vgl. hierzu den einschlägigen Buchtitel "From Strategic Planning to Strategic Management" von Ansoff/Declerk/Hayes (1976) oder den Konferenzband von Hofer/Schendel (1979) mit dem Titel "Strategic Management: A New View of Business Planning and Policy".

[153] Vgl. zur historischen Entwicklung Wüthrich (1991), S. 39ff. m.w.N. und Schendel (1995), S. 143ff.

[154] Als Indikatoren hierfür können zahlreiche Zeitschriften und Jahrbücher zum strategischen Management, die Vielzahl der Lehrprogramme an Universitäten, die sich mit strategischen Fragestellungen beschäftigen, und die Entstehung von strategiespezialisierten Beratungsunternehmen gewertet werden (vgl. Knyphausen-Aufsess (1995), S. 16ff.).

[155] Vgl. Knyphausen-Aufsess (1995), S. 26ff. m.w.N.

[156] Vgl. Knyphausen-Aufsess (1995), S. 50ff.

[157] Vgl. Mintzberg (1990), S. 105ff.

[158] Vgl. zur Einteilung der Schulen Mintzberg (1990), S. 108ff.

tegien als einen bewußten und formalisierten Prozeß, der zu sorgfältig durchdachten und präzise formulierten Strategien führt, die anschließend umgesetzt werden.[159] Kennzeichnend ist dabei die klare Trennung zwischen "Strategy formulation" auf Ebene des Topmanagements bzw. von spezialisierten Planungsabteilungen und der nachfolgenden "Strategy implementation", insbesondere durch die Mitarbeiter auf niedrigeren Hierarchieebenen.[160]

- Die *deskriptiven Schulen*, die zu klären versuchen, wie Strategien tatsächlich entstehen. Dabei findet keine Trennung zwischen "Strategy formulation" und "Strategy implementation" statt. Vielmehr werden Strategien als Ergebnis eines "Formierungsprozesses" im Unternehmen betrachtet.[161] Im Gegensatz zu den präskriptiven Ansätzen sind Strukturen und Systeme nicht Teil der Strategieimplementierung[162], vielmehr wird die Strategie-(entstehung) wesentlich durch die Struktur und die Systeme bestimmt. Deshalb wird auch von einem umgekehrten Kausalzusammenhang ausgegangen ("Strategy follows structure").[163]

- Die *"Configurational School"*[164], die versucht, die Sichtweise der anderen Schulen zu einer einheitlichen Perspektive zu integrieren, nämlich den "Configurations". Die Konfigurationen beschreiben den "Fit" zwischen der Organisation, der Umwelt und dem Strategieprozeß, wobei für verschiedene Konfigurationen die Ansätze der einzelnen Schulen unterschiedlich relevant sind.[165]

Bei MINTZBERG wird die *ökonomische Forschungstradition* durch die "Positioning School", als eine der präskriptiven Schulen, repräsentiert. Allerdings beschränkt er sich dabei auf die industrieökonomische Forschungstradition, ohne andere ökonomische Theorieangebote wie z.B. den *Resource-based-view,* der das strategische Management der neunziger Jahre wesentlich beeinflußt hat, miteinzubeziehen.[166] Die vorliegende Arbeit nutzt diese "Ökologie der

---

[159] Vgl. Mintzberg/Quinn/Voyer (1995a), S. 81

[160] Vgl. Mintzberg/Quinn/Voyer (1995b), S. 3.; eine Trennung in Strategieentwicklung und -implementierung findet sich z.b. bei Hofer/Schendel (1978) oder Galbraith/Kazanjian (1986).

[161] Vgl. Mintzberg/Quinn/Voyer (1995), S. XVIII; Mintzberg/Quinn/Voyer (1995d), 103ff.; Mintzberg (1990), S. 137ff.

[162] Diese Argumentation baut insbesondere auf dem von Chandler (1962) geprägten Kausalzusammenhang "Structure follows strategy" auf.

[163] Vgl. Mintzberg/Quinn/Voyer (1995c), S. 133

[164] Die "Configurational School" wurde wesentlich durch Mitglieder der Management Faculty der McGill University in Kanada, zu der auch Minzberg gehörte, und deren Forschungsarbeiten seit Anfang der siebziger Jahre geprägt (vgl. Mintzberg (1990), S. 182f.).

[165] Vgl. Mintzberg (1990), S. 179ff.; Mintzberg/Quinn/Voyer (1995d), S. 104

[166] Vgl. zu diesem Kritikpunkt Knyphausen-Aufsess (1995), S. 24

Ideen" zur Diskussion der Veränderung von Wettbewerbsregeln, wobei insbesondere auf Ansätze aus dem Bereich der *Industrieökonomie* und der *Resource-based-view* zurückgegriffen wird.

Abschließend sollen die zentralen Aspekte der dem strategischen Management zugrundeliegenden Denkhaltungen dargestellt werden:

- *Zukunftsorientierung:* Strategisches Management erfordert eine Orientierung an "möglichen Welten" und Erfolgspotentialen. Es verlangt eine bewußte, systematische Abkehr des Blicks von der Vergangenheit in Richtung Zukunft. Eine Fortschreibung bisheriger Entwicklungen zur Bestimmung der Zukunft ist dabei aufgrund von Diskontinuitäten nur bedingt möglich.[167]

- *Zielorientierung:* Strategisches Denken ist zielorientiert. Durch Ziele werden die vielfältigen Unternehmensaktivitäten koordiniert und in eine bestimmte Richtung gelenkt. Strategisches Denken trägt damit zur Fokussierung bei und führt zu einer Konzentration der Kräfte.[168] Des weiteren erfüllen Ziele eine "Anreizfunktion", die eine anspruchsvolle Zielsetzung notwendig erfordert.[169]

- *Kritikorientierung:* "Strategic thinkers challenge conventional wisdom - the industry recipe[170], the traditional strategy, the ordinary world perceived by everyone else who wears blinders - and thereby differentiate their organizations."[171] Strategisches Management erfordert ein ständiges kritisches Hinterfragen sowohl der eigenen Annahmen bezüglich erfolgreichen Wettbewerbs als auch die der Wettbewerber.

- *Beschränkte Beherrschbarkeit:* Strategisches Management erfordert die Einsicht, daß nicht alle Entwicklungen vollständig beherrscht werden können. Auftretende Störungen (z.B. durch Diskontinuitäten und Umweltturbulenzen) verlangen immer wieder eine Reaktion

---

[167] Vgl. Kirsch (1991), S. 12

[168] Vgl. Bleicher (1996), S. 236ff.

[169] Vgl. hierzu das von Hamel/Prahalad (1989) eingeführte Konzept des "Strategic intent". Es beschreibt das Streben nach einem Zustand, der weit außerhalb des mit den derzeit bestehenden Ressourcen und Fähigkeiten Erreichbaren liegt. Charakteristisch ist eine gewisse "Besessenheit" und ein außergewöhnliches Commitment zur Zielerreichung. Die von Komatsu im Wettbewerb gegen Caterpillar geprägte Parole "Encircle Caterpillar" ist Ausdruck solch eines "Strategic intents".

[170] Der Begriff des "Industry recipe" wurde von Spender (1989) geprägt.

[171] Mintzberg (1991), S. 23

des Managements. Die Komplexität und Dynamik der Umwelt[172] verhindert eine umfassende Steuerung der Unternehmensentwicklung.[173]

- *Pragmatismus:* Strategisches Denken ist pragmatisch, d.h. auf praktisches Handeln ausgerichtet: "Strategic management, by its nature and audience, is pragmatic. If certain approaches do not shed light on business practices, or if practitioners deny their validity, the proclivity of the strategy field will be, and should be, to reject them."[174]

2.2. Industrieökonomische Sichtweise und Resource-based-view als komplementäre Perspektiven

2.2.1. Outside-in-orientierte industrieökonomische Sichtweise

Das Gedankengut der Industrieökonomie[175] hat vor allem durch die Arbeiten von PORTER[176] das strategische Management stark beeinflußt. PORTER zeigt auf, daß sich mit Hilfe der Industrieökonomie, Marktbedingungen und strategisches Management einander systematisch zuordnen lassen.[177] Ziel der folgenden Ausführungen ist es, den Beitrag der Industrieökonomie zum strategischen Management bzw. zur strategischen Analyse genauer zu betrachten.

Die Industrieökonomie untersucht den Einfluß von Marktbedingungen bzw. -zuständen auf das wirtschaftliche Verhalten von Unternehmen. Die industrieökonomische Forschung wurde stark durch den auf MASON und BAIN zurückgehenden *Struktur-Verhalten-Ergebnis-*

---

[172] Die Komplexität beschreibt die Anzahl und die Verschiedenartigkeit der einzelnen Umweltelemente und deren Beziehungen. Die Dynamik wird durch die Häufigkeit, die Regelmäßigkeit und die Intensität von Umweltveränderungen gekennzeichnet (vgl. Diesch (1986), S. 57ff. m.w.N.; Krüger/Schwarz (1997), S. 96f.).

[173] Kirsch (1991), S. 12ff. spricht von "gemäßigtem Voluntarismus", der Kerngedanke seines Konzepts der geplanten Evolution ist.

[174] Rumelt/Schendel/Teece (1991), S. 19f.

[175] Im folgenden wird der deutsche Begriff der Industrieökonomie synonym mit dem englischen Begriff der "Industrial organization" verwendet.

[176] Vgl. hierzu die beiden Hauptwerke von Porter "Competitive Strategy" (Porter (1980) bzw. Porter (1987a)) und "Competitive Advantage" (Porter (1985) bzw. Porter (1986)).

[177] Vgl. Schreyögg (1984), S. 50. Während in der Industrieökonomie bzw. der Volkswirtschaftslehre die Erreichung einer hohen Markteffizienz durch das freie Spiel der Wettbewerbskräfte und damit eine Erhöhung der öffentlichen Wohlfahrt (z.B. Beschäftigungsniveau oder Allokationseffizienz) angestrebt wird, soll Porters Framework (vgl. hierzu Kapitel II. 2.3.2.1 bzw. Kapitel IV. 3.2.2.1.) die gezielte Abschirmung des Unternehmens gegenüber diesen Kräften und deren Reduktion ermöglichen, um dadurch höhere individuelle Gewinne realisieren zu können; vgl. auch Kirsch/Habel (1991), S. 431.

(Structure-Conduct-Performance) Kausalzusammenhang geprägt:[178] Das Marktergebnis (oder die Marktleistung) einer Branche (Allokationseffizienz, Wohlfahrtsniveau, Innovationsrate bzw. technischer Fortschritt, Beschäftigungsgrad etc.) wird durch das Verhalten der Marktteilnehmer (Preispolitik, Werbung, Absprachen mit Konkurrenten etc.) bestimmt. Das Verhalten ist wiederum determiniert durch die Struktur der Branche (Konzentrationsgrad, Eintrittsbarrieren, Produktdifferenzierung etc.). Darüber hinaus sind allgemeine Strukturdeterminanten (oder Basisbedingungen) wie z.B. Preiselastizität, gesetzliche Rahmenbedingungen oder Verfügbarkeit von Ressourcen schließlich Bestimmungsgrößen der Branchenstruktur.[179] Unternehmen könnten in dieser Wirkkette die Branchenstruktur bzw. die Basisbedingungen nicht beeinflussen.

In der jüngsten Vergangenheit läßt sich in der Industrieökonomie jedoch eine Abkehr von diesem streng deterministischen Zusammenhang beobachten. Es wird stärker die *Verflechtung* der drei Elemente Struktur, Verhalten und Ergebnis (oder Performance) untersucht: "Bestimmt die Struktur über das Verhalten die Performance, so beeinflußt die Performance über das Verhalten die künftige Marktstruktur."[180] Damit werden rekursive Beziehungen und Möglichkeiten der Einflußnahme von Unternehmen auf die Branchenstruktur (z.B. durch die Schaffung von Eintrittsbarrieren) mit einbezogen. JACQUEMIN und andere Autoren[181] sprechen vor diesem Hintergrund von einer "neuen Industrieökonomie", wobei die von Bain geprägte strukturalistische Sicht durch eine eher verhaltensorientierte Blickrichtung ersetzt wird. Zur Analyse des interdependenten Handelns bedient sich die neue Industrieökonomie auch der Spieltheorie als einem formalen Instrumentarium.[182]

---

[178]　Mason (vgl. Mason (1939)) begründete die empirisch orientierte, wissenschaftliche Disziplin der "Theory of Industrial Organization", um die Kausalabhängigkeiten zwischen Marktstrukturen und unternehmerischen Verhaltensweisen zu untersuchen. Bain (vgl. Bain (1968)), ein Schüler Masons, rückte von dem unternehmensbezogenen Marktstrukturansatz ab und stellte die Branche als Untersuchungsobjekt in den Mittelpunkt seiner Betrachtungen.

[179]　Vgl. Schreyögg (1984), S. 50ff.; Scherer (1980), S. 3ff.

[180]　Kaufer (1980), S. 9 [im Original fett]

[181]　Vgl. Jacquemin (1986), 13ff; Schmalensee (1982)

[182]　Vgl. Knyphausen-Aufsess (1995), S. 61ff., S. 67; vgl. auch Shapiro (1989), S. 125, der ebenfalls auf die wachsende Bedeutung spieltheoretischer Ansätze in der Industrieökonomie hinweist und die Forschungsschwerpunkte in der Analyse der Dynamik strategischer Handlungen und der Rolle des strategischen "Commitments" sieht.

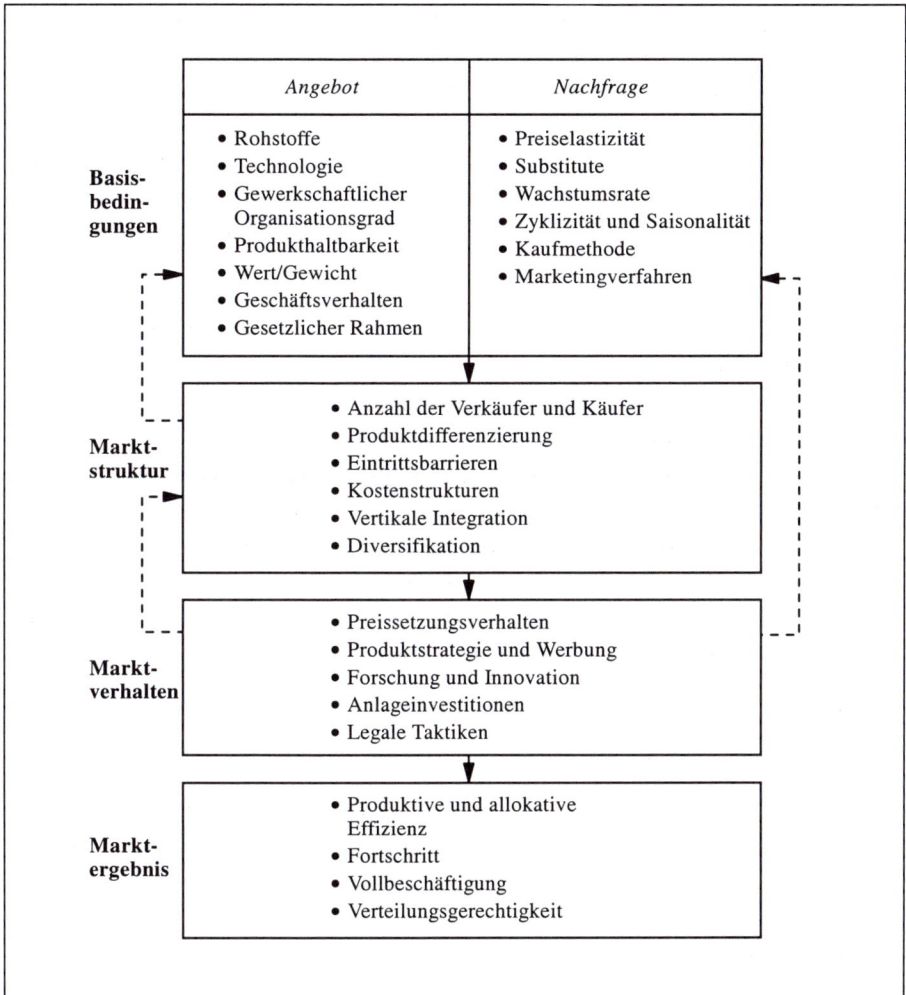

	Angebot	*Nachfrage*
Basis-bedin-gungen	• Rohstoffe • Technologie • Gewerkschaftlicher Organisationsgrad • Produkthaltbarkeit • Wert/Gewicht • Geschäftsverhalten • Gesetzlicher Rahmen	• Preiselastizität • Substitute • Wachstumsrate • Zyklizität und Saisonalität • Kaufmethode • Marketingverfahren

Markt-struktur	• Anzahl der Verkäufer und Käufer • Produktdifferenzierung • Eintrittsbarrieren • Kostenstrukturen • Vertikale Integration • Diversifikation

Markt-verhalten	• Preissetzungsverhalten • Produktstrategie und Werbung • Forschung und Innovation • Anlageinvestitionen • Legale Taktiken

Markt-ergebnis	• Produktive und allokative Effizienz • Fortschritt • Vollbeschäftigung • Verteilungsgerechtigkeit

Abb. 5: Struktur-Verhalten-Ergebnis-Kausalzusammenhang der Industrieökonomie[183]

Das industrieökonomisch geprägte Strategieverständnis impliziert eine stark *outside-in-orientierte Sichtweise*. Ausgangspunkt für die Strategieentwicklung bildet die Analyse der allge-

---

[183] Vgl. Scherer (1980), S. 4

meinen Umwelt und der Branchenstruktur zur Bestimmung der Branchenattraktivität und der branchenspezifischen Erfolgsfaktoren, die als notwendige Voraussetzungen für ein Überleben des Unternehmens bzw. für erfolgreichen Wettbewerb in der Branche betrachtet werden. Anschließend wählt das Unternehmen eine attraktive Branche aus und sucht nach Ansatzpunkten zum Markteintritt und/oder zur strategischen Positionierung innerhalb der Branche, wobei die Stärken und Schwächen des Unternehmens zu berücksichtigen sind. Ziel ist dabei eine möglichst günstige relative Wettbewerbsposition des Unternehmens, um dauerhafte Wettbewerbsvorteile zu generieren.[184]

Ein Hauptkritikpunkt an diesem Strategieverständnis ist, daß unternehmensinterne Gegebenheiten stark vernachlässigt werden. Von den Vertretern der industrieökonomischen Sichtweise wird zwar die Bedeutung von strategischen Ressourcen zum Aufbau von Marktbarrieren betont[185], der Ressourcenbegriff wird jedoch von generischen Produktionsfaktoren nicht abgegrenzt. Des weiteren wird von einer kurzfristigen Verfügbarkeit und einer problemlosen Aneignung notwendiger Ressourcen ausgegangen. Damit haben die beim Unternehmen aktuell vorhandenen Ressourcen keine Auswirkungen auf die grundsätzliche strategische Ausrichtung des Unternehmens. Der strategische Handlungsspielraum wird zwar durch quantitative und finanzielle Ressourcenbeschränkungen eingeengt, die Ressourcen selbst begründen jedoch keine Wettbewerbsvorteile, sondern sind ersetzbare Einsatzfaktoren der Leistungserstellung.[186]

2.2.2.   Inside-out-orientierter Resource-based-view

Als Begründer des Resource-based-view gilt PENROSE mit ihrem 1959 veröffentlichten Buch "The Theory of the Growth of the Firm"[187]. Nach ihrem Verständnis ergibt sich die Einzigartigkeit von Unternehmen (und somit deren Wettbewerbsvorteile) nicht aus einer besonderen Stellung am Produktmarkt, sondern aus den Ressourcen des Unternehmens. Die aktuelle Ressourcenbasis und insbesondere die ungenutzten Ressourcen bestimmen die Wachstumsrichtung des Unternehmens und die entstehenden Innovationen, wobei der "Managerial capacity"

---

[184]   Nach Porter (1986), S. 19ff. wird die Wettbewerbsstrategie von zwei zentrale Fragestellungen geprägt: Zum einen die Bestimmung der langfristigen Attraktivität einer Branche (gemessen an der Branchenprofitabilität) und die entsprechende Branchenauswahl und zum anderen die günstige Positionierung des Unternehmens relativ zum Wettbewerb um Wettbewerbsvorteile aufbauen zu können.

[185]   Vgl. z.B. Caves/Porter (1977), S. 253ff., die die Bedeutung von "Distinctive skills" und "Intangible assets" zur Errichtung von Mobilitätsbarrieren betonen.

[186]   Vgl. auch Binder/Kantowsky (1996), S.26

als dem die Wachstumsrate begrenzenden Faktor eine Schlüsselrolle zukommt.[188] Die grundlegende Arbeit von PENROSE wurde erst sehr viel später von WERNERFELT aufgegriffen und weiter ausgebaut. Er analysierte den Zusammenhang zwischen Ressourcen und Unternehmensprofitabilität und entwickelte erste Konzepte für ein dynamisches Ressourcenmanagement.[189] Seit Anfang der neunziger Jahre etablierte sich der Resource-based-view zunehmend als neue Forschungsrichtung innerhalb Strategielehre.

Im Gegensatz zur industrieökonomischen Sichtweise stellen die Vertreter *des Resource-based-view*[190] die Unternehmensressourcen in den Mittelpunkt der Betrachtung und versuchen, deren herausragende Bedeutung bei der Entstehung und Behauptung von Wettbewerbsvorteilen zu erklären. Sie verkehren die Argumentationslogik der Industrieökonomie zu einem *Ressourcen-Verhalten-Ergebnis-Kausalzusammenhang*: Basierend auf unternehmensspezifischen Ressourcen werden Strategien zur Erzielung dauerhafter Wettbewerbsvorteile erarbeitet und durch entsprechendes Wettbewerbsverhalten umgesetzt, was wiederum den Unternehmenserfolg und damit die Branchenstruktur beeinflußt.[191]

Der Ressourcenbegriff des Resource-based-view erfährt im Gegensatz zum Begriffsverständnis der volkswirtschaftlichen Neoklassik eine engere Auslegung, da nur materielle und immaterielle Aktiva mit *unternehmensspezifischen Elementen* als Ressourcen bezeichnet werden. Zu den materiellen Ressourcen zählen z.B. Produktionsanlagen, EDV-Systeme und Finanzmittel. Die immateriellen Ressourcen umfassen Patente, die Reputation des Unternehmens, die Unternehmenskultur, technologisches Know-how, spezifische Fähigkeiten u.ä.[192] Immaterielle Ressourcen werden trotz ihres erheblichen Erfolgspotentials[193] aufgrund der kri-

---

[187]   Vgl. Penrose (1959)

[188]   Vgl. Penrose (1959), 43ff.

[189]   Vgl. Wernerfelt (1984), S. 171ff.

[190]   Unter dem Oberbegriff des Resource-based-view werden in der anglo-amerikanischen Literatur alle Modelle und Ansätze subsumiert, die eine Erklärung des Wettbewerbserfolgs von Unternehmen über die Existenz einzigartiger Ressourcen versuchen (vgl. Rasche (1994), Fußnote S. 4). Begriffe wie ressourcenorientierte Unternehmensführung, Kernkompetenzenperspektive oder ressourcenorientierter Ansatz werden diesem Verständnis entsprechend im folgenden als synonym betrachtet.

[191]   Vgl. hierzu auch Rasche (1994), S. 67f.; Rasche/Wolfrum (1994), S. 502f.

[192]   Vgl. Rasche/Wolfrum (1994), S. 502; vgl. auch Wernerfelt (1984), S. 172; Barney (1986), S. 656ff.; ein Ansatz zur Systematisierung von Ressourcen findet sich in Kapitel IV. 3.1.2.1.

[193]   Vgl. zu Erfolgspotenzialen immaterieller Ressourcen Itami/Roehl (1987); Hall (1992), S. 135ff.

tischen bilanziellen Bewertung und der schwierigen empirischen Erfaßbarkeit in der Literatur oft vernachlässigt.[194]

Der Resource-based-view stützt sich im wesentlichen auf *drei Grundannahmen*:[195]

- *Unvollständige Faktormärkte*

  Ressourcen werden als grundsätzlich über Märkte handelbar betrachtet. Bei vollständigen Faktormärkten entspräche der Preis für einen Faktor den zukünftig erwarteten Erträgen. Unvollständige Faktormärkte zeichnen sich dadurch aus, daß Informationsasymmetrien zwischen Käufer und Verkäufer bestehen. So kann z.b. der Käufer aufgrund nur ihm zugänglicher Informationen über das mit der Ressource realisierbare Synergiepotential eine höhere Ertragserwartung besitzen als der Verkäufer. Dadurch können einzelne Marktteilnehmer durch die Akquisition von marktlich unterbewerteten Ressourcen überdurchschnittliche Gewinne realisieren.[196]

- *Nicht existierende Faktormärkte*

  Neben den grundsätzlich handelbaren Ressourcen sind es vor allem immaterielle Aktiva, die sich der Transaktion auf Märkten teilweise oder vollkommen entziehen. Hierzu zählen z.b. die spezifische Unternehmenskultur, außergewöhnliche Stakeholderbeziehungen oder die Reputation eines Unternehmens. Diese Aktiva können nur vom Unternehmen selbst im Zeitablauf entwickelt und akkumuliert werden.[197]

- *Heterogenität von Ressourcen*

  Die Heterogenität von Ressourcen liegt im wesentlichen in der dargestellten Unvollständigkeit bzw. Nichtexistenz von Faktormärkten begründet. Die damit verbundenen Ressourcenasymmetrien bilden die Basis für die Wettbewerbsvorteile von Unternehmen.

Die drei Grundannahmen enthalten noch keine Aussagen hinsichtlich der strategischen Vorteilhaftigkeit bestimmter Ressourcen. Damit eine unternehmensspezifische Ressourcenbasis

---

[194]   Vgl. zur Operationalisierungsproblematik und Erfaßbarkeit durch das Rechnungswesen Jacobson (1992), S. 795 m.w.N.

[195]   Vgl. zu einer umfassenden Darstellung der folgenden Grundannahmen des Resource-based-view Rasche (1994), S. 55ff. m.w.N.

[196]   Vgl. hierzu insbesondere das Konzept der "Strategic Factor Markets" von Barney (1986a), 1231ff.

[197]   Vgl. auch Dierickx/Cool (1989), S. 1505ff.

zu dauerhaften Wettbewerbsvorteilen führen kann und damit einen "strategischen Wert"[198] erhält, muß diese folgenden *Anforderungen* entsprechen:[199]

- *Nicht-Imitierbarkeit*
  Wettbewerbsvorteile und die damit verbundenen überdurchschnittlichen Gewinne können nur dann langfristig erhalten werden, wenn die Ressourcen schwer oder gar nicht durch Konkurrenten imitiert werden können. Imitationsbarrieren liegen vorwiegend in den folgenden Faktoren begründet:

  - Der *Nicht-Wiederholbarkeit der individuellen Unternehmensentwicklung,* die zur Ausbildung unternehmensspezifischer Ressourcen führt (man spricht auch von "Path Dependency" oder "Historizität")[200], so daß Wettbewerber zur Imitation der Ressourcen strenggenommen die historische Entwicklung des Unternehmens nachvollziehen müßten. Dadurch erwachsen dem Unternehmen einzigartige Optionen: "Das in der Vergangenheit Getane schlägt sich heute in einem spezifischen Ressourcenprofil nieder, das der betreffenden Unternehmung Optionen für die Zukunft bietet, die anderen so nicht offenstehen."[201]

  - Den *unklaren Kausalzusammenhängen* zwischen Wettbewerbsvorteilen und den hierfür "verantwortlichen" Ressourcen, die zu einem erheblichen Interpretationsspielraum führen.

  - Den *Interdependenzen von Ressourcen,* die dazu führen, daß Wettbewerbsvorteile aus dem komplexen Zusammenspiel von materiellen und immateriellen Ressourcen entstehen und eine isolierte Betrachtung einzelner Ressourcen zur Erklärung von Wettbewerbsvorteilen deshalb schwer möglich ist.

  - Den *Ineffizienzen,* die bei der Ressourcenakkumulation unter Zeitdruck, durch "Crash-Programme" zum Aufholen von Rückständen, entstehen können.[202]

---

[198] Vgl. Hinterhuber/Friedrich (1997), S. 994ff.

[199] Vgl. zu den Anforderungen an die unternehmensspezifische Ressourcenbasis die umfassende Darstellung von Rasche (1994), S. 68ff. m.w.N. oder Rasche/Wolfrum (1994), S. 503ff.; zu den Anforderungen an Ressourcen mit strategischem Wert vgl. des weiteren Barney (1991), S. 105ff.; Grant (1991), S. 123ff.; Collis (1991), S. 7ff.; Dierickx/Cool (1989), S. 1507ff., Peteraf (1993), S. 179ff.

[200] Vgl. Knyphausen-Aufsess (1995), S. 85 m.w.N.; Teece/Pisano/Shuen (1997), S. 522 hierzu: "Where a firm can go is a function of its current position and the paths ahead. Its current position is often shaped by the path it has traveled."

[201] Hinterhuber/Friedrich (1997), S. 996

[202] Vgl. hierzu insbesondere die von Dierickx/Cool (1989), S. 1507 beschriebenen "Time compression diseconomies".

- Den mit zunehmendem Ressourcenbestand auftretenden *Skalen-, Synergie- und Erfah-rungskurveneffekten*, die dazu führen, daß ein Vorsprung beim Aufbau strategisch rele-vanter Ressourcen deren weiteren Ausbau begünstigt ("Success breeds success").[203]

- *Nicht-Substituierbarkeit*

  Ressourcen sollten möglichst nicht substituierbar sein, d.h. es dürfen einerseits keine ähnli-chen Ressourcen eine annähernd gleichwertige Leistungserfüllung ermöglichen und ande-rerseits keine völlig andersartig konfigurierten Ressourcen, im Sinne eines "alternativen Wegs", zur Zielerreichung führen.[204] Angesichts des schnellen technologischen Wandels ist in diesem Zusammenhang insbesondere die Substitutionsgefahr durch neue Technolo-gien anzuführen. Unternehmen dürfen folglich nicht durch eine zu starke interne Ausrich-tung Substitutionsgefahren übersehen, sie müssen kontinuierlich die zukünftige strate-gische Bedeutung der Ressourcen durch eine externe Analyse überprüfen.

- *Unternehmensspezifität*

  Unternehmensspezifische Ressourcen verlieren außerhalb ihres angestammten Einsatzbe-reichs deutlich an Wert, ihre Nutzenstiftung ist stark an einen bestimmten Kontext gebun-den. Mit abnehmender Unternehmensspezifität sinkt das Gewinnpotential. Eine hohe Un-ternehmensspezifität kann jedoch auch gefährlich sein, wenn z.B. die Ressourcen zu einem extrem spezialisierten Leistungsangebot führen, wodurch starke Abhängigkeiten von Liefe-ranten und Kunden entstehen, die diese durch opportunistische Verhaltensweisen ausnüt-zen könnten. Unternehmen befinden sich dann in "Lock-in"-Situationen, die eine be-stimmte Form von strategischer Immobilität darstellen.

- *Nutzenstiftungspotential für den Kunden*

  Die drei oben dargestellten Anforderungen können als notwendige, aber nicht als hinrei-chende Bedingungen interpretiert werden: Erst wenn die Ressourcen zu Leistungen führen, die aus Kundensicht einen Nutzen (bzw. Wertgewinn) bieten, können sie als strategisch relevant eingestuft werden und zur Generierung langfristiger Wettbewerbsvorteile dienen.

---

[203] Ressourcen verlieren im Zeitablauf aufgrund von Erosionsprozessen an Wert, weshalb bestandserhaltende Investitionen notwendig sind. Die hier genannten Effekte können dazu beitragen, daß diese Investitionen im Vergleich zu Wettbewerbern mit geringerem Ressourcenbestand niedriger ausfallen, was eine Imitation zu-sätzlich erschwert (vgl. Rasche (1994), S. 81, vgl. Dierickx/Cool (1989), S. 1508)

[204] Vgl. zur Unterscheidung der beiden prinzipiellen Möglichkeiten Barney (1991), S. 111f.

Die *Kernkompetenzenperspektive*[205] kann als Teil des Resource-based-view verstanden werden.[206] Es sind insbesondere HAMEL und PRAHALAD,[207] die die Kernkompetenzenperspektive in die aktuelle Diskussion des strategischen Managements eingebracht und eine Wiederbelebung der wissenschaftlichen Forschung auf diesem Gebiet ausgelöst sowie zur Diffusion des Gedankenguts des Resource-based-view in die Unternehmenspraxis[208] verholfen haben. Die Vielzahl der Arbeiten hat jedoch zu unterschiedlichen Auffassungen von Kompetenzen bzw. Kernkompetenzen geführt, so daß eine allgemein akzeptierte Begriffsdefinition nicht existiert.[209] Kompetenzen bzw. Kernkompetenzen können jedoch als "Sonderformen" von Ressourcen verstanden werden:

"Bei einer Kompetenz handelt es sich im allgemeinen um eine nicht-tangible, wissensbasierte Ressource, für die aufgrund ihres einzigartigen Charakters keine oder nur sehr unvollständige Faktormärkte bestehen. Kompetenzen erweisen [sich] als komplexe, auf Lernprozessen basierende, soziale Interaktionsmuster, die sich nur schwer imitieren, transferieren und handeln lassen."[210]

Als konstituierende Merkmale von *Kompetenzen* sind festzuhalten:[211]

- Sie verlieren im Zeitablauf durch die Nutzung nicht an Wert, vielmehr kann das Nutzenpotential durch ihren Einsatz ausgebaut werden.

---

[205] Kernkompetenzenperspektive und Kernkompetenzenansatz werden in der vorliegenden Arbeit synonym verwendet.

[206] Rasche (1994), S. 91ff. spricht von der Kernkompetenzenperspektive als "Derivat" des Resource-based-view. Rumelt (1994), XVII spricht von Kernkompetenzen als einer "Expression of the new resource-based view".

[207] Vgl. z.B. Prahalad/Hamel (1990), Hamel/Prahalad (1994)

[208] Vgl. Wernerfelt (1995), S. 171

[209] Kompetenzen werden in der Literatur auch mit Begriffen wie "Skills", "Critical know how", "Capabilities" oder "Invisible assets" beschrieben. Rasche zeigt die Vielschichtigkeit des Kompetenzbegriffs auf und verweist auf die Systematisierungsansätze von Dosi et al. (1992), von Krogh/Roos (1992, 1992a, 1992b) und Lado/Boyd/Wright (1992), die Kompetenzen aus einer ökonomisch-technischen, einer wissens- und aufgabenorientierten bzw. einer wertschöpfungsorientierten Perspektive betrachten (vgl. Rasche (1994), S. 112ff. m.w.N.); für Kernkompetenzen finden sich ebenfalls eine Vielzahl synonym verwendeter Begriffe, wie z.B. "Core skills", "Strategic capabilities", "Core capabilities", "Core competenc(i)es" (vgl. Rasche (1994), S. 148f. m.w.N.); neben terminologischen Problemen ist auch der hierarchische Bezugspunkt (Gesamtunternehmen, Geschäftsfeld oder Funktionsbereich) in der Literatur nicht eindeutig (vgl. Rasche/Wolfrum (1994), S. 511).

[210] Rasche (1994), S. 91f.; die Definition geht quasi als Synthese aus der von ihm durchgeführten Analyse der verschiedenen Systematisierungsansätze in der Literatur hervor.

[211] Vgl. Rasche (1994), S. 143ff. m.w.N.

- Ähnlich der Fähigkeiten eines Hochleistungssportlers, die sich ohne ständiges Training zurückbilden, unterliegen Kompetenzen einer ständigen Erosionsgefahr, wenn sie nicht genutzt werden.

- Sie können simultan in verschiedenen Anwendungsfeldern eingesetzt werden.

- Sie sind mehr als die Summe ihrer Einzelkomponenten.

- Sie bilden sowohl Input- als auch Output-Größen des Wertschöpfungsprozesses, wobei sie bei ihrem Einsatz durch Lernprozesse verändert werden.

- Im Gegensatz zu anderen immateriellen Ressourcen, wie z.B. Patenten, sind sie stark personengebunden.

- Die Imitierbarkeit ist insbesondere aufgrund der hohen sozialen Komplexität, der externen Intransparenz und der Historizität stark eingeschränkt.

Kernkompetenzen werden meist als Kompetenzen (oder Verdichtung bzw. Integration von Kompetenzen) verstanden, die zur Sicherstellung der *langfristigen Überlebensfähigkeit* des Unternehmens dienen und damit von *strategischer Bedeutung* sind.[212] Die Merkmale von Kompetenzen (und somit auch von Kernkompetenzen) zeigen, daß diese für die Generierung von Wettbewerbsvorteilen prädestinieren und damit den zentralen Bezugspunkt eines ressourcenorientierten strategischen Managements darstellen sollten.

Die Kernkompetenzenperspektive führt zu einer *Dynamisierung* des Resource-based-view: Kernkompetenzen sind nicht statisch festgeschrieben, sondern müssen erworben, aufgebaut bzw. weiterentwickelt und geschützt werden.[213] Die Erzielung von Wettbewerbsvorteilen hängt also nicht nur davon ab, welche Kernkompetenzen ein Unternehmen besitzt, sondern insbesondere davon, *"was man daraus macht"*[214]. Aufgabenfelder für ein Management der Kernkompetenzen sind deshalb das *Bestimmen, Entwickeln, Verwerten* und *Erhalten*:[215]

---

[212]   Vgl. Rasche (1994), S. 148ff. m.w.N.; vgl. hierzu auch Hamel (1994), S. 13., der Kernkompetenzen treffend als Kompetenzen bezeichnet, "that lie at the center, rather than the periphery, of competitive success."

[213]   Vgl. Rumelt (1994), XVIf.; Rasche (1994), S. 92; Hamel (1994), S. 18 schreibt: "The point .. is that what is 'core' changes over time, and top management must ensure that it is working today to build the competencies that will be 'core' in the future."

[214]   Hinterhuber/Friedrich (1997), S. 996

[215]   Vgl. hierzu Hamel (1994), S. 25ff., der in diesem Zusammenhang von "Managing core competencies" spricht; vgl ähnlich auch Hinterhuber/Friedrich (1997), S. 1004ff., die als zentrale Managementaufgaben das Erkennen, Entwickeln, Exploitieren und Erhalten von Kernkompetenzen nennen oder Krüger/Homp (1997), S. 92ff., die die Identifikation, Entwicklung, Integration, Nutzung und den Transfer von Kernkompetenzen als Inhalte des Kernkompetenz-Managements betrachten.

Das Management der Kernkompetenzen sollte dabei einen dynamischen "Fit" zwischen den branchenspezifischen Erfolgsfaktoren und den Kernkompetenzen des Unternehmens anstreben.[216] Vor dem Hintergrund der Veränderung von Wettbewerbsregeln ist jedoch nicht nur die Anpassung an zukünftige branchenspezifische Erfolgsfaktoren relevant, sondern auch deren Veränderung. Diese Möglichkeit wird im Rahmen der Kernkompetenzenperspektive eingeräumt:

"Im Extremfall besteht .. die Möglichkeit, durch die Akkumulation innovativer Kompetenzen die Umsetzung der bislang gültigen branchenspezifischen Schlüsselfaktoren auf eine völlig neue Art und Weise zu gestalten bzw. sie in ihrer Relevanz zu 'redefinieren'."[217]

Im Gegensatz zum industrieökonomisch geprägten Strategieverständnis wird der Resource-based-view von einer *inside-out-orientierten Sichtweise*[218] geprägt. Einzigartige unternehmensspezifische Ressourcen werden als *Quelle des Unternehmenserfolgs* betrachtet, da das Unternehmen auf Basis dieser Ressourcen versucht, nachhaltige Wettbewerbsvorteile aufzubauen. Durch Aneignung *neuer Ressourcen*, die mit der bestehenden Ressourcenbasis *kombiniert* werden, können Wettbewerbsvorteile weiter ausgebaut oder vollständig neu geschaffen werden.[219]

Die vorliegende Arbeit stellt die strategische Analyse in der Vordergrund. Insofern liegt der Schwerpunkt im Zusammenhang mit Kernkompetenzen (bzw. Ressourcen) auf deren *Bestimmung*, der Identifikation *kreativer Einsatzmöglichkeiten* sowie der Identifikation *möglicher Richtungen einer Kernkompetenzentwicklung*, nicht jedoch in der Gestaltung organisatorischer Lernprozesse und Rahmenbedingungen, die der Entwicklung von Kernkompetenzen dienen. Damit werden auch den Kernkompetenzen vorgelagerte Fähigkeiten bzw. Ressourcen, wie z.B. organisatorische Lernfähigkeit oder Unternehmenskultur,[220] nicht näher untersucht.

---

[216] Vgl. zu dieser "Fit"-Logik auch den im folgenden dargestellten SWOT-Bezugsrahmen

[217] Rasche (1994), S. 195

[218] Rasche/Wolfrum (1994), S. 502 sprechen in diesem Zusammenhang von einer inside-out-orientierten Denkhaltung.

[219] Vgl. McGrath/MacMillan/Venkataraman (1995), S. 252

[220] Vgl. hierzu Rasche (1994), S. 159ff., der von Metakompetenzen spricht; vgl. z.B. auch Klein/Edge/Kass (1991), S. 4ff., die von "Metaskills", wie "Learning" oder "Skill categorising", sprechen oder Lado/Wilson (1994), S. 706ff., die zu den "Organizational competencies" die Kompetenzen "Organizational learning" und "Organizational culture" zählen.

2.2.3.   Notwendigkeit beider Perspektiven

Die beiden Forschungsrichtungen des Resource-based-view und der Industrieökonomie stehen in *komplementärem Verhältnis* zueinander.[221] Während sich mit Hilfe industrieökonomischer Ansätze die Wettbewerbsbedingungen und branchenspezifischen Erfolgsfaktoren abbilden lassen, unterstützt der Resource-based-view die Analyse der unternehmensspezifischen Ressourcenbasis, so daß diese entsprechend den Wettbewerbsbedingungen und branchenspezifischen Erfolgsfaktoren gestaltet und eingesetzt werden kann oder sogar zur Veränderung dieser Bedingungen verwendet werden kann. Die industrieökonomische Sichtweise liefert des weiteren einen wesentlichen Beitrag zum Verständnis der externen Umweltveränderungen und deren Implikationen für die Bedeutung bestimmter Ressourcen. Der Resource-based-view zeigt wiederum auf, wie solchen Veränderungen zu begegnen ist bzw. wie diese auf Basis unternehmensspezifischer Ressourcen initiiert werden können.

Auch der von HAMEL und PRAHALAD geprägte Kernkompetenzenansatz strebt eine Ergänzung und keinen Ersatz des traditionellen, industrieökonomisch geprägten Strategieverständnisses an.[222]

> *"The notion of core competence is a muchneeded yang, to the current and dominant yin of strategy theory, which has emphasized more the firm's competitive environment than its internal capacity to create and exploit unique capabilities or competencies. The core competence perspective is simply an additional lens through which to view issues of competitiveness and firm performance."*[223]

Eine Integration der industrieökonomischen Sichtweise und des Resource-based-view kann teilweise mit Hilfe des *SWOT-Bezugsrahmens*[224] erfolgen, an dem sich die strategische Analyse orientiert und auf den im folgenden näher eingegangen wird.

---

[221] Vgl. hierzu Mahoney/Pandian (1992), S. 371ff.; vgl. auch Wernerfelt (1984), S. 171 und Knyphausen (1993), S. 785f.

[222] Vgl. Heene (1994), S. XXV

[223] Hamel/Heene (1994), S. 3

[224] Der SWOT-Bezugsrahmen (SWOT steht für *S*trengths, *W*eaknesses, *O*pportunities und *T*hreats) wurde bereits in den sechziger Jahren an der Harvard Business School entwickelt (vgl. Knyphausen-Aufsess (1995), S. 443). Obwohl lange vor der ressourcen- bzw. kernkompetenzorientierten Strategielehre entstanden, spiegelt sich in ihm die notwendige Verbindung der unternehmensexternen mit der unternehmensinternen Sichtweise wider.

2.3.   Konzeption der strategischen Analyse

2.3.1.   Beitrag der strategischen Analyse zur Entstehung von Strategien

In der *präskriptiven Literatur* zum strategischen Management wird die *Strategieformulierung* als Problemlösungsprozeß verstanden, bei dem geeignete Strategien und Programme als Mittel zur Realisierung der generellen, langfristigen Unternehmensziele bestimmt werden.[225] Die Strategieformulierung gliedert sich in die Bestandteile der strategischen Analyse und der strategischen Wahl. Die *strategische Analyse* dient insbesondere zur Bestimmung der strategischen Position des Unternehmens bzw. der Geschäftseinheiten, deren Stärken und Schwächen sowie zur Identifikation möglicher Gelegenheiten und Bedrohungen aufgrund der Umweltentwicklung. Durch die strategische Analyse wird ein breites Spektrum von Handlungsmöglichkeiten aufgespannt. Die anschließende *strategische Wahl* dient zur Verdichtung der Handlungsmöglichkeiten zu Alternativstrategien, deren Bewertung und schließlich der Auswahl der Strategie(n).[226] In der präskriptiven Literatur wird die strategische Analyse also als *abgegrenzte Phase im Strategieentwicklungsprozeß* verstanden.

KIRSCH/RINGLSTETTER sehen die Aufgabe der strategischen Analyse vorrangig in der Identifikation von Potentialen zukünftigen Erfolgs.[227] Folgt man der Argumentation der Wettbewerbsvorteile ist dies gleichbedeutend mit der Suche nach Möglichkeiten, zukünftige Wettbewerbsvorteile aufzubauen. Dazu bedarf es zweier Analysestränge: Ausgehend vom Markt werden Bedrohungen und Gelegenheiten diagnostiziert und damit die Marktattraktivität bestimmt. Parallel werden die Stärken und Schwächen des Unternehmens untersucht und daraus die Wettbewerbsposition bestimmt. Durch die Zusammenführung der beiden Stränge lassen sich Chancen und Risiken ableiten und damit zukünftige Erfolgspotentiale aufzeigen. Die Chancen ergeben sich durch Übereinstimmung der Gelegenheiten des Marktes mit den spezi-

---

[225]   Vgl. Schreyögg (1984), S. 87f. In der präskriptiven Literatur herrscht Uneinigkeit darüber, ob die Zielfestlegung als Teil der Strategieformulierung (bzw. der Strategie) verstanden werden soll oder ob sie eine gesonderte, vorgelagerte Prozeßphase darstellt. Allerdings zeigt sich bei näherer Betrachtung, daß es sich nur um einen vermeintlichen Widerspruch handelt, da über unterschiedliche Zielebenen gesprochen wird. Die Festlegung fundamentaler langfristiger Ziele wird letztlich bei sämtlichen Autoren als separater Prozeß betrachtet und bildet den ersten großen Schritt innerhalb der strategischen Planung.

[226]   Vgl. Schreyögg (1984), S. 80ff.

[227]   Vgl. Kirsch/Ringlstetter (1991), S. 242ff. Die Autoren plädieren dabei für "mehr Hemdsärmligkeit" bei der strategischen Analyse: In einem ersten Schritt gilt es, sich einen generellen Überblick zu verschaffen. Erst im weiteren Prozeßverlauf, wenn z.B. bereits einzelne attraktive Branchensegmente bestimmt wurden, werden vertiefende Analysen notwendig.

fischen Unternehmensstärken, Risiken durch den "Fit" der Bedrohungen mit den Unternehmensschwächen.[228]

Die Argumentation von KIRSCH/RINGLSTETTER folgt eng dem in der strategischen Analyse etablierten *SWOT-Bezugsrahmen*. [229] Strategische Analyse besitzt dabei eine Umwelt- *und* eine Unternehmensorientierung. Durch die notwendige Verknüpfung beider Dimensionen werden "Strategic choices"[230] generiert und zukünftige Wettbewerbsvorteile aufgezeigt. Der SWOT-Bezugsrahmen spiegelt dabei mehr eine grundlegende Denkhaltung wider, als ein spezifisches Analyseinstrument.[231]

---

[228] Vgl. Kirsch/Ringlstetter (1991), S. 242ff.

[229] Obwohl Mintzberg (1990a), S. 171ff. die von Andrews geprägte Design-School (der SWOT-Bezugsrahmen ist wesentlicher Bestandteil des Strategieverständnisses dieser "Schule") kritisiert, wird der "Kern" des SWOT-Ansatzes auch von Mintzberg anerkannt: "The design school has provided important basic vocabulary by which we discuss grand strategy, and it has provided the central notion that underlies all prescription in this field, namely that strategy represents a fundamental congruence between external opportunity and internal capability. These important contributions will stand no matter how many of this school's specific premises may fall away." (S. 192).

[230] Vgl. hierzu auch das Framework von Tushman/O'Reilly III (1997). "Strategic choices" umfassen insbesondere Entscheidungen hinsichtlich der angebotenen Produkte bzw. Dienstleistungen, der Zielmärkte bzw. -kunden, der Technologie und des "Competitive timings". Weitere strategische Wahlmöglichkeiten ergeben sich bezüglich der angestrebten Performanceziele und der verwendeten Performancemaßstäbe sowie der Vision des Unternehmens; vgl. zu "Strategic choices" auch Sanchez (1993), S. 254ff.

[231] Hill/Westbrook (1997), S. 46ff. untersuchten in 20 Unternehmen die Anwendung der SWOT-Analyse. Typischerweise war das Ergebnis der SWOT-Analyse eine unstrukturierte Liste verschiedener Stärken/Schwächen bzw. Gelegenheiten/Bedrohungen, ohne Priorisierung der einzelnen Faktoren bzw. Fundierung durch tiefergehende Analysen. Meistens wurde auf die Ergebnisse in den nachfolgenden Phasen der Strategieentwicklung nicht mehr zurückgegriffen. Insofern ist darauf zu achten, die SWOT-Analyse mehr als einen grundlegenden Bezugsrahmen zu verstehen und weniger als spezifisches Analyseinstrument, das insbesondere bei einer undifferenzierten und oberflächlichen Anwendung, wie in der Untersuchung festgestellt, kaum vermag einen Beitrag zur Strategieentwicklung zuleisten.

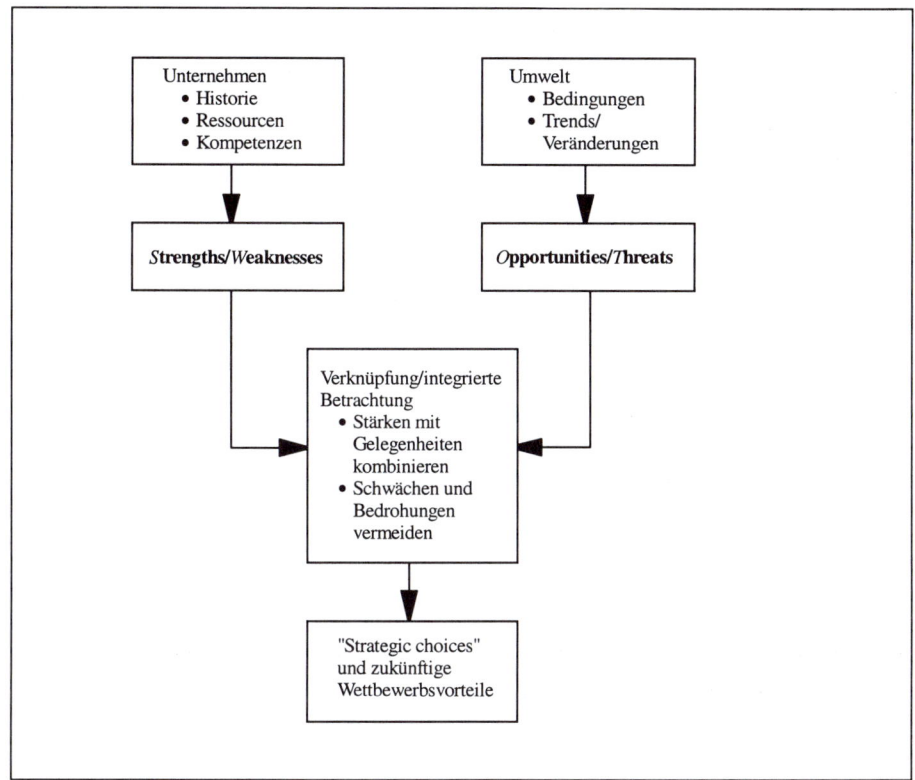

Abb. 6:   SWOT-Bezugsrahmen[232]

Einer der Hauptkritikpunkte an der präskriptiven Strategielehre ist, daß die Steuerung des Unternehmens als komplexes System durch ein *rein planungsorientiertes* und auf das *Topmanagement beschränktes* strategisches Management nicht möglich sei. Auch die *Trennung in Strategieformulierung und -implementierung* wird, insbesondere aufgrund des nachweisbaren Einflusses der Organisationsstruktur auf die Strategie, bemängelt.[233] Trotz dieser Kritik ist die

[232] Vgl. hierzu ähnliche Abbildungen bei Mintzberg (1990), S. 112; Kirsch/Ringlstetter (1991), S. 243; Andrews (1995), S. 73

[233] Vgl. Schreyögg (1984), S. 251ff.; Mintzberg/Quinn/Voyer (1995), S. XVIII; vgl. auch Mintzberg (1994), S. 110ff., der drei "Fallacious assumptions" der strategischen Planung nennt: Die Vorhersage zukünftiger Entwicklungen, die Trennbarkeit (insbesondere bezogen auf Formulierung und Implementierung sowie hierarchische Trennung der Verantwortlichkeiten) und die Formalisierbarkeit der strategischen Planung.

strategische Analyse, die in der präskriptiven Strategielehre eine große Bedeutung besitzt, nach wie vor notwendiger Bestandteil des strategischen Managements. Auch das von der präskriptiven Strategielehre zur Verfügung gestellte Instrumentarium ist teilweise anwendbar und sinnvoll.[234] Allerdings ist eine Adaption und Erweiterung des Begriffsverständnisses der strategischen Analyse notwendig. Dies spiegelt sich im folgenden Zitat wider:

"Strategy development is a multidimensional process that must involve both rational analysis and intuition, experience, and emotion. However, whether strategy formulation is formal or informal, whether strategies are deliberate or emergent,[235] *there can be little doubt as to the importance of systematic analysis as a vital input in the strategy process ... Analytic frameworks are not alternatives or substitutes for experience, commitment, and creativity. But they do provide useful frames for organizing and assessing the vast amount of information available on the firm and its environment and for guiding decisions and may even act to stimulate rather than repress creativity and innovation."*[236]

Das dieser Arbeit zugrundeliegende Verständis der strategischen Analyse läßt sich deshalb wie folgt kennzeichnen:

• Strategische Analyse ist keine abgeschlossene Phase innerhalb eines linear verlaufenden Planungsprozesses auf Ebene des Topmanagements, sondern wird an *verschiedenen Stellen im Prozeß der "Strategieentstehung"* von Personen *unterschiedlicher Hierarchieebenen* angewandt.[237]

---

[234]   Vgl. z.B. Schreyögg (1984), S. 270, der für die Instrumente der präskriptiven Strategielehre trotz der genannten Kritik auch in einer auf Systemrationalität basierenden strategischen Unternehmensführung eine Verwendung sieht; vgl. auch Hahn (1997), S. 144ff., der aufgrund einer Untersuchung unterschiedlichster US-amerikanischer strategischer Führungskonzepte feststellte, daß Umwelt- und Unternehmensanalyse (und -prognosen), also die beiden Kerninhalte der strategischen Analyse, stets als Vorraussetzung für strategische Unternehmensführung genannt werden.

[235]   Bei "Deliberate strategies" (oder überlegten Strategien) ist die realisierte Strategie (als ein bestimmtes Handlungsmuster) deckungsgleich mit der Planung. Bei "Emergent strategies" (oder entwickelnden Strategien), handelt es sich um ein konsistentes Handlungsmuster im Zeitablauf, ohne das diesem eine Planung oder gezielte Absicht zugrundeliegt. Die Strategieformierung in der Unternehmenspraxis findet meist im Zusammenspiel beider Strategietypen statt (vgl. Mintzberg/Waters (1985), S. 257ff.).

[236]   Grant (1995), S. 21

[237]   Vgl. hierzu auch Hamel/Prahalad (1989), S. 75f., die betonen, daß kreative Strategien selten in den jährlichen "Planungsritualen" unter exklusiver Mitwirkung der Unternehmensführung entstehen. Vielmehr lassen sich nur durch die Mitwirkung möglichst vieler Personen aus unterschiedlichen Unternehmensbereichen und Hierarchieebenen, die unterschiedlichen Standpunkte und Meinungen mit einbringen, die "Conventional wisdom" in Frage stellen und kreative Strategien erarbeiten.

- Die stark formalisierte und mechanistische Orientierung wird zugunsten *einer kreativ-schöpferischen Orientierung* aufgegeben.[238] Strategische Analyse ist nicht mehr primär "zerlegende" Untersuchung nach einem fest vorgegebenem Schema, sondern soll durch "Brückenbildung" zwischen verschiedenen Denkinhalten die Entstehung kreativer Lösungen unterstützen, wozu methodische und inhaltliche Freiräume notwendig sind.

- Schwerpunkt der strategischen Analyse ist nicht die Ausarbeitung endgültiger Lösungsvorschläge, sondern die *Problemstrukturierung:* "The purpose of strategy analysis is not to provide answers but to help us to understand the issues."[239] Sie hat damit den Charakter einer "Erörterung", die sich auf die Unternehmensumwelt und das Unternehmen bezieht und die kritischen Faktoren für die zukünftige Überlebensfähigkeit des Unternehmens sowie Ansatzpunkte zum Aufbau zukünftiger Wettbewerbsvorteile hervorbringt. "Strategieentwürfe sind Ergebnisse von Erörterungen, die sich mehr oder weniger gut begründen, nicht aber zwingend ableiten lassen. Das eigentlich Problematische ist denn auch gar nicht das Schließen, sondern das Finden und das Begründen der Prämissen, das Auffinden der für die Lösung des Problems wesentlichen Gesichtspunkte."[240] Strategische Analyse beinhaltet damit auch die "Suche" nach Neuem.

- Die strategische Analyse bedient sich *dreier Suchperspektiven*, die sich folgendermaßen charakterisieren lassen:[241]

  - *Explorieren* ist tendenziell zweckfreies Suchen, das durch seine Offenheit zu ersten Ansätzen für ein gezielteres Suchen führt und einer Vorstrukturierung des Suchraums dient. Die Exploration verlangt eine besondere Denkkategorie: Es geht nicht darum, festzustellen, ob man die Dinge richtig tut, sondern ob man die richtigen Dinge tut. Anstelle von "mehr" und "besser" treten Begriffe wie "neu" und "anders".

  - *Entdecken* setzt voraus, daß eine Idee vorhanden ist, jedoch durch den Suchenden noch nicht wahrgenommen bzw. deren Erfolgspotential noch nicht erkannt wurde. Durch die Verwendung heuristischer Suchraster (z.B. eine Produkt/Markt-Matrix) kann das Ent-

---

[238] Vgl. hierzu auch Gälweiler (1986), S. 34: "Planungsarbeiten sind .. stets so zu organisieren, daß kreative und innovative Kräfte geweckt und gefördert anstatt ausgeschaltet oder behindert werden." In der Phase der Analyse sieht er "die höchsten Ansprüche an Kreativität, Intuition und analytischen Scharfsinn" (S. 194).

[239] Grant (1995), S. 25

[240] Schreyögg (1984), S. 282 m.w.N.

[241] Diese grundlegenden Suchperspektiven werden im Zusammenhang mit der strategischen Suchfeldanalyse, die zur Auffindung neuer Betätigungsfelder dient, von Müller (1987), S. 77ff. dargestellt. Die von ihm genannte vierte Suchperspektive des "Erfindens" findet vor allem im naturwissenschaftlichen Bereich Anwendung und ist für die strategische Analyse nicht relevant.

decken unterstützt werden. Entdecken durch Zufall spielt ebenfalls eine wesentliche Rolle.

- *Entwickeln* beinhaltet die räumliche oder zeitliche Vernetzung bzw. Verknüpfung verschiedener Informationen, Ideen oder Ereignisse zu einer neuen Gesamtheit. Es beruht auf der Annahme, daß Einzelerscheinungen zu einem Muster verknüpft sind und dieses erkennbar wird. Die Einzelelemente werden dabei eher detailanalytisch untersucht, während die Identifikation des Musters aus einer holistischen Perspektive erfolgt und ein hohes Maß an Kreativität erfordert. Die Vorhersage möglicher "Zukünfte" ist der Suchperspektive des Entwickelns zuzuordnen.[242]

- Strategische Analyse darf *nicht zu "Paralyse durch Analyse"* führen. Eine vollständige Erfassung *aller* relevanten Aspekte ist nicht möglich und folglich gar nicht erst anzustreben.[243]

Aus Sicht der strategischen Analyse wird der Stratege damit zum "Entdecker und Erforscher"[244], der im Zusammenspiel des eigenen Unternehmens mit der Umwelt nach Ansätzen für innovative Strategien sucht. In diesem Zusammenhang gewinnt auch das *Experimentieren* an Bedeutung. Nicht die "perfekte", endgültige Strategie soll entwickelt, sondern die Strategie durch kontinuierliches Experimentieren mit neuen Ansätzen und Ideen "geformt" werden.[245] Strategien entstehen dann nicht durch einstufige Entscheidungen, sondern ergeben sich aus sequentiellen Investitionen in sogenannte "Real options". Chancen entstehen und werden durch erste Investitionen (auch im Sinne von Arbeitsaufwand) weiter exploriert. "Entfalten" sich diese im Zeitablauf, können entweder neue Investitionen zur Weiterverfolgung des ur-

---

[242] Müller (1987), S. 264ff. betont in diesem Zusammenhang die Notwendigkeit deduktiv-normativen Denkens für die Entwicklung von erfolgsträchtigen "New game strategies". Er zitiert hierzu Habermas, der im überschwänglichen "utopischen Denken", als einer Ausdrucksform normativ-deduktiven Denkens, die Erschließung von Handlungsalternativen und Möglichkeitsspielräumen, die über eine geschichtliche Kontinuität hinausgehen, sieht. Wie im Verlauf der Arbeit noch dargestellt wird, spielt dieses utopische, von der Vergangenheit losgelöste Denken, eine wesentliche Rolle bei der Veränderung von Wettbewerbsregeln.

[243] Vgl. hierzu Bhide (1994), S. 150. Eine zu intensive Analysetätigkeit kann seiner Ansicht nach den Erfolg des Unternehmens gefährden, wenn das Unternehmen aufgrund der Vielzahl der identifizierten Probleme entscheidungs- und handlungsunfähig wird oder der Zeitpunkt zur Realisierung neu entstehender Chancen verpaßt wird. Vielen erfolgreichen Entrepreneuren gelingt es, einen ausgewogenen Mittelweg zwischen analyseintensiver formalisierter Planung und intuitiv ungeplanter Vorgehensweise zu finden.

[244] Vgl. Mintzberg (1988), S. 79

[245] Vgl. hierzu Hamel (1997), S. 34, der die Bedeutung des Experimentierens für die Strategieentwicklung herausstellt: "The more experimentation, the faster a company can understand precisely which strategies are likely to work."

sprünglichen Konzepts erfolgen ("Extending the strategy") oder aber alternative Chancen werden erkannt und es wird in diese investiert ("Changing the strategy").[246]

2.3.2.   Zentrale Analysefelder der traditionellen strategischen Analyse

Die strategische Analyse bezieht sich auf zwei Hauptanalysefelder: Die Umwelt des Unternehmens und das Unternehmen selbst. Entsprechend des SWOT-Bezugsrahmens ergeben sich strategische Handlungsoptionen bzw. ein Handlungsbedarf letztendlich aus der Verknüpfung der beiden Analysefelder. Im folgenden werden einige ausgewählte "klassische" Frameworks bzw. Konzepte und Instrumente der strategischen Analyse dargestellt, auf die auch im weiteren Verlauf der Arbeit Bezug genommen wird.

2.3.2.1.   Externes Analysefeld Unternehmensumwelt

Zur Analyse der Wirkungsbeziehungen zwischen Unternehmen und Umwelt ist eine Differenzierung der Umwelt notwendig. Verwendet man die Intensität und Häufigkeit der Einflußnahme als Differenzierungskriterien, lassen sich speziell

- die Aufgabenumwelt und

- die rahmensetzende oder allgemeine Umwelt unterscheiden.[247]

Die *Aufgabenumwelt* beinhaltet die spezifischen, auf die Sachzielerfüllung des Unternehmens wirkenden Bestimmungsfaktoren. Hierzu zählen sowohl direkte Wirkungen, z.B. ausgehend von Interaktionen auf dem Absatz-, Beschaffungs-, Kapital-, oder Arbeitsmarkt, als auch indirekte Einflüsse, z.B. durch das Verhalten der Konkurrenten. Die *allgemeine Umwelt* wirkt auf eine Vielzahl von Unternehmen mit teilweise unterschiedlichen Sachzielen. Es lassen sich ein ökonomisches, ein politisch-rechtliches, ein sozio-kulturelles und ein technologisches Umweltsegment unterscheiden. Die natürliche Umwelt im Sinne geographischer und klimatischer

---

[246]   Vgl. McGrath (1996), S. 3, die diesen Real-options-Ansatz insbesondere auf Technologiestrategien bezieht; McGrath (1996a), S. 16ff. ist der Ansicht, daß Strategien, die auf sukzessiven Investitionen in "sich entfaltende" Chancen basieren, robuster sind als solche, deren Kern signifikante "One-time commitments" darstellen.

[247]   Vgl. hierzu Marr (1984), S. 74ff., der im Sinne einer pragmatisch-selektiven Gliederung die Unternehmensumwelt in mehrere, das Unternehmen umgebende "Schichten" unterteilt; vgl. auch Macharzina (1995), S. 18ff. mit einer ähnlichen, allerdings weniger differenzierten Systematisierung der Unternehmensumwelt.

Bedingungen kann als alles umfassende Rahmenbedingung[248] oder aber auch als ökologisches Umweltsegment und damit als Teil der allgemeinen Umwelt betrachtet werden.[249]

Die Ansätze zur Systematisierung der Unternehmensumwelt und zur Beschreibung der Wirkungsbeziehungen können für das einzelne Unternehmen nur eine Orientierungshilfe darstellen. Die Bestimmung der letztendlich für das Unternehmen "relevanten" Umwelt hängt wesentlich von den Zielsetzungen des Unternehmens, aber auch von den kognitiven Informationsverarbeitungsprozessen der Entscheidungsträger ab. "Die relevante Umwelt ist damit kein objektiver, sondern ein subjektiver Tatbestand."[250]

Vor dem Hintergrund der Überlebensfähigkeit von Unternehmen sind insbesondere zwei Charakteristika der Umwelt relevant: *Komplexität und Dynamik.* Entsprechend der systemorientierten Sichtweise kann die Umwelt als "Umsystem" des Unternehmens betrachtet werden. So verstanden, beschreibt die Komplexität dieses Systems die Anzahl der beeinflussenden Umwelttatbestände sowie deren Verschiedenartigkeit. Die Dynamik wird bestimmt durch die Häufigkeit, Stärke und Regelmäßigkeit der Veränderung einzelner Umweltelemente.[251] Hohe Komplexität und Dynamik führen zu einer hohen Ungewißheit hinsichtlich zukünftiger Umweltentwicklungen und schränken deren Prognostizierbarkeit ein, so daß die Gefahr von unternehmerischem Fehlverhalten besonders groß ist.[252]

Umweltentwicklungen stellen für Unternehmen nicht zwangsläufig ein Faktum dar. Selbst Entwicklungen der rahmensetzenden oder allgemeinen Umwelt müssen von Unternehmen nicht passiv hingenommen werden. Eine *aktive Beeinflussung im Sinne eines proaktiven Umweltmanagements* ist möglich und gewinnt in der Unternehmenspraxis zunehmend an Bedeutung. Dies zeigt sich in der Entwicklung von Konzepten wie dem Issue-Management oder

---

[248] Vgl. Marr (1984), S. 74ff., der die natürliche Umwelt als umfassende Rahmenbedingung seines Schichtmodells aufführt.

[249] Vgl. Macharzina (1995), S. 18ff. oder Pümpin/Geilinger (1988), S. 60, die die ökologische Umwelt als Teil der allgemeinen Umwelt verstehen.

[250] Marr (1984), S. 71; vgl. auch das von Marr (1984), S. 94ff. dargestellte Modell der Umweltwahrnehmung.

[251] Vgl. Diesch (1986), S. 57ff. m.w.N.; Krüger/Schwarz (1997), S. 96f.

[252] Vgl. Marr (1984), S. 72f.

dem Anspruchsgruppenmanagement.[253] So verstanden, werden Unternehmen zum "dynamic actor shaping its environment"[254].

"Umweltbewußtes Handeln kann grundsätzlich aktiver oder reaktiver Natur sein, d.h. auf **Beeinflussung** *der Umwelt in einem den Zielen des Betriebes entsprechenden Sinne, oder auf* **Anpassung** *des betrieblichen Handelns an die als Rahmenbedingungen aufgefaßten Umweltgegebenheiten gerichtet sein."[255]*

Wesentliche Instrumente des strategischen Managements bzw. der strategischen Analyse legen bisher jedoch ein stark deterministisches Umweltdenken zugrunde. Unternehmen bekommen dabei eine überwiegend reaktive Rolle zugewiesen.[256] Die vorliegende Arbeit soll jedoch gerade die Möglichkeiten einer aktiven Beeinflussung der Umwelt durch Unternehmen und die damit verbundenen Ansatzpunkte zur Regelveränderung herausarbeiten. Somit betont das zu erarbeitende Framework die Rolle des Unternehmens als proaktiver Veränderer.

Die strategische Analyse legt bei der *Untersuchung der Aufgabenumwelt* des Unternehmens traditionell den Schwerpunkt auf (absatz)markt- bzw. branchenspezifische Betrachtungen. Da bei bestimmten Zielsetzungen der Analyse die Branche ein zu inhomogenes Analysefeld darstellt, findet meist eine weitere Differenzierung der Branche in möglichst homogene Teileinheiten, wie z.B. Branchensegmente, statt. Die primären unternehmensexternen Untersuchungsfelder der strategischen Analyse sind folglich:

(1) Die Analyse der allgemeinen Umwelt,

(2) die Branchenanalyse und

(3) die Intra-Branchenanalyse[257]

---

[253] Vgl. zu unterschiedlichen Modellen der proaktiven Unternehmensführung Macharzina (1995), S. 28ff. m.w.N.; zu Ansatzpunkten zur aktiven Gestaltung der Unternehmensumwelt vgl. auch Varadarajan/Clark/Pride (1992), S. 98ff.

[254] Baden-Fuller/Stopford (1994), S. 19; vgl. auch Krüger/Homp (1997), S. 25, die feststellen, daß Unternehmen zur Sicherstellung der Wettbewerbsfähigkeit einen "Offensivgeist" benötigen, der sich in der proaktiven Gestaltung der marktlichen und außermarktlichen Umwelt zeigt.

[255] Marr (1984), S. 98

[256] Vgl. hierzu die Beispiele bei Varadarajan/Clark/Pride (1992), S. 99ff.

[257] Vgl. Grant (1995), S. 53ff.; vgl. auch Porter (1986), S. 19ff., der zwischen Branchenanalyse und Analyse des brancheninternen Wettbewerbsfelds unterscheidet. Auch Segmente der allgemeinen Umwelt, wie z.B. Technologien, bilden eigenständige Analysefelder; Steinmann/Schreyögg (1990), S. 137ff. unterscheiden in die Analyse der globalen Umwelt (was der allgemeinen Umwelt entspricht) und die Analyse der Wettbewerbsumwelt.

(1) Analyse der allgemeinen Umwelt

Die Analyse der allgemeinen Umwelt dient zur Bestimmung des mittelbaren Einflusses der Unternehmensumwelt auf das Unternehmen. Die Einflußfaktoren der allgemeinen Umwelt können sozio-kultureller, ökonomischer, politisch-rechtlicher, technologischer oder ökologischer Art sein. Aufgrund der Vielzahl unterschiedlicher Einflußfaktoren liegt das Problem der strategischen Analyse insbesondere darin, die für das Unternehmen wesentlichen Faktoren zu identifizieren und deren Entwicklung zu antizipieren.[258]

(2) Branchenanalyse

Entsprechend der bereits dargestellten industrieökonomischen Sichtweise werden im Rahmen der Branchenanalyse die Zusammenhänge zwischen der Branchenstruktur, dem Wettbewerbsverhalten und der Branchenprofitabilität untersucht und Aussagen bezüglich deren zukünftigen Entwicklung getroffen sowie branchenspezifische Erfolgsfaktoren ermittelt.

Für die Branchenanalyse wird häufig das industrieökonomisch geprägte *"Five competitive forces"-Framework* von PORTER verwendet. Die Attraktivität und Profitabilität einer Branche wird danach durch fünf Wettbewerbskräfte bestimmt: Die Bedrohung durch neue Wettbewerber, die Verhandlungsmacht der Kunden, die Verhandlungsmacht der Lieferanten, die Bedrohung durch Substitutionsprodukte oder -dienstleistungen und der Rivalität unter den bestehenden Unternehmen. Die Stärke dieser Kräfte wird durch verschiedene strukturelle Faktoren beeinflußt. Die Kräfte können sich je nach Branche unterscheiden und sind im Zeitablauf veränderlich.[259] Der Handlungsspielraum von Unternehmen beschränkt sich nicht nur auf die Bestimmung der Branchenattraktivität und einer möglichst günstigen Positionierung innerhalb einer Branche. Sie sind nicht "Gefangener der Branche", sondern können proaktiv die Wettbewerbskräfte und die Branchenstruktur gestalten:

"Durch ihre Strategie können sie die fünf Kräfte beeinflussen. Wenn ein Unternehmen imstande ist, die Struktur zu gestalten, kann das die Attraktivität einer Branche grundlegend zum Besseren oder Schlechteren verändern. Viele erfolgreiche Strategien haben die Wettbewerbsregeln auf diese Weise verschoben."[260]

---

[258] Vgl. Grant (1995), S. 54f.

[259] Vgl. Porter (1986), S. 22ff.; Porter (1987a), S. 25ff.

[260] Porter (1986), S. 25. Unternehmen besitzen damit auch eine Verantwortung für die Branche. Insbesondere die Branchenführer mit starker Markmacht müssen bei ihren Entscheidungen eine mögliche Verbesserung

Fortsetzung der Fußnote auf der folgenden Seite

Insofern ist die Kritik an PORTERS Framework hinsichtlich der Vernachlässigung dynamischer Aspekte des Wettbewerbs und der Branchenstruktur[261] nur bedingt gerechtfertigt. Zwar wird die dynamische Interaktion der Wettbewerber nicht explizit berücksichtigt, der proaktiven Beeinflussung der Branchenstruktur durch das Wettbewerbsverhalten und die Strategie einzelner Unternehmen (was dem reinen Struktur-Verhalten-Ergebnis-Kausalzusammenhang widerspricht) wird jedoch Rechnung getragen.[262] PORTER betont des weiteren die kreativitätsfördernde Wirkung seines Frameworks, da eine Lenkung kreativer Energien auf die langfristige Profitabilität bestimmenden, strukturellen Faktoren erfolgt und dadurch die Chance, strategische Innovationen zu generieren, erhöht wird.[263]

Ebenfalls Gegenstand der Branchenanalyse ist die Bestimmung der *branchenspezifischen (strategischen) Erfolgsfaktoren* oder "Key success factors"[264]. Strategische Erfolgsfaktoren "are those tasks or attributes which are particularly mandated by the task environment"[265], wie z.B. ein bestimmtes Unternehmensimage, die Produktqualität, die Unternehmensgröße oder der Standort.[266] Sie sind kontextabhängig und je nach Branche verschieden. Die den strategischen Erfolgsfaktoren zugrundeliegende Logik impliziert, daß für den Unternehmenserfolg ein "Fit" der spezifischen Stärken bzw. Kompetenzen des Unternehmens mit den strategischen Erfolgsfaktoren notwendig ist.[267] Ein strategisches Erfolgspotential kann in diesem Zusam-

---

der eigenen Wettbewerbsposition und die Auswirkungen auf die gesamte Branche sowie die damit verbundenen Profitabilitätsveränderungen gegeneinander abwägen (vgl. S. 27).

[261] Vgl. z.B. Grant (1995), S. 80

[262] So sehen z.B. auch Steinmann/Heß (1993), S. 168 das Framework von Porter geeignet, um "sowohl die strategische Situationsdiagnose zu strukturieren als auch Ansatzpunkte für eine Einflußnahme auf die Umwelt aufzuzeigen."

[263] Vgl. Porter (1986), S. 25

[264] Der Begriff wurde von Hofer/Schendel (1978) geprägt. Weitere Begriffe in der Literatur, die synonym verwendet werden, sind "Exzellenzfaktoren", "Key result factors", "Schlüsselgrößen" oder "Pulse point" (vgl. Grimm (1983), S. 26); Grünig/Heckner/Zeus (1996), S. 3ff. klassifizieren die unterschiedlichen Methoden zur Ermittlung strategischer Erfolgsfaktoren, ordnen den einzelnen Methoden empirische Untersuchungen zu und beurteilen die Methoden anhand von sechs Kriterien (Objektivität, Reliabilität, Theorieleitung, Berücksichtung der wichtigsten Perspektiven, Nutzen für Strategieformulierung, zeitlicher und finanzieller Aufwand). Sie kommen zu dem Ergebnis, daß für die Identifikation genereller markt- und branchenspezifischer Erfolgsfaktoren im Rahmen der empirischen Forschung quantitativ-explorative Studien besonders geeignet sind.

[265] Vasconcellos e Sá/Hambrick (1989), S. 367

[266] Vgl. z.B. die von Vasconcellos e Sá/Hambrick (1989), S. 377ff. identifizierten strategischen Erfolgsfaktoren in sechs verschiedenen Branchen.

[267] Vgl. Vasconcellos e Sá/Hambrick (1989), S. 367ff.

menhang als unternehmensspezifische Ausprägung strategischer Erfolgsfaktoren verstanden werden.[268]

(3) Intra-Branchenanalyse

Den letzten Bereich der Umweltanalyse bildet die Intra-Branchenanalyse. Branchen sind keine in sich homogenen Gebilde, sondern bestehen aus einer Vielzahl von Unternehmen, die in unterschiedlichen Konkurrenzverhältnissen zueinander stehen. Auch die oben dargestellten Wettbewerbskräfte und strukturellen Faktoren können in Teilbereichen der Branche unterschiedlich ausgeprägt sein.[269] Folglich wird die Branche im Rahmen einer *Branchensegmentierung* in bestimmte Untereinheiten aufgegliedert. Grundlage für die Segmentierung bilden meist den Produkten oder den Abnehmern zuordenbare Merkmale, die als Segmentierungsvariablen dienen. "Die Ermittlung der Segmentierungsvariablen ist wahrscheinlich der kreativste Teil der Branchensegmentierung, weil sie die begriffliche Erfassung von Dimensionen bedeutet, durch die sich Produkte und Abnehmer unterscheiden und die wichtige Implikationen für Struktur und Wertkette haben."[270] Branchensegmente ergeben sich dann aus der Kombination von Produktvarianten und bestimmten Abnehmergruppen auf Basis dieser Segmentierungsvariablen.[271] Die Branchensegmentierung sollte sich nicht an den aktuellen Wettbewerbern und deren Wettbewerbsverhalten orientieren. So können durchaus Segmente entstehen, die von keinem der Wettbewerber besetzt sind bzw. als solche noch nicht existieren, da die Produktvarianten noch nicht hergestellt und/oder die Abnehmergruppen noch nicht als solche erkannt wurden. Gerade diese nicht erschlossenen Segmente bieten Unternehmen die Chance, als erste Wettbewerbsvorteile innerhalb des Segments aufzubauen.[272]

Das Konzept der *strategischen Gruppe*[273] basiert auf der Segmentierung von Wettbewerbern einer Branche anhand bestimmter *strategischer Merkmale* der Unternehmen und nicht, wie bei der Branchensegmentierung, auf kunden- und produktbezogenen Kriterien. Anhand bestimm-

---

[268]   Vgl. Grünig/Heckner/Zeus (1996), S. 5f.

[269]   Vgl. hierzu Porter (1986), S. 301ff.

[270]   Porter (1986), S. 310

[271]   Vgl. Porter (1986), S. 301ff.; vgl. Grant (1995), S. 90ff. Typische abnehmerbezogene Segmentierungsvariablen sind Branchenzugehörigkeit, demographische Merkmale, Vertriebskanal, geographische Regionen etc. Produktbezogene Segmentierungsvariablen sind z.B. Preisniveau, Technologie, physische Größe und Leistung.

[272]   Vgl. Porter (1986), S. 308ff.

ter strategischer Dimensionen, wie Spezialisierungsgrad, Wahl des Vertriebsweges, Produktqualität, vertikaler Integration etc. lassen sich Gruppen von Unternehmen mit ähnlicher Strategie identifizieren, wobei sogenannte Mobilitätsbarrieren bestehen können, die einen Wechsel der Unternehmen zwischen diesen strategischen Gruppen verhindern.[274] Die These, daß die Profitabilität innerhalb strategischer Gruppen weniger differiert als zwischen den Gruppen konnte empirisch nicht robust bestätigt werden.[275] Der Beitrag des Konzepts der strategischen Gruppe ist deshalb mehr deskriptiver als präskriptiver Natur. Es trägt dazu bei, die Struktur, Wettbewerbsdynamik und Evolution der Branche besser zu verstehen.[276]

Die *Wettbewerberanalyse* dient zum tieferen Verständnis des Wettbewerbsverhaltens der Hauptwettbewerber. Wie bereits erläutert, ist Wettbewerb immer eine Interaktion von Unternehmen. Insbesondere in Branchen mit hohem Konzentrationsgrad sind es wenige Unternehmen, deren strategische Entscheidungen sich gegenseitig stark beeinflussen. Durch eine explizite Analyse der Strategien, Kompetenzen (bzw. Stärken und Schwächen), Zielsetzungen, Selbstverständnisse und grundlegenden Annahmen der Hauptwettbewerber, soll deren zukünftiges Wettbewerbsverhalten und mögliche "Strategy shifts" sowie deren Reaktion auf Strategien des eigenen Unternehmens antizipiert werden. Da die Reaktion der Wettbewerber nicht nur von den tatsächlichen Aktionen eines Unternehmens abhängt, sondern auch von den durch die Wettbewerber erwarteten Handlungen, kann durch selektive Kommunikation von Informationen[277] das Verhalten der Wettbewerber beeinflußt werden.[278]

---

[273]   Das Konzept wurde an der Harvard University entwickelt und in empirischen Untersuchungen an der Purdue University angewendet (vgl. Grant (1995), S. 98 m.w.N.); ein Überblick über neuere empirische Untersuchungen zu strategischen Gruppen findet sich bei Reger/Huff (1993), S. 104.

[274]   Vgl. Porter (1987a), S. 173ff.; Reger/Huff (1993), S. 103ff. stellten im Rahmen einer Untersuchung fest, daß sich nicht alle Unternehmen eindeutig bestimmten strategischen Gruppen zuordnen lassen. So war z.B. bei einigen Unternehmen keine strategische Positionierung erkennbar. Des weiteren variierte der "Zugehörigkeitsgrad" der Unternehmen innerhalb der strategischen Gruppen, so daß in "Core firms", "Secondary firms" und "Transient firms" unterschieden wurde. Strategische Gruppen sind darüber hinaus auch Ergebnis kognitiver Prozesse und "part of the way strategists organize and make sense of their competitive environment." (S. 115).

[275]   Vgl. zu empirischen Untersuchungen z.B. Fiegenbaum/Thomas (1990); Cool/Dierickx (1993); Fiegenbaum/Thomas (1995)

[276]   Vgl. Grant (1995), S. 98f.

[277]   Zur Beeinflussung der Wahrnehmung und des Verhaltens der Wettbewerber durch "Competitive signaling" vgl. Heil/Robertson (1991), S. 403ff.

[278]   Vgl. Porter (1987a), S. 78ff.; Grant (1995), S. 99ff.

2.3.2.2. Internes Analysefeld Unternehmen

Die Branchen- und Intra-Branchenanalyse basiert auf der Prämisse, daß vor allem strukturelle Faktoren die Profitabilität der Branche und das Wettbewerbsverhalten der Unternehmen bestimmen. Dies impliziert für die strategische Analyse die Identifikation attraktiver Branchen und geeigneter Segmente bzw. strategischer Gruppen sowie von Ansatzpunkten zur Beeinflussung der Struktur und des Wettbewerbsverhaltens in Richtung eines moderaten Wettbewerbs.

Die *Unternehmensanalyse* zielt vor allem darauf ab, ein gründliches und tiefgreifendes Verständnis für die eigenen Ressourcen bzw. Stärken und Schwächen zu entwickeln. Wichtige Schritte sind dabei vor allem ihre Identifikation, die Bewertung ihrer strategischen Bedeutung und die Analyse der Einsatzmöglichkeiten und notwendiger Weiterentwicklungen. Das vorhandene Instrumentarium zur Unternehmensanalyse ist deutlich weniger gut ausgebaut als das für die unternehmensexternen Analysebereiche. Ein Grund dafür ist sicherlich, daß sich der Resource-based-view erst seit Anfang der neunziger Jahre als Forschungsrichtung etablieren konnte, während vorher die industrieökonomisch-orientierte Forschung für das strategische Management bestimmend war.

Das "klassische" Instrument zur Unternehmensanalyse ist die Wertschöpfungskette (oder Wertkette) von PORTER.[279] Obwohl es ergänzend zu dem bereits dargestellten industrieökonomisch geprägten "Five competitive forces"-Framework entwickelt wurde, kann das Instrument auch vor dem Hintergrund der Resource-based-view einen wesentlichen Beitrag zur Analyse der spezifischen Ressourcenbasis des Unternehmens leisten.[280]

Das Unternehmen wird dabei als eine Ansammlung von Aktivitäten verstanden. Es werden primäre und unterstützende Aktivitäten unterschieden: Die primären Aktivitäten betreffen die Herstellung des Produkts, den Transport sowie das Marketing und den Kundendienst. Die unterstützenden Aktivitäten, die die Beschaffung von Gütern, die Technologieentwicklung (im Sinne von Forschung - und Entwicklung), das Personalmanagement und die Infrastruktur des Unternehmens zum Gegenstand haben, besitzen flankierende Funktion und tragen zur Durchführung bestimmter Primäraktivitäten bei bzw. unterstützen die gesamte Wertschöp-

---

[279] Vgl. Porter (1985), S. 33ff.; Porter (1986), S. 59ff.

[280] So schreibt McKiernan (1997), S. 795 hinsichtlich des neu etablierten Resource-based-view und der Arbeit von Porter: "Ironically, he [Porter, Anm. d. Verf.] .. developed one of the most useful tools for internal resource analysis in the value chain."

fungskette. Die Gewinnspanne ergibt sich aus der Differenz zwischen Gesamtwert und den Kosten für die Durchführung der Aktivitäten.[281]

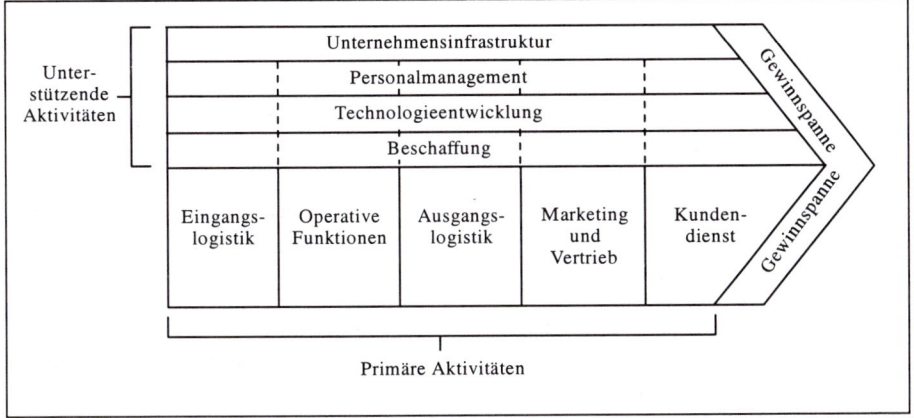

Abb. 7:   Die Wertschöpfungskette[282]

[281]   Vgl. Porter (1985), S. 33ff.; Porter (1986), S. 59ff.; vgl. hierzu auch die Ausführungen in Kapitel IV. 3.1.3.
[282]   Vgl. Porter (1985), S. 37; Porter (1986), S. 62

3.   Strategieorientierte Definition von Wettbewerbsregeln

> *"All businesses operate by some set of un-*
> *stated rules and sometimes these rules*
> *change - often in very significant ways."*[283]

3.1.   Kennzeichnung von Wettbewerbsregeln

Bevor auf die definitorischen Aspekte von Wettbewerbsregeln im Detail eingegangen wird, soll zunächst anhand mehrerer Beispiele aus unterschiedlichen Sportarten eine Annäherung an den Begriff der Wettbewerbsregeln sowie an deren Veränderung erfolgen:[284]

- Im Jahre 1968 gewann Robert Douglas Fosbury bei den Olympischen Spielen in Mexiko mit einer revolutionären Hochsprungtechnik die Goldmedaille. Die neue Technik löste zunächst heftige Diskussionen über mögliche gesundheitliche Risiken für Genick und Rückgrat aus. 1970 wandte die bis dahin völlig unbekannte Ulrike Meyfarth den "Fosbury-Flop" erstmals wettkampffähig an und konnte damit 1972 ihren ersten Olympiasieg erzielen. Heute gibt es keine Athleten mehr, die noch die ursprüngliche Technik im Wettkampf benutzen.

- Im Skispringen war bis Mitte der achtziger Jahre die parallele Skiführung verbreitet. 1985 wurde vom Schweden Bokloev erstmals der V-Stil eingesetzt. Nach und nach begannen die anderen Skispringer, den neuen Stil zu adaptieren. Heute ist die Beherrschung des V-Stils Grundvoraussetzung dafür, um im Skispringen überhaupt wettbewerbsfähig zu sein.

- Im Skilanglauf war mit der Einführung des Skating-Stils durch den Finnen Siitonen im Jahr 1985 der "klassische Stil" nicht mehr wettbewerbsfähig. Rennen im "klassischen Stil" werden deshalb heute getrennt von Rennen im "freien Stil", bei denen der Skating-Stil erlaubt ist, veranstaltet.

- Der Klappschlittschuh wurde 1996 beim Weltcup in Berlin erstmals von den holländischen Athletinnen eingesetzt. Gunda Niemann bestellte ebenfalls diese neuartige Schlittschuhversion, nachdem sie fünf Niederlagen in Folge hinnehmen mußte.

---

[283] Grove (1996), S. 20; zur Zielsetzung seines Buchs schreibt Grove (1996), S. 7: "What this book *is* about is the impact of changing rules".

[284] Vgl. zu den Beispielen Henzler (1997), S. 23, der diese im Rahmen der Diskussion um die Wettbewerbsfähigkeit Deutschlands im internationalen Vergleich und der dabei herausragenden Bedeutung von Innovationen verwendet.

Die Beispiele zeigen, daß zu bestimmten Zeitpunkten in verschiedenen Sportarten bestimmte Techniken bzw. technische Hilfsmittel vorherrschen. Sie bilden die "Regel" und führen in Teilbereichen zu konformem Wettbewerbsverhalten. Einzelnen Sportlern gelingt es jedoch, grundlegende neue Techniken bzw. technische Hilfsmittel im Wettkampf einzusetzen. Sie erzielen dadurch erhebliche Wettbewerbsvorteile. Diese Innovationen bewirken einen vollständigen Wandel der Verhaltensweisen in der Sportart: Um wettbewerbsfähig zu bleiben, reicht es nicht mehr aus, daß die Sportler an ihrem bewährten Wettbewerbsverhalten festhalten und dieses weiter optimieren. Sie sehen sich vielmehr gezwungen, die Innovationen zu übernehmen.[285] Wem dies nicht gelingt, wer also nicht nach den "neuen Regeln" konkurrieren kann, weil er sich z.b. aufgrund der langjährigen Erfahrung an den alten Skisprungstil gewöhnt und diesen so perfektioniert hat, daß eine Umstellung auf den V-Stil nicht mehr gelingt, scheidet aus dem Wettbewerb aus. Ehemalige Stärken werden damit zu Schwächen, zu Blockaden, die den weiteren Erfolg verhindern.

Betrachtet man statt der Konkurrenz zwischen Sportlern die Konkurrenz zwischen Unternehmen, lassen sich durchaus parallele Phänomene beobachten und begründen. Sie sind Gegenstand der folgenden Ausführungen.

3.1.1. Abgrenzung unterschiedlicher Begriffsverständnisse

Im allgemeinen bzw. philosophischen Sprachgebrauch kann eine Regel als

(1) Richtschnur für menschliche Verhaltensweisen im Sinne einer sittlichen Empfehlung,

(2) eine für die Gemeinschaft und deren Mitglieder als bindend gesetzte und anerkannte Vorschrift, z.B. in Form von staatlichen Gesetzen,

(3) ein aus Erfahrung bewährtes Vorgehen für bestimmte Handlungen, z.B. in Form von Rechen- oder Faustregeln, oder

(4) eine auf Brauchtum oder Konvention beruhende Verhaltensform in einer Gemeinschaft, z.B. in Form von Spielregeln oder sozialen Umgangsregeln,

verstanden werden.[286]

---

[285] Hier zeigt sich bereits das Problem des Zeitpunkts der Regelentstehung. Strenggenommen liegt die Regel schon fest, wenn der "Regelbrecher" durch seine Innovation erstmalig neue Wege aufzeigt. Erkennbar wird die Regel allerdings erst später und zwar dann, wenn die Wettbewerber, die an der bestehenden Regel festhalten, im Wettbewerb nicht mehr erfolgreich sind und sich primär durch Imitation ein neues, konformes Wettbewerbsverhalten herausbildet.

[286] Vgl. Brockhaus-Enzyklopädie (1990), S. 185

Regeln haben dabei eine universelle Geltung für sämtliche Handlungen einer bestimmten Art. Als "regelgemäßes" Verhalten wird ein den Regeln konformes Verhalten verstanden.[287] In der Bedeutung dem Regelbegriff artverwandt ist der Begriff der *Konvention*. Eine Konvention wird allgemein als "Regel des Umgangs, des sozialen Verhaltens, die für die Gesellschaft als Verhaltensnorm gilt"[288], verstanden.

In der *Volkswirtschaftslehre bzw. der Rechtswissenschaft* findet sich der Begriff der Wettbewerbsregel traditionell im Zusammenhang mit Wirtschaftspolitik und Wettbewerbsrecht. I.w.S. versteht man darunter die Rahmenbedingungen, die für ein Funktionieren des Wettbewerbs sorgen sollen, insbesondere durch Gesetze, wie das Gesetz gegen Wettbewerbsbeschränkungen (GWB) oder das Gesetz gegen den unlauteren Wettbewerb (UWG). I.e.S. werden darunter Vereinbarungen der Mitglieder von Wirtschafts- und Berufsvereinigungen nach §28 GWB verstanden, die diese zu einem, den Grundsätzen lauteren und leistungsgerechten Wettbewerbs entsprechenden, Verhalten veranlassen sollen.[289]

In der *Managementliteratur*, insbesondere im angelsächsischen Raum, wird der Begriff der "Wettbewerbsregeln" (bzw. "Rules of competition") zunehmend verwendet. Das Begriffsverständnis unterscheidet sich dabei grundsätzlich von dem oben beschriebenen, gesetzesorientierten Verständnis der Volkswirtschaftslehre bzw. der Rechtswissenschaft. Vielmehr wird der Begriff ähnlich dem anfänglich dargestellten allgemeinen Sprachverständnis (insbesondere der Punkte (3) und (4)) gebraucht. Gegenstand der Regeln ist das Handeln (oder das Verhalten) von Unternehmen im Wettbewerb. Die folgenden Beispiele zeigen, daß jedoch keine einheitliche Begriffsdefinition existiert.

- HAMEL/PRAHALAD sprechen von "Industry rules" oder "Rules of competition", die sich aus den Traditionen und etablierten, konformen Verhaltensweisen der Unternehmen ableiten. Es sind die Konventionen einer Branche, "the orthodoxies of the incumbents"[290], die von den Unternehmen kritisch hinterfragt werden müssen und durch entsprechende Strategien zu verändern sind.[291] Explizites Ziel der Strategieentwicklung ist: "Rewriting industry rules and creating new competitive space".[292]

---

[287] Vgl. Brockhaus-Enzyklopädie (1990), S. 185

[288] Brockhaus-Enzyklopädie (1990a), S. 318

[289] Vgl. Kraft (1993), Sp. 4671ff.; Brockhaus-Enzyklopädie (1990b), S. 120f.

[290] Hamel/Prahalad (1994), S. 61

[291] Vgl. Hamel/Prahalad (1994), S. 49ff.

[292] Hamel/Prahalad (1994), S. 283

- PORTER spricht von "Rules of competition", die sich aufgrund der fünf Wettbewerbskräfte bzw. deren struktureller Bestimmungsfaktoren ergeben und durch entsprechende Strategien verändert werden können.[293]

- BADEN-FULLER spricht von "Rules of the game" und meint damit "the balance of power within an industry or market sector"[294]. Bei der Regelveränderung spielen strategische Innovationen durch Unternehmen eine herausragende Rolle.[295]

- STREBEL versteht unter "rules of the (competitive oder business) game" Spielregeln, die das Verhalten von Unternehmen im Wettbewerb bestimmen. Diese können sich durch sogenannte "Breakpoints" radikal verändern, wobei Unternehmen die aktive Rolle des Veränderers zufällt, z.b. durch sogenannte "New game strategies".[296]

- BRANDENBURGER/NALEBUFF begründen ihre Definition auf spieltheoretische Überlegungen. Regeln im Wirtschaftsleben entstehen durch Gewohnheit, Verträge oder Gesetze und sind wichtige Determinanten für die Machtverhältnisse im Spiel.[297]

Neben dem Fehlen eines einheitlichen Begriffsverständnisses von Wettbewerbsregeln in der Managementliteratur, bleibt bei vielen Autoren die inhaltliche Bedeutung ebenfalls unklar und undifferenziert[298]. Im folgenden wird deshalb das der Arbeit zugrundeliegende Begriffsverständis abgegrenzt. Dabei werden auch Elemente aus den Definitionen der oben genannten Autoren aufgenommen. Um der Vielschichtigkeit von Wettbewerbsregeln gerecht zu werden, sollen zunächst die konstituierenden Merkmale von Wettbewerbsregeln und anschließend deren Objekt- (oder Gegenstands-) bereich dargestellt werden.

---

[293] Vgl. Porter (1985), S. 4ff. oder die deutsche Übersetzung Porter (1986), S. 22ff., in der von "Wettbewerbsregeln" gesprochen wird.

[294] Baden-Fuller (1995), S. 7

[295] Vgl. Baden-Fuller (1995), S. 7ff.

[296] Vgl. Strebel (1992), S. 1ff.

[297] Vgl. Brandenburger/Nalebuff (1996), S. 49ff.

[298] Ein Beispiel hierfür findet sich bei Markides (1997), S. 9ff. Er diskutiert ausführlich die Rolle von strategischen Innovationen zur Veränderung der "Rules of the game" in Branchen bzw. Märkten und stellt Ansätze zur Generierung solcher strategischer Innovationen dar. Eine klare Definition oder zumindest eine Charakterisierung des Begriffsverständnisses von Regeln gibt er jedoch nicht. Auch die Fallbeispiele tragen nur bedingt zur Illustration von Regelveränderungen bei. Sie lassen den Leser "alte", bereits bekannte Ansätze, wie z.B. Nischenstrategien, erkennen, führen jedoch nicht dazu, daß dem Leser, trotz vieler Ideen und interessanter Gedankengänge, die Veränderung von Wettbewerbsregeln als neue strategische Konzeption nähergebracht wird.

3.1.2.   Konstituierende Merkmale von Wettbewerbsregeln

Wettbewerbsregeln sind durch folgende konstituierende Merkmale gekennzeichnet:

• Meist fehlende Kodifizierung

• Normativer Charakter

• Erzeugung von Konformität

• Dynamische Veränderbarkeit

• Selbstverstärkung

• Variierender Ausprägungsgrad

Wettbewerbsregeln sind meist *nicht kodifiziert*.[299] Es sind überwiegend die "ungeschriebenen Gesetze" eines Wettbewerbsfelds, deren Einhaltung nicht durch Institutionen überwacht wird. Aufgrund der fehlenden Kodifizierung sind Wettbewerbsregeln nur bedingt objektivierbar. Sie lassen sich zwar durch Analyse des Wettbewerbsfelds (und des Wettbewerbsverhaltens der Unternehmen) sowie die durch die allgemeine Umwelt gesetzten Rahmenbedingungen er-schließen. Wie bei jeder Analyse besteht jedoch ein Erklärungs- und Interpretationsbedarf. Dabei kommen die individuellen Wertmaßstäbe des Analysierenden zum Tragen. Darüber hinaus können kognitive Vorgänge bei der Analyse zu "Verzerrungen" und selektiver Informationssuche führen.[300]

Wettbewerbsregeln haben *normativen Einfluß* auf das Wettbewerbsverhalten.[301] Dem allgemeinen Begriffsverständis folgend, wird "regelwidriges" Verhalten meist bestraft. Diese Strafen werden durch eine das regelgerechte Verhalten kontrollierende Instanz ausgesprochen. Bezogen auf Wettbewerbsregeln kann die "Strafe" für regelwidriges Verhalten im abnehmenden Erfolg des Unternehmens bestehen, wobei die kontrollierende Instanz der Wettbewerb selbst ist. Daher richten sich Unternehmen in ihrem Verhalten nach den Regeln, so daß *Kon-*

---

[299] Kodifizierte Wettbewerbsregeln können sich durch gesetzliche Bestimmungen oder vertragliche Vereinbarungen aller Marktteilnehmer ergeben. Entsprechend dem der Arbeit zugrundeliegenden Begriffsverständnis, stellen sie jedoch nur einen geringen Teil möglicher Wettbewerbsregeln dar.

[300] Vgl. hierzu Konrad (1991), S. 241ff. m.w.N., der den Effekt der kognitiven Dissonanz und deren Auswirkungen auf Informationswahrnehmung und -verarbeitung beschreibt.

[301] Die einzelnen Teilnehmer des Wettbewerbs können sich entsprechend der Wettbewerbsregeln verhalten, ohne daß ihnen die Regeln explizit bewußt sind, was jedoch nicht bedeutet, daß keine Wettbewerbsregeln existieren.

formität entsteht. Allerdings, und darin liegt eine Möglichkeit der Regelveränderung, handelt es dabei oft nur um eine unterstellte Erfolgsabhängigkeit.[302]

Wettbewerbsregeln sind *dynamisch veränderbar*. Im Zeitablauf findet ein Wandel der Wettbewerbsregeln statt, der insbesondere in der dynamischen Veränderung der allgemeinen Umwelt, der strukturellen Faktoren des Wettbewerbsfelds und Verhaltensänderungen bestimmter Wettbewerber begründet liegt. Dabei kann zwischen inkrementaler und revolutionärer Veränderung unterschieden werden. Eine inkrementale Veränderung vollzieht sich in kleinen Schritten und betrifft meist nur einzelne Objektbereiche[303] von Wettbewerbsregeln. Revolutionäre Veränderungen vollziehen sich dagegen abrupt und umfassen im allgemeinen mehrere Objektbereiche. In der vorliegenden Arbeit stehen revolutionäre Veränderungen von Regeln durch eine aktive Einflußnahme einzelner Unternehmen im Mittelpunkt. Bereits an den Beispielen aus dem Sport zeigte sich, daß Wettbewerbsregeln nur so lange bestehen und erfolgsbestimmend sind, bis Wettbewerber durch Regelbruch neuartige Wege aufzeigen, um erfolgreich zu konkurrieren. Im folgenden wird gezeigt, daß Wettbewerbsregeln ferner eine Tendenz zur *Selbstverstärkung* besitzen[304], d.h. je länger sich Unternehmen an bestimmte Regeln halten, desto stärker manifestieren sich diese.

Letztes Merkmal von Wettbewerbsregeln ist der *variierende Ausprägungsgrad* von Stärke und Umfang der Regeln. Die Stärke bestimmt, wie zwingend ein regelgerechtes Verhalten ist, d.h. wie stark die Sanktionen bei regelwidrigem Verhalten sind bzw. wie diese eingeschätzt werden. Der Umfang beschreibt, welche Objektbereiche von Wettbewerbsregeln betroffen sind.

Wettbewerbsregeln sind *nicht* mit strategischen Erfolgsfaktoren gleichzusetzen. Wie bereits dargestellt, wird Unternehmen insbesondere in der klassischen, präskriptiven Strategielehre eine Performanceverbesserung durch Konzentration auf einzelne strategische Erfolgsfaktoren empfohlen.[305] Die Beachtung der entsprechenden Erfolgsfaktoren ist damit *notwendige* Be-

---

[302] Dies ist insbesondere bei Wettbewerbsregeln die auf "Gewöhnungseffekten" basieren der Fall (vgl. hierzu die in Kapitel II. 3.2.1. dargestellte (2) Wirkrichtung).

[303] Vgl. hierzu die Ausführungen in Kapitel II. 3.1.3.

[304] Vgl. hierzu die Ausführungen in Kapitel II. 3.2.

[305] Vgl. hierzu Ghemawat (1991), S. 5ff., der dies heftig kritisiert: "The whole idea of identifying a success factor and then chasing it seems to have something common with the ill-considered medieval hunt for the *philosopher's stone*, a substance that would transmute everything it touched into gold." (Ghemawat (1991), S. 11). Des weiteren stellt er das Problem der Identifikation von strategischen Erfolgsfaktoren, die man-

Fortsetzung der Fußnote auf der folgenden Seite

dingung für den Erfolg von Unternehmen. Ein nicht den Wettbewerbsregeln entsprechendes Verhalten hingegen *kann durchaus erfolgreich sein*. Die grundlegende Handlungsempfehlung an Unternehmen im Hinblick auf Wettbewerbsregeln ist daher eine grundlegend andere: Wettbewerbsregeln müssen von Unternehmen kritisch hinterfragt und unter bestimmten Voraussetzungen[306] "revolutionär" verändert werden. Darin kann für Unternehmen ein höheres Ergebnispotential liegen als in regelgerechtem Verhalten.

3.1.3.   Objektbereiche von Wettbewerbsregeln

Objekt (oder Gegenstand) von Wettbewerbsregeln ist die *Art, wie Unternehmen konkurrieren* und findet im Wettbewerbsverhalten der Unternehmen im Wettbewerbsfeld sowie den zugrundeliegenden Strategien Ausdruck. Es lassen sich drei Objektbereiche von Wettbewerbsregeln unterscheiden:

- *Notwendige Ressourcen*

  Wettbewerbsregeln beinhalten normative Aussagen bezüglich der Ressourcen, die Unternehmen für den Wettbewerb benötigen. Diese Aussagen können die Art (wobei grundsätzlich materielle und immaterielle Ressourcen unterschieden werden können) und den Umfang der Ressourcen betreffen und legen somit das "Ticket of admission" fest. Beim Skispringen bestehen die Ressourcen nach der Regelveränderung durch den V-Stil z.B. in bestimmten Basistechniken oder "Kompetenzen" (wie der Absprungtechnik), die der Springer beherrschen muß. Beim Eisschnellauf ist es eine materielle Ressource, nämlich der neue Klappschlittschuh. In der Unternehmenspraxis sind die notwendigen Ressourcen ebenfalls materieller und immaterieller Art, z.B. eine bestimmte Kapitalausstattung, spezifische Fertigungstechnologien oder Kernkompetenzen.

---

gelnde Konkretisierbarkeit, die mangelnde Generalisierbarkeit und die mangelnde Notwendigkeit zu langfristigem Denken als weitere Kritikpunkte heraus.

[306]   Eine Veränderung von Regeln muß aus Unternehmenssicht sinnvoll erscheinen, was insbesondere eine Frage nach der Wirkungen einer Regelveränderung und der Interessenlage des Unternehmens ist (vgl. hierzu Kapitel III. 1.).

- *Art des Ressourceneinsatzes*

Wettbewerbsregeln bestimmen die Art des Ressourceneinsatzes und begrenzen den Handlungsspielraum der Unternehmen. Die "V-Stil-Regel" beim Skispringen zwingt den Springer, die angeeigneten, notwendigen Basistechniken entsprechend der Anforderungen an einen V-Sprung (z.b. Skiführung beim Flug) einzusetzen. Dennoch bleibt ein Handlungsspielraum, so daß er z.b. eine "sichere Landung" gegenüber "Flugweite" vorziehen kann. In der Unternehmenspraxis bezieht sich die Art des Ressourceneinsatzes insbesondere auf den Aufbau der Wertschöpfungskette und deren Verknüpfung mit externen Bezugsgruppen (wie z.b. Lieferanten oder Kunden).[307] Die Wettbewerbsregeln bestimmen dabei nur die grundlegenden Elemente des Ressourceneinsatzes, dem Unternehmen bleibt genügend Handlungsspielraum, um sich innerhalb dieser "Vorgaben" durch entsprechende Ausgestaltung des Geschäftssystems zu differenzieren.

- *Art der erbrachten Leistung*

Die Ressourcen werden in einer bestimmten Art eingesetzt, um eine bestimmte Leistung zu erzielen. Wettbewerbsregeln treffen auch Aussagen über die Art der Leistung, die im Wettbewerb erbracht werden muß. Damit werden die grundlegenden Zielsetzungen des Wettbewerbs formuliert. Im Wettbewerb bestehen die Anforderungen an die Leistung z.B. darin, daß bestimmte Bedürfnisse beim Kunden durch entsprechend gestaltete Produkte zu befriedigen sind. Auch gegenüber den anderen Stakeholdern leiten sich aus den Wettbewerbsregeln Anforderungen an die Art der zu erbringenden Leistungen ab.[308]

Strategien erfüllen eine Klammerfunktion,[309] indem sie die Ressourcen, deren Einsatz und die Art der erbrachten Leistung zu einem stimmigen Ganzen zusammenführen. So legen Strategien unter anderem fest, *welche Ressourcen, auf möglichst zielführende Art* (d.h. den erwarteten Leistungen entsprechend) eingesetzt werden können. Das Wettbewerbsverhalten betrifft folglich ebenfalls die Ressourcen, den Ressourceneinsatz und die Gestaltung der Leistungen.

---

[307] Insbesondere bei Kompetenzen (als Sonderform von Ressourcen) ist eine starke Verknüpfung des Ressourceneinsatzes und der Ressource selbst festzustellen. So werden die Kompetenzen über Lernvorgänge ausgebaut und verändert.

[308] Diese Anforderung an die Leistung spiegelt sich in den Zielen von Unternehmen wider. Hahn (1997a), S. 303ff. unterscheidet Unternehmensziele in Sachziele (betreffen insbesondere das zukünftige Produkt- bzw. Dienstleistungsprogramm des Unternehmens), Wertziele (betreffen insbesondere das zukünftige Ergebnis und die Liquidität und reflektieren damit auch die Interessen der Eigenkapitalgeber) und Sozialziele (betreffen insbesondere die zukünftige Verhaltensweise gegenüber Mitarbeitern, Gesellschaft und natürlicher Umwelt). Durch Wettbewerbsregeln werden die Sach-, Wert- und Sozialziele des Unternehmens beeinflußt, da die Regeln als Rahmenvorgaben normativ den Raum für individuelle Zielsetzungen bestimmen.

[309] Auf die Klammerfunktion von Strategien wird in Kapitel IV. 3.2.3.1. vertiefend eingegangen.

Aufgrund der normativen Wirkung von Wettbewerbsregeln auf das Wettbewerbsverhalten bestimmen diese indirekt auch die zugrundeliegenden Strategien.

Wie bereits in Kapitel II. 2.2.2. dargestellt, sind insbesondere die immateriellen erfolgsbestimmenden Ressourcen oft sehr komplex, stark unternehmensspezifisch und entziehen sich einer Quantifizierung. Wettbewerbsregeln, die solche Ressourcen betreffen, könnten strenggenommen nur von einem einzigen Unternehmen erfüllt werden. Eine Regelveränderung ist aus Unternehmenssicht deshalb vor allem dann von Vorteil, wenn sich die neuen Regeln auf diese einzigartigen, unternehmensspezifischen Ressourcen beziehen.

Regeln gelten *für bestimmte Wettbewerbsfelder*, die den "Wirkungsbereich" darstellen. So sind z.B. die Wettbewerbsregeln in der Maschinenbauindustrie völlig anders, als die im Bankenbereich: Die Unternehmen benötigen andere Ressourcen, sie setzen diese anders ein und generieren vollständig andere Produkte bzw. Leistungen. Eine Veränderung des Wettbewerbsfelds (z.B. durch Verschmelzung verschiedener Wettbewerbsfelder) schafft einen neuen Wirkungsbereich, der meist zu einer Veränderung der dort gültigen Wettbewerbsregeln führt.

3.2. Entstehung von Wettbewerbsregeln

Nach der Kennzeichnung der Merkmale und der Objektbereiche von Wettbewerbsregeln wird im folgenden die Entstehung von Wettbewerbsregeln dargestellt und auf die zugrundeliegenden "Mechanismen" näher eingegangen. In der Managementliteratur ist das Potential, das für das einzelne Unternehmen in einer Veränderung der Wettbewerbsregeln liegt, erkannt. Allerdings werden meist *keine Erklärungsmodelle zur Regelveränderung* entwickelt, so daß sich auch die Ansatzpunkte für Regelveränderungen durch einzelne Unternehmen nicht einordnen lassen und deren Begründungszusammenhang unklar bleibt.[310] Oft reduziert sich deshalb die Handlungsempfehlung auf "brich die Regeln und du bist erfolgreich", teilweise ergänzt durch eine (scheinbar) willkürlich zusammengestellte Liste von "To Do's". Um dies zu vermeiden, gilt es im folgenden ein Erklärungsmodell zur Entstehung und Veränderung von Wettbewerbsregeln zu entwickeln.

---

[310] Vgl. hierzu z.B. Hamel (1997), S. 22ff., der zwar von "Changing the rules" spricht, sich in seinen Ausführungen jedoch auf einzelne Unternehmensbeispiele und Ansätze zum "Regelbruch" konzentriert und kein Erklärungsmodell zur Regelveränderung liefert.

3.2.1. Zusammenspiel struktureller und verhaltensbedingter Faktoren

Wettbewerbsregeln sind Ergebnis des komplexen Zusammenspiels zwischen der allgemeinen Umwelt, den strukturellen Faktoren des Wettbewerbsfelds und den daraus resultierenden Wettbewerbskräften sowie dem Wettbewerbsverhalten der Unternehmen. Bei den bisherigen Ausführungen in Kapitel II. 3.1. wurden bereits zwei gegensätzliche Wirkrichtungen deutlich: Wettbewerbsregeln bestimmen das Wettbewerbsverhalten, umgekehrt bestimmt jedoch auch das Wettbewerbsverhalten die Wettbewerbsregeln, zum einen durch einzelne "Regelbrecher", die durch ihr Verhalten neue Regeln initiieren, zum anderen durch "regelgerechtes" Verhalten, das zur Manifestierung (und Selbstverstärkung) von Regeln beiträgt. Bei der Erklärung der Entstehung und Veränderung von Wettbewerbsregeln stößt man deshalb schnell auf die "Henne-Ei-Problematik": Es stellt sich die Frage, ob die Wettbewerbsregeln ein bestimmtes Wettbewerbsverhalten bewirken oder, ob sich umgekehrt die Wettbewerbsregeln aus dem Wettbewerbsverhalten ableiten. Im folgenden wird deshalb keine eindeutige Kausalkette der Regelentstehung dargestellt, sondern vielmehr die Wirkrichtungen der gegenseitigen Beeinflussung herausgearbeitet. Hierzu bietet sich ein vereinfachtes Erklärungsmodell an, das insbesondere auf Gedanken der Industrieökonomie und des Resource-based-view sowie der darauf aufbauenden Strategieforschung fußt.[311]

---

[311] Vgl. hierzu insbesondere Kapitel II. 2.2.

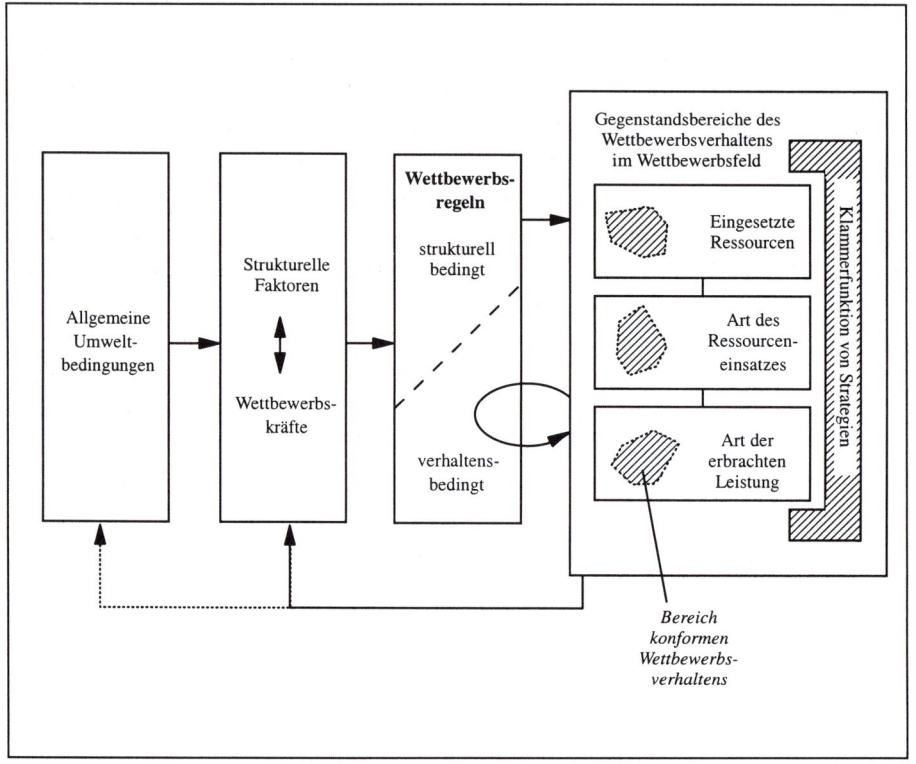

Abb. 8:   Erklärungsmodell zur Entstehung von Wettbewerbsregeln

(1) Wirkrichtung Umwelt-Struktur-Regeln-Verhalten

Die allgemeinen Umweltbedingungen[312] beeinflussen die strukturellen Faktoren einer Branche (hier eines Wettbewerbsfelds) und damit die Wettbewerbskräfte[313], die wiederum auf das

---

[312]   Die allgemeinen Umweltbedingungen umfassen die ökonomischen, technologischen, sozio-kulturellen, politisch-rechtlichen und ökologischen Bestimmungsfaktoren. In der Industrieökonomie findet sich in diesem Zusammenhang der Begriff der allgemeinen Strukturdeterminanten oder der Basisbedingungen.

[313]   Der Zusammenhang zwischen den strukturellen Faktoren und den daraus resultierenden fünf Wettbewerbskräften findet sich bei Porter (1985) und Porter (1980).

Wettbewerbsverhalten wirken und zu "Bereichen konformen Verhaltens" führen.[314] Wettbewerbsregeln können dabei als dem Verhalten vorgelagerte, normative Vorgaben (strukturell
bedingte Wettbewerbsregeln) verstanden werden. So sind z.b. Eintrittsbarrieren als strukturelle Faktoren Ursache für Wettbewerbsregeln, da sie bestimmen, welche Ressourcen für den
Markteintritt notwendig sind.

(2) Wirkrichtung Verhalten-Regeln-Verhalten

Wettbewerbsregeln entstehen auch aus dem Wettbewerbsverhalten selbst (verhaltensbedingte
Wettbewerbsregeln). Insbesondere in wenig dynamischen Branchen treten in den Unternehmen "Gewöhnungseffekte" auf. Ein bestimmtes Wettbewerbsverhalten manifestiert sich, ohne
daß die Notwendigkeit oder Richtigkeit des ursprünglichen Verhaltens hinterfragt wird.[315] So
kann es durchaus sein, daß sich Bestimmungsfaktoren, wie allgemeine Umweltbedingungen
oder strukturelle Faktoren verändern, jedoch keine Anpassung des Wettbewerbsverhaltens
erfolgt und die durch früheres Verhalten manifestierten Wettbewerbsregeln weiterhin gültig
bleiben.

(3) Wirkrichtung Verhalten-Umwelt/Struktur-Regeln

Das Wettbewerbsverhalten muß nicht zwangsläufig zur Manifestierung von Wettbewerbsregeln führen. Vielmehr kann das Verhalten von Unternehmen die strukturellen Faktoren und
eventuell auch die allgemeinen Umweltbedingungen beeinflussen. So ist denkbar, daß ein
Unternehmen durch den Einsatz einer neuen Technologie die Eintrittsbarrieren verändert, was
dazu führt, daß für den Markteintritt andere Ressourcen notwendig werden.[316]

---

[314] Diese Wirkkette lehnt sich an den bereits in Kapitel II. 2.2.1. beschriebenen Struktur-Verhalten-Ergebnis-
Kausalzusammenhang der Industrieökonomie an. Auf Erläuterungen zum Element "Ergebnis" (im Sinne der
Effizienz von Märkten) wird verzichtet, da diese aus unternehmensindividueller Sicht nur bedingt relevant
sind. Der Begriff des Wettbewerbsverhaltens wird hier weiter gefaßt als in der Industrieökonomie (die z.B.
Preissetzungsverhalten, Werbung oder Forschung als Verhaltenselemente definiert, vgl. Kapitel II. 2.2.1.)
und der darauf aufbauenden Strategieforschung, wie z.B. bei Porter (1986), S. 31ff., der die Verhaltens-
komponente schwerpunktmäßig in den generischen Strategietypen sieht. Hier werden alle strategisch bedeutenden Aktivitäten bezüglich des Einsatzes, Erwerbs und Aufbaus von Unternehmensressourcen, der
Gestaltung des Geschäftssystems und der Festlegung der Leistungen für Stakeholder als Wettbewerbsverhalten definiert.

[315] Dieses Verständnis entspricht der unter Kapitel II. 3.1.1. dargestellen allgemeinen Begriffbedeutung von
Regeln, als einer auf Brauchtum oder Konvention beruhenden Verhaltensform und zeigt sich auch in dem
dort dargestellten Begriffsverständnis von Hamel/Prahalad.

[316] Wie bereits dargestellt, findet sich diese Art der Einflußnahme des Verhaltens auf die Struktur auch in der
neueren Industrieökonomie. Der Resource-based-view stellt diese Wirkrichtung in den Vordergrund: Die
Ressourcen sind Triebkraft des Verhaltens, was wiederum die Struktur des Wettbewerbsfelds bestimmt.

Fortsetzung der Fußnote auf der folgenden Seite

Das Zusammenspiel dieser drei Wirkrichtungen führt zu dynamisch-komplexen Entstehungs- und Veränderungsprozessen von Wettbewerbsregeln. Sowohl die Bestimmung des genauen Zeitpunkts, zu dem eine Veränderung eingeleitet wurde, als auch des Ursache-Wirkungs-Zusammenhangs einzelner Faktoren ist nur bedingt möglich.[317] Wettbewerbsregeln formieren sich im Wettbewerbsprozeß; sie treten im zeitlichen Ablauf langsam zu Tage und werden erkennbar, was im Englischen mit dem Begriff "Emerge" beschrieben wird. Schwerpunkt der vorliegenden Arbeit ist nicht die Erklärung der Entstehung bzw. Veränderung von Wettbewerbsregeln aus einer "Makroperspektive", was gleichbedeutend mit einer weiteren Detaillierung des oben skizzierten Erklärungsmodells wäre. Vielmehr konzentriert sich die Arbeit auf Ansatzpunkte zur Veränderung von Wettbewerbsregeln aus unternehmensindividueller Sicht; auf Möglichkeiten, wie Unternehmen Regelveränderungen, mit positiver Wirkung für sich selbst, initiieren können.

In diesem Zusammenhang soll festgehalten werden: Die Veränderung von Wettbewerbsregeln ist immer mit neuartigem, innovativem Wettbewerbsverhalten verbunden. Grundsätzlich können die *"Impulse" zu einer Veränderung* aus zwei Richtungen kommen:

- Der ursprüngliche "Impuls" entsteht durch eine *Veränderung der allgemeinen Umweltbedingungen bzw. der strukturellen Faktoren*, z.B. in Form einer Deregulierung oder durch das Ausscheiden eines marktbestimmenden Wettbewerbers. Die strukturell bedingten Wettbewerbsregeln verändern sich und die Unternehmen werden zu einer Anpassung ihres Wettbewerbsverhaltens (also zu neuartigem Wettbewerbsverhalten) gezwungen.

- Bestimmte Unternehmen *verhalten sich nicht den Wettbewerbsregeln entsprechend*, sondern finden fundamental neuartige Wege zu konkurrieren (hier als strategische Innovationen[318] bezeichnet). Sie setzen damit den "Impuls" für neue Wettbewerbsregeln, indem

---

Auch das Wettbewerbsverhalten der Unternehmen in ihrer Gesamtheit, spiegelt sich teilweise in der Struktur des Wettbewerbsfelds wider. So führt die Gestaltung der Wertschöpfungskette der Unternehmen dazu, daß für das Wettbewerbsfeld ein bestimmter Kapitalbedarf (ein struktureller Faktor) charakteristisch wird. Porter spricht in diesem Zusammenhang von der Branchenstruktur als einen "Spiegel der kollektiven Wertschöpfungsketten". Folglich lassen sich viele Elemente der Branchenstruktur durch die Analyse der Wertschöpfungsketten der Unternehmen erkennen (vgl. Porter (1986), S. 89).

[317]   Vgl. hierzu auch Grove (1996), S. 32ff. Er beschreibt mit seinem Konzept des Strategic-inflection-point die fundamentale Veränderung des "Way of competing" und der Regeln in einer Branche. Der genaue Zeitpunkt des Auftretens eines Strategic-inflection-points ist jedoch schwer zu bestimmen: "Even in retrospect, I can't put my finger exactly where the inflection point took place in the computer industry." (Grove (1996), S. 43.).

[318]   Eine detaillierte Abgrenzung des Begriffs der strategischen Innovation findet sich in Kapitel III. 2.

sich die Verhaltensweisen der Unternehmen im Wettbewerbsfeld (insbesondere durch Imitationsprozesse) und/oder die strukturellen Faktoren verändern.

Beide Impulse können sich überlagern, so daß z.b. "Impulse" durch eine Umweltveränderung von bestimmten Unternehmen aufgegriffen und in Form von strategischen Innovationen verwertet werden, die dann wiederum eine Veränderung der Wettbewerbsregeln einleiten. Im weiteren Verlauf der Arbeit steht die *aktive Rolle des Unternehmens als "Impulsgeber" für Regelveränderungen im Vordergrund.* Aus individueller Unternehmenssicht ist die Veränderung von Wettbewerbsregeln insbesondere dann von Vorteil, wenn neue, erfolgsbestimmende Regeln entstehen und das Unternehmen seine Verhaltensweisen entsprechend anpassen kann, die Wettbewerber in ihrer Adaption jedoch gehemmt sind, was im Extremfall deren Ausscheiden bewirken kann.[319]

Abschließend soll die Veränderung von Wettbewerbsregeln anhand der Wirkungen auf das Wettbewerbsverhalten typologisiert werden, was zu drei Grundtypen von Regelveränderungen führt:

(1) Eine *bestehende Regel wird zur "Nicht-Regel",* d.h. Bereiche konformen Verhaltens lösen sich auf und unterschiedliche, erfolgreiche Verhaltensweisen entstehen.

(2) Eine *neue Regel entsteht,* d.h. unterschiedliche Verhaltensweisen formieren sich zu einem Bereich konformen Verhaltens.

(3) Eine *bestehende Regel wird durch eine neue Regel ersetzt,* d.h. alte Bereiche konformen Verhaltens lösen sich auf und neuartige Bereiche konformen Verhaltens entstehen.

3.2.2. Kognitive Dimension der Entstehung von Wettbewerbsregeln

Allgemein kann Kognition als "Sammelbegriff für alle Prozesse und Strukturen, die mit dem Wahrnehmen und Erkennen zusammenhängen"[320] verstanden werden. Die kognitive Psychologie beschäftigt sich dabei insbesondere mit den *prozeßbezogenen* Aspekten der Kognition, d.h. der Aufnahme und Verarbeitung von Informationen. Kognitionen als *Zustandskonstrukt* verstanden, sind, im Gegensatz zu Informationen, kein objektiver Sachverhalt (wie z.B. ein Produktpreis), sondern Ergebnis der Informationsaufnahme und -verarbeitung und damit subjektiv (im Gegensatz zur Information "Preis" wäre die entsprechende Kognition dann z.B.

---

[319] Vgl. hierzu die Ausführungen in Kapitel III. 1.

[320] Brockhaus-Enzyklopädie (1990a), S. 141

"günstig").[321] Die Entstehung von Wettbewerbsregeln wird von Kognitionen bzw. kognitiven Prozessen mitbestimmt. In diesem Zusammenhang gewinnt das Konzept der dominanten Logik von PRAHALAD/BETTIS an Bedeutung:

> *"Dominant logic ... is a mind set or a world view or conceptualization of the business and the administrative tools to accomplish goals and make decisions in that business. It is stored as a shared cognitive map (or set of schemas) among the dominant coalition. It is expressed as a learned, problem-solving behavior."*[322]

Die dominante Logik bringt das grundlegende Verständnis des Managements "wie das Geschäft funktioniert" zum Ausdruck.[323] Das Konzept der dominanten Logik basiert auf verschiedenen Forschungsströmungen, die sich mit der Entwicklung von "Cognitive maps" und dem damit verbundenen Problemlösungsverhalten beschäftigen. PRAHALAD/BETTIS fassen diese zu den vier "Quellen dominanter Logik" zusammen und erläutern sie im Zusammenhang mit der Entstehung und Veränderung der dominanten Logik sowie der Implikationen für das strategische Management:

- *Operant conditioning:*
Die Verstärkung bestimmter Verhaltensweisen[324] ist ein wesentlicher Faktor für die Entstehung einer dominanten Logik: Resultiert aus einem bestimmten Verhalten wirtschaftlicher Erfolg, so fühlt sich das Management in seiner Vorgehensweise bestätigt (Doing the "right things"). Zukünftig werden sich die Bemühung genau auf diese erfolgsbringenden Verhaltensweisen fokussieren. Dementsprechend entwickelt sich ein spezifisches "Mind set" und ein spezifisches Instrumentarium zur Unternehmensführung.

---

[321] Vgl. Trommsdorff (1993), Sp. 2145ff.; Brockhaus-Enzyklopädie (1990a), S. 141

[322] Prahalad/Bettis (1986), S. 491

[323] Vgl. hierzu auch Drucker (1994), S. 95ff., der das Konzept der "Theory of the business" einführt. Die "Theory of the business" beinhaltet die grundlegenden Annahmen bezüglich der Unternehmensumwelt, der spezifischen Mission des Unternehmens als Ausdruck des Selbstverständnisses und der notwendigen Kernkompetenzen, auf die das Unternehmen seine Geschäftstätigkeit aufbaut.

[324] Prahalad/Bettis (1986), S. 491f. verweisen auf die grundlegende Arbeit von Skinner (1953) zu "Operant conditioning", der das Verhalten als Funktion der Wirkungen des Verhaltens betrachtet: Verhalten, das auf positive Resonanz der Umwelt stößt, wird zukünftig verstärkt auftreten. Wird das Verhalten hingegen ignoriert oder sogar bestraft, ist im Zeitablauf mit einer Abnahme entsprechender Verhaltensweisen zu rechnen.

- *Dominant paradigms:*

  Dominante Logik weist eine begriffliche Ähnlichkeit mit "Dominant paradigm"[325] auf. Sie drückt die "Shared beliefs" oder das "Conventional wisdom" des Managements aus. Wie der Wechsel eines dominanten Paradigmas, ist auch die Veränderung der dominanten Logik äußerst schwierig.

- *Pattern-recognition prozess:*

  Dominante Logik beinhaltet ein musterorientiertes Entscheidungsverhalten. Die aktuelle Entscheidungssituation wird mit Erfahrungen der Vergangenheit verglichen, wobei nach Mustern erfolgreichen Verhaltens gesucht wird.[326]

- *Cognitive biases:*

  Weitere wesentliche Beiträge zum Konzept der dominanten Logik kommen aus dem Bereich der kognitiven Psychologie. Untersuchungen zeigen, daß Personen in ihren Entscheidungsprozessen zu einer verzerrten und selektiven Informationssuche und -verarbeitung neigen.[327] Angewendet auf das Konzept der dominanten Logik bedeutet dies, daß die vorhandene dominante Logik, die auf Wissen und Erfahrungen im bestehenden Geschäftsfeld aufbaut, tendenziell auf "neue" Geschäftsfelder übertragen wird und die dortigen Informations- und Entscheidungsprozesse prägt, ohne daß die Eignung der dominanten Logik oder deren Richtigkeit hinterfragt wird.[328]

---

[325] Prahalad/Bettis (1986), S. 492f. verweisen auf Kuhn (1970) der den Begriff "Dominant paradigm" verwendet, diesen allerdings auf die Wissenschaft und nicht wie Prahalad/Bettis auf die Wirtschaft bezieht. Die Bedeutung des Begriffs Paradigma wird von Prahalad/Bettis jedoch im Kuhnschen Sinne als "a way of *defining and managing the world and a basis for action in that world*" (Prahalad/Bettis (1986) S. 492) interpretiert.

[326] Prahalad/Bettis (1986), S. 493 leiten dies aus Untersuchungen über erfolgreiche Schachspieler ab. Dabei wurde festgestellt, daß gute Spieler mehr Muster vergangener Spiele "gespeichert" haben als weniger gute Spieler (vgl. hierzu de Groot (1965); Simon (1979)). Prahalad/Bettis verdeutlichen jedoch auch die Gefahren eines solchen musterorientierten Entscheidungsverhaltens: Verändern sich die "Regeln" des ökonomischen Spiels sind vergangene erfolgreiche Muster obsolet und damit Entscheidungen auf Basis vergangener Erfahrungen ungeeignet.

[327] Vgl. Prahalad/Bettis (1986), S. 493f. m.w.N.

[328] Vgl. Prahalad/Bettis (1986), S. 490ff., die der Ansicht sind, daß nur Geschäftsfelder mit gleichen oder ähnlichen Charakteristika mit einer dominanten Logik geführt werden können. Bestehen andere strategische Charakteristika oder verändern sich diese, wird eine neue oder veränderte dominante Logik zur Unternehmensführung notwendig. Hier findet sich eine Parallele zur "Theory of the business" von Drucker (1994), S. 95ff. Der Mißerfolg vieler Unternehmen ist seiner Ansicht nach darauf zurückzuführen, daß die "Theory of the business" aufgrund sich verändernder Rahmenbedingungen nicht mehr mit der Realität übereinstimmt, das Unternehmen seine Tätigkeit also auf "falschen" Annahmen stützt.

Das Konzept der dominanten Logik zeigt, wie sich eine bestimmte "Weltanschauung" auf unternehmensindividueller Ebene herausbildet. Da Unternehmen eines bestimmten Wettbewerbsfelds nahezu dasselbe "Geschäft" ausüben, wird zwar aufgrund spezifischer Wahrnehmungen und bisher gewonnener Erfahrungen jedes Unternehmen seine eigene dominante Logik entwickeln, dennoch werden sich diese überlappen und in bestimmten Bereichen gleichen. Damit bilden sich "Shared beliefs" oder ein "Conventional wisdom" auf Ebene des Wettbewerbsfelds heraus. Man kann deshalb auch von der dominanten Logik des Wettbewerbsfelds sprechen.[329] Wie bei der Tendenz zur Selbstverstärkung der unternehmensindividuellen dominanten Logiken, verfestigen sich auch die "Shared beliefs" auf Wettbewerbsfeldebene.

Für Unternehmen, die die Wettbewerbsregeln verändern wollen, ist ein "Ausbrechen" aus der dominanten Logik des Wettbewerbsfelds notwendig. Sie müssen versuchen, eine andersartige "World view" zu entwickeln:

> *"Neue und erfolgreiche Ansatzpunkte in einem Geschäft werden nur von solchen Unternehmen generiert, die die Welt anders als die anderen sehen und diese Sichtweise dann durchsetzen können."[330]*

Das von SPENDER entwickelte Framework der *"Industry recipes"*[331] stellt ebenfalls die Entstehung konformen Verhaltens innerhalb von Branchen in den Mittelpunkt der Betrachtung. Manager orientieren sich bei ihrer Entscheidungsfindung und ihrem Handeln an den in der Branche bzw. in bestimmten Gruppen innerhalb der Branche[332] geteilten Einschätzungen und Ansichten.[333] Spender verwendet hierfür den Begriff "Industry recipe". Er bezeichnet diese auch als "Business-specific world-view"[334] oder als "Shared set of ideas"[335] einer Branche. Ein In-

---

[329] Vgl. Grant (1995), S. 166, der in diesem Zusammenhang von der "industry's dominant logic" spricht.

[330] Knyphausen-Aufsess (1995) S. 308, der sich auf Smircich & Stubbart (1985), S. 728ff. bezieht.

[331] Spender (1989), S. 9 bezeichnet Industry recipes als ein "New analytical concept". Da er aber sowohl induktiv empirisches Wissen verwendet, als auch formale Modelle in seine Überlegungen mit einbezieht, kann in der hier verwendeten Terminologie eher von einem Framework gesprochen werden.

[332] So identifizierte Spender (1989) S. 91ff. und S. 185ff. innerhalb der Eisengußindustrie in Großbritannien zwei Gruppen mit unterschiedlichen Industry recipes.

[333] Spender (1989), S. 35ff. begründet dies mit der Unsicherheit, der sich Manager gegenüber sehen und zu deren Bewältigung sie sich der Industry recipes als einer Art "Guideline" oder einem "Set of heuristics" bedienen.

[334] Spender (1989), S. 7

[335] Spender (1989), S. 193. Industry recipes beinhalten umfassende Einschätzungen bezüglich erfolgreichen Wettbewerbs in der Branche in Form von strategisch bedeutenden Faktoren. Dabei handelt es sich eher um ein idealtypisches Konstrukt, an dem sich das einzelne Unternehmen orientiert und die Relevanz der Faktoren entsprechend der Unternehmenssituation und dem -kontext beurteilt. Industry recipes betreffen zum ei-

Fortsetzung der Fußnote auf der folgenden Seite

dustry recipe ist "institutionalized, it finds its way into the language, dress, customs and rituals of an industry, it begins to take on an existence of its own."[336] Anhand einer empirischen Untersuchung untermauert Spender seine theoretischen Überlegungen und stellt die Industry recipes dreier Branchen in Großbritannien dar.[337]

Industry recipes entstehen durch Imitationsvorgänge auf hoher intellektueller Ebene, indem "Einschätzungen" (judgements) innerhalb der Branche übernommen werden. Für SPENDER sind Industry recipes Ergebnisse unbeabsichtigter Prozesse, die jedoch für das Management notwendig sind:

> *"The recipe is an unintended consequence of managers' need to communicate, because of their uncertainties, by word and example within the industry. The recipe develops as a context and experience bound synthesis of the knowledge the industry considers managers need to have in order to acquire an adequate conceptual grasp of their firms."[338]*

Das Verhalten von Unternehmen und Industry recipes beeinflussen sich gegenseitig. Erfolgreiche Strategien bestimmter Unternehmen können durchaus zu einer Veränderung der Einschätzung und des Verhaltens der anderen Unternehmen in der Branche und damit zu einer Veränderung der Industry recipes führen: "When recipes change, they do so because some firm or firms adopt a new rationality which then spreads across the rest of the industry."[339] Insbesondere neuen Technologien kommt bei diesen Veränderungsprozessen eine Auslöserfunktion zu. Generell gilt, daß Industry recipes bei einer Veränderung des sozialen, technologischen, ökonomischen oder kulturellen Kontexts an die neue Situation angepaßt bzw. ersetzt

---

nen die "World view", wie z.B. die Marktsegmentierung, den Differenzierungsgrad der Produkte, die Preisgestaltung, aber auch "Appropriate resources", wie z.B. notwendiges Personal, Technologien oder Unternehmensgröße.

[336] Spender (1989), S. 194

[337] Spender (1989), S. 69ff. verwendet dazu eine nicht-positivistische Forschungsmethode, die auf Ansätzen der Anthropologie sowie phänomenologischen Methoden, wie sie in der Ethnologie, Soziologie, Psychologie und Psychiatrie angewendet werden, basiert. Kern seiner Methode waren 34 unstrukturierte Interviews mit Managern aus 3 verschiedenen Branchen in Großbritannien. Zur Begründung seiner Vorgehensweise schreibt er: "Exploring an industry recipe is an interpretive or phenomenological task. The conventional positivistic methods are inappropriate because they presume the meaningstructure that is here problematic and the actual target of the enquiry." (Spender (1989), S. 90).

[338] Spender (1989), S. 188

[339] Spender (1989), S. 195

werden müssen, da es sonst es zu einem Misfit mit schwerwiegenden Folgen für die Unternehmen käme.[340]

Entsprechend der obigen Ausführungen ist die Veränderung von Wettbewerbsregeln durch einzelne Unternehmen davon abhängig, ob es gelingt, die eigene dominante Logik (die ja schon "wettbewerbsfeldkonform" sein kann) zu verändern sowie zu den Industry recipes konträre Strategien zu entwickeln und in entsprechendes Wettbewerbsverhalten umzusetzen. In diesem Zusammenhang werden personelle bzw. organisatorische Ansätze und Konzepte nicht weiter verfolgt. Vielmehr konzentriert sich die Arbeit darauf, wie Führungskräfte bei der strategischen Analyse durch ein innovationsförderndes Framework unterstützt werden können, um den "gleichmachenden" Kräften der Industry recipes zu entkommen.

---

[340]   Vgl. Spender (1989), S. 185ff.

III. Veränderung von Wettbewerbsregeln durch strategische Innovationen

In Kapitel II. wurde eine Darstellung der theoretischen Grundlagen der Arbeit und eine definitorische Abgrenzung erarbeitet. Dabei läßt sich feststellen, daß es sich bei Wettbewerb um einen dynamischen Prozeß in Raum und Zeit handelt, bei dem aus betriebswirtschaftlich-strategischer Sicht die Sicherstellung des langfristigen Überlebens und die Erzielung individueller Wettbewerbsvorteile im Mittelpunkt steht. Eine kreativ-schöpferisch ausgerichtete strategische Analyse ist zur Entwicklung entsprechender Strategien unabdingbar. Anhand eines Erklärungsmodells wurde die Entstehung und Veränderung von strukturell und verhaltensbedingten Wettbewerbsregeln im Wettbewerbsprozeß diskutiert. Unternehmen können dabei durch "Regelbrüche" - d.h. durch unkonventionelle, fundamental neuartige Wege zu konkurrieren - eine Veränderung von Wettbewerbsregeln herbeiführen. Diese Möglichkeit gilt es in den strategischen Überlegungen der Unternehmen (und der Auswahl des hierz zu verwendenden Instrumentariums) zu berücksichtigen.

In den folgenden Kapiteln geht es darum, die Wirkungen von Regelveränderungen näher zu charakterisieren, wobei auch auf die kontextabhängige Interessenlage von Unternehmen an solchen Veränderungen eingegangen werden muß. Anschließend werden strategische Innovationen als zentrale Mittel zur Herbeiführung von Regelveränderungen dargestellt.

1. Wirkungen von Regelveränderungen und unternehmensindividuelle Interessenlage

1.1. Grundlegende Wirkungen der Veränderung von Wettbewerbsregeln

Die Veränderung von Wettbewerbsregeln erzielt vorwiegend zwei Wirkungen: Eine Verschiebung von Wettbewerbsvorteilen und eine Revitalisierung bzw. eine Zerstörung von Wettbewerbsfeldern. Darauf soll im folgenden näher eingegangen werden.

1.1.1. Verschiebung von Wettbewerbsvorteilen

Neue Wettbewerbsregeln führen aufgrund ihres normativen Einflusses zu einer Veränderung des Wettbewerbsverhaltens im Wettbewerbsfeld. Besitzen die Regeln nicht nur eine unterstellte, sondern eine tatsächliche Erfolgsabhängigkeit, d.h. im jeweiligen zeitlichen und sachlichen Kontext ist ein regelgerechtes Verhalten Grundvoraussetzung für erfolgreichen Wettbewerb, so erfahren Unternehmen, die nicht nach den neuen Regeln konkurrieren können (oder wollen), "Sanktionen" in Form von Wettbewerbsnachteilen. Umgekehrt generieren Unternehmen, die sich den neuen Regeln entsprechend verhalten, bedeutende Wettbewerbsvorteile. Häufig stimmen die nach den "alten" Regeln erfolgreichen Unternehmen nicht mit denen nach den "neuen" Regeln überein, so daß es zu einer Verschiebung von Wettbewerbsvorteilen kommt.

Wie läßt sich diese Verschiebung erklären? Die Ursachen liegen im "nicht können" und "nicht wollen" der Unternehmen begründet.

(1) Nicht nach den neuen Regeln konkurrieren können

Mit einer Regelveränderung kann der Einsatz *neuartiger Ressourcen* notwendig werden. Es sind zunächst die Unternehmen im Vorteil, die diese besitzen bzw. sie möglichst schnell aufbauen können. Wie in Kapitel II. 2.2.2. dargestellt, bestehen jedoch zwischen Unternehmen Ressourcenasymmetrien, die sich nicht oder nur bedingt beheben lassen. Dies ist insbesondere bei immateriellen Ressourcen (inkl. Kompetenzen) der Fall. Für sie bestehen oft nur *unvollständige bzw. keine Faktormärkte*, so daß ein marktlicher Erwerb schwer möglich ist. Des weiteren ist die *Imitierbarkeit* dieser Ressourcen aufgrund von Faktoren wie der Historizität, der Interdependenz von Ressourcen (d.h. die neuen Wettbewerbsregeln verlangen ein komplexes Zusammenwirken materieller und immaterieller Ressourcen), unklarer Kausalzusammenhänge (d.h. die Rückführung des beobachtbaren Erfolgs des Unternehmens auf einzelne Ressourcen ist nicht transparent), Ineffizienzen beim Aufholen der Rückstände und "Success breeds success"-Phänomenen (in Form von Skalen-, Synergie- und Erfahrungskurveneffekten) eingeschränkt.

Neuartige Ressourcen sind oft mit einer *neuen Art des Ressourceneinsatzes* verknüpft, der z.B. ein grundlegend neues Geschäftssystem erfordert. Umgekehrt führt der "Einsatz" der Ressourcen zu deren Ausbau und Weiterentwicklung, wie dies z.B. bei Kompetenzen durch Lernvorgänge der Fall ist. Insofern dehnt sich die beschränkte Imitierbarkeit der Ressourcen auf die Art des Ressourceneinsatzes aus. Letztendlich ist davon auch die *Art der erbrachten Leistung* betroffen, die oft nur durch die Verwendung bestimmter Ressourcen und deren Einsatz in einer bestimmten Art und Weise erreicht werden kann.

Ein weiterer Faktor ist die *Trägheit (oder das Beharrungsvermögen)* von Unternehmen. Dabei lassen sich strukturelle und kulturelle Trägheit unterscheiden. Durch Erfolg und das damit meistens verbundene Unternehmenswachstum stellt sich eine *strukturelle Trägheit* ein. Das Unternehmen beginnt konsistente Strukturen, Prozesse und Systeme auszubilden, die primär dazu dienen, die mit zunehmender Größe gesteigerte Komplexität zu bewältigen. Des weiteren entsteht eine *kulturelle Trägheit*, indem sich durch Lernprozesse im Unternehmen geteilte Erwartungen, "wie die Dinge anzugehen sind", in den Normen, Werten, den sozialen Netzwerken der Organisation etc. manifestieren. Beide Faktoren stellen Barrieren für den Wandel dar. Kommt es zu einer revolutionären, diskontinuierlichen Veränderung in der Umwelt, wie dies bei der Veränderung von Wettbewerbsregeln der Fall ist, wird dadurch die Anpassung des Unternehmens behindert.[341] Ergebnis ist eine signifikante Verschiebung von Wettbewerbsvorteilen.

Nicht zuletzt verlangt die Veränderung von Wettbewerbsregeln von den Führungskräften der Unternehmen neue, individuelle *dominante Logiken*.[342] Da sich die strategischen Charakteristika der Geschäfte grundlegend verändern, entsteht auch ein Bedarf an neuen, dominanten Logiken für erfolgreiche Unternehmensführung. Dies erfordert sowohl Prozesse des "Verlernens", die sich um so schwieriger gestalten, je erfolgreicher ein Unternehmen in der Vergangenheit war, als auch Lernprozesse zum Aufbau der neuen dominanten Logik: "It is difficult for a top management group to be effective in managing a new business by learning and using a new dominant logic in a short time."[343]

(2) Nicht nach den neuen Regeln konkurrieren wollen

Selbst wenn Unternehmen die Möglichkeit besitzen, entsprechend den neuen Regeln zu konkurrieren, bestehen oft Barrieren des "nicht Wollens". Unternehmen waren mit der bisherigen Strategie und ihrem Wettbewerbsverhalten erfolgreich. Die Veränderung von Wettbewerbsregeln, die einen Anpassungsbedarf erzeugt, wird entweder

- nicht erkannt, weil man "die Augen vor dem Neuen" verschließt oder

- sie wird erkannt, jedoch nicht in entsprechende Strategien und Verhaltensweisen übergeleitet, weil das Unternehmen glaubt, den bisherigen Erfolg durch Festhalten am Bewährten fortsetzen zu können.

Der erste Fall zeugt von mangelnder Empfänglichkeit der Unternehmen gegenüber Umweltveränderungen. Grundsätzlich sollte jedes Unternehmen versuchen, Regelveränderungen wahrzunehmen. Dazu ist eine aktive Suche nach Indizien notwendig.

---

[341] Vgl. Tushman/O'Reilly III (1997), S. 28ff., die das Auftreten dieser Trägheit und der drohenden Gefahr für das Unternehmen bei diskontinuierlicher Umweltveränderung als "Success syndrome" bezeichnen.

[342] Vgl. hierzu Kapitel II. 3.2.2.

[343] Prahalad/Bettis (1986), S. 492, vgl. S. 494ff.

Der zweite Fall hängt vor allem von der Wettbewerbsposition, auf die in Kapitel III. 1.2.1. näher eingegangen wird, ab. So stellt eine Regelveränderung für die etablierten Unternehmen eine erhebliche Bedrohung dar. In der Anfangsphase der Entstehung neuer Regeln kann das Unternehmen möglicherweise durch Festhalten an der bisherigen Strategie und gleichzeitigem Eliminieren des Impulsgebers von neuen Wettbewerbsregeln (also dem innovierenden Unternehmen) der Manifestierung neuer Regeln entgegenwirken. Denkbar wäre eine Unternehmensübernahme oder ein aggressiver Preiskampf gegen den Konkurrenten, um ihn so aus dem Markt zu drängen. Oft ist jedoch mit der erstmaligen Innovation, dem Aufzeigen eines "alternativen Wegs", der zu einem höheren Wertgewinn für die Stakeholder führt, eine Selbstdynamik ausgelöst, die kaum aufhaltbar ist (z.B. durch neu gegründete Unternehmen, die den ursprünglichen Ansatz des innovierenden Unternehmens zu imitieren versuchen oder durch den Druck von Stakeholdern auf die etablierten Unternehmen, die einen höheren Wertgewinn einfordern). Ein Entgegenwirken bedeutet dann Kraft- und Zeitverlust, ohne daß eine Regelveränderung letztendlich aufgehalten werden könnte.

Fallbeispiel 2:   Computerbranche - Die Verschiebung der Wettbewerbsvorteile durch Regelveränderung[344]

Von einer vertikal- zu einer horizontal-strukturierten Computerbranche

Die Computerbranche hat weltweit innerhalb der letzten 15 bis 20 Jahre einen fundamentalen Wandel erfahren. Die "alte" Computerbranche wurde von vertikal voll integrierten Unternehmen dominiert. Die proprietären Systeme der verschiedenen Hersteller waren untereinander nur bedingt oder gar nicht kompatibel. Der wesentliche Impuls für den Wandel war die Entwicklung des Mikroprozessors und damit verbunden die Einführung von Personalcomputern (PCs). Der Mikroprozessor wurde zum "Basic building block" der Branche. Eine "neue", horizontal strukturierte Computerbranche begann sich herauszubilden. Neue, auf nur eine Stufe der Branchenwertschöpfungskette spezialisierte Unternehmen entstanden. Der Übergang von der "alten" zur "neuen" Computerbranche verlief dabei fließend: "I keep thinking of a computer-generated image of a person 'morphing' from one face to

---

[344] Das Fallbeispiel zur Computerbranche basiert schwerpunktmäßig auf der Darstellung von Grove (1996), S. 39ff. zum allgemeinen Wandel in der Branche und der Veränderung der Regeln. Des weiteren wurden vertiefende Gespräche mit Herrn Koepf (Vice President Compaq) und Herrn Mammitzsch (Geschäftsführer Dell Deutschland) geführt. Beide Unternehmen sind wesentliche Impulsgeber für die Veränderung der Wettbewerbsregeln in der Branche und haben den Wandel aktiv vorangetrieben.

another, one face imperceptibly dissolving and another simultaneously taking shape. You can't tell the precise point when the first face disappears and the new face replaces it."[345]

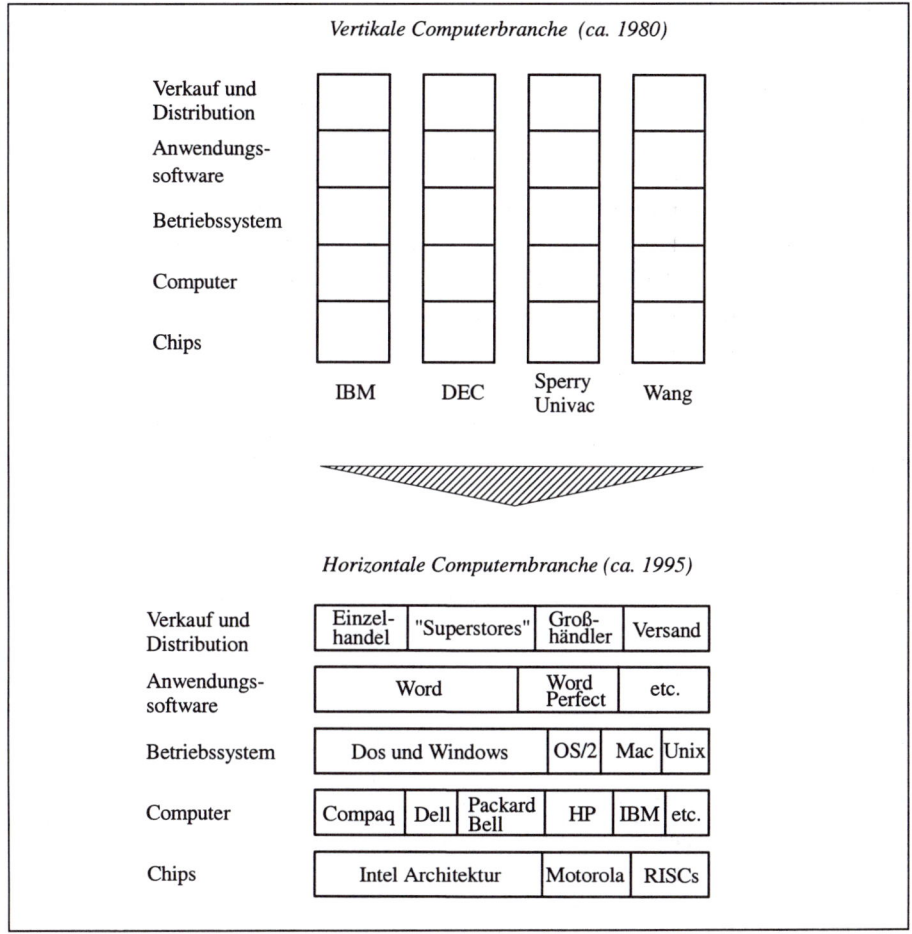

Abb. 9:   Transformation der Computerbranche[346]

---

[345] Grove (1996), S. 45; zu den obigen Ausführungen vgl. S. 39ff.; vgl. auch Hornbach (1996), S. 616ff., die ebenfalls den Wandel in der Computerbranche von der vertikalen Integration hin zur horizontalen Spezialisierung beschreibt.

[346] Vgl. Grove (1996), S. 44

Wie haben sich die Wettbewerbsregeln verändert?

Aus der "alten" Computerbranche haben sich verschiedene, "horizontale" Wettbewerbsfelder mit eigenen Regeln herausgebildet. Diese werden durch spezialisierte Unternehmen, die teilweise durch innovatives Wettbewerbsverhalten gezielt den Wandel der Computerbranche und damit eine Veränderung der Wettbewerbsregeln vorangetrieben haben, dominiert. Beispiele hierfür sind Compaq oder Dell auf Ebene der Computer oder Microsoft auf der Betriebssystemebene. Folgende Aspekte verdeutlichen die Regelveränderung:

- *Neue Art des Ressourceneinsatzes*
  War ehemals ein vollintegriertes Geschäftssystem, von der Herstellung der Chips, über die Montage der Computer, bis hin zum Vertrieb über eigene Außendienstmitarbeiter notwendig, werden heute von den erfolgreichen Unternehmen nur noch einzelne Wertschöpfungsstufen besetzt. Computerhersteller wie Compaq kaufen technische Komponenten (Mikroprozessoren, Speicherbausteine etc.) zu und konzentrieren sich auf die Entwicklung und Montage der Computer als Gesamtsystem. Der Vertrieb läuft über ein unternehmensexternes Händlernetz, Superstores etc. Wieder andere Unternehmen liefern die notwendigen Betriebssysteme und die Anwendungssoftware, die durch Händler bzw. den Endkunden installiert werden. Wie im folgenden noch dargestellt wird, hat Dell mit seinem "direkten Modell" die Wettbewerbsregeln insbesondere im horizontalen Wettbewerbsfeld der Computerhersteller erneut verändert.

- *Neuartige Ressourcen*
  Wurde einst Know-how in allen Wertschöpfungsstufen verlangt, zählen heute auf eine (oder wenige) Wertschöpfungsstufen spezialisierte Kompetenzen sowie die Fähigkeit, sich in das aus den verschiedenen horizontalen Ebenen bestehende Gesamtsystem zu integrieren. Es sind zahlreiche Nischen entstanden, die geringe Eintrittsbarrieren aufweisen (z.B. geringe Kapitalintensität, geringe Economies of Scale).

- *Neue Leistungsmerkmale*
  Während früher von Computerunternehmen proprietäre, nicht kompatible Systeme angeboten wurden, die sowohl bezüglich Hardware als auch Software für den individuellen Kunden "maßgeschneidert" und dementsprechend wartungsintensiv waren, wird heute eher das standardisierte, kompatible System angeboten, das dem Kunden eine "freiere" Wahl bei Anwendungssoftware und Peripheriegeräten erlaubt, eine geringere Wartung erfordert und für ihn nicht mehr zu einer "Lock-in" Situation führt. Damit verbunden war die Erschließung neuer Kundengruppen und damit eine Marktvergrößerung (insbesondere durch IBM-kompatible PCs).

Wie haben sich die Wettbewerbsvorteile verschoben?

Die dominierenden Unternehmen der "alten" Computerbranche, wie z.b. IBM, haben insbesondere im PC- und Server-Bereich deutlich an Bedeutung verloren und mußten die Vollintegration aufgeben. "Start-ups", die zu Beginn der achtziger Jahre gegründet wurden (z.b. Compaq oder Dell) hingegen wuchsen rasant und etablierten sich als neue Spieler im Hardwarebereich. Microsoft wurde mit seinem Betriebssystem MS-DOS bzw. Windows und Anwendungssoftware wie Word oder Excel zu dem dominanten Softwarehersteller und entscheidenden Machtfaktor der gesamten Branche. Intel setzte durch die x-86er bzw. heute die Pentium-x Prozessoren den Branchenstandard[347] im Hardwarebereich. Daneben bietet die "offene", horizontal strukturierte Computerwelt einer Vielzahl von kleineren Unternehmen, die z.b. Software und Peripheriegeräte herstellen, Chancen, um Wettbewerbsvorteile aufzubauen, was in der "alten" vertikal strukturierten Welt schwer möglich war.

1.1.2.   Revitalisierung oder Zerstörung von Wettbewerbsfeldern

Durch die Veränderung von Wettbewerbsregeln können Wettbewerbsfelder *revitalisiert* oder *zerstört* werden. Hierfür sind folgende Faktoren verantwortlich:

- Mit einer Regelveränderung ist häufig ein *struktureller Wandel* verbunden, der sich auf die Rivalität und Profitabilität im Wettbewerbsfeld auswirkt.

- Durch neue Wettbewerbsregeln treten *neue Leistungsmerkmale* in den Vordergrund, die zu einer Belebung der Nachfrage und zu einer Vergrößerung des Gesamtmarktes führen können.

Wie bereits dargestellt, sind Wettbewerbsregeln zum Teil strukturell bedingt. Verändern innovierende Unternehmen die *strukturellen Bedingungen*, wandeln sich dadurch die Wettbewerbsregeln, was wiederum eine Änderung des Wettbewerbsverhaltens bewirkt. Solche strukturellen Veränderungen können sowohl positive als auch negative Konsequenzen für das gesamte Wettbewerbsfeld haben. So kann z.B. die Verwendung einer neuen Technologie die Eintrittsbarrieren verringern, so daß sich die Rivalität erhöht und der Preiswettbewerb zunimmt. Die Unternehmen werden zu Kosteneinsparungen gezwungen, die sich negativ auf die Produktqualität auswirken können. Stellt der Kunde nach wie vor hohe Anforderungen an die

---

[347]   Auf die Bedeutung von Branchenstandards bei der Veränderung von Wettbewerbsregeln wird in Kapitel IV. 1.2. und insbesondere IV. 1.3. vertiefend eingegangen.

Qualität, wären die Kundenbedürfnisse nicht mehr optimal befriedigt und die Nachfrage würde sinken. Resultat wäre damit sowohl eine Senkung der Profitabilität (durch die intensivere Konkurrenz) als auch der Marktgröße. Denkbar ist jedoch auch eine Erhöhung der Eintrittsbarrieren und damit eine Abschirmung gegen potentielle Konkurrenten, so daß genau gegenteilige Effekte entstehen würden. PORTER hierzu:

"Strategies that change industry structure can be a double-edged sword, because a firm can destroy industry structure and profitability as readily as it can improve it ... Such industry 'destroyers' are usually secondtier firms that are searching for ways to overcome major competitive disadvantages, firms that have encountered serious problems and are desperately seeking solutions, or 'dumb' competitors that do not know their costs or have unrealistic assumptions about the future."[348]

Somit müssen Unternehmen, die eine Veränderung von Wettbewerbsregeln anstreben, die Reaktion der Wettbewerber und die Auswirkungen auf das gesamte Wettbewerbsfeld berücksichtigen: Ein kurzfristiger Wettbewerbsvorteil kann durch eine langfristige negative Entwicklung des Wettbewerbsfelds neutralisiert oder sogar überkompensiert werden.

Eine Veränderung von Wettbewerbsregeln kann außerdem *neue Leistungsmerkmale* in den Vordergrund stellen. Dadurch werden eventuell unbefriedigte Bedürfnisse der Kunden angesprochen, so daß deren Nachfrage nach der Produktkategorie steigt. Denkbar ist auch, daß zusätzlich neue Kundengruppen adressiert werden. Infolgedessen vergrößert sich der Markt, so daß alle Unternehmen des Marktes profitieren können. Ein Beispiel hierfür ist die von Starbucks proaktiv geschaffene Nachfrage nach Specialty-coffee, von der auch Wettbewerber profitieren. Werden nicht nur neue Leistungsmerkmale, sondern neue Produktkategorien geschaffen, entstehen sogar völlig neue Märkte und somit neue Wettbewerbsfelder mit neuen Wettbewerbsregeln.

---

[348] Porter (1985), S. 7f.

Fallbeispiel 3:   Atari und Nintendo - Zerstörung und Revitalisierung einer Branche[349]

Phase I: Aufbau der Home-video-game-Branche in den USA durch Atari

Die Entwicklung der Home-video-game-Branche in den USA begann mit der Gründung von Atari im Jahre 1972. Atari produzierte zunächst Münz-Videospielgeräte, die in Spielhallen, Einkaufszentren, Bowlinganlagen etc. aufgestellt und insbesondere von Jugendlichen benutzt wurden. 1975 stellte Atari ein Videospielgerät vor, das an ein Fernsehgerät angeschlossen werden konnte und schuf damit den Markt für Home-video-games. Aufgrund des großen Kapitalbedarfs für die Entwicklung eines technologisch aufwendigeren Videospielgeräts mit austauschbarer Spielsoftware in Form von Kassetten (Atari nannte es "Video Computer System") verkaufte der Firmengründer Atari an den Medienkonzern Warner Communications. 1977 führte Atari das Video Computer System (VCS) auf dem Markt ein. Bereits 1979 hatte Atari einen Anteil von über 65% an der "Installed base" aller Videospielgeräte in den USA.

Im gleichen Jahr verließen vier Ingenieure von Atari das Unternehmen und gründeten "Activision", ein Softwareunternehmen, das VCS-kompatible Videospiele herstellte. Der Erfolg von Activision förderte die Entstehung weiterer unabhängiger Softwarehäuser, die durch die Entwicklung und den Verkauf von Videospielen am Branchenboom teilhaben wollten. 1982 besaßen 17% der US-amerikanischen Haushalte ein Videospielsystem. Die Handelsumsätze aller Heimvideospielprodukte (Software und Hardware) lagen bei ca. 3 Mrd. USD.

Phase II: Niedergang und Revitalisierung der Branche durch Nintendo

In den folgenden Jahren brach der Markt für Heimvideospiele vollkommen ein. 1985 betrug der Branchenumsatz gerade noch 100 Mio. USD. Die Hauptursache dafür war vor allem die Flut von billigen, qualitativ schlechten Videospielen, die zu einem deutlichen Rückgang des Kundeninteresses führten. Zu diesem Zeitpunkt trat in den USA Nintendo mit dem Nintendo Entertainment System (NES) in den Markt ein. Das Gerät basierte auf einem gewöhnlichen 8-bit Mikroprozessor und war eine Weiterentwicklung des in Japan bereits erfolgreich eingeführten Nintendo-Videosystems "Famicom". Wie beim Atari-system konnten auch hier verschiedene Spiele durch wechselbare Kassetten verwendet werden.

Es folgte ein enormes Branchenwachstum: "The home video game industry was back in business."[350] 1989 betrug der Einzelhandelsumsatz in der US-amerikanischen Spielwaren-branche 13 Mrd. USD, wovon über 20% auf Nintendo-Produkte entfiel. 1990 hatte Nintendo schließlich einen Marktanteil von über 90% und bereits ca. 30 Millionen NES ver-kauft. Von den US-amerikanischen Haushalten mit Jungen im Alter von acht bis fünfzehn Jahren hatten 70 bis 75% ein Videospielsystem.

Revitalisierung der Branche durch "neue Regeln"

Wesentlich für die Revitalisierung der Branche und den Erfolg von Nintendo war die Ver-änderung der Wettbewerbsregeln.

In Phase I der Branchenentwicklung dominierte das VCS-System von Atari. Andere Unter-nehmen entwickelten jedoch zur Atari-Software *kompatible Hardware* (so z.B. Coleco, de-ren System mit Hilfe eines Ergänzungsmoduls die Verwendung von Atarispielen ermög-lichte). Darüber hinaus gab es eine Vielzahl von Unternehmen, die die große "Installed base" an VCS-Geräten als Standard nutzten und hierzu *kompatible Software* anboten. Die *Markteintrittsbarrieren für diese Unternehmen waren gering.* Es genügte, insbesondere in der Wachstumsphase, ein "neues" nicht aber unbedingt "besseres" Spiel anzubieten, was die Softwareentwicklungskosten deutlich reduzierte. Inflationistisch kamen immer mehr und qualitativ schlechtere Spiele auf den Markt, was schließlich zum Kollaps der Branche führte.[351]

---

[349] Das Fallbeispiel Nintendo basiert größtenteils auf einem Harvard Business School Case (vgl. Harvard Busi-ness School (1995)) sowie den Ergebnissen aus der Besprechung dieses Cases im Herbstsemester 1996 an der Columbia Business School im Kurs "Strategic Behavior".

[350] Brandenburger/Nalebuff (1996), S. 112

[351] Nintendo erkannte die Notwendigkeit qualitativ hochwertiger Spiele für den Erfolg der gesamten Branche. Hierzu Hiroshi Yamauchi, President von Nintendo: "I don't care how many hundreds or thousands of titles there are out there, if they aren't fun, if they aren't interesting, the market will collapse and disappear." (Hiroshi Yamauchi, zitiert nach: Katayama (1996), S. 173)

In Phase II der Branchenentwicklung entwickelte sich das NES zum Branchenstandard. Aber anders als Atari, übte Nintendo eine rigorose Kontrolle über Qualität und Anzahl der angebotenen Spiele aus und schuf damit *hohe Markteintrittsbarrieren*. Nintendo vergab den überwiegenden Teil der Softwareentwicklung an lizensierte externe Unternehmen. Auch die Fertigung der Spielkassetten wurde fremdvergeben. Der Einbau eines Sicherheitschips in die Spielkassetten sollte gewährleisten, daß nur "Nintendo-approved games" auf Nintendosystemen verwendbar waren. Folglich war ein Markteintritt für Softwareanbieter in die "Nintendo-System-Welt" nur in Kooperation mit Nintendo möglich.[352] Mit der Dominanz von Nintendo im Wettbewerbsfeld verschoben sich auch die *Leistungsmerkmale* des Produkts: Es reichte nicht mehr aus, neue Spiele in kurzen Sequenzen auf den Markt zu bringen. Vielmehr stand die Qualität und Leistungsfähigkeit der Spiele im Vordergrund, was mit höheren Entwicklungskosten für die Softwarehersteller verbunden war.

1.2. Interessenlage des Unternehmens im Rahmen der Veränderung von Wettbewerbsregeln

1.2.1. Wettbewerbsposition des Unternehmens als determinierender Faktor der Interessenlage

Eine Veränderung von Wettbewerbsregeln kann in Abhängigkeit von der Interessenlage für Unternehmen sowohl von Vorteil als auch von Nachteil sein. Die Interessenlage hängt maßgeblich von der Wettbewerbspositionen des Unternehmens im Wettbewerbsfeld ab. Die Wettbewerbsposition kann als ein Kontinuum verstanden werden, das von einer absolut dominanten Wettbewerbsposition und "Marktführerschaft" bis hin zu einer schwachen Wettbewerbsposition mit geringem Marktanteil bzw. keiner Präsenz im Wettbewerbsfeld reicht.

Bestehen im Wettbewerbsfeld bestimmte Wettbewerbsregeln, so ist davon auszugehen, daß Unternehmen mit einer dominanten Wettbewerbsposition die "Regeln" erfolgreich beherrschen (bzw. bis dato beherrscht haben). Unternehmen mit einer schlechten Wettbewerbsposition hingegen befinden sich entweder in der anfänglichen Wachstumsphase, d.h. sie beherrschen die Regeln und werden zukünftig ihre Wettbewerbsposition verbessern können, oder aber sie beherrschen die Regeln nicht und werden dadurch an einer Verbesserung der Wett-

---

[352] Atari versuchte mehrmals, gerichtlich gegen Nintendo wegen unfairer Wettbewerbsbeschränkung vorzugehen. Die Klagen wurden abgewiesen. Atari gelang es daraufhin, den Sicherheitscode von Nintendo zu um-

Fortsetzung der Fußnote auf der folgenden Seite

bewerbsposition gehindert. Da eine Veränderung von Wettbewerbsregeln zu einer Verschiebung von Wettbewerbsvorteilen führen kann, ist die ursprüngliche Interessenlage des Unternehmens stark von der Wettbewerbsposition abhängig:

- Unternehmen mit einer *dominanten Wettbewerbsposition* sind tendenziell am Bewahren
  des Status Quo interessiert bzw. streben eine Verstärkung der bestehenden Regeln an. Ihre
  Wettbewerbsvorteile basieren auf den bestehenden Regeln. Eine Regelveränderung, die zur
  Verschiebung von Wettbewerbsvorteilen führt, wird sich tendenziell zu ihren Ungunsten
  auswirken.[353]

- Das Interesse an einer Regelveränderung von Unternehmen mit *schwacher Wettbewerbsposition bzw. Unternehmen, die nicht im Wettbewerbsfeld präsent sind*, hängt davon ab, ob
  sie die Regeln beherrschen oder nicht. Beherrschen sie die Regeln, können sie entweder
  versuchen, innerhalb des bestehenden Rahmens ihre Wettbewerbsposition zu verbessern
  oder aber, die Regeln zu verändern und dadurch eine Verschiebung der Wettbewerbsvorteile zu ihren Gunsten zu erreichen. Für Unternehmen, die die Regeln nicht beherrschen, ist
  eine Regelveränderung die einzige Möglichkeit zur Erzielung von Wettbewerbsvorteilen.
  Bei jeder Regelveränderung sind jedoch die möglichen Negativeffekte auf das gesamte
  Wettbewerbsfeld, im extremsten Fall dessen Zerstörung, zu beachten. Sie müssen gegenüber den individuellen Wettbewerbsvorteilen abgewogen werden.

Für Unternehmen mit aktuell schwacher Wettbewerbsposition und Kapitalausstattung, aber
aggressiven Zielsetzungen hinsichtlich des Aufbaus zukünftiger Wettbewerbsvorteile, die sich
in einem sogenannten "Strategic intent"[354] widerspiegeln, ist die Veränderung der Wettbewerbsregeln durch strategische Innovationen schiere Notwendigkeit:

> *"Managers cannot do that [erreichen des "Strategic intent", Anm. d. Verf.] simply*
> *by playing the same game better - making marginal improvements to competitors'*
> *technology and business practices. Instead, they must fundamentally change the*
> *game in ways that disadvantage incumbents - devising novel approaches to mar-*

---

gehen und nicht lizenzierte NES-kompatible Software zu verkaufen. 1991 mußte Atari aufgrund einer ge-
richtlichen Entscheidung den Verkauf einstellen (vgl. Harvard Business School (1995)).
[353] Vgl. hierzu Kapitel III. 1.1.1.
[354] Vgl. Hamel/Prahalad (1989); Collins/Porras (1996), S. 72ff. sprechen in diesem Zusammenhang treffenderweise von "big, hairy, audacious goals"

ket entry, advantage building, and competitive warfare. For smart competitors, the goal is not competitive imitation but competitive innovation".[355]

Es kann daher festgehalten werden, daß primär außenstehende Unternehmen oder Unternehmen mit schwacher Wettbewerbsposition diejenigen sind, die die Regeln verändern wollen. Diese Schlußfolgerung findet sich auch bei HAMEL. Er teilt die Unternehmen einer Branche in drei Klassen ein: Die *"Rule makers"* sind die etablierten Unternehmen einer Branche, die ursprünglichen Erschaffer und Protektoren der "Industrial orthodoxy" mit der größten Marktmacht. Daneben gibt es die *"Rule takers"*, Unternehmen, die sich den gegebenen Regeln anpassen. Als dritte Klasse finden sich die *"Rule breakers"*, Unternehmen, die sich nicht an bestehende Konventionen halten und versuchen, die Regeln zu verändern. Sie sind die radikalen Veränderer, die "Industrial revolutionaries".[356]

1.2.2. Notwendigkeit einer revolutionären strategischen Grundhaltung

Strategische Grundhaltungen sind zeitüberdauernde Handlungsmuster von Unternehmen als Ganzheit. Sie spiegeln sich in den einzelnen Strategien des Unternehmens (z.B. der Unternehmensstrategie, der Wettbewerbsstrategie und den Funktionalstrategien) wider.[357] Eine strategische Grundhaltung ist damit auch Ausdruck der Identität des Unternehmens, weil sie die Denkweisen und Handlungen der Organisationsmitglieder maßgeblich prägt.[358]

Regelveränderer benötigen, wie bereits oben schon angedeutet, eine revolutionäre strategische Grundhaltung. Sie müssen sich dabei nicht nur über bestehende Konventionen des Wettbewerbsfelds hinwegsetzen, sondern auch bereit sein, ihr eigenes Tun grundsätzlich in Frage zu

---

[355] Hamel/Prahalad (1989), S. 69; vgl. auch Hamel (1998), S. 7f.

[356] Vgl. Hamel (1996), S. 69ff. Der Begriff der Regeln wird von Hamel nicht klar abgegrenzt. Er verwendet Regel und Konvention häufig synonym im Sinne von verhaltensbedingten Wettbewerbsregeln, d.h. als "Brauchtum" oder "eingespielte Verhaltensweisen". Strukturell bedingte Wettbewerbsregeln, z.B. in Form von technologischen Eintrittsbarrieren, sind weniger Teil seines Begriffsverständnisses. Hamel beschreibt ferner einen "Way of thinking" in Form von zehn Prinzipien, die Unternehmen helfen sollen, "industrielle Revolutionäre" zu werden und die Regeln in Branchen zu verändern. Diese sehr allgemein formulierten Prinzipien umfassen ein breites Spektrum unterschiedlichster Managementaufgaben (organisatorische Gestaltung des Strategieentwicklungsprozesses, Personalführung, Kreativitätsförderung etc.). Der Charakter eines Frameworks ist dabei allerdings nicht gegeben.

[357] Vgl. Macharzina (1995), 101ff.

[358] Vgl. Kirsch (1997), S. 334f.; ein häufig verwendetes Ordnungsraster zur strategischen Grundhaltung wurde von Miles/Snow (1978), S. 29ff. vorgestellt. Anhand der Merkmale Analysierbarkeit der Umwelt und Informationszugang zur Umwelt definieren sie vier Typen von strategischen Grundhaltungen: Den Verteidiger, den Anpasser, den Prospektor und den Risikostreuer.

stellen.[359] Dies schließt die "Kannibalisierung" bestehender Erfolgspotentiale mit ein. BLEICHER typologisiert Wettbewerbsstrategien anhand der Merkmale Wettbewerbsverhalten (defensiv vs. offensiv) und Markteintrittsverhalten (Imitation vs. Innovation) und gelangt zu zwei typischen Mustern, die allerdings in der hier verstandenen Terminologie eher strategischen Grundhaltungen entsprechen: Der *Konformist*, der defensiv und aufgrund seiner Risikoaversion die Leistungen des Marktführers imitiert und der *Pionier*, der offensiv auf Wettbewerbsvorteile durch Marktinnovationen abzielt.[360] Nach dieser Typologisierung verkörpert der Pionier die zu einer Regelveränderung notwendige, revolutionäre strategische Grundhaltung.

Der Umsetzung einer revolutionären strategischen Grundhaltung in entsprechende Strategien sind jedoch Grenzen gesetzt. Unternehmen können sich nicht vollständig von der Vergangenheit lösen. Ihr Handlungsspielraum wird insbesondere durch frühere, unwiderrufliche Entscheidungen beschränkt. GHEMAWAT charakterisiert die Tendenz von Strategien über die Zeit fortzudauern mit dem Begriff des "Commitments". Strategien weisen eine gewisse Beharrlichkeit auf, strategische "Flip-Flops" sind schwierig.[361] Aus strategischer Sicht ist es folglich Aufgabe des Unternehmen, sich auf die wenigen Commitment-intensiven Entscheidungen, die wesentlichen Einfluß auf die zukünftige Entwicklung des Unternehmens haben, zu konzentrieren.[362]

Fallbeispiel 4: Starbucks - Eine revolutionäre strategische Grundhaltung als Basis der Unternehmensentwicklung

Starbucks betrachtet sich selbst als treibende Kraft einer "Revolution", in der sich Kaffee von der "Massenware" für den Alltagsgebrauch zu einem qualitativ hochwertigen Produkt, das einen zentralen Bestandteil gesellschaftlicher Interaktion[363] und ein "Genußobjekt" dar-

---

[359] Vgl. Hamel/Prahalad (1994), S. 59ff.; Drucker (1995), S. 79 hierzu: "Every organization has to prepare for the abandonment of everything it does."

[360] Vgl. Bleicher (1996), S. 254ff.

[361] Vgl. Ghemawat (1991), S. 13ff. Als Gründe hierfür nennt er Lock-in- und Lock-out-Effekte, Verzögerungen und Trägheit des Unternehmens.

[362] Vgl. Ghemawat (1991), S. 33ff.

[363] Starbucks-Geschäfte sollen zu einem "Third-place" werden (neben der Arbeits- und Wohnstätte), an dem sich Menschen treffen und wohlfühlen sollen (vgl. McDowell (1995), S. 52).

stellt, entwickelte.[364] Im Zentrum der Blickrichtung von Starbucks steht die proaktive Veränderung der Kundenbedürfnisse, indem Kunden zu Kaffeegenießern "erzogen" werden:

"Eighty percent of the coffee sold in America is sold in supermarkets, and half of that is stale ... We have a tremendous amount of missionary work to do."[365]

Diese "missionarische Arbeit" verhalf nicht nur Starbucks zu Wachstum, sondern spiegelt sich im Wachstum des gesamten Branchensegments wider: Der Einzelhandel von Specialty-coffee in den USA wuchs von ca. 540 Mio. USD (11% des Gesamtmarktes) in 1984 auf ca. 1,4 Mrd. USD (20% des Gesamtmarktes) in 1991 mit über 10.000 spezialisierten Anbietern. Das Wachstum des Segments wurde neben der aktiven Marktentwicklung durch Starbucks durch andere Faktoren unterstützt, insbesondere durch die Verbreitung der "Automatic drip coffee makers" für den Hausgebrauch, der Entstehung von Gourmet Lebensmittelgeschäften und der sinkenden Popularität von Alkohol in den USA.[366]

2. Strategische Innovationen als Mittel zur Veränderung von Wettbewerbsregeln

In Kapitel II. 3.2. wurde die Bedeutung eines neuen, innovativen Wettbewerbsverhaltens für die Regelveränderung herausgearbeitet. Die Fallbeispiele unter Kapitel III. 1. illustrierten die Wirkungen und gaben erste Hinweise für die Ausprägung eines solchen Verhaltens. Dies soll im folgenden konkretisiert werden. Hierzu wird der Begriff der *strategischen Innovation* eingeführt. Strategische Innovationen sind *Mittel* zur Veränderung von Wettbewerbsregeln und bilden die Basis für innovatives Wettbewerbsverhalten.

2.1. Begriff der strategischen Innovation

Bereits in Kapitel II. 1.1.3. wurde der SCHUMPETERsche Begriff der Innovation als Durchsetzung neuer Kombinationen, d.h. "Dinge und Kräfte anders zu kombinieren"[367], dargestellt. SCHUMPETER markiert mit seinen Überlegungen und Theorien den Ausgangspunkt einer um-

---

[364] Die Darstellung dieses revolutionären Veränderungsprozesses und der Rolle von Starbucks wurde als zentrales Motto des Geschäftsberichts 95/96 zum 25jährigen Bestehen gewählt. "It was not .. a time of particularly good coffee - that is, until a little shop by the name of Starbucks opened ... Suddenly, a coffee revolution was off and running. And so was a business phenomenon. This year, as we mark our 25th anniversary, we thought you'd want to know how both are coming along these days." (Starbucks Coffee Company (1996), o.S.)

[365] Howard Schultz, zitiert nach: Stark (1991), o.S.

[366] Vgl. Alex. Brown & Sons, Inc. (1992), o.S.

[367] Schumpeter (1964), S. 100

fangreichen Innovationsforschung, die zu einer Vielzahl von teilweise sehr unterschiedlichen definitorischen Ansätzen und Begriffsverständnissen geführt hat.[368] Einigkeit besteht lediglich darüber, daß es bei Innovationen um etwas "Neues" geht.[369]

In der betriebswirtschaftlichen Literatur werden Innovationen häufig anhand ihrer Erscheinungsformen klassifiziert, wobei typischerweise zwischen Produkt- und Prozeßinnovationen unterschieden wird. Produktinnovationen beziehen sich auf das Resultat des Leistungserstellungsprozesses (in Form eines physischen Produkts oder einer Dienstleistung), das es am Markt zu verwerten gilt. Prozeßinnovationen betreffen hingegen den Leistungserstellungsprozeß selbst (sowohl technologisch als auch administrativ).[370] Insbesondere in der neueren angelsächsischen Literatur findet sich vielfach der Begriff der "Strategic innovations" bzw. "Strategy innovations"[371] als weitere Erscheinungsform von Innovationen. Auch hier existiert eine Vielzahl unterschiedlicher Definitionen:

- BADEN-FULLER/STOPFORD verstehen unter einer strategischen Innovation "a creative and novel approach to how they [die Unternehmen, Anm. d. Verf.] compete, where they compete, and with whom they compete."[372]

- HAMEL definiert strategische Innovation als "the ability to reinvent the basis of competition within existing industries and to invent entirely new industries."[373]

- GRANT versteht unter strategischer Innovation "new ways of doing business"[374] und zwar primär durch "reconfiguring the conventional value chain in terms of establishing novel systems for the production of products and their distribution to the customer."[375]

- VAN DEN BOSCH/DE MAN definieren strategische Innovation als "a new configuration of the organization involving new routines, new skills, and new competencies, which either has altered, or has the potential for altering, the rules of competition in the industry."[376]

---

[368]　Vgl. hierzu z.B. die Aufzählung unterschiedlicher Definitionen bei Hauschildt (1993), S. 5f.

[369]　Vgl. Schülin (1995), S. 17, der aus der Analyse unterschiedlicher Innovationsdefinitionen "Neuigkeit" als unbestrittenen Bestandteil von Innovationen identifiziert; vgl. auch Hauschildt (1993), S. 3

[370]　Vgl. Hauschildt (1993), S. 9f.; Thom (1980), S. 35ff.

[371]　Im folgenden wird hierfür einheitlich der Begriff der strategischen Innovation verwendet.

[372]　Baden-Fuller/Stopford (1994), S. 9

[373]　Hamel (1997), S. 25

[374]　Grant (1995), S. 299f.

[375]　Grant (1995), S. 301

[376]　Van den Bosch/de Man (1993), o.S. [im Original kursiv], zitiert nach: Baden-Fuller (1995), S. 7

Die ausgewählten Definitionen zeigen, daß sich auch strategische Innovationen durch das *Merkmal der "Neuheit"* auszeichnen. Dabei bleibt jedoch unklar, was als Bezugspunkt der Neuheit dient. Ferner werden strategische Innovationen stark *wettbewerbsorientiert definiert*, indem sie sowohl die Art zu konkurrieren als auch den Ort des Wettbewerbs (bzw. das Wettbewerbsfeld mit den entsprechenden Wettbewerbern) zum Gegenstand haben. Insofern wird hier auf die bereits dargestellten, grundlegenden betriebswirtschaftlich-strategischen Fragestellungen, "wo" und "wie" das Unternehmen konkurrieren soll, Bezug genommen. Im Sinne des Resource-based-view wird dabei oft die *Bedeutung von Kompetenzen bzw. (organisatorischen) Fähigkeiten* als Basis von Innovationen herausgestellt. Des weiteren wird strategischen Innovationen eine erhebliche *Wirkung auf die Umwelt* zugeschrieben, indem sie die Basis des Wettbewerbs bzw. die Wettbewerbsregeln verändern oder sogar gänzlich neue Branchen schaffen können.

In der vorliegenden Arbeit wird der Begriff der strategischen Innovation anhand von zwei Kernelementen definiert, die die oben herausgearbeiteten Aspekte unterschiedlicher Definitionen, insbesondere die Wettbewerbsorientierung und die Bedeutung von Kompetenzen (oder allgemeiner Ressourcen), mit einschließen. Zunächst soll jedoch der Bezugspunkt zur Beurteilung der Neuheit festgelegt werden.

Strategische Innovation - Neu für wen?

Grundsätzlich muß zwischen der "Neuheit für das Wettbewerbsfeld" und der "Neuheit für das Unternehmen" unterschieden werden.[377] Aus Unternehmenssicht kann eine Diversifikation in neue Tätigkeitsbereiche oder eine Neupositionierung im Wettbewerbsfeld eine strategische Innovation darstellen. Aus Sicht des Wettbewerbsfelds hingegen, kann sowohl der Eintritt des Unternehmens (sofern die gewählte Strategie im Wettbewerbsfeld bereits verwendet wird) als auch die Neupositionierung (sofern die Positionierung bereits von anderen Unternehmen gewählt wurde) nichts Neues darstellen und ist damit auch keine strategische Innovation. Umgekehrt kann jedoch die von einem Unternehmen bereits in einem anderen Wettbewerbsfeld angewandte Art zu konkurrieren, übertragen auf ein neues Wettbewerbsfeld, eine strategische Innovation bedeuten. Unterteilt man z.B. den weltweiten Fast-food-Markt in regional getrennte Wettbewerbsfelder, so war die Übertragung des in den USA und anderen Ländern er-

---

[377] Vgl. hierzu auch die Ausführungen von Schülin (1995), S. 17f., der bei Innovationen die Unternehmens-, Branchen- und national-volkswirtschaftliche Ebene als Bezugspunkte für Neuigkeit unterscheidet.

probten McDonalds-Konzepts auf Deutschland eine strategische Innovation für den deutschen Markt.

Im folgenden werden nur solche strategischen Innovationen betrachtet, die *aus Sicht des Wettbewerbsfelds neu* sind.

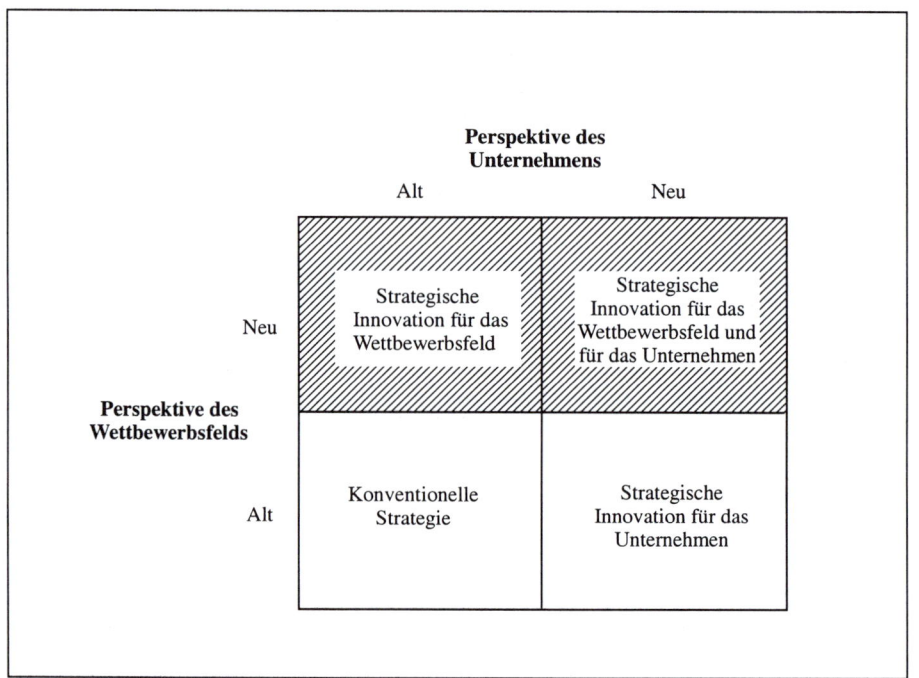

Abb. 10: Strategische Innovationen aus Sicht des Unternehmens und des Wettbewerbsfelds

2.2.   Kernelemente von strategischen Innovationen

Strategische Innovationen lassen sich anhand von zwei Kernelementen charakterisieren:

- Einerseits können strategische Innovationen zu einer *Neudefinition des Wettbewerbsfelds* führen, indem die Grenzen und/oder die Aufteilung (bzw. Segmentierung) verändert oder sogar ein vollständig neues Wettbewerbsfeld geschaffen wird. Gegenstand ist damit die "Arena" des Wettbewerbs.

- Anderseits können strategische Innovationen zu einer *neuen Art des Konkurrierens innerhalb eines Wettbewerbsfelds* führen, die sich darin zeigt, welche Ressourcen, wie eingesetzt werden, um welche Leistungsmerkmale zu erfüllen. Gegenstand ist damit das Wettbewerbsverhalten oder das "Wie?" der Konkurrenz.[378]

2.2.1. Kernelement 1: Neudefinition des Wettbewerbsfelds

Ein Wettbewerbsfeld besteht aus Unternehmen, die miteinander konkurrieren, wobei grundsätzlich zwei Perspektiven unterschieden werden: Konkurrenz bezogen auf den Beschaffungsmarkt und Konkurrenz bezogen auf den Absatzmarkt. Die Bedeutung einer Neudefinition und proaktiven Gestaltung des Wettbewerbsfelds wird in der Literatur betont:

> *"Strategies undertaken by economic participants in the context of a given environment describe only a limited and not very interesting aspect of the competitive process. Of far greater significance are the strategies undertaken by participants to create, reconstruct and redefine the competitive environment to their own advantage."[379]*

Für eine Neudefinition des Wettbewerbsfelds gibt es folgende Stoßrichtungen:

- Die *Grenzen* des Wettbewerbsfelds werden neu gezogen, d.h. es findet eine Erweiterung oder eine Verengung des Wettbewerbsfelds statt. Ein Beispiel hierfür wäre die Entwicklung eines lokalen Marktes zu einem nationalen oder sogar globalen Markt. Neue Grenzen können aber auch durch die Verschmelzung ehemals getrennter Wettbewerbsfelder, z.B. von Branchen, entstehen.

- Die *Segmentierung* des Wettbewerbsfelds wird verändert, indem entweder für das Wettbewerbsfeld neue Segmentierungsvariablen (z.B. regionale Segmentierung, Kundenbedürfnisse, demographische Merkmale) verwendet bzw. bestehende neu kombiniert werden oder bisher nicht definierte Segmente erschlossen werden.

- Ein Wettbewerbsfeld wird *vollständig neu geschaffen*. Dies setzt eine grundlegend neue Produktkategorie sowie entsprechende Abnehmer und Anbieter voraus.

Eine kodifizierte Abgrenzung von Wettbewerbsfeldern existiert meist nicht. Nur in bestimmten Bereichen (z.B. der Energieversorgung) ist dies, insbesondere bei staatlicher Regulierung,

---

[378] Vgl. hierzu auch Baden-Fuller (1995), S. 7ff., dessen Klassifizierung von strategischen Innovationen ebenfalls die beiden Kernmerkmale widerspiegelt, allerdings weniger differenziert und weniger umfassend. Er unterscheidet zwischen strategischen Innovationen, die Regeln innerhalb einer Branche oder eines Marktes verändern und/oder solchen, die die "Boundaries of the sector" verändern.

[379] Auerbach/Campbell/Stone (1992), S. 115

relativ eindeutig. In den meisten Fällen spiegelt sich die Definition nur im Industry recipe des Wettbewerbsfelds wider. Sie offenbart sich dann z.b. in konventionellen Segmentierungsansätzen oder in allgemein akzeptierten regionalen Abgrenzungen. Die Neudefinition des Wettbewerbsfelds durch einzelne Unternehmen basiert damit zunächst auf einer unkonventionellen, andersartigen Betrachtungsweise des Wettbewerbsfelds. Dabei müssen Führungskräfte auch ihre eigenen Einschätzungen und Ansichten in Frage stellen und neu bewerten. "Only when we think in a different way by seeing our context differently will we be able to see and act in a different way."[380]

Bereits die Geschäftsdefinition bzw. das Selbstverständnis des Unternehmens impliziert eine bestimmte Betrachtungsweise. Drei grundsätzliche Vorgehensweisen zur Geschäftsdefinition können dies verdeutlichen:[381]

- Traditionell steht eine *produktorientierte* Geschäftsdefinition im Vordergrund. Unternehmen verstehen sich als Teil z.B. des "Automobilgeschäfts" oder des "Flugzeuggeschäfts". Für BMW wären dementsprechend Mercedes, Audi etc. die relevanten Konkurrenten.

- Insbesondere durch Levitt[382] wurde die Hinwendung zu einer *kundenorientierten* Geschäftsdefinition gefördert, bei der die Bedürfnisse der Kunden im Mittelpunkt stehen. Er zeigt am Beispiel der Eisenbahnindustrie die Konsequenzen einer rein produktorientierten Definition auf: Da sich die Eisenbahngesellschaften als Teil des "Railroad business" anstatt des "Transportation business" verstanden, wurden sie externen Veränderungen nicht gerecht und verloren Kunden an neu aufkommende konkurrierende Transportmittel. Nach diesem Ansatz würde sich z.B. BMW nicht als Automobilunternehmen verstehen, sondern als ein Unternehmen, das Personentransport ermöglicht. Dementsprechend wären Motorradhersteller, Flugzeughersteller, Bahnunternehmen etc. potentielle Konkurrenten.

- Eine neuere Sichtweise fordert eine *kernkompetenzorientierte* Geschäftsdefinition, da diese insbesondere vor dem Hintergrund einer zunehmend dynamischeren Umwelt für die lang-

---

[380] Whitehill (1996), S. 146

[381] Vgl. zu diesen drei grundsätzlichen Vorgehensweisen Markides (1997), S. 13ff. Für Markides ist vor allem das Infragestellen bestehender Geschäftsdefinitionen Ausgangspunkt für strategische Innovationen. Er fordert des weiteren einen fortlaufenden Wechsel zwischen den unterschiedlichen Definitionsansätzen. Dieser Forderung können Unternehmen jedoch aufgrund bereits dargestellter Faktoren wie Historizität von Kernkompetenzen, strategischen Commitments, Trägheit des Unternehmens etc. nur bedingt folgen. Da eine Geschäftsdefinition außerdem dazu beiträgt, die langfristige Richtung der Unternehmensentwicklung vorzugeben, sollte solch ein häufiger Wechsel vermieden werden. Dies schließt jedoch nicht aus, daß die eigene Definition und die der Wettbewerber fortlaufend kritisch hinterfragt werden und gegebenenfalls eine Neudefinition erfolgt; vgl. zu Geschäftsdefinition auch Grant (1995), S. 115ff.

fristige strategische Ausrichtung des Unternehmens eine dauerhaftere Basis bilden kann, als die oben genannten extern-orientierten Definitionsansätze. BMW wäre dann z.b. ein Unternehmen, das innovatives, technikorientiertes Design, konstruktiven Leichtbau oder Verkauf marketingintensiver High-tech-Produkte beherrscht. Das Wettbewerbsfeld umfaßt dann Unternehmen, die auf Basis gleicher oder ähnlicher Kernkompetenzen gleiche oder ähnliche Leistungen erbringen (können).

Bestimmte Trends deuten darauf hin, daß Wettbewerbsfelder zukünftig häufiger neu definiert werden.[383] So ist eine zunehmende Fragmentierung von Märkten, insbesondere durch eine Zunahme differenzierter Kundenbedürfnisse, zu beobachten. Ein weiterer Trend ist die Aufweichung traditioneller Branchengrenzen, vor allem durch neue Technologien. Nicht zuletzt führt die zunehmende Globalisierung des Wettbewerbs zur Auflösung regionaler Grenzen. Insofern ist "the shifting nature of market boundaries .. an *inherent* part of the competitive process."[384]

> **Fallbeispiel 5:   Carmike - Neudefinition des Wettbewerbsfelds**
>
> *Carmike wird zur größten Kinokette der USA*
>
> Die 1982 durch einen Management-buyout entstandene Kinokette Carmike Cinemas, hat sich innerhalb von dreizehn Jahren zur größten der USA entwickelt. Sie besitzt mit ca. 2.478 Leinwänden (Screens),[385] verteilt auf 533 Filmtheater in 33 Staaten der USA, einen nationalen Marktanteil von ca. 9,3%.[386] Im Geschäftsjahr 1995 betrug der Umsatz ca. 365 Mio. USD bei einem operativen Ergebnis von ca. 38 Mio. USD.[387]

---

[382] Vgl. Levitt (1960), S. 24ff.

[383] Vgl. hierzu Day (1990), S. 7f.

[384] Auerbach/Campbell/Stone (1992), S. 123

[385] Die Kinoketten betreiben meist, im Gegensatz zu vielen Einzelkinos, Theater mit mehreren Leinwänden (Screens) verschiedener Kapazitäten (bei Carmike von 100-500 Sitzplätzen). Wichtige Einnahmequellen dieser sogenannten "Multiplexes" sind, neben den Kinokarten, der Verkauf von Getränken, Popcorn, Süßigkeiten etc. (vgl. Raymond James & Associates (1995), o.S.).

[386] Schätzung 3/96 (vgl. Robinson-Humphrey Company (1996), o.S.)

[387] Vgl. Carmike Cinemas (1995), Table 14

Die Konsolidierung der Kinobranche in den achtziger Jahren

In den achtziger Jahren hat sich die Anzahl der Kinos in den USA deutlich erhöht, während die Anzahl der Kinobesucher nur geringfügig angestiegen ist. Darüber hinaus konnte die damit verbundene steigende Nachfrage der Kinos nach Filmen durch die Filmproduzenten bzw. Filmverleiher nicht ausreichend befriedigt werden, so daß sich der Markt zunehmend zu einem "Verkäufermarkt" entwickelte. Die "Überkapazität" an Kinos führte zu einer Verschärfung des Wettbewerbs und schließlich zu einer Branchenkonsolidierung, der insbesondere die kleinen Filmtheater zum Opfer fielen. So besaßen die zehn größten Kinoketten der USA 1986 ca. 27% aller Leinwände; 1995 betrug dieser Anteil bereits 53%.[388]

In diesem schwierigen Wettbewerbsumfeld ist es Carmike hauptsächlich durch die Neudefinition des Wettbewerbsfelds gelungen, deutliche Wettbewerbsvorteile zu generieren.

Neuartige Segmentierung und Veränderung der Grenzen des Wettbewerbsfelds

Carmike hat das Wettbewerbsfeld neu definiert. Zum einen wurde der gesamte Absatzmarkt nach *der Einwohnerzahl der Städte segmentiert* und der strategische Fokus auf ein in dieser Form bisher nicht bearbeitetes Segment gelegt. Carmike ist auch ein Beispiel dafür, daß sich Konzepte und Strategien aus anderen Branchen übertragen und erfolgreich umsetzen lassen.[389] Diese Art der Segmentierung findet sich nämlich bereits in der Erfolgsgeschichte der US-Supermarktkette Wal-Mart wieder: Die gezielte Auswahl lokaler Märkte, die gerade soviel Potential bieten, daß ein Unternehmen (sei es ein Wal-Mart-Supermarkt oder ein Carmike-Kinokomplex) überleben kann. Ist dieser Markt einmal besetzt, ist ein Markteintritt durch Nachfolger äußerst schwierig und meist mit hohen Verlusten für den Angreifer verbunden. Die Märkte sind folglich lokal monopolisierbar.[390]

Zum anderen wurde erkannt, daß die einzelnen Kinos zwar *lokal um Besucher konkurrieren*, durch den Aufbau einer Kinokette jedoch Größeneffekte und Vorteile auf den Beschaffungsmärkten (beim Einkauf der Filme, der Kinoausstattung etc.) erzielt werden können, so daß es sich letztendlich um ein *nationales Geschäft* handelt. Daß dies auch von an-

---

[388] Vgl. Robinson-Humphrey Company (1996), o.S.; Harris (1990), 39f.

[389] Vgl. hierzu die Verwendung von Analogien in Kapitel IV. 1.1.3.

[390] In der Literatur wird Carmike deshalb auch als "Wal-Mart for the movies" bezeichnet (vgl. Barrett (1988), S. 60ff.); vgl. zur Strategie von Wal-Mart Walton/Huey (1993), S. 139ff.

deren Unternehmen erkannt wurde, spiegelt sich in der starken Konsolidierung der Kinobranche wider.

Carmikes Zielsegment sind Städte mit 40.000 bis 200.000 Einwohnern. Diese Städte entsprechen meist einer oder zwei Filmlizenzzonen. Filmlizenzzonen sind von den Filmverleihern regional abgegrenzte Gebiete mit einem Radius von ca. 3-5 Meilen, in denen die Filme immer nur an ein Kinounternehmen vergeben werden. Sofern überhaupt vorhanden, besteht die Konkurrenz beim Eintritt von Carmike in diese lokalen Märkte meist aus Kleinkinos, die allerdings das Marktpotential aufgrund ihres eher unattraktiven Leistungsangebots nicht vollständig ausschöpfen. Das Multiscreen-Konzept von Carmike *redefiniert die Leistungsmerkmale* in diesen lokalen Märkten: Die Kunden können zwischen verschiedenen Filmen zu verschiedenen Vorführzeiten auswählen, eine moderne Vorführtechnologie erhöht die Ton- und Bildqualität, es werden verschiedene Getränke, Snacks etc. verkauft und große Parkplätze erübrigen eine lange Parkplatzsuche. Dadurch wird der Nutzen für die Kunden deutlich erhöht. Gleichzeitig werden aufgrund von Größeneffekten und der besseren Kapazitätsauslastung durch eine flexible Nutzung der verschiedenen Leinwände im Kinokomplex attraktive Eintrittspreise möglich. Mit Hilfe eines zentralen Informationssystems werden unter anderem Informationen über den Erfolg der Filme in den lokalen Märkten erfaßt, so daß das zukünftige Angebot entsprechend der lokalen Kundenbedürfnisse zusammengestellt werden kann. Die Kleinkinos sind gegenüber Carmike meist nicht mehr konkurrenzfähig, weshalb Carmike in ca. 60% der bedienten, lokalen Märkte über ein Anbietermonopol verfügt.[391] "The new multiplexes offer a completely new and very attractive entertainment experience that render older theatres (other than niche operators) noncompetitive."[392] Durch die Auswahl von Kleinstädten als Absatzmärkte ist auch die indirekte Konkurrenz von Carmike durch alternative Unterhaltungsmöglichkeiten (wie Theater) äußerst gering: "Carmike's major competition ... is 'Friday night high school football'."[393]

Bei der Beschaffung der Filme, wo Carmike gegen andere Kinos und Kinoketten landesweit konkurriert, hat Carmike aufgrund seiner Größe eine deutlich bessere Verhandlungsposition als z.B. die lokalen Kleinkinos, was sich in niedrigeren Einkaufspreisen und aktu-

---

[391] Vgl. Raymond James & Associates (1995), o.S.; Robinson-Humphrey Company (1996), o.S.

[392] Raymond James & Associates (1995), o.S.

[393] Michael Patrick, President von Carmike Cinemas und Sohn des Firmengründers, zitiert nach: Barrett (1988), o.S.; vgl. auch Carmike Cinemas (1995a), S. 1ff.

elleren Filmen niederschlägt. Auch beim Kauf von Filmvorführgeräten, Bauleistungen etc.
wirkt sich die Größe des Unternehmens vorteilhaft aus.

2.2.2. Kernelement 2: Neue Art des Konkurrierens

Während das erste Kernelement strategischer Innovationen die Veränderung des Wettbewerbsfelds in seiner Abgrenzung und Struktur zum Gegenstand hat, beschreibt das zweite
Kernelement eine neue Art, innerhalb eines Wettbewerbsfelds zu konkurrieren. Wie bereits in
Kapitel II. 3.1. dargestellt, zeigt sich die Art zu konkurrieren im Wettbewerbsverhalten und
den zugrundeliegenden Strategien. Demzufolge zielen strategische Innovationen darauf ab,

* neuartige Ressourcen einzusetzen bzw. den Umfang an benötigten Ressourcen zu verändern,

* eine neue Art des Ressourceneinsatzes zu finden und/oder

* die Art der Leistung im Wettbewerb zu redefinieren.

Dabei fallen nur solche Ansätze unter den Begriff der strategischen Innovation, die für das
Wettbewerbsfeld eine grundlegende Neuheit darstellen und die Art des Konkurrierens fundamental verändern. *Neuartige Ressourcen* können materieller oder immaterieller Art (inkl.
Kompetenzen als Sonderform von immateriellen Ressourcen)[394] sein. Eine strategische Innovation zeigt sich dann z.b. in der Einführung einer für das Wettbewerbsfeld vollkommen
neuen Produktionstechnik. Infolgedessen kann sich der Umfang des benötigten Kapitals (als
eine andere Art von Ressourcen) verändern. Eine *neue Art des Ressourceneinsatzes* drückt
sich insbesondere im neuartigen Aufbau des Geschäftssystems des Unternehmens bzw. der
Wertschöpfungskette[395] und deren Verknüpfung mit externen Bezugsgruppen aus. Die Eliminierung eines branchenüblichen Händlernetzes im Wertschöpfungsprozeß wäre dann z.B. eine
strategische Innovation. Die Leistung wird insbesondere für die Kunden, aber auch für anderen Stakeholdern erbracht. Eine strategische Innovation versucht, die *Leistungsmerkmale zu
verändern bzw. eine völlig neuartige Leistung* zu generieren. Wird z.B. als Leistungsmerkmal
aus Kundensicht die "Herstellung eines primär günstigen Produkts" verstanden, könnte die
Redefinition in "Herstellung eines primär umweltfreundlichen Produkts" eine strategische
Innovation darstellen. Dazu muß das neue Leistungsmerkmal durch das Produkt bzw. das

---

[394] Vgl. zur Systematisierung von Ressourcen Kapitel IV. 3.1.2.1.

[395] Wie in Kapitel IV. 3.1.3. noch gezeigt wird, ist die Wertschöpfungskette ein analytisches Instrument zur
Beschreibung des Geschäftssystems.; vgl. auch Bleicher (1996), S. 240ff., der in der Neudefinition des Geschäftssystems wesentliches Potential zur Veränderung von Wettbewerbs(spiel)regeln sieht.

Unternehmen erfüllt werden, gleichzeitig aber auch dafür gesorgt werden, daß das Leistungsmerkmal von den jeweiligen Leistungsempfängern gefordert wird bzw. eine höhere Wertschätzung erfährt.

Diese drei Gegenstandsbereiche beeinflussen sich gegenseitig. Neuartige Ressourcen verlangen oft eine neue Art des Ressourceneinsatzes und führen zu neuen Leistungsmerkmalen. Umgekehrt ist eine Redefinition der Leistung oft nur durch eine Neugestaltung des Ressourceneinsatzes und unter Verwendung neuartiger Ressourcen bzw. einem neuen Umfang an Ressourcen möglich.[396] Die Integration dieser einzelnen Bereiche ist ebenfalls Gegenstand strategischer Innovationen. Das größte Potential zur Veränderung von Wettbewerbsregeln liegt in strategischen Innovationen, die fundamentale Neuerungen in allen drei Bereichen umfassen. Des weiteren sind die beiden Kernelemente "Neudefinition eines Wettbewerbsfelds" und "eine neue Art zu konkurrieren" keine sich gegenseitig ausschließenden Alternativen, sondern bedingen sich oft gegenseitig.

---

[396] Entsprechend des Resource-based-view (vgl. Kapitel II. 2.2.2.) ist eine strikte Trennung von Ressourcen und Ressourceneinsatz nicht möglich. So lassen sich viele Ressourcen erst durch ihren Einsatz weiterentwickeln. Der Aufbau von Kompetenzen (als Bestandteil der Unternehmensressourcen) durch organisatorische Lernvorgänge ist ein Beispiel dafür.

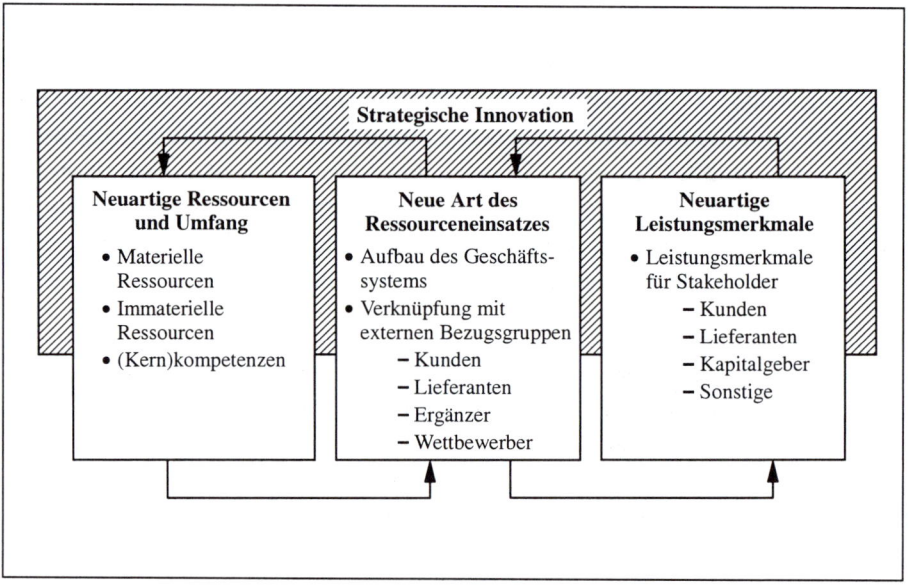

Abb. 11: Strategische Innovationen als neue Art zu konkurrieren[397]

Fallbeispiel 6:   **Dell Computer - Das direkte Modell verändert die Computer-branche[398]**

Dell Computer hat als Pionier des "direkten Geschäftsmodells" die Regeln der horizontal strukturierten Computerbranche wesentlich verändert. Was die strategische Innovation des direkten Modells ausmacht, welche Wettbewerbsvorteile Dell damit erzielt und welche Regelveränderungen beobachtbar sind, wird im folgenden erläutert.

---

[397] Der Begriff "Ergänzer" wird in Kapitel IV. 2.1. und Kapitel IV. 3.2.1. näher erläutert.

[398] Für das Fallbeispiel wurde vertiefend zu den Informationen aus allgemeinen Veröffentlichungen und Publikationen von Dell (vgl. die jeweiligen Fußnoten) ein Gespräch mit Herrn Mammitzsch (Geschäftsführer Dell Deutschland) geführt.

Entstehungsgeschichte von Dell Computer

1984 begann Michael S. Dell als Student an der University of Texas in Austin mit dem Versand von Computerkomponenten per Post und der Aufrüstung von IBM-kompatiblen Personalcomputern (PCs). 1985 folgte die Montage und der Verkauf von PCs unter eigener Marke, wodurch sich der Umsatz innerhalb eines Jahres von 6 auf 70 Mio. USD erhöhte. Dell's Geschäftsmodell unterschied sich bereits damals grundlegend von den weiteren im PC-Geschäft existierenden Modellen: Anstatt standardisierte Massenprodukte anzubieten, wurden die PCs den Kundenwünschen entsprechend zusammengebaut. Die Auftragsannahme erfolgte dabei meist über Telefon, die Auslieferung der Produkte postalisch an den Kunden direkt und nicht, wie sonst in der Branche üblich, über ein Händlernetz.[399]

Basierend auf diesem, im Kern bis heute gleichgebliebenen, Geschäftsmodell gelang es Dell, zum fünftgrößten Computerhersteller mit über 7,7 Mrd. USD Umsatz und 518 Mio. USD Nettogewinn im Geschäftsjahr 1996/1997 zu wachsen.[400] Dells jährliches Umsatzwachstum liegt zwischen 40% und 50%, während die Branche mit ca. 15-20% wächst.[401] Der Börsenkurs von Dell ist von 1990 bis Mitte 1997 um 20.000% (!) gestiegen.[402] Im Bereich Computersysteme, der ca. 90% des Umsatzes von Dell ausmacht, bilden Desktops mit ca. 80% den Produktschwerpunkt. Die restlichen 10% des Umsatzes entfallen auf Peripheriegeräte, Service, Software etc.[403]

Die strategische Innovation von Dell: Das direkte Geschäftsmodell

Das Geschäftsmodell von Dell basiert auf drei Kernelementen: Einer *kundensegmentspezifischen Vorgehensweise*, dem direkten Endkundenkontakt durch die *Eliminierung von Vertriebsstufen* und dem *Build-to-order-Prinzip*.[404]

- Dell *segmentiert seine Kunden* in Relationship-customers (Großunternehmen und -organisationen) und Transaction-customers (kleine bis mittlere Unternehmen und Pri-

---

[399] Vgl. Kurtzman (1997), S. 1f.; Harvard Business School (1996), S. 5ff.

[400] Vgl. Dell Computer (o.J.), S. 8f.; für das Geschäftsjahr 1997/98 wird ein Umsatz von ca. 12 Mrd. USD und ein Gewinn von ca. 900 Mio. USD erwartet (vgl. Serwer (1997), S. 40).

[401] Vgl. Kurtzman (1997), S. 6

[402] Vgl. Serwer (1997), S. 40, 43. Zum Vergleich: Der Börsenkurs von Microsoft stieg im gleichen Zeitraum um 2.600%.

[403] Bezogen auf die Umsätze des Geschäftsjahres 1996 (vgl. Kurtzman (1997), S. 7).

vatkunden). Während für Relationship-customers Qualität, technologische Stabilität der Systeme und Kompatibilität zu bestehenden Systemen im Vordergrund stehen, verlangen die Transaction-customers neueste Technologie und ein günstiges Preis-/ Leistungsverhältnis. Der segmentspezifische Verkaufs- und Serviceansatz von Dell reicht von der persönlichen Betreuung durch Dell-Vertriebsbeauftragte (Face-to-face-Kontakte) bei Relationship-customers bis hin zur rein telefonischen Verkaufs- und Beratungsabwicklung bei Transaction-customers.

- Dells direktes Geschäftsmodell *verzichtet auf einen mehrstufigen Vertrieb*. Die Produkte werden über Telefon, Internet und eigene Außendienstmitarbeiter direkt an den Kunden verkauft. Die Relationship-customers werden durch Außendienstmitarbeiter (sogenannte Field Account Executives) persönlich betreut. Ihre Aufgabe besteht primär darin, die EDV-Umgebung des Kunden und seine Servicebedürfnisse zu verstehen und entsprechend konfigurierte Produkte zu verkaufen. Des weiteren stehen den Relationship-customers persönliche Innendienstmitarbeiter zur Verfügung, die telefonische Anfragen annehmen und unter Verwendung der Online abrufbaren Historie des Kundenkontaktes beraten und verkaufen. Will der Kunde durch einen Value-added-reseller[405] betreut werden, wird dies von Dell entsprechend organisiert. Der Verkauf an Transaction-customers läuft über ein separates Verkaufsteam, das über eine gebührenfreie Telefonnummer erreichbar ist. Auch hier dient die Online verfügbare Kundenhistorie zur gezielten Beratung und Verkaufsgesprächsführung.

---

[404] Vgl. zur Beschreibung des Geschäftsmodells insbesondere Harvard Business School (1996), S. 6ff.
[405] Value-added-reseller sind Händler, die zusätzlich zum eigentlichen Produkt (z.B. Computer) wertschöpfende Aktivitäten, wie z.B. Wartung, Installation von Computernetzwerken, Softwareinstallation oder -anpassungen etc. anbieten.

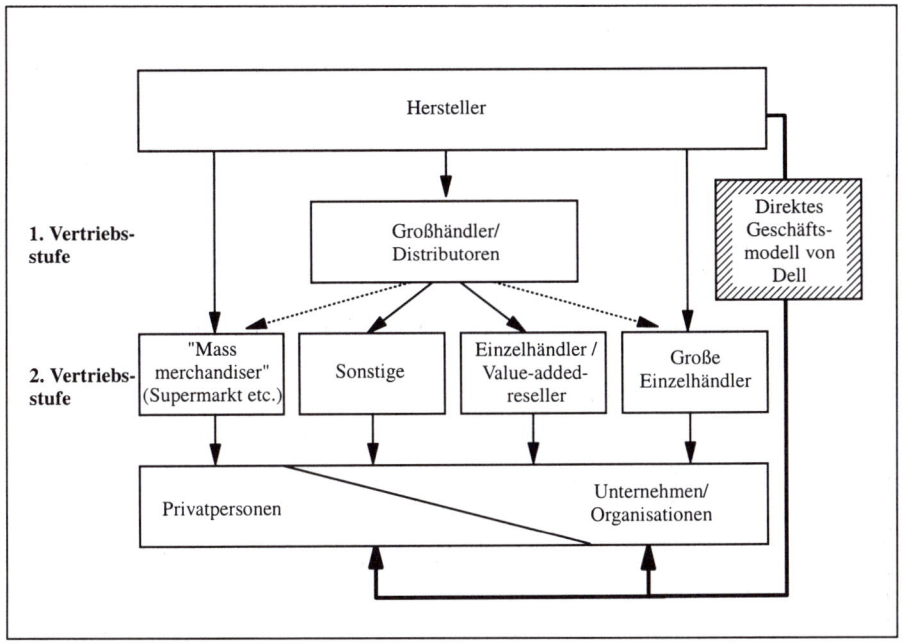

Abb. 12:   Vertriebskanäle in der Computerbranche

• Dell bietet die Möglichkeit der *individuellen Konfiguration des Computersystems (Build-to-order-Prinzip)*. Der Kunde kann zwischen verschiedenen Laufwerken, Monitoren, Speicherbausteinen, Prozessoren, Netzwerkkarten etc. wählen. Neben der anforderungsspezifischen Leistungsfähigkeit des Systems wird damit auch die Kompatibilität zur bestehenden EDV-Landschaft des Kunden sichergestellt. Strategische Partnerschaften mit den bedeutenden Komponentenherstellern gewährleisten, daß den Kunden die neueste Technologie zur Auswahl angeboten werden kann. So führt z.B. Intel neuentwickelte Prozessoren über Dell in den Markt ein. Nach der Auftragsannahme werden die Computersysteme in eigenen Produktionsstandorten zusammengesetzt. Ein Grundchassis wird mit den entsprechenden Komponenten versehen, die Software installiert und zusammen mit den gewünschten Peripheriegeräten (Tastatur, Maus etc.) an den Kunden versandt. Technische Probleme bei der Installation des Systems oder während des Betriebs werden durch Technical-support-representatives über Telefon oder bei defekten Komponenten durch Mitarbeiter sogenannter "Third-party maintenance and service companies" meist innerhalb von 24-48 Stunden behoben.[406] Ab einer bestimmten Kundengröße übernehmen Dell-eigene On-site-technicians die technische Kundenbetreuung. Michael Dell hierzu:

"We introduced the concept of build-to-order in the PC industry. We were also the first to introduce on-site service. We knew that our corporate customers and experienced individual customers had needs that weren't being filled by the traditional retail channel."[407]

Das dargestellte Geschäftsmodell beinhaltet die Kernelemente einer strategischen Innovation und zwar vor allem hinsichtlich der Art zu konkurrieren:

- Der Aufbau des Geschäftssystems (Art des Ressourceneinsatzes) unterscheidet sich durch die Eliminierung des Händlernetzes und der damit verbundenen direkten Abwicklung von Kundenaufträgen grundlegend von den bisher branchenüblichen Wertschöpfungsketten.

- Neue Kompetenzen (Art der Ressourcen) gewinnen an Bedeutung: Nicht mehr das (mehrstufige) Vertriebskanalmanagement zählt, sondern die direkte Kundenbetreuung und Auftragsabwicklung. Neue materielle Ressourcen (wie z.B. Call Center oder Computersysteme zur Erfassung und Verarbeitung der Kundeninformationen) werden eingesetzt. Auch die Anforderungen an die Humanressourcen wandeln sich: Der klassische Vertriebsmann wird ersetzt durch den Telefonverkäufer- und betreuer.

- Durch das Build-to-order-Prinzip und die entsprechende Gestaltung des Geschäftssystems werden neue Leistungsmerkmale betont (und ermöglicht). Der Kunde hat die Möglichkeit zur individuellen Computerkonfiguration. Gleichzeitig werden die Preise durch geringere Lagerhaltung, wegfallende Händlermargen etc. (vgl. die folgenden Ausführungen) gesenkt. Damit entsteht für den Kunden ein hoher Wertgewinn, und zwar durch Erhöhung des Werts (bessere Befriedigung der Kundenbedürfnisse) bei gleichzeitiger Senkung der für ihn anfallenden Kosten (Preis, kein Aufwand für Händlerbesuche etc.).

---

[406] Transaction-customers müssen bei defekten Komponenten ihre PCs zur Reparatur an Dell zurücksenden.
[407] Michael Dell, zitiert nach: Harvard Business School (1996), S. 8

Worin liegen die Vorteile des Geschäftsmodells von Dell?

Das direkte Geschäftsmodell führt zu erheblichen Wettbewerbsvorteilen für Dell:[408]

- *Händlermargen*, die ca. 5-7% des Kaufpreises ausmachen, werden eliminiert.

- Der *Kontakt zum Kunden ist direkt vorhanden* und wird nicht über eine (oder mehrere) Vertriebsstufen "gefiltert". So entsteht generell ein tieferes Verständnis für Kundenbedürfnisse, was eine entsprechende Ausrichtung des gesamten Leistungsprogramms gewährleistet. Ein weiterer Vorteil des unmittelbaren Kundenfeedbacks ist die schnelle Reaktionsmöglichkeit auf Qualitätsmängel (Produkt oder Service) oder sich ändernde Kundenwünsche. Da außerdem jede Kundenhistorie EDV-technisch dokumentiert ist, können die einzelnen Kunden mit entsprechenden Produkten proaktiv angegangen und die Beratungs- und Verkaufsqualität erheblich gesteigert werden.

- Die *Lagerhaltung wird erheblich reduziert*, da die Produkte direkt zum Kunden geliefert werden. Während im Branchendurchschnitt die Lagerhaltungsdauer beim Hersteller und Händler zusammengenommen bei 98 Tagen liegt, beträgt sie bei Dell nur zwölf Tage. Dadurch sinkt die Kapitalbindung und Dell wird durch die geringeren Lagerbestände weniger anfällig für den branchenüblichen raschen Preisverfall. Finanziell spiegelt sich der Lagerhaltungsvorteil im hohen Return on invested capital wider.[409] Die Lagerhaltung wird durch ein hochentwickeltes Forecasting-System zur bedarfsgerechten Beschaffung und Produktion unterstützt. Basis hierfür ist wiederum der direkte Kundenkontakt und die damit verbundenen Kenntnisse über die Bedarfsentwicklung.

- Neue *technologische Innovationen* und Industriestandards können durch Build-to-order unmittelbar in die Produkte aufgenommen und am Markt eingeführt werden. Der rasche technologische Wandel in der Computerbranche stellt für Dell damit ein Chance zum gezielten Aufbau von Wettbewerbsvorteilen dar.

---

[408] Vgl. hierzu insbesondere Kurtzman (1997), S. 2ff.; Dell Computer (o.J.), S. 5ff.; Dell Computer Corporation (1996), o.S.

[409] Dell hat einen Return on invested capital von 73% im Vergleich zum Hauptwettbewerber Compaq mit 28%, der seine Produkte über ein Händlernetz verkauft. Die Berechnung basiert auf einer Neun-Monatsbetrachtung bis zum 27.10.1996 (vgl. Kurtzman (1997), S. 8).

Die Veränderung der Wettbewerbsregeln in der Branche

Der Erfolg des Dell-Geschäftsmodells hat zum Markteintritt einer Reihe von Imitatoren (Start-ups) geführt, von denen Gateway 2000 der erfolgreichste Wettbewerber ist. Das Ende 1985 gegründete Unternehmen ist mit dem direkten Geschäftsmodell ebenfalls zu einem der größten PC-Hersteller der Welt mit einem Umsatz von ca. 5 Mrd. USD in 1996 gewachsen. Der Fokus von Gateway liegt allerdings, anders als bei Dell, stark auf Transaction-customers und "First-time users".[410] Das Dell-Geschäftsmodell bot damit auch Imitatoren die Chance für profitables Wachstum und führte dazu, daß der Anteil des Direktgeschäfts am Gesamtmarkt (z.B. in USA, Großbritannien und Frankreich) deutlich zunahm.

"When we started the company 13 years ago, direct channels had zero percent of the market. Now these channels represents 20 to 25 percent of the market. We think direct can grow to 30 or even 40 percent of the market."[411]

Für die etablierten Computerunternehmen (Compaq, IBM, Olivetti etc.), die ihre entsprechenden Produkte primär über Händlernetze vertrieben (indirektes Geschäftsmodell), stellte das direkte Geschäftsmodell eine große Herausforderung dar. So verlangten das deutlich günstigere Preis-/Leistungsverhältnis und die vor allem bei Dell stark ausgeprägte Serviceorientierung eine strategische Neuausrichtung der Wettbewerber. Mit zunehmendem Erfolg von Dell verschärfte sich der Wettbewerbsdruck.

Ein Beispiel für eine solche Neuorientierung ist die Strategie von Compaq. Das Unternehmen ist in den achtziger Jahren mit einem primär indirekten Geschäftsmodell zu einem der größten PC-Unternehmen aufgestiegen und hat insbesondere IBM stark bedrängt. 1991 kam es bei Compaq zu einem signifikanten Umsatzeinbruch und zu erheblichen Verlusten, mitverursacht durch den zunehmenden Wettbewerbsdruck durch das direkte Geschäftsmodell. Mit der Bestellung des neuen CEO Eckhard Pfeiffer begann ein strategischer Wandel. Die ursprüngliche Premium-price-Strategie und der Fokus auf Großunternehmen wurden aufgegeben. Durch ein umfangreiches Kostensenkungsprogramm sollte eine Bruttomarge von ca. 30% bei wettbewerbsfähigen Preisen erreicht werden. Des weiteren wurde eine neue Distributionsstrategie entwickelt. Die strategische Neuausrichtung griff und verhalf

---

[410]   Vgl. hierzu auch Gateway 2000 (1996), S. 3ff.; Serwer (1997), S. 42.

[411]   Michael Dell, zitiert nach: Kurtzman (1997), S. 6

Compaq zu einem rasanten Wachstum in den Folgejahren. 1994 wurde Compaq schließlich zur weltweiten Nummer 1 im PC-Geschäft.[412]

In jüngster Vergangenheit hat Compaq weitere Kernelemente des direkten Geschäftsmodells übernommen. Pfeiffer kündigte 1997 an, zukünftig Computer nur noch auf Bestellung zu bauen, um damit die Lagerhaltungskosten und die Risiken von Fehlentwicklungen zu reduzieren. Dabei wird sowohl ein reines Build-to-order-Prinzip mit Direktlieferung an den Kunden als auch eine Endkonfiguration bei Distributoren/großen Händlern (Configure-to-order) angestrebt.[413] Auch andere große PC-Hersteller wie IBM und HP beginnen sich zu wandeln: "They're changing the way they do business by trying to mimic Dell without alienating the resellers they depend on."[414] Selbst der krisengeschüttelte Computerhersteller Apple, der mit der Rückkehr des Firmengründers Steve Jobs als Interims-Vorsitzender eine grundlegende Erneuerung angekündigt hat, orientiert sich an Dell. Neben der Entwicklung einiger Neuprodukte steigt das Unternehmen erstmals in seiner Geschichte in den Direktverkauf ein. Kunden können sich in einem virtuellen "Apple Shop" im Internet ihren Computer "zusammenbauen" und bestellen. Steve Jobs gibt dabei zu, vom erfolgreichen Marktführer Dell gelernt zu haben.[415]

Eine duale Strategie, d.h. ein Verkauf sowohl über Händler als auch über Direktvertrieb, ist allerdings schwierig zu realisieren. Ursachen hierfür sind die unterschiedlich aufgebauten Geschäftssysteme, die andersartigen Anforderungen an die Qualifikation der Mitarbeiter und die spezifische "Indirekt-Kultur". Michael Dell hierzu: "It's like we're the best baseball player and Compaq is the best basketball player".[416] Des weiteren behindert die Ressource "Händlernetz" eine Imitation des direkten Geschäftsmodells. Ein Umgehen der Händler würde deren Umsatz und Margen drücken und daher zu Widerständen führen.[417]

---

[412] Vgl. zur Geschichte und Strategie von Compaq Western Business School (1995), S. 1ff.

[413] Vgl. o.V. (1997), S. 2; Kirkpatrick (1997), S. 48. Diese Bemühungen werden von Compaq unter dem Begriff des "Optimized-distribution-model (ODM)" zusammengefaßt.

[414] Kirkpatrick (1997), S. 47

[415] Vgl. Zepelin (1997), S. 32

[416] Michael Dell, zitiert nach: Serwer (1997), S. 42

[417] Vgl. hierzu auch das Interview mit Michael Dell, in: Homeyer (1997), S. 64f.

2.3.   Schaffung von Wertgewinn als grundlegende Anforderung an strategische Innovationen

Unternehmen versuchen durch strategische Innovationen Wettbewerbsvorteile zu generieren und die Wettbewerbsregeln zu ihren Gunsten zu verändern. Wie in Kapitel II. 1.2. bereits dargestellt, lassen sich Wettbewerbsvorteile nur dann erreichen, wenn es gelingt, für den Kunden im Vergleich zum Wettbewerb einen Wertgewinn zu schaffen[418]. Dieser basiert auf Kosten- und/oder Differenzierungsvorteilen.

Ziel strategischer Innovationen ist es folglich einen, im Vergleich zu den Wettbewerbern, höheren Wertgewinn zu generieren. Charakteristisch ist dabei, daß

- möglichst für alle Stakeholder, nicht nur für die Kunden, Wertgewinn geschaffen wird;[419]

- ein "Quantensprung" im Wertgewinn für die Stakeholder entsteht und

- der Wertgewinn auf Basis einer neuen Art zu konkurrieren generiert wird, wobei dieser durch Betonung neuer Leistungsmerkmale einen grundlegend neuen Charakter besitzt.

Die Wertgenerierung durch Betonung neuer Leistungsmerkmale (oder Kombinationen von Leistungsmerkmalen) wird von KIM/MAUBORGNE mit dem *Konzept der Value-innovation* beschrieben.[420] Eine umfangreiche Untersuchung[421] ergab, daß erfolgreiche Wachstumsunternehmen den Kunden einen "Tremendous leap in value"[422] bieten. Dabei differenziert sich das Unternehmen nicht einfach entlang der "branchenüblichen", den Kundenwert bestimmenden Produkt- und Dienstleistungsmerkmale, sondern schafft eine grundlegend neuartige Merkmalskonstellation, eine Value-innovation. Meist wird dabei gleichzeitig eine Senkung der

---

[418] Das der Arbeit zugrundeliegende Verständnis von "Wertgewinn schaffen" ist von der Wertschöpfung, die vor allem durch den Integrationsgrad des Unternehmens bestimmt wird, zu unterscheiden. Die Wertschöpfung umfaßt den Wert, den das Unternehmen den gekauften Materialien und Dienstleistungen hinzufügt (z.B. definiert als Summe aus Löhnen, Zinsen, Steuern und Gewinnen oder einfach als Differenz zwischen Verkaufspreis des Produkts und Einkaufspreis der Rohstoffe). Sie wird als absolute monetäre Größe angegeben oder in Prozent des Umsatzes ausgedrückt (vgl. z.B. Simon (1996), S. 145f.; Porter (1985), S. 39).

[419] Vgl. hierzu auch Hinterhuber (1997), S. 57, nach dessen Meinung eine Strategie "Wert für alle 'Stakeholder' zu schaffen" hat.

[420] Dabei wird jedoch nur auf die Wertgenerierung für die Kunden, also nur einer Stakeholdergruppe, eingegangen.

[421] Es wurden über 5 Jahre mehr als 30 Unternehmen weltweit in ca. 30 verschiedenen Branchen untersucht, um die Faktoren zu identifizieren, die profitables Unternehmenswachstum bestimmen. Als übergreifendes Muster der erfolgreichen Unternehmen isolierten Kim/Mauborgne bei den Managern ein besonderes Strategieverständnis, das sie als "Value innovation" bezeichnen (Kim/Mauborgne (1997), S. 103ff).

Kosten (und damit des Preises des Produkts oder der Dienstleistung) und eine bessere Befriedigung der Kundenbedürfnisse erreicht.[423]

Die Generierung von Value-innovations verlangt nach Ansicht von KIM/MAUBORGNE sowohl ein Hinterfragen des "Industry's conventional wisdom"[424] als auch die Loslösung vom Verhalten der Wettbewerber. Unternehmen müssen also durch strategische Innovationen im Sinne "alternativer Lösungen mit höherer Wertgenerierung" aus dem selbstverstärkenden Regelkreis verhaltensbedingter Wettbewerbsregeln ausbrechen.

"Because value innovators do not focus on competing, they can distinguish the factors that deliver superior value from all the factors the industry competes on. They do not expend their resources to offer certain product and service features just because that is what their rivals are doing. ... Ironically, value innovators do not set out to build advantages over the competition, but they end up achieving the greatest competitive advantages."[425]

Der Gedanke der Value-innovation kann durchaus auf *andere Stakeholdergruppen* übertragen werden. Auch dort können neue Leistungsmerkmale (-merkmalskonstellationen) für die Bezugsgruppen zu "Quantensprüngen" im Wert führen. Da Unternehmen nicht nur auf Absatzmärkten sondern auch auf Beschaffungsmärkten konkurrieren, besitzt die Wertgenerierung für Lieferanten, insbesondere wenn diese über eine große Marktmacht verfügen, große Bedeutung. So hat Intel, der mit Abstand bedeutendste Lieferant von Mikroprozessoren, eine ausgesprochen große Marktmacht. Fast alle Computerhersteller konkurrieren um die neuesten Produkte von Intel. Aus Sicht dieser Hersteller stellt sich folglich die Frage, wie für Intel ein Wertgewinn geschaffen werden kann. Dell ist dies mit seinem direkten Modell gelungen.

---

[422] Kim/Mauborgne (1997), S. 106

[423] Kim/Mauborgne (1997), S. 10ff. bezeichnen die Schaffung neuer Merkmalskonstellationen als "creating a new value curve". Sie verdeutlichen ihr Konzept anhand der erfolgreichen Hotelkette "Formule 1", die 1985 von der Hotelgruppe Accor in Frankreich eingeführt wurde. Die von der Branche als wichtig erachteten wertbestimmenden Faktoren, wie z.B. eine Essensmöglichkeit oder ansprechende Architektur und Lounges, wurden von Formule 1 nicht adressiert. Andere Faktoren hingegen, wie z.B. Bettenqualität, Hygiene und ruhige Zimmer bildeten den Kern der Leistung. Durch das innovative Konzept konnten sowohl die Bau- als auch die Betriebskosten gegenüber dem Branchendurchschnitt deutlich gesenkt werden, was sich in einem Preis, der kaum über dem eines Ein-Sterne-Hotels liegt, niederschlägt, obwohl bei den oben genannten wertbestimmenden Faktoren sogar die Leistung eines durchschnittlichen Zwei-Sterne-Hotels deutlich übertroffen wurde. Heute ist der Marktanteil von Formule 1 in Frankreich größer als der der fünf nächstgrößten Wettbewerber zusammen.

[424] Kim/Mauborgne (1997), S. 104

[425] Kim/Mauborgne (1997), S. 106

Aufgrund der Marktnähe und einer extrem kurzen Time-to-market kann Dell für Intel als Plattform für schnelle, aggressive Markteinführungen neuer Chipgenerationen dienen. Dies verschafft Intel einen Zeitvorteil gegenüber Konkurrenzanbietern und führt vor allem in der Anfangsphase des Lebenszyklusses schnell zu entsprechenden Skaleneffekten. Des weiteren kann über Dell direktes Marktfeedback eingeholt und für zukünftige Produktstrategien verwendet werden. Für Intel ergibt sich damit eine signifikante Wertsteigerung, die weit über den erzielten Verkaufspreis hinausgeht.[426]

Ein höherer Wert für die Kunden muß nicht zwangsläufig mit einem höheren Profit für die Unternehmen verbunden sein. Dies hängt wesentlich von der Struktur des Wettbewerbsfelds bzw. den wirkenden Wettbewerbskräften ab. Zum einen können bestimmte strukturelle Elemente, wie z.B. niedrige Eintrittsbarrieren, neuen Unternehmen den Markteintritt ermöglichen oder eine strukturell bedingte hohe Wettbewerbsintensität zwischen den etablierten Unternehmen (z.B. durch hohe Austrittsbarrieren)[427] dazu führen, daß der geschaffene Wert "wegkonkurriert", d.h. entweder über niedrigere Preise an den Kunden weitergegeben oder aber durch höhere Wettbewerbskosten aufgezehrt wird. Zum anderen bestimmt die Verhandlungsmacht der Abnehmer bzw. Lieferanten, welcher Teil des geschaffenen Werts tatsächlich beim Unternehmen verbleibt.[428]

2.4.   Strategische Innovationen und externer Wandel

Die Beziehung von strategischen Innovationen und externem Wandel kann anhand von zwei unterschiedlichen Wirkzusammenhängen verdeutlicht werden: Einerseits können sich durch externen, sich in der Umwelt vollziehenden Wandel, Potentiale zur Generierung strategischer Innovationen ergeben. Andererseits wird durch strategische Innovationen einzelner Unternehmen externer Wandel erzeugt, indem sich die Wettbewerbsregeln und dadurch das Wettbewerbsverhalten verändert, Strukturen sich wandeln und Wettbewerbskräfte verschoben werden und/oder sich gegebenenfalls allgemeine Umweltbedingungen verändern.

---

[426] Vgl. hierzu das vorausgegangene Fallbeispiel "Dell Computer - Das direkte Modell verändert die Computerbranche" in Kapitel III. 2.2.2.

[427] Austrittsbarrieren sind insbesondere in reifen Branchen von Bedeutung und sollten Gegenstand von strukturverändernden Strategien (wie z.B. Senkung der Austrittsbarrieren) sein (vgl. Harrigan/Porter (1983), S. 113ff.; Harrigan (1989), S. 99ff.).

[428] Vgl. Porter (1985), S. 8f.; vgl. hierzu auch die Ausführungen in Kapitel IV. 3.2.2.2., die den Added-value als wesentlichen Bestimmungsfaktor des Kräfteverhältnisses im Wettbewerbsfeld und damit der Verhandlungsmacht der Unternehmen erläutern.

2.4.1. Nutzung externen Wandels durch strategische Innovationen

Ein Impuls zur Veränderung von Wettbewerbsregeln liegt, wie bereits in Kapitel II. 3.2. dargestellt, oft im Wandel der allgemeinen Umwelt bzw. der strukturellen Faktoren des Wettbewerbsfelds begründet.

Dieser externe Wandel kann *unmittelbar zu neuen Wettbewerbsregeln* führen. Die Unternehmen passen ihr Wettbewerbsverhalten (und ihre Strategien) an die veränderten Bedingungen an. Dabei sind keine außergewöhnlichen strategischen Innovationen einzelner Unternehmen beobachtbar. Ein Beispiel hierfür sind neue regulative Rahmenbedingungen durch den Staat.

Eine weitere Möglichkeit besteht darin, daß durch den externen Wandel *Potentiale für strategische Innovationen* aufgebaut werden, ohne daß diese von der Masse der Unternehmen realisiert und genutzt werden. In diesem Fall verändert sich das Wettbewerbsverhalten erst, wenn bestimmte Unternehmen das Potential erkannt und durch strategische Innovationen ausgenutzt haben. Sie zeigen dem Wettbewerbsfeld sozusagen "den neuen erfolgreichen Weg des Konkurrierens" auf. Letztendlich sind es dann einzelne Unternehmen, die durch ihre Initiative eine Veränderung von Wettbewerbsregeln einleiten. Was sich anschließt, ist ein Veränderungsprozeß im Wettbewerbsfeld, getrieben durch Imitationsbemühungen oder der Suche nach alternativen strategischen Innovationen aller Wettbewerber.

2.4.2. Erzeugung externen Wandels durch strategische Innovationen

Externer Wandel kann auch "aus dem Unternehmen heraus" erzeugt werden. Unternehmen generieren durch einen "schöpferischen Akt" strategische Innovationen, ohne daß sich diese auf einen Wandel in der allgemeinen Umwelt oder der Struktur des Wettbewerbsfelds zurückführen ließen. Nicht die externe Veränderung gibt den Impuls zur Veränderung der Wettbewerbsregeln, sondern die kreative Kraft des Unternehmens selbst.

Der externe Wandel schließt sich den strategischen Innovationen an. Auch hier kommt es zu dem oben genannten Veränderungsprozeß im Wettbewerbsfeld und zu neuen Wettbewerbsregeln. Die Ursache hierfür liegt jedoch allein in der "Idee" des Unternehmens und nicht im Potential für strategische Innovationen, das durch externen Wandel entstanden ist.

Externen Wandel durch strategische Innovationen nützen und externen Wandel durch strategische Innovationen erzeugen sind zwar zwei verschiedene Wirkzusammenhänge, die sich in der Realität jedoch meist überlagern. Strategische Innovationen sind in den seltensten Fällen ausschließlich Ergebnis eines durch externen Wandel induzierten Potentials, noch ausschließlich Ergebnis eines kreativen Akts. Insofern ist es Aufgabe des Unternehmens, sich beide Wirkzusammenhänge zu erschließen. Das Framework soll hierzu einen Beitrag leisten, indem

- sowohl Ansatzpunkte zur Veränderung von Wettbewerbsregeln aufgrund externen Wandels identifiziert und deren Umsetzung in strategische Innovationen unterstützt wird,

- als auch durch entsprechenden methodischen Aufbau und Inhalt des Frameworks die kreative, schöpferische Kraft im Unternehmen geweckt und gezielt zur Genese strategischer Innovationen eingesetzt wird.

3.   Zwischenergebnis

In Kapitel III. 1. wurden die zwei grundlegenden Wirkungen einer Veränderung von Wettbewerbsregeln, nämlich die Verschiebung von Wettbewerbsvorteilen und die Revitalisierung bzw. Zerstörung von Wettbewerbsfeldern dargestellt. Eine *Verschiebung von Wettbewerbsvorteilen* läßt sich dadurch erklären, daß Unternehmen nach einer Regelveränderung entweder nicht nach den neuen Regeln konkurrieren können (insbesondere aufgrund der Nicht-Imitierbarkeit notwendiger Ressourcen und damit verbunden der Art des Ressourceneinsatzes sowie der Art der erbrachten Leistung, der Trägheit von Unternehmen und der eingeschränkten Veränderbarkeit dominanter Logiken) oder aber nicht nach den neuen Regeln konkurrieren wollen, was insbesondere für Unternehmen mit einer starken Wettbewerbsposition zutrifft. Unternehmen mit einer schwachen Wettbewerbsposition bzw. Unternehmen, die noch nicht im Wettbewerbsfeld tätig sind hingegen, haben potentiell großes Interesse an einer Regelveränderung. Sie sind die "Rule breakers", die basierend auf einer revolutionären strategischen Grundhaltung eine radikale Veränderung anstreben. Eine *Revitalisierung bzw. Zerstörung von Wettbewerbsfeldern* begründet sich durch den mit Regelveränderungen verbundenen strukturellen Wandel (und damit den Auswirkungen auf Rivalität und Profitabilität im Wettbewerbsfeld) sowie die Betonung neuer Leistungsmerkmale im Wettbewerb.

Aufbauend auf den Überlegungen zur Entstehung und Veränderung von Wettbewerbsregeln[429] wurden in Kapitel III. 2. *strategische Innovationen als zentrales Mittel zur Regelveränderung* dargestellt. Strategische Innovationen zeichnen sich durch zwei Kernelemente aus: Die Neudefinition eines Wettbewerbsfelds (also die Veränderung einer "Wettbewerbsarena" als solche) und eine neue Art innerhalb eines Wettbewerbsfelds zu konkurrieren. Neuheit definiert

---

[429]   Vgl. hierzu Kapitel II.3.2.

sich dabei immer aus Sicht eines Wettbewerbsfelds, nicht aus Sicht des innovierenden Unternehmens.

Die *Neudefinition eines Wettbewerbsfelds* umfaßt drei Stoßrichtungen: Eine Veränderung bestehender Wettbewerbsfeldgrenzen im Sinne einer Erweiterung oder Verengung des Wettbewerbsfelds, eine neue Segmentierung und eine vollständige Neuschaffung eines Wettbewerbsfelds, was grundlegend neue Produktkategorien sowie entsprechende Abnehmer und Anbieter voraussetzt. Eine *neue Art zu konkurrieren* betrifft fundamentale Neuerungen in drei Bereichen, die sich oft gegenseitig bedingen und deren Integration ebenfalls Gegenstand der strategischen Innovation ist: Die Art und der Umfang der im Wettbewerb verwendeten Ressourcen, die Art des Ressourceneinsatzes und die Merkmale der generierten Leistung.

Strategische Innovationen begründen sich zum einen im Wandel der Unternehmensumwelt, der durch die innovierenden Unternehmen gezielt genutzt wird. Zum anderen entstehen strategische Innovationen "aus dem Unternehmen heraus", d.h. in einem schöpferischen Akt, und erzeugen erst dadurch den unternehmensexternen Wandel. Die Entstehung strategischer Innovationen basiert folglich auf einem *Zusammenspiel zwischen externen Wandel nutzen und externen Wandel erzeugen.* Als grundlegende Anforderung an strategische Innovationen, ohne deren Erfüllung keine Wettbewerbsvorteile erzielbar sind, gilt immer die Schaffung von *Wertgewinn für alle Stakeholder.*

IV.   Framework zur strategischen Analyse

Generell sollte ein Framework als Strukturierungsinstrument für praktische komplexe Problemstellungen dienen. Es stellt eine "Konstruktion" dar, die dem Anwender das Zurechtfinden in bestimmten Problemfeldern ermöglicht, wobei ein möglichst hohes Maß an Situationsunabhängigkeit anzustreben ist.[430] Im Zusammenhang mit dem Problemfeld der Veränderung
von Wettbewerbsregeln konzentriert sich das hier zu erarbeitende Framework zur strategischen Analyse auf die Identifikation von Ansatzpunkten zur Veränderung von Wettbewerbsregeln und die Genese strategischer Innovationen.[431] Somit tritt neben die analytisch-struktu-
rierende eine kreativ-integrierende Funktion des Frameworks. Um den beiden grundlegenden
Anforderungen an ein Framework, nämlich die Lösungsunterstützung bei praktischen Problemstellungen und die weitgehende Situations- bzw. Kontextunabhängigkeit gerecht zu
werden, wurde das Framework in vier modulare Bausteine unterteilt, die zusammen-
genommen ein geschlossenes Ganzes bilden. Durch diesen Aufbau kann das Framework an-
wenderspezifisch konfiguriert werden und ermöglicht, auch aufgrund der Vielschichtigkeit
seiner einzelnen Bestandteile, einen flexiblen Einsatz.[432] Die wesentlichen Verknüpfungen
zwischen den Bausteinen werden aufgezeigt, ohne daß die Operationalität (und damit der
praktische Nutzen) des Frameworks durch zu komplexe Interdependenzen ("alles hängt mit
allem zusammen") verloren geht.

Das Framework besteht aus

- Grundprinzipien zur Veränderung von Wettbewerbsregeln, die es sowohl vom Anwender
  im Rahmen seiner Analysetätigkeit als auch beim methodischen Aufbau des Frameworks
  zu verwirklichen gilt,

- einem heuristischen Denkrahmen, der als Basis des Frameworks eine Systematisierung der
  Unternehmensumwelt in Umweltbereiche und -elemente sowie deren Verknüpfung liefert,

---

[430] Vgl. hierzu die Ausführungen in Kapitel I. 3.

[431] Der Innovationsprozeß wird häufig in drei Phasen unterteilt: Ideengenerierung, Ideenakzeptierung und Ideenrealisierung (vgl. Schülin (1995), S. 31ff.). So verstanden, betrifft die hier besprochene Genese von strategischen Innovationen primär die Phase der Ideengenerierung. Aspekte der Ideenakzeptierung im Sinne einer Evaluation der Ideen nach verschiedenen Kriterien und deren Auswahl sowie die Ideenrealisierung als
letztendlicher Umsetzung der Innovation werden nicht mehr behandelt.

[432] Vgl. hierzu auch Müller (1987), S. 41ff., der sein Konzept zur strategischen Suchfeldanalyse ebenfalls mo-
dular aufbaut, um nicht den Anspruch "des großen, optimalen Entwurfs" zu erheben.

- drei Analysebereichen, die aus dem heuristischen Denkrahmen abgeleitet werden können und die zur Identifikation bestehender Wettbewerbsregeln, deren Bestimmungsfaktoren sowie erster Ansatzpunkte zur Regelveränderung dienen und

- einem schöpferischen Analyseprozeß, der eine inside-out-orientierte mit einer outside-in-orientierten Vorgehensweise verbindet und dabei explizit die Verknüpfung der Analysebereiche sowie die Problematik unsicherer zukünftiger Entwicklungen adressiert.

Abb. 13: Framework zur strategischen Analyse im Überblick

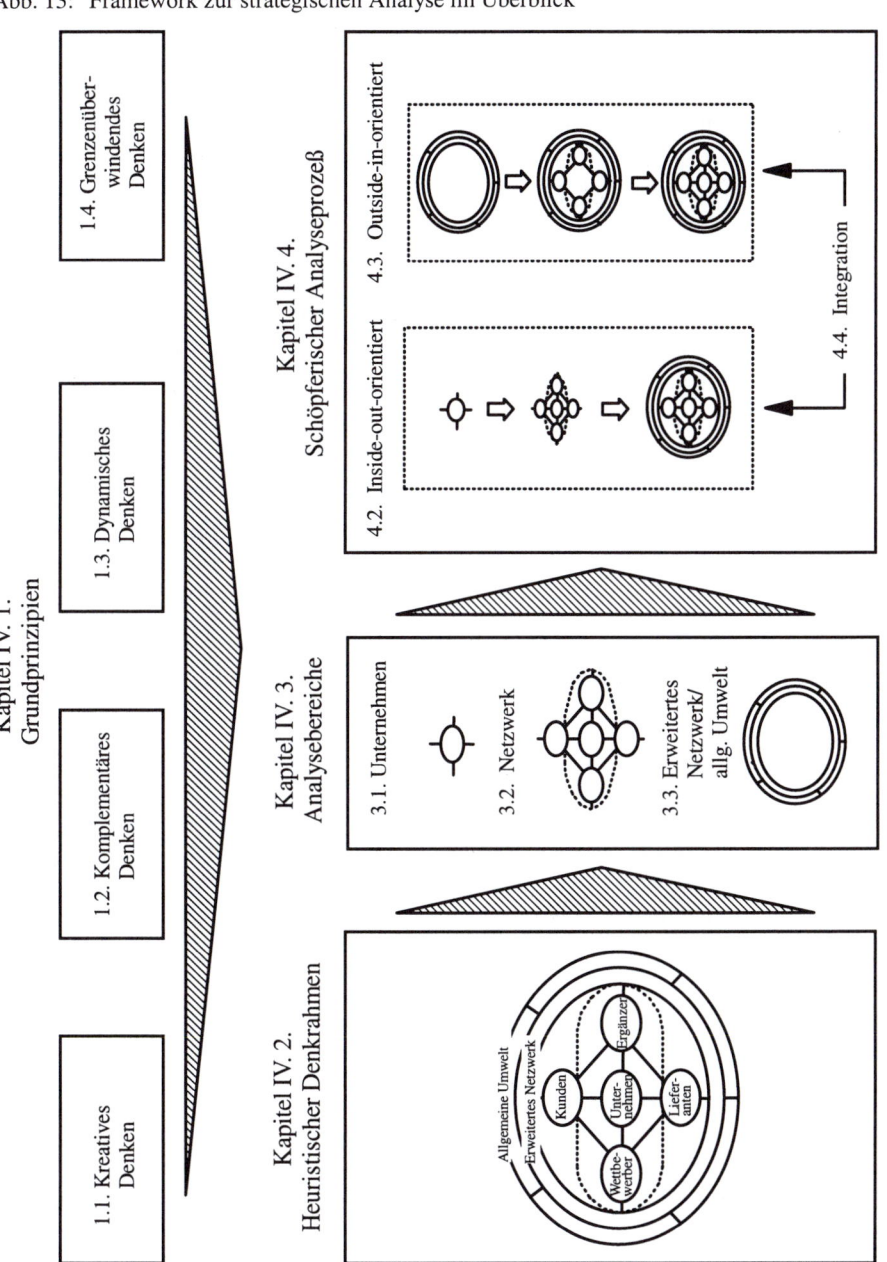

1. Grundprinzipien zur Veränderung von Wettbewerbsregeln

Die Veränderung von Wettbewerbsregeln verlangt die Orientierung an bestimmten Grundprinzipien. Diese haben den Charakter von generellen Denk- bzw. Handlungsanweisungen. Im Kontext des hier zu erarbeitenden Frameworks zur strategischen Analyse erfüllen diese Grundprinzipien zwei Funktionen:

- Zum einen muß der *Anwender des Frameworks seine gesamte Analysetätigkeit entsprechend ausrichten.* Dies beinhaltet sowohl die Vorgehensweise und das verwendete Instrumentarium als auch die Schaffung adäquater Rahmenbedingungen. Die folgenden Ausführungen sollen dem Anwender die hierzu notwendigen Kerngedanken der verschiedenen Grundprinzipien vermitteln. Unterstützend wird zum Teil auf Instrumente zu deren Verwirklichung im Rahmen der strategischen Analyse eingegangen. Die Grundprinzipien tragen dabei zur angestrebten Situationsunabhängigkeit des Frameworks bei, indem sie dem Anwender als "generelle Richtlinien" genügend Freiraum zur individuellen Ausgestaltung seiner Analysetätigkeit geben, gleichzeitig aber die Berücksichtigung der zur Veränderung von Wettbewerbsregeln notwendigen Aspekte sicherstellen.

- Zum anderen sollte sich das *Framework im engeren Sinn* (also der heuristische Denkrahmen, die Analysebereiche und der schöpferische Analyseprozeß) *in seinem methodischen Aufbau an den Grundprinzipien orientieren.* Dadurch wird sichergestellt, daß bei seiner Anwendung die Verwirklichung der Prinzipien wirksam unterstützt wird.[433] Die Grundprinzipien bilden daher den Sockel, auf dem das Framework im engeren Sinn aufbauen kann.

Im folgenden werden vier Grundprinzipien abgeleitet. Die Begründung ihrer Notwendigkeit findet sich in den entsprechenden Kapiteln. Das Grundprinzip des grenzüberwindenden Denkens wird etwas knapper behandelt, da wesentliche Aspekte im späteren Verlauf der Arbeit vertiefend diskutiert werden.[434]

---

[433] So sollte z.B. das Framework im engeren Sinn die Verwirklichung des Grundprinzips "kreatives Denken" dadurch unterstützen, daß es durch seinen methodischenn Aufbau selbst kreativitätsfördernd wirkt.

[434] Vgl. insbesondere Kapitel IV. 3.1.1. und Kapitel 3.2.1., wo branchenübergreifende Geschäfts- bzw. Wettbewerbsdefinitionen näher diskutiert werden sowie Kapitel IV. 3.2.3.3.2., wo auf Aspekte der Virtualisierung von Unternehmen eingegangen wird.

1.1.   Kreatives Denken

1.1.1.   Phänomen der Kreativität

"Kreativität" stammt von dem lateinischen Begriff "creare" ab, der (er)schaffen, ins Leben rufen oder erzeugen bedeutet.[435] Obwohl der Begriff der Kreativität erst Mitte des 20. Jahrhundert entsteht, findet eine Auseinandersetzung mit dem zugrundeliegenden *Phänomen des Schöpferischen* bereits in der Antike statt. Schöpfungskraft wurde dort als göttliches Vermögen verstanden, das auserwählten Personen übertragen wurde. Der Mensch hatte dabei instrumentellen Charakter, er war das Sprachrohr göttlicher Kraft. Eine einschneidende Verständnisänderung stellt sich erst mit Beginn der Renaissance ein. Dem Individuum wird erstmals eine aktive Teilnahme am Schöpferischen zugesprochen: Es besitzt zwar eine von Gott gegebene Fähigkeit, die es jedoch aus eigener Kraft aktiviert und schöpferisch einsetzen kann. In der Epoche des Sturm und Drang, der Gegenbewegung zur rationalen Aufklärung, wird die Fähigkeit des Menschen zum selbständigen schöpferischen Schaffen noch stärker betont. Das Genie als Inkarnation des Schöpferischen steht im Mittelpunkt. Es erschafft, schon fast gottähnlich, nach seiner Vorstellungskraft eine eigene Welt.[436] Wie im Sturm und Drang zeigt sich auch in der darauffolgenden geschichtlichen Entwicklung, daß das Schöpferische meist in den Gegenbewegungen zu bewahrenden und rational geprägten Zeitperioden eine wichtige Rolle spielte. Der Ruf nach dem Schöpferischen ist damit auch Ausdruck des Wunsches nach gesellschaftlicher Umgestaltung und Veränderung.[437] Historisch kann Kreativität damit auch als treibende Kraft für den Wandel verstanden werden.

Im zwanzigsten Jahrhundert beginnt schließlich die wissenschaftliche Erforschung des Phänomens des Schöpferischen[438], wobei insbesondere die Psychologie erste Beiträge zum Verständnis von kreativen Denkprozessen und Fähigkeiten liefert.[439] Die *moderne Kreativitätsforschung* erhält wesentlichen Auftrieb durch GUILFORD, der in einem Vortrag mit dem Titel "Creativity" im Jahre 1950 versuchte, das wissenschaftliche Interesse auf dieses bis dahin ver-

---

[435]   Vgl. Hemmer-Junk (1995), S. 11

[436]   Vgl. zum geschichtlichen Abriß Hemmer-Junk (1995), S. 13ff.; Stocker (1988), S. 11ff.

[437]   Vgl. Stocker (1988), S. 12f. Als weitere Epochen sind die Romantik als Reaktion auf die Klassik sowie die Kulturkritik als Reaktion auf den wirklichkeitsorientierten Realismus zu nennen.

[438]   Die wissenschaftliche Untersuchung von Kreativität wurde davor vor allem dadurch behindert, daß die Fähigkeit zum Schöpferischen als Ausdruck des Göttlichen oder als Willkür verstanden wurde und sich diese überirdischen Einflußkräfte einer wissenschaftlichen Analyse entzogen (vgl. Landau (1971), S. 5).

[439]   Vgl. hierzu insbesondere die Werke von Duncker (1935) und Wertheimer (1964), deren Erkenntnisse zum produktiven Denken die spätere Kreativitätsforschung wesentlichen beeinflußten.

nachlässigte Forschungsgebiet zu lenken.[440] Als weiterer Auslöser wird der "Sputnik-Schock" betrachtet, als die Sowjetunion 1957 den ersten Satelliten ("Sputnik") in die Erdumlaufbahn brachte und damit die machtpolitische und wissenschaftliche Vormachtstellung der USA erschütterte. Die folgenden Forschungsbemühungen im Bereich Kreativität in den USA zielten darauf ab, kreative Personen zu identifizieren und Kreativität beim Menschen gezielt zu fördern, um dadurch die verlorengegangene Vormachtstellung wiederzuerlangen. Beeindruckt von den Ergebnissen in der Militär- und Raumfahrttechnik zeigte die Wirtschaft Interesse an der Erforschung von Kreativität.[441] In Deutschland wurde die Kreativitätsforschung durch eine von deutschen Unternehmen finanzierte Studie des Frankfurter Battelle-Instituts (1971/72) mit dem Titel "Methoden und Organisation der Ideenfindung" wesentlich vorangetrieben.[442]

Aufgrund unterschiedlicher Forschungsströmungen, die teilweise in Konkurrenz zueinander standen oder voneinander unabhängig verfolgt wurden, entstanden unterschiedliche Lehrmeinungen darüber, was unter Kreativität zu verstehen sei.[443] Die Schwierigkeit einer umfassenden und einheitlichen Begriffsdefinition wird verständlich, wenn man sich die Dimensionen von Kreativität verdeutlicht: Kreativität kann die Art des Denkens oder des Problemlösungsprozesses betreffen, die individuellen Fähigkeiten einer Person zum Gegenstand haben oder als ein Merkmal eines Produkts aufgefaßt werden.[444]

---

[440] Vgl. Guilford (1950), S. 444ff.; zu weiteren Einflüssen und zum Formierungsprozeß der Kreativitätsforschung zu Beginn des 20. Jahrhunderts vgl. Hemmer-Junk (1995), S. 47ff.

[441] Vgl. Ulmann (1973), S. 12f.; Preiser (1986), S. 15ff; in dieser Zeit entwickelte William J.J. Gordon (vgl. Gordon (1961)) auch die Synectic-Methode, eine Vorgehensweise, "die auch heute noch in ihrer kreativen Mächtigkeit als unübertroffen gilt" (Schlicksupp (1995), S. 3).

[442] Vgl. Schlicksupp (1995), S. 32, der bei der Battelle-Studie mitwirkte.

[443] Vgl. Hemmer-Junk (1995), S. 51ff., 29ff.; Stocker (1988), S. 14; Schlicksupp (1995), S. 30; eine Theorie der Kreativität im eigentlichen Sinn existiert nicht, vielmehr werden theoretische Ansätze aus unterschiedlichen Disziplinen, wie z.B. existenzpsychologische Theorien, assoziationspsychologische Ansätze oder Ansätze der Psychoanalyse verwendet (vgl. Preiser (1986). S. 27f. m.w.N.).

[444] Zu der folgenden Darstellung von kreativem Prozeß, Person und Produkt vgl. ausführlich Preiser (1986), S. 35ff. und Schlicksupp (1989), S. 32ff.; die amerikanische Kreativitätsforschung hat den Forschungsgegenstand in vier Bereiche ("4 p") unterteilt: Person, Process, Product und Press (Umweltbedingungen) (vgl. Ulmann (1980), S. 238ff.). In der Literatur wird jedoch teilweise auf eine separate Betrachtung des vierten Bereichs der Umweltbedingungen verzichtet (vgl. Stocker (1988), S. 14f.). Er wird auch in der vorliegenden Arbeit nicht als getrennte Dimension betrachtet, sondern als eine die anderen Dimensionen beeinflussende Größe im Sinne allgemeiner Rahmenbedingungen.

- *Der kreative Prozeß:* Kreativität entsteht durch bestimmte Denkprozesse[445], die in einer formal-logischen Folge über verschiedene Phasen ablaufen. Kennzeichnend ist, daß in bestimmten Phasen im Unterbewußtsein ablaufende Denkvorgänge eine entscheidende Rolle spielen.

- *Die kreative Person:* Kreativität wird durch die individuellen kreativen Fähigkeiten und Persönlichkeitsmerkmale bestimmt.[446] Das vorhandene kreative Potential des Menschen ist dabei nicht konstant, sondern verändert sich im Entwicklungsprozeß des Menschen und kann durch Training gesteigert werden.[447]

- *Das kreative Produkt:* Produkte mit bestimmten Merkmalen, insbesondere das der *Neuheit* und der *Brauchbarkeit*[448], können als kreativ bezeichnet werden. Sie sind Ergebnis eines kreativen Prozesses und, bezogen auf Individuen, das Ergebnis des Denkens und Handelns eines kreativen Menschen.

Als Kernmerkmale von Kreativität können festgehalten werden:[449]

- *Neuheit:* Kreativität führt zu Neuem und zwar in Form von kreativen Produkten, die von einer musikalischen Kompositionen bis hin zu einem materiellen Produkt reichen können. Die Neuheit kann auch darin bestehen, daß existierende Elemente neuartig kombiniert werden.

---

[445] Die kreativen Denkprozesse spielen sich vorrangig in der rechten Gehirnhälfte ab, während die linke Gehirnhälfte (die in unserer Kultur dominiert) eher auf analytische, logische und rationale Informationsverarbeitung spezialisiert ist (vgl. Raudsepp (1984), S. 14ff.).

[446] Vgl. hierzu das von Guilford entwickelte Intelligenz-Struktur-Modell, das durch Kombination von drei Dimensionen (Denkoperationen, Denkinhalte und Denkprodukte) die Gesamtstruktur des Verstandes räumlich abbildet und zu insgesamt 120 Intelligenzfaktoren führt. Basierend auf diesem Modell leitet Guilford acht kreative Fähigkeiten ab, die meist aus mehreren Faktoren bestehen. Intention der Forschungsbemühungen war vor allem die Entwicklung von Testverfahren zur Beurteilung von Menschen bezüglich ihrer Intelligenz und ihres Kreativitätspotentials (vgl. Guilford/Hoepfner (1976); Guilford (1962)); für eine Zusammenfassung der kreativen Fähigkeiten (wie Problemsensitivität, Originalität, Flexibilität etc.) auf Basis verschiedener Untersuchungen vgl. Preiser (1986), S. 58ff.

[447] Zum Begriff des Kreativitätstrainings vgl. Schlicksupp (1989), S. 39f.

[448] Diese beiden konstituierenden Merkmale finden sich in einer Vielzahl unterschiedlicher Definitionsansätze, wobei jedoch die Problematik der objektiven Bestimmung der Merkmale eines kreativen Produkts auftritt (vgl. Stocker (1988), S. 22ff.). Die Auffassungen in der Literatur, wann ein Produkt dem Kriterium der Neuheit genügt, reichen von der subjektiven Neuheit für den Schaffenden bis zur Neuheit für die gesamte Population (vgl. Schlicksupp (1989), S. 40f.).

[449] Die Merkmale wurden auf Basis der vorausgegangen Ausführungen und verschiedenen Definitionsansätze (vgl. Drevdahl (1956), S. 21ff.; Simon (1985), S. 11ff.; Preiser (1986), S. 1ff.; Kim (1990), S. 9; Schlicksupp (1995), S. 31; Zahn (1995), S. 6ff.) abgeleitet. Ein Anspruch auf Vollständigkeit wird dabei nicht erhoben.

- *Zielgerichtet (oder zweckgerichtet):* Kreativität wird durch Zielsetzungen geleitet. Ein kreatives Ergebnis ist nützlich bzw. brauchbar, wenn es die Zielsetzung erfüllt. Kreativität ist damit mehr als nur zielloses Phantasieren.

- *Multidisziplinarität:* Kreativität existiert in allen Disziplinen. Sie ist nicht auf künstlerisches Schaffen beschränkt, sondern findet sich in allen Bereichen des Lebens, also auch in der Wirtschaft.

- *Wissensbasiertheit:* Wesentliche Voraussetzung für die Entstehung von Kreativität ist Wissen. Kreativität entsteht nicht im "Vakuum" sondern benötigt Wissen als "Rohstoff". Vorstellungskraft (oder Phantasie) trägt dazu bei, daß das Wissen zur Entwicklung kreativer Produkte "verarbeitet" wird.

1.1.2.   Anforderungen an eine kreative strategische Analyse

1.1.2.1.   Notwendigkeit von Kreativität zur Veränderung von Wettbewerbsregeln

Kreativität ist *grundsätzlich* für die Strategieentwicklung bzw. strategische Analyse wichtig. Da zur Veränderung von Wettbewerbsregeln strategische Innovationen generiert werden müssen, wird sie sogar *unabdingbar*.

Die Bedeutung von Kreativität für die *Strategieentwicklung* wird in der Literatur betont: "*Creativity* is vital to strategy formulation just as *consistency* is to strategy evaluation and *structure* is to strategy implementation."[450] Kreativität ist bei der Strategieentwicklung vor allem dann notwendig, wenn es darum geht, sich eine Vorstellung von zukünftig möglichen bzw. angestrebten "Welten" zu machen; sich Vorausblick ("Foresight") zu verschaffen. Dabei reicht es nicht aus, lediglich die Vergangenheit in die Zukunft fortzuschreiben, es muß vielmehr etwas "Created", also erschaffen werden,[451] was gerade der Kern jeglicher Kreativität ist.[452]

---

[450]   Kuhn (1984), S. 8; vgl. auch Spencer (1990), S. 4ff.

[451]   Vgl. Raimond (1996), S. 208ff., der von "Strategy as Creative Imagination" spricht.

[452]   Vgl. auch Primozic/Primozic/Leben (1995), S. 16ff., die die Formulierung einer strategischen Vision als kreativen Akt verstehen oder Hamel/Prahalad (1995), S. 137, für die Kreativität wesentlich zur Entwicklung von Vorausblick ("Foresight") beiträgt; nach Wüthrich (1990), S. 193 ist unter anderem die Aktivierung der Schöpfungskräfte zur Entwicklung geistiger Zukunftsbilder notwendig und Ausgangspunkt des Strategieentwicklungsprozesses.

Zur Veränderung von Wettbewerbsregeln müssen *strategische Innovationen* generiert werden. Wie bei allen Innovationen, handelt es sich hierbei um schlecht strukturierte Probleme, die als solche keine eindeutigen logischen Schlüsse zulassen. Vielmehr verlangt die Problemlösung einen originären, schöpferischen Beitrag.[453] Kreativität wird damit zur Genese strategischer Innovationen *unabdingbar*.

Kreativität wird von Werten gelenkt. Dies sind zum einen die individuellen Werte des Menschen, zum anderen auch die in Gemeinschaften geteilten Werte, die sich in Form von geschriebenen oder ungeschriebenen Gesetzen herausbilden. Diese Werte sind oft unantastbar, tabuisiert und werden mit "Tradition" begründet. Sie wirken zwar stabilisierend und ordnend, verhindern aber gleichzeitig Veränderungen. Kreativität steht deshalb *prinzipiell im Konflikt mit Werten (und Traditionen)*. Menschen neigen deshalb dazu, ihr kreatives Potential in Bereichen anzuwenden, die durch die bestehenden Werte gedeckt werden oder aber dogmatisch unbesetzt sind. Deshalb "oblag es oft mutigen Kreativen, als Provokateure überkommene Werte und Ansichten zu enttabuisieren, um den Weg für neue Gestaltungen und Entwicklungen freizumachen."[454] Da Wettbewerbsregeln den Charakter von ungeschriebenen Gesetzen des Wettbewerbsfelds oder Konventionen, die zum Teil ebenfalls Ausdruck von Traditionen sind, aufweisen, erfordert ihre Veränderung ein *besonders hohes Maß an Kreativität*: Sie muß nicht nur Neues innerhalb bestehender Traditionen schaffen, sondern diese in ihrem Kern verändern und damit ihrer normativen Wirkung entkommen.

Kreativität und Logik bzw. Systematik sollten nicht als sich gegenseitig ausschließende Begriffe verstanden werden, sondern vielmehr als Einheit.[455] Systematik erhält Impulse durch Kreativität, Kreativität wiederum kann nur durch Systematik zielgerichtet weitergeführt und genutzt werden.[456] Eine einseitige Ausrichtung ist zu vermeiden: *"Systematik ohne Kreativität ist starr, Kreativität ohne Systematik chaotisch."*[457] Zur Schaffung von Innovationen muß daher ein ausgeglichenes Verhältnis zwischen Kreativität und Systematik vorhanden sein.[458] Die

---

[453] Vgl. Schlicksupp (1989), S. 32ff.
[454] Schlicksupp (1995), S. 56
[455] Vgl. Müller-Merbach (1996), S. 99
[456] Vgl. Müller-Merbach (1996), S. 104
[457] Müller-Merbach (1996), S. 99
[458] Müller-Merbach (1996), S. 99f. sieht in der einseitigen Ausrichtung auf Systematik und Vernachlässigung von Kreativität in Deutschland eine wesentliche Ursache für die abnehmende Innovationskraft der deutschen Industrie.

strategische Analyse erfüllt damit sowohl eine systematisch aufspaltende Funktion als auch eine kreativ integrierende Funktion.

1.1.2.2. Entstehung eines kreativen Produkts und Ansatzpunkte für ein kreativitätsförderndes Framework

Die strategische Analyse dient dazu, Ansatzpunkte zur Veränderung von Wettbewerbsregeln zu identifizieren, die wiederum als Basis für strategische Innovationen dienen. Das Resultat der strategischen Analyse ist damit ein kreatives Produkt (oder Ergebnis). Folglich stellt sich die Frage, wie solch ein kreatives Produkt im Unternehmen entsteht, welche prinzipiellen Ansatzpunkte zur Kreativitätsförderung bestehen und wie diese Ansatzpunkte durch ein Framework zur strategischen Analyse adressiert werden können.

Folgende Abbildung verdeutlicht die Entstehung eines kreativen Produkts im Unternehmen. Dies kann ein physisches Produkt, eine Idee oder auch ein immaterielles Konzept sein.

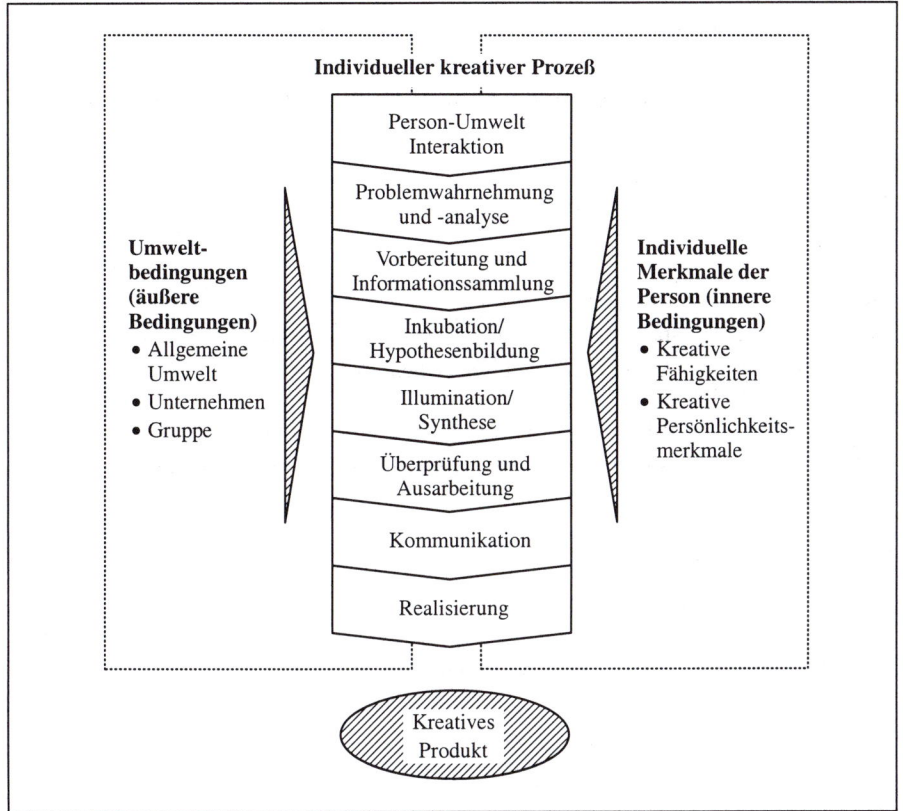

Abb. 14: Entstehung eines kreativen Produkts[459]

Ein kreatives Produkt resultiert aus einem kreativen Prozeß, d.h. einer bestimmten Abfolge bewußter und unbewußter Denk- und Handlungsvorgänge.[460] Im Unternehmen sind kreative

---

[459] Vgl. hierzu die Phasenmodelle von Preiser (1986), S. 42ff. und Schlicksupp (1995), S. 34ff.

[460] Die in der Kreativitätsforschung dargestellten Phasenmodelle des kreativen Prozesses beschränken sich fast ausschließlich auf Denkvorgänge und gehen meist nicht auf die Verknüpfung von Handlungs- und Ergebnisabläufen ein (vgl. Stocker (1988), S. 46). Eine Gegenüberstellung von Phasenmodellen verschiedener Autoren zum Ablauf kreativer Prozesse und eine Zusammenfassung zu einem 8-Phasen-Modell finden sich bei Preiser (1986), S. 42ff. Durch empirische Versuche lassen sich die Phasen nachweisen, wobei die genaue Phaseneinteilung eine gedankliche Hilfskonstruktion ist; Schlicksupp (1995), S. 34ff. stellt das Har-

Fortsetzung der Fußnote auf der folgenden Seite

Produkte meist nicht die Leistung einer einzelnen Person, sondern ergeben sich aus dem Zusammenwirken mehrerer Personen und damit aus der Verknüpfung mehrerer individueller kreativer Prozesse. Die einzelnen Phasen des Prozesses beim Individuum müssen dabei nicht zwangsläufig linear durchlaufen werden. Es lassen sich Sprünge zwischen den verschiedenen Phasen und Wiederholungen bestimmter Abschnitte feststellen.[461] Die "kreative Qualität" des Prozesses und damit des Ergebnisses wird von zwei Seiten beeinflußt: der Umwelt (äußeren Bedingungen) und den individuellen Merkmalen (inneren Bedingungen), insbesondere den kreativen Fähigkeiten und Persönlichkeitsmerkmalen.[462] "Staunen" und "Zweifeln" sind Elemente kreativer Prozesse.[463] *Staunen* bedeutet, Besonderheiten an Dingen wahrzunehmen, die anderen nicht auffallen. Es ist das geistige Stolpern über nicht beachtete Merkmale. *Zweifeln* ist kritische Aufmerksamkeit. Es ist das bewußte Prüfen von bestehenden Erklärungen und zielt auf die Entdeckung durch Infragestellen ab. Mit kreativem Denken eng verbunden ist damit das *"Querdenken"*. Es knüpft an das oben beschriebene Element des Zweifelns an. Durch Negation des Bestehenden und die Suche nach Alternativen können neue Lösungen entwickelt werden.[464]

Für eine *Kreativitätsförderung* im Unternehmen ergeben sich folgende Ansatzpunkte:

- Schaffung einer *kreativitätsfördernden Umwelt* durch eine entsprechende Gestaltung der Organisationsstruktur, der Systeme und der Unternehmenskultur.[465] Das Führungsverhalten ist ebenfalls wesentlicher Bestimmungsfaktor für die Kreativität im Unternehmen. Es wird zum einen durch die Persönlichkeitsmerkmale der entsprechenden Führungskräfte bestimmt, ist aber auch Ausfluß der Unternehmenskultur und damit Teil der Umwelt von kreativen Prozessen im Unternehmen.[466]

---

moniestreben des Menschen als Auslöser für Kreativität dar und entwickelt ein 6-Phasen-Modell, das im wesentlichen dem von Preiser entspricht.

[461] Vgl. Preiser (1986), S. 48

[462] Zur umfassenden Darstellung der unmittelbaren und mittelbaren Wirkungen vgl. Preiser (1986), Abb. 5.; Unternehmen wird die Entstehung kreativer Produkte gefördert, wenn ein dynamischer "Fit" zwischen den Arbeitsbedingungen und den kreativen Persönlichkeitsmerkmalen der Mitarbeiter realisiert wird (vgl. Cummings/Oldham (1997), S. 22ff.)

[463] Vgl. hierzu Müller-Merbach (1996), S. 101, dessen Betrachtung sich auf die von Karl Jaspers (vgl. Jaspers (1953), S. 18ff.) dargestellten ursprünglichen Motive des Philosophierens, nämlich das Staunen, das Zweifeln und die menschliche Situation stützt.

[464] Vgl. Müller-Merbach (1996), S. 101, der auf die methodische Unterstützung des Querdenkens durch Zwicky's (1966) morphologische Gestaltungslehre Bezug nimmt.

[465] Zu kreativen Umweltbedingungen vgl. z.B. Schlicksupp (1989), S. 45ff.

[466] Zu kreativitätsförderndem Führungsverhalten vgl. Schlicksupp (1995), S. 70ff.; basierend auf den Ergebnissen einer empirischen Untersuchung und den Erfahrungen mit mehr als 2.000 Managern im Rahmen von

Fortsetzung der Fußnote auf der folgenden Seite

- Durchführung von *Kreativitätstraining*, das darauf abzielt, die kreativen Fähigkeiten und Persönlichkeitsmerkmale (und damit die inneren Bedingungen) beim Menschen langfristig zu entwickeln.[467] Die gezielte Auswahl von Personen mit bereits stark ausgebildeten kreativen Fähigkeiten kann den Aufwand für das Kreativitätstraining reduzieren.

- Unmittelbare Unterstützung bewußt initiierter kreativer Prozesse (wie z.b. bei der Produktentwicklung) durch den Einsatz von *Kreativitätstechniken* als Instrumente zur Kreativitätsförderung.

Die Gestaltung der Organisationsstruktur, der Systeme und der Unternehmenskultur sowie ein gezieltes Kreativitätstraining können durch das Framework nicht unterstützt werden. Die kreativitätsfördernde Wirkung des Frameworks zeigt sich schwerpunktmäßig *auf der instrumentellen Ebene*:

- Das Framework muß auf entsprechende *Kreativitätstechniken verweisen*, die im Rahmen der strategischen Analyse an verschiedenen Stellen eingesetzt werden können.

- Das Framework muß selbst durch seinen methodischen Aufbau kreativitätsfördernd sein, indem es die kreativen Denkmechanismen oder -operationen anregt[468] und damit den Anwender zu kreativer Leistung befähigt. Insofern nimmt das Framework *selbst* den Charakter eines *kreativitätsfördernden Instruments* an.

1.1.3.   Ausnutzung kreativer Denkmechanismen durch das Framework

Die Wirksamkeit von Kreativitätstechniken beruht insbesondere darauf, daß Personen zu kreativen Denkmechanismen oder -operationen angeregt werden. Diese beziehen sich auf das *Erschließen von Informationen* sowie die *Verarbeitung dieser Informationen*.[469]

Executive-programs an Business Schools wird nach Ansicht von Tushman/O'Reilly III (1997), S. 113ff. Kreativität wird vor allem durch zwei Normen, die als Teil der Unternehmenskultur verankert sind, gefördert: "Support for risk taking and change" und "Tolerance of mistakes".

[467] Kreativitätstraining zielt darauf ab, im Sinne einer "Kreativitätserziehung" das Kreativitätspotential beim Menschen zu erhöhen. Die Vermittlung und Einübung von Kreativitätstechniken kann dabei ebenfalls als pädagogisches Ziel des Kreativitätstrainings verstanden werden. Zu den Aspekten der Kreativitätserziehung vgl. Preiser (1986), S. 100ff.

[468] Die Wirkung der Kreativitätstechniken beruht ebenfalls darauf, daß die kreativen Denkmechanismen oder -operationen in den verschiedenen Phasen des kreativen Prozesses gezielt gefördert werden (vgl. Schlicksupp (1995), S. 107ff., 164ff.).

[469] Vgl. Schlicksupp (1995), S. 107ff.

Folgende Abbildung faßt die wesentlichen kreativen Denkmechanismen überblicksartig zusammen.[470]

Denkmechanismus	Erläuterung	Beispiele zur Kreativitäts-förderung durch Adressierung des Denkmechanismus
Informationserschließung		
(1) Gedächtnisleistung	Gedächtnis als Informations- und Wissensbasis des kreativen Prozesses	Gedächtnistraining (z.B. Mnemotechniken)
(2) Assoziation	Auslösender Denkinhalt führt zu nachfolgendem Denkinhalt (z.B. schwarz - weiß)	Assoziationsförderung zur Erhöhung der "Sprungweite" zwischen Denkinhalten und damit Entstehung originellen Denkens
(3) "Unvoreingenommene" Wahrnehmung	Vermeidung selektiver/verzerrter Wahrnehmung; keine Vorurteile	Gründliche Problemdurchdringung und bildhafte Darstellung der Komplexität von Problemen, um neue Wahrnehmungen des Problems zu fördern
(4) Persönliche Identifikation	Hineinversetzen in andere Personen und Sachverhalte, um "Innensicht" der Dinge zu erreichen (Empathie)	Persönliche Analogien ("Wie fühle ich mich als ...") im Rahmen der Synektik-Methode
(5) Positives Denken	Entwurf subjektiv wünschenswerter Vorstellungen	Aufgreifen positiver Aspekte von Ideen und Vermeidung negativer Kritik (z.B. im Rahmen des Brainstormings)

---

[470] Die Abbildung basiert auf den Ausführungen von Schlicksupp (1995), S. 107ff. zu kreativen Denkmechanismen.

Informationsverarbeitung		
(6) Neukombination von Wissenselementen	Vorhandene Wissenselemente werden zu neuen Gestalten verbunden	Neukombination durch Einsatz bestimmter Steuerungsprinzipien (z.B. Analogien, zufallhafte Ansteuerung durch Reizwortsuche, assoziative Ansteuerung)
(7) Symbolische Analogien	Bedeutungsgehalt einer Sache wird sinnbildlich und eher ganzheitlich in Symbolen ausgedrückt	Verwendung von Symbolen zur Kommunikation in Gruppen
(8) Phantastische Analogien	Entwurf einer Ziellösung zunächst losgelöst von bestehenden Beschränkungen und anschließende Prüfung der "realen" Möglichkeiten zur Annäherung an die Ziellösung	Vermeiden von "Das-geht-nicht-weil ..."-Argumentationen; erarbeiten von restriktionslosen "Wunschlösungen"
(9) Provokation	Durchführung scheinbar unvernünftiger Schritte im Rahmen des Problemlösungsprozesses	Gezielte Förderung "unsinniger" erster Lösungsansätze, die dazu dienen, Gedanken in eine neue Richtung zu lenken
(10) Verfremdung	Ausbruch aus bestehenden Denkmustern durch Verfremdung der Problemstellung	Wesentliche Merkmale der Problemstellung werden durch fiktive Merkmale ersetzt (z.B. bei imaginärem Brainstorming)

(11) Verschiebung der Proble-matik	Erkennen des "Wesenskerns" einer Problematik durch Abstraktion und gedanklichen Wechsel zwischen den vertikalen Problemhierarchieebenen	Vertikale Problemverschiebung durch Kreativitätstechniken wie z.b. progressive Abstraktion

Anders als die Kreativitätstechniken, die gezielt einen oder mehrere Denkmechanismen in bestimmten Phasen des kreativen Prozesses ansprechen, kann das Framework nur von seinem generellen methodischen Aufbau her kreativitätsfördernd sein. Schwerpunktmäßig werden die Denkmechanismen (2) - (6) und (8) adressiert. Dies wird bei der Darstellung des Frameworks i.e.S. (vgl. Kapitel IV. 2., IV. 3., IV. 4.) deutlich.

Wie oben gezeigt, sind Analogien wesentlicher Bestandteil der kreativen Denkmechanismen. Insbesondere die Übertragung von "Fremdlösungen" (also Problemlösungsanalogien, die eine Neukombination von bestehenden Wissenselementen unterstützen) ist äußerst nutzbringend.

"Das Denken in Analogien ist immer fruchtbar und anregend, es sollte als dauerhaftes Prinzip ... in unseren schöpferischen Prozessen verankert sein. Gelingt uns dies, dann können wir ... die uns zugängliche Welt als unermeßlich reiche Quelle unserer Kreativität begreifen."[471]

Eine Analogie ist die Ähnlichkeit zweier Beziehungen: "The relationships in an analogy are equivalent by virtue of being similar or even identical."[472] Hierzu ein einfaches Beispiel: Der Begriff Lachs verhält sich zu dem Begriff Fisch wie Apfel zu Frucht. Analogien können Auslöser für neue Ideen sein. So machte z.B. Louis Pasteur, der französische Chemiker und Bakteriologe, die Beobachtung, daß Trauben vor allem dann gären, wenn deren Haut aufgebrochen wird. Er schloß daraus, daß Infektionen eher durch externe Wirkstoffe verursacht werden

---

[471] Schlicksupp (1995), S. 190. Ein Beispiel für Analogiedenken findet sich in der Bionik oder Biotechnik, die seit langem die Übertragung von Erscheinungen in der Natur (z.B. Formen, Strukturen) auf technische Anwendungen nutzt.
[472] Kim (1990), S. 30

als durch interne Faktoren.[473] Für die Veränderung von Wettbewerbsregeln können Analogien ebenfalls hilfreich sein. So können z.b. *Analogien zu anderen Branchen oder anderen Regionen* gesucht werden. Grundsätzlich liegt der Beitrag von Analogien dabei in der *Ideenauslösung* und *Illustration*. Inwiefern tatsächlich vergleichbare Kausalzusammenhänge bestehen, muß im einzelnen geprüft werden.[474] Analogien sollten folglich nicht als elementare Bausteine einer logischen Argumentation verwendet werden.

Weltweit existieren mehr als 100 *Kreativitätstechniken*.[475] Kreativitätstechniken sind in der Regel unspezifische Methoden, da sie auf eine Vielzahl von Problemstellungen angewendet werden können. Ihre Bedeutung liegt insbesondere in der Bewältigung von Innovationsprozessen, wo rein schlüssiges Denken bzw. die Verwendung von Routinen nicht mehr ausreichen.[476] In einer empirischen Studie zum Thema "Kreativitätstechniken" konnte festgestellt werden, daß *erfolgreiche Innovationsunternehmen* Kreativitätstechniken intensiver und gezielter nutzen als innovationsschwache Unternehmen.[477]

GESCHKA klassifiziert die Kreativitätstechniken anhand des Vorgehensprinzips und des zugrundeliegenden ideenauslösenden Prinzips:[478]

- *Vorgehensprinzip*: Die Ideengenerierung kann entweder durch eine Förderung der Intuition oder eine systematische Vorgehensweise unterstützt werden.

- *Ideenauslösendes Prinzip*: Ideen können entweder durch Assoziation bzw. Abwandlung vorhandener Lösungsansätze oder durch Konfrontation mit problemfremden Aspekten entstehen.

---

[473] Vgl. Kim (1990), S. 30

[474] Vgl. ausführlich zu den Restriktionen des Denkens in Analogien und weiteren Einsatzmöglichkeiten Holyoak/Thagard (1996), S. 101ff.

[475] Vgl. Geschka/Dahlem (1996), S. 107

[476] Vgl. Schlicksupp (1995), S. 165

[477] Vgl. Geschka/Dahlem (1996), S. 106ff. Die Studie wurde 1994 an der TH Darmstadt durchgeführt. Es wurden 153 deutsche Unternehmen aus verschiedenen Branchen befragt. Am häufigsten verwendet werden Brainstorming-Techniken, gefolgt von Brainwriting-Techniken, morphologischen Methoden und Konfrontationstechniken.

[478] Vgl. Geschka (1986), S. 147ff.; weitere Klassifizierungsansätze finden sich z.B. bei Schlicksupp (1995), S. 167ff. oder Preiser (1986), S. 94ff.

Ideenauslösendes Prinzip

Assoziation/Abwandlung   Konfrontation

	Methoden der intuitiven Assoziation	Methoden der intuitiven Konfrontation

Verstärkung der Intuition	• *Ziel:* Intuition in der Gruppe verstärken und Ideen assoziativ weiterentwickeln
	• *Methoden:*
	  − Brainstorming-Methoden
	  − Brainwriting-Methoden
		• *Ziel:* "Geistesblitze" durch Konfrontation mit problemfremden Objekten
		• *Methoden:*
		  − Reizwortanalyse
		  − Exkursionssynektik
		  − Visuelle Konfrontation in der Gruppe

	Methoden der systematischen Abwandlung	Methoden der systematischen Konfrontation

Systematisch-analytisches Vorgehen	• *Ziel:* Erarbeitung einer systematischen Grundkonzeption/ Lösungsrichtung und Generierung kreativer Einzellösungen innerhalb dieses Rahmens
	• *Methoden:*
	  − Morphologisches Tableau
	  − Sequentielle Morphologie
	  − Modifizierende Morphologie
		• *Ziel:* Ideenauslösung durch systematisch ermittelte Konfrontationsobjekte für das jeweilige Problem
		• *Methoden:*
		  − Morphologische Matrix
		  − TILMAG
		  − Systematische Reizobjektermittlung

Vorgehensprinzip (row label at left, spanning both vertical sections)

Abb. 15:   Klassifizierung von Kreativitätstechniken[479]

1.2.   Komplementäres Denken

1.2.1.   Komplementäre Unternehmen im Wettbewerb und das Prinzip der Increasing-returns

Charakteristisch für marktwirtschaftlichen Wettbewerb ist das rivalisierende Streben der Wirt-schaftssubjekte, einen größeren Erfolg als die Konkurrenten zu erlangen. In der

---

[479] Vgl. Geschka (1986), S. 147ff.

Unternehmenspraxis wird jedoch insbesondere die Bestimmung der Konkurrenten immer schwieriger. Unternehmen, die die Regeln verändern wollen sollten sich dessen bewußt sein: "Today it is harder to distinguish competitors from collaborators from suppliers from buyers. The rule breakers understand that rivalry ain't as simple as it used to be."[480] Folglich gewinnt die Analyse der Aufgabenumwelt hinsichtlich der Rollen der einzelnen Akteure an Bedeutung, wobei eine differenzierte, kontextspezifische Beurteilung anzustreben und eine pauschale dichotomische Einteilung in Wettbewerber und Nicht-Wettbewerber zu vermeiden ist. Von zentraler Bedeutung ist dabei die Frage, inwiefern die einzelnen Akteure in einem komplementären Verhältnis zum Unternehmen stehen, d.h. ergänzend wirken (können). Klammert man Lieferanten und Kunden aus, die notwendigerweise immer "ergänzend" zum Unternehmen vorhanden sein müssen, gibt es folgende Grundtypen komplementärer Unternehmenskonstellationen:

(1) Die *Ressourcen* von Unternehmen ergänzen sich, d.h. durch das Zusammenwirken der Ressourcen wird die Durchführung der einzelnen Wertschöpfungsaktivitäten (insbesondere der Entwicklung, Herstellung und/oder Vermarktung von Produkten) sowie die Integration der Wertschöpfungsaktivitäten verbessert bzw. überhaupt erst ermöglicht, was zu Kosten- und/oder Differenzierungsvorteilen führt.

(2) Die *Produkte* von Unternehmen ergänzen sich, d.h. für den Kunden erhöht sich der Wertgewinn, wenn er die Produkte dieser Unternehmen zusammen besitzt. Dies ist z.B. bei Computersoftware und -hardware der Fall.

(3) Die Unternehmen ergänzen sich hinsichtlich der *Lieferanten,* d.h. für den Lieferanten erhöht sich der Wertgewinn, wenn er mehrere Unternehmen gemeinsam beliefern kann.

Die komplementären Unternehmenskonstellationen (2) und (3) werden in Kapitel IV. 2. und vor allem in IV. 3.2.1. unter dem Begriff der Ergänzer im Detail dargestellt. Alle drei Konstellationen bieten Potential für Kooperationen und können durch Kooperationsformen[481] wie strategische Allianzen oder Joint-ventures genutzt werden. Zur Erhöhung der Stabilität der Kooperationen sollten dabei gezielt Win-win-Situationen für die Partner geschaffen werden.[482] Damit verlangt komplementäres Denken die Abkehr von einer, primär auf die eigenen

---

[480] Hamel (1997), S. 27; vgl. zum Wettbewerbsverständnis Kapitel II. 1.

[481] Vgl. zur Systematisierung von Kooperationsformen z.B. Picot/Reichwald/Wigand (1996), S. 279 oder Bronder (1993)

[482] Vgl. zu Bedeutung und Vorteilen von Win-win-Situationen im Wettbewerb Brandenburger/Nalebuff (1995), S. 59; Primozic/Primozic/Leben (1995), S. 80f.

Interessen fokussierten Betrachtung, hin zu einer Berücksichtigung der Interessen der komplementären Unternehmen durch Empathie.

> *"The point is that when companies look at their interests in a too narrowly defined
> fashion, they don't win. Through all these processes between us [Intel und
> Microsoft, Anm. d. Verf.], we enlarge our respective viewpoints to include the
> other person's viewpoint."[483]*

Im Zusammenhang mit komplementären Unternehmenskonstellationen gewinnt das der
Volkswirtschaftslehre entstammende Konzept der *Increasing-returns* zunehmend an Bedeutung.[484]

> *"Increasing returns are the tendency for that which is ahead to get further ahead,
> for that which loses advantage to lose further advantage. They are mechanisms of
> positive feedback that operate - within markets, businesses, and industries - to
> reinforce that which gains success or aggravate that which suffers loss. Increa-
> sing returns generate not equilibrium but instability".[485]*

Increasing-returns sind vor allem in wissensbasierten High-tech-Branchen (wie z.B. der Com-
puter- oder Pharmaindustrie) identifizierbar. Gründe hierfür sind:

- *Up-front-costs,* insbesondere in Form eines hohen Forschungs- und Entwicklungsaufwands
  relativ zu den Produktionsstückkosten und der daraus resultierenden Stückkostendegres-
  sion mit steigender Produktionsmenge.

---

[483] Andy Grove in einem Gespräch mit Bill Gates, zitiert nach: Schlender (1996), S. 58

[484] Vgl. Arthur (1996), S. 100ff., Arthur (1994). "Increasing returns" ursprünglich ein Konzept der Volkswirtschaftslehre. Es steht im Gegensatz zu der von Alfred Marshall und anderen Ökonomen Ende des neun-
zehnten Jahrhunderts geprägten traditionellen volkswirtschaftlichen Sichtweise der "Diminishing returns",
die davon ausgeht, daß Unternehmen mit zunehmender Expansion auf einem Markt auf Beschränkungen in
Form von steigenden Kosten oder abnehmenden Profiten stoßen (insbesondere aufgrund der Konkurrenz
um knappe Ressourcen), wodurch sich ein Gleichgewichtszustand bezüglich der Produktpreise und der
Marktanteile der Unternehmen einstellt. Diese Sichtweise entstand vor dem Hintergrund der damals vorherrschenden Massenproduktion (wie z.B. bei Anilinfarbstoffen, Schwerchemikalien, Roheisen oder Kaffee). Mit der Transformation der westlichen Wirtschaft zu einer "Knowledge-based economy", bei der die
Entwicklung und Verwendung neuer Technologien und die Verarbeitung von Informationen, und nicht materieller Ressourcen, wichtiger wird, gewinnt das Phänomen der "Increasing returns" an Bedeutung; Achi et
al. (1995), S. 5ff. stellten im Rahmen einer Untersuchung außerordentlich schnell und profitabel wachsen-
der Unternehmen fest, daß die Ausnutzung von "Increasing returns" wesentliche Quelle des Unternehmenswachstums war.

[485] Arthur (1996), S. 100

- *Kompatibilitätseffekte*, die dazu führen, daß der Nutzen neuer Produkte stark von der Kompatibilität[486] zu den von den Anwendern bereits verwendeten Produkten abhängt.

- *Kundenbindungseffekte* aufgrund der hohen technologischen Komplexität der Produkte und den damit verbundenen Kosten eines Produktwechsels.[487]

Increasing-returns verändern den Charakter des Wettbewerbs. Im traditionellen "Massenproduktionsdenken" erfolgt Wettbewerb durch ein ständiges Optimieren in einer relativ stabilen Umwelt, insbesondere durch fortlaufende Qualitätsverbesserung und Kostensenkung. In wissensbasierten High-tech-Branchen hingegen, besteht ein hohe Unsicherheit und geringe Prognostizierbarkeit zukünftiger Entwicklungen. Bereits geringe Wettbewerbsvorteile einzelner Unternehmen in der Entstehungsphase der Branche können zur Etablierung eines *Branchenstandards* führen, der bestimmte Unternehmen im weiteren Entwicklungsverlauf *zunehmend bevorteilt* und andere zunehmend benachteiligt. Folglich ist das frühzeitige Erkennen, welche Gestalt die Branche annehmen wird und eine entsprechende Positionierung in der Branche von zentraler Bedeutung: "The rewards go to the players who are first to make sense of the new games looming out of the technological fog, to see their shape, to cognize them. Bill Gates is not so much a wizard of technology as a wizard of percognition, of discerning the shape of the next game."[488]

Erfolgreicher Wettbewerb unter dem Phänomen der Increasing-returns verlangt von Unternehmen, daß sie sich als Teil von *"Mini ecologies"*, d.h. Netzwerken von Unternehmen, deren Produkte sich gegenseitig ergänzen (also einer Häufung von komplementären Unternehmenskonstellationen vom Typ (2)), verstehen. Die Formierung zukünftiger Branchen (und der dort vorherrschenden Branchenstandards) ist nämlich nicht durch ein Unternehmen allein, sondern nur durch Kooperation innerhalb solcher Mini-Ökologien realisierbar. Die Stabilität der Kooperationen verlangt auch hier, daß das führende Unternehmen den anderen Partnern einen "fairen" Anteil am Gewinn ermöglicht und dadurch *Win-win-Situationen* schafft.[489]

---

[486] Zwei Produkte können dann als kompatibel bezeichnet werden, "when their design is coordinated in some way, enabling them to work together" (Farrell/Saloner (1987), S. 1); zur Diskussion verschiedener Kompatibilitätsbegriffe vgl. z.B. Pfeiffer (1989), S. 17ff.

[487] Vgl. Arthur (1996), S. 102ff.; Increasing-returns finden sich, wenn auch weniger stark ausgeprägt, im Dienstleistungsbereich, wie z.B. bei Versicherungen oder Restaurantketten (vgl. Arthur (1996), S. 107); vgl. auch Achi et al. (1995), S. 6ff. und Chakravarthy (1997), S. 72f.

[488] Arthur (1996), S. 104, vgl. 102ff.

[489] Vgl. Arthur (1996), S. 105ff.; Achi et al. (1995), S. 7 sprechen in diesem Zusammenhang von einer "Co-evolution" der Unternehmen innerhalb des Netzwerks.

Die Etablierung von Branchenstandards wird insbesondere durch selbstverstärkende Feedback-Kreisläufe ("Reinforcing feedback loops") [490] innerhalb solcher komplementären Unternehmenskonstellationen vorangetrieben. Aus Sicht der strategischen Analyse gilt es, diese zu identifizieren. Die folgende Abbildung zeigt solche selbstverstärkende Feedback-Kreisläufe am Beispiel von Microsoft-Windows, wobei die Installed-base an Windows-Software sowohl die Funktion eines "treibenden" als auch eines "getriebenen" Faktors übernimmt. [491]

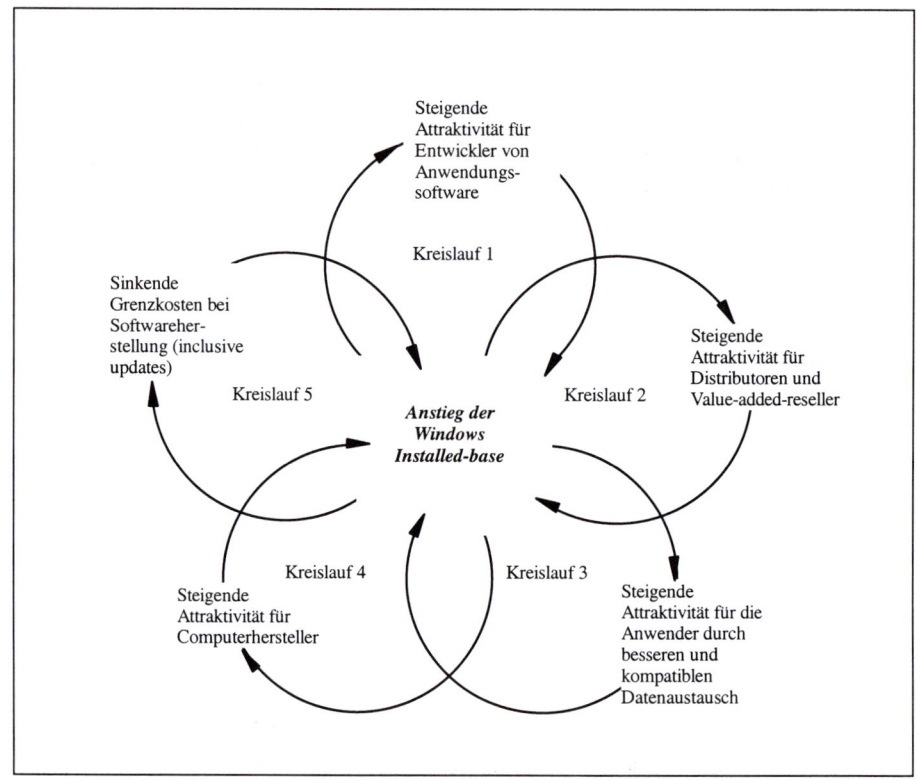

Abb. 16: Selbstverstärkende Feedback-Kreisläufe in komplementären Unternehmenskonstellationen [492]

---

[490] Vgl. Achi et al. (1995), S. 7ff.

[491] Vgl. hierzu die fünf "Reinforcing feedback loops" bei Achi et al. (1995), S. 7ff.

[492] Vgl. Achi et al. (1995), S. 7ff.

1.2.2.   Komplementäre Unternehmensressourcen

Die komplementäre Unternehmenskonstellation des Typ (1) basiert auf sogenannten komplementären Ressourcen. Diese können sowohl materieller als auch immaterieller Art sein und schließen Kompetenzen mit ein. Es lassen sich spezialisierte, semi-spezialisierte und generische komplementäre Ressourcen unterscheiden. Der Spezialisierungsgrad wird dabei durch das Ausmaß an alternativen Verwendungsmöglichkeiten bestimmt.[493]

Komplementäre Ressourcen erlauben eine integrative Verzahnung der verschiedenen Wertschöpfungsaktivitäten. Dies läßt sich am Beispiel der Wertschöpfungskette von IBM verdeutlichen. IBM entwickelte in Ergänzung zu den Kernkompetenzen im Bereich der Produktentwicklung von Computerhardware ein effizientes und schlagfertiges Vertriebs- und Servicesystem, das synergetisch mit der Produktentwicklung verzahnt wurde und aufgrund seiner Komplexität schwer kopierbar ist.[494] Allerdings hat es IBM verpaßt, eigene komplementäre Kompetenzen im Bereich der Mikroprozessor-Technologie und der Softwareentwicklung aufzubauen. Es sind vorrangig das Softwareunternehmen Microsoft und der Mikroprozessorhersteller Intel, die diese Kompetenzen entwickelt haben und heute die komplementären Produkte bzw. Schlüsselkomponenten für die Hardwareproduktion liefern, wodurch IBM seine jahrelange Vormachtstellung in der Computerbranche verloren hat.[495] Insofern kann der Zugang zu komplementären Ressourcen über die eigene Wettbewerbsmacht und die damit verbundene Gewinnrealisierung entscheiden.[496] Das Streben nach einem hohen vertikalen Integrationsgrad von Unternehmen in bestimmten Branchen (z.B. der Bio-Technologie), zielt letztlich auf eine Zugangssicherung zu komplementären Ressourcen ab, um nicht das Gewinnpotential der eigenen Kernkompetenzen an andere Marktpartner zu verlieren.[497]

Um sich Zugang zu komplementären Ressourcen zu verschaffen, bestehen mehrere Möglichkeiten

- Der *Aufbau* komplementärer Ressourcen im eigenen Unternehmen.

- Der *Einkauf* komplementärer Ressourcen, was voraussetzt, daß Faktormärkte bestehen.

---

[493] Vgl. Teece (1987), S. 192f.; Teece (1988), S. 51ff.

[494] Vgl. Teece/Pisano/Shuen (1991), S. 28f., zitiert nach: Rasche (1994), S. 74 und 205

[495] Vgl. hierzu auch Moore (1993), S. 80ff.

[496] Vgl. hierzu die von Teece (1987), S. 193ff. dargestellten Appropriationsregime, die die Verteilung des Gewinnpotentials von Ressourcen auf unterschiedliche Stakeholder beschreiben; vgl. hierzu auch Hamel/Prahalad (1994), S. 69f.

[497] Vgl. Rasche (1994), S. 208ff.

• Die *Akquisition anderer Unternehmen* (oder Institutionen), die im Besitz komplementärer Ressourcen sind. Dies ist insbesondere dann notwendig, wenn sich die Ressourcen nicht aus dem jeweiligen Unternehmenskontext lösen lassen und damit nicht auf Faktormärkten beschaffbar sind.

• Die *Kooperation mit anderen Unternehmen* (oder Institutionen), wobei diese entweder die komplementären Ressourcen in den Leistungserstellungsprozeß miteinbringen oder an deren Aufbau mitwirken.[498]

1.3.   Dynamisches Denken

Aus systemtheoretischer Sicht versteht man unter Dynamik die Bewegung oder das "Verhalten" von Systemen. Mit der Dynamik wird die Einbeziehung der Zeitdimension möglich. Das System ist nicht mehr nur durch Zustände, sondern auch durch Vorgänge - durch *Prozesse, die sich im Zeitraum* abspielen - charakterisiert.[499] Die ökonomischen und gesellschaftlichen Entwicklungen sind durch eine *zunehmende Dynamik* gekennzeichnet, die sich z.B. in einer ansteigenden Schwankungsbreite ökonomischer Größen, der Instabilität von Zuständen und einer erhöhten Wahrscheinlichkeit diskontinuierlicher Entwicklungen, die sich zu Turbulenzen verdichten können, zeigt. Mit der steigenden Dynamik sinkt die verfügbare Reaktionszeit von Unternehmen auf externe Veränderungen. In einem systemorientierten Managementverständnis gilt es, den durch die zunehmende Dynamik akzentuierten Zeitaspekt sowie die Wirkung von Veränderungen durch die wechselseitige Beeinflussung von Aktionen und Reaktionen, *bewußt in strategische Überlegungen* miteinzubeziehen.[500]

Im folgenden werden zwei Aspekte der Dynamik näher charakterisiert, die besonders vor dem Hintergrund der Veränderung von Wettbewerbsregeln von Bedeutung sind:

• Dynamische Veränderung im Zeitablauf auf Basis idealtypischer Entwicklungsverläufe.

• Dynamische Interaktionen (Aktion/Reaktion) von Unternehmen.

1.3.1.   Dynamik im Zeitablauf

Branchen, Unternehmen, Produkte etc. unterliegen im Zeitablauf einer dynamischen Veränderung. In der wirtschaftswissenschaftlichen Literatur findet sich eine Vielzahl von Konzepten,

---

[498]   Vgl. hierzu das Fallbeispiel "Das Netzwerk von Starbucks" in Kapitel IV. 3.2.1.

[499]   Vgl. Ulrich (1970), S. 113f.

die diese Veränderungen durch idealtypische Verläufe zu charakterisieren versuchen, wobei insbesondere Lebenszykluskonzepte eine weitverbreitete Verwendung finden.

1.3.1.1. Lebenszykluskonzepte zur Dynamisierung der strategischen Analyse

Der Ursprung der Lebenszykluskonzepte liegt in der Biologie. Modellhaft wird dort der evolutionäre Prozeß lebender Systeme (sowohl einzelner Organismen als auch ganzer Populationen) beschrieben, ausgehend von einem Anfangsereignis ("Geburt") über Phasen des Entstehens, des Wachsens, des Veränderns und des Vergehens, hin zu einem Endereignis ("Tod"). Der Lebenzyklus wird von Lebewesen typischerweise ähnlich durchlaufen, so daß qualitative und quantitative Veränderungen im Zeitablauf prognostizierbar sind. Die Reihenfolge der charakteristischen Lebensphasen ist dabei festgelegt, die zeitliche Länge sowie die Gesamtdauer des Lebenszyklusses sind jedoch individuell unterschiedlich.[501]

Die Kerngedanken auf denen der biologische Lebenszyklus basiert wurden in die Wirtschaftswissenschaften übertragen. Dort wird das Konzept auf unterschiedliche Objekte angewendet. Die häufigsten Anwendungsformen sind:

- *Produktlebenszyklus*
  Für den Produktlebenszyklus wird für die Zielgrößen Umsatz, Absatzmenge und Gewinn ein S-förmiger Kurvenverlauf angenommen. Typischerweise wird zwischen der Einführungs-, Wachstums-, Reife- und Niedergangsphase unterschieden.[502] Der S-förmige Kurvenverlauf erklärt sich vor allem durch die anfangs zögerliche und später immer breitere Akzeptanz von Produkten durch die Abnehmer am Markt. Die einzelnen Phasen lassen sich durch qualitative und quantitative Merkmale charakterisieren, die von betriebswirtschaftlichen Kenngrößen (z.B. Umsatz, Deckungsbeitrag, Wachstumsrate) über Markt- und Wettbewerbscharakteristika (z.B. Marktpotential, Zahl der Wettbewerber, Marktanteilsverteilung) bis zu Produkt- und Anbieterkriterien (z.B. Produktqualität, Anzahl der Produktlinien, Marketingaktivitäten) reichen.[503] Das Produktlebenszykluskonzept ist in der Literatur nicht unumstritten. Als Kritikpunkte werden vorwiegend die fehlende bzw. ungenügende empirische Validierung, die Problematik der Phasenabgrenzung und der Ver-

---

[500] Vgl. Bleicher (1996), S. 35ff.
[501] Vgl. Pümpin/Prange (1991), S. 23ff.
[502] Vgl. hierzu Höft (1992), S. 18ff., der Anzahl und Bezeichnung der Phasen unterschiedlicher Produktlebenszykluskonzepte in der Literatur darstellt. Die 4-Phasen-Konzepte mit den oben genannten Phasenbezeichnungen sind dabei vorherrschend.

laufsmuster, die Aggregationsproblematik, die mangelnde Prognosekraft und die fehlende theoretische Fundierung genannt.[504]

- *Branchenlebenszyklus*

  Bei Branchenlebenszyklen handelt es sich oft um Produktlebenszyklen, die sich auf einem höheren Aggregationsniveau befinden. Dementsprechend findet sich auch hier der S-förmige Kurvenverlauf sowie die gängige Phaseneinteilung wieder.[505] So verstanden können Branchenlebenszyklen durch die Einführung neuer Produkte (oder Produktkategorien) revitalisiert werden. Die Musikbranche ist z.b. seit 1960 stets expandiert, wobei einzelne Produkte (wie z.b. Langspielplatten) am Ende ihres Lebenszyklusses vom Markt verschwunden sind und durch neue Produkte (wie z.b. CDs) ersetzt wurden, die das Wachstum der Gesamtbranche insgesamt weiter angetrieben haben.[506]

- *Technologielebenszyklus*

  Technologien unterliegen offenbar ebenfalls einem Lebenszyklus. Dabei wird z.b. der Ausbreitungsgrad einer Technologie[507] oder der Grad der Ausschöpfung des Wettbewerbspotentials[508] in Abhängigkeit von der Zeit in Form eines S-förmigen Kurvenverlaufs dargestellt. Weit verbreitet ist auch das Konzept der Technologie-S-Kurve, bei der die Leistungsfähigkeit einer Technologie über den kumulierten Forschungs- und Entwicklungsaufwand abgetragen wird: Nach anfänglich hohen kumulierten Aufwendungen ohne signifikante Verbesserung der Leistungsfähigkeit, beginnt diese mit weiteren Aufwendungen rasch zu steigen und neue Anwendungsfelder entstehen. Allmählich stößt die Technologie an ihre Leistungsgrenze, d.h. es werden immer höhere Aufwendungen für immer geringere Steigerungen der Leistungsfähigkeit notwendig. Die Unternehmen müssen folglich nach neuen Technologien suchen, um weiterhin wettbewerbsfähig zu bleiben.[509]

- *Unternehmenslebenszyklus*

  Unternehmenslebenszykluskonzepte versuchen die Unternehmensentwicklung in Form von "typischen" Phasen oder Ereignissen (wie z.b. Krisen) abzubilden. Es lassen sich dabei Metamorphose-, Krisen-, Marktentwicklungs-, Strukturveränderungs- und Verhaltensände-

---

[503] Vgl. Pümpin/Prange (1991), S. 24ff.; Höft (1992), S. 16ff.

[504] Vgl. hierzu Höft (1992), S. 35ff. m.w.N.

[505] Vgl. zum Beispiel das Branchenlebenszykluskonzept von Porter (1987a), S. 208ff. oder von Arthur D. Little (vgl. hierzu die Ausführungen von Höft (1992), S. 101ff.)

[506] Vgl. Pümpin/Prange (1991), S. 34

[507] Vgl. hierzu das Modell von Ford/Ryan (1983), S. 22f.

[508] Vgl. Servatius (1985), S. 116ff., der sich auf den Ansatz von Arthur D. Little bezieht.

[509] Vgl. zur Technologie-S-Kurve Foster (1986), 27ff. und Krubasik (1982), S. 28ff.

rungsmodelle als Grundtypen identifizieren.[510] Das von PÜMPIN/PRANGE im Rahmen des St. Galler Management-Konzepts entwickelte Modell kombiniert Elemente aus Modellen unterschiedlichen Grundtyps. Der Unternehmenslebenszyklus ergibt sich dabei als Ablauf von vier idealtypischen Unternehmenskonfigurationen und zwar des Pionier-, Wachstums-, Reife- und Wendeunternehmens. Entsprechend der charakteristischen Stärken und Schwächen des Unternehmens in der jeweiligen Phase ergeben sich unterschiedliche Anforderungen an das normative, strategische und operative Management.[511]

Lebenszykluskonzepte fördern "als dynamische Modelle, d.h. durch die Einbeziehung des Faktors Zeit, die Einsicht, daß unternehmerisches Handeln sich im Zeitablauf veränderten Situationen anpassen muß und die Strategien entsprechend zu variieren sind."[512] Sie können gezielt als *Instrument der strategischen Analyse* eingesetzt werden. Dabei wird versucht, bestimmte Situationen oder Entwicklungen anhand von Merkmalen näher zu charakterisieren und diese den entsprechenden Phasen (oder Entwicklungspunkten) des Lebenszyklus zuzuordnen. Jede Lebenszyklusphase ist mit Implikationen bzw. präskriptiven Empfehlungen für die Strategie bzw. das Wettbewerbsverhalten von Unternehmen verbunden. Diese betreffen sowohl das Verhalten in der aktuellen Situation, als auch die notwendigen Anpassungen des Verhaltens (bzw. der Strategie) im Hinblick auf zukünftig zu erwartende Situationen. Es wird folglich nach bestimmten "Mustern" in der Umwelt (insbesondere bei Branchen- sowie Produktlebenszyklen) und im Unternehmen (Unternehmenslebenszyklus) gesucht, die dann durch die Lebenszykluskonzepte in einen entsprechenden Kontext eingebracht werden können und damit zur Entscheidungsfindung beitragen. Umfangreiche Lebenszykluskonzepte, wie z.B. das Entwicklungsmodell von PÜMPIN/PRANGE, können als konzeptioneller Bezugsrahmen verstanden werden, welcher der Unternehmenspraxis hilft, "die eigenen, oftmals übermächtig empfundenen Probleme einzuordnen, sie damit in ihrer Bedeutung zu relativieren und mögliche Lösungswege zu erkennen."[513]

Lebenszykluskonzepte sollten jedoch in ihrer Prognosewirksamkeit nicht überschätzt werden. Sie stellen immer nur "idealtypische" Verläufe dar: Die Dauer der Phasen ist nicht näher bestimmt und auch das sequentielle Durchlaufen der Phasen ist nicht determiniert. Insofern kann

---

[510] Vgl. hierzu Pümpin/Prange (1991), S. 45ff.; vgl. zu den grundlegenden Lebenszyklusmodellen und empirischen Studien auch Korallus (1988), S. 28ff.
[511] Vgl. Pümpin/Prange (1991), S. 83ff.
[512] Höft (1992), S. 1
[513] Pümpin/Prange (1991), S. 44

eine Veränderung von Wettbewerbsregeln gerade darin bestehen, daß versucht wird Lebens-
zyklusphasen zu verlängern, zu verkürzen, zu überspringen oder zu revitalisieren, so daß sie
nicht mehr dem "idealtypischen" und damit dem allgemein akzeptierten oder konventionellen
Verlauf entsprechen.

1.3.1.2. Bedeutung von technologischen Diskontinuitäten im Rahmen von Technologiezyklen

Unter Technologie wird üblicherweise naturwissenschaftlich-technisches Wissen das zur Lösung technischer Probleme dient verstanden. Technik ist dann gleichsam die Materialisierung
der Technologie bzw. deren konkrete Anwendung. Im Englischen hingegen findet sich unter
dem Begriff "Technology" eine Subsumierung beider Aspekte, also des Wissens und der Materialisierung bzw. der Anwendung.[514] Im folgenden wird Technik als Subsystem von Technologie verstanden. Technologie beinhaltet dann "Wissen, Kenntnisse, Fähigkeiten und Fertigkeiten zur Lösung technischer Probleme, sowie die Anlagen, Einrichtungen und Verfahren
die dazu dienen, naturwissenschaftliche Erkenntnisse praktisch umzusetzen."[515]

Das Modell der Technologiezyklen von TUSHMAN/ANDERSON/O'REILLY stellt eine *integrierte
Betrachtung* des Anwendungs- und Marktpotentials von Technologien und der damit verbundenen Innovationstätigkeit von Unternehmen im Zeitablauf dar.[516] Das Modell ist nicht den
klassischen Technologielebenszyklusmodellen zuzuordnen, da kein typischer S-förmiger Kurvenverlauf von bestimmten Größen über die Zeit dargestellt wird. Allerdings wird ebenfalls
ein Entwicklungsprozeß von Technologien, ausgehend von der Entstehung bis hin zum Ausscheiden der Technologie beschrieben.

Ein Technologiezyklus besteht aus zwei unterschiedlichen Phasen: aus einer "Gärungsphase"
("Period of ferment") und einer Phase des inkrementalen Wandels ("Period of incremental
change"). Wendepunkte zwischen den Phasen bilden die Entstehung eines dominanten Designs und die technologische Diskontinuitäten, die gleichzeitig den Beginn eines neuen Technologiezyklus markieren. Dauerhafte Wettbewerbsvorteile lassen sich nur dann erzielen, wenn

---

[514] Vgl. Binder/Kantowsky (1996), S. 87ff. mit einer ausführlichen Begriffsabgrenzung
[515] Binder/Kantowsky (1996), S. 91
[516] Vgl. Tushman/Anderson/O'Reilly (1997); vgl. auch Tushman/O'Reilly III (1997)

Unternehmen in der Lage sind, im Verlauf dieser Technologiezyklen verschiedene Arten von Innovationen in Form sogenannter "Innovation streams" zu generieren.[517]

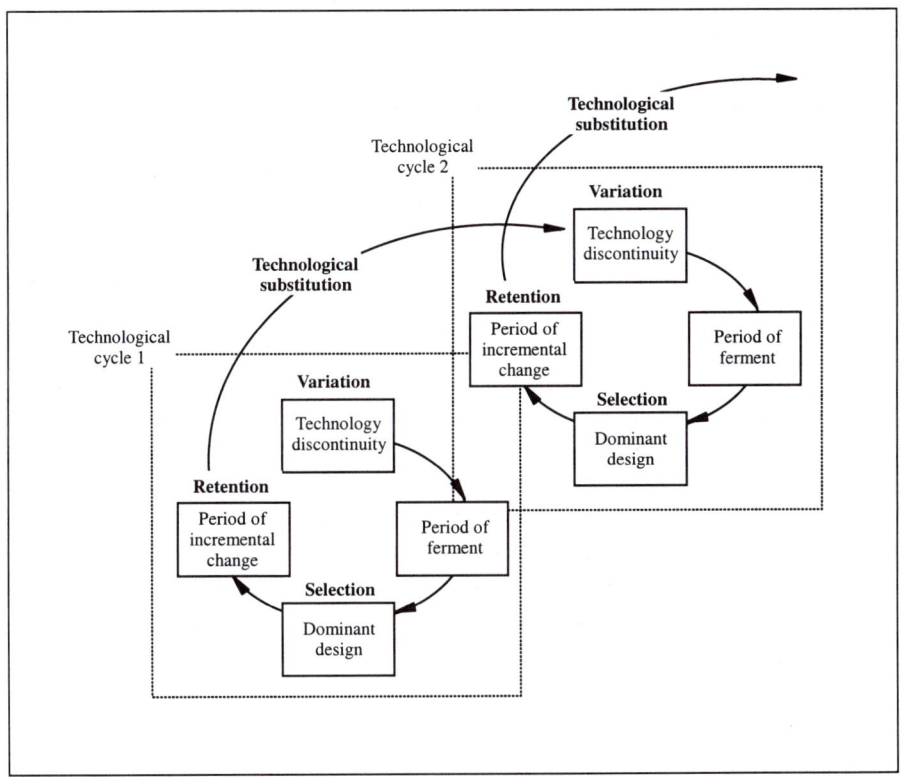

Abb. 17: Technologiezyklen im Zeitablauf[518]

Jeder Technologiezyklus beginnt mit *technologischen Diskontinuitäten*. Diese sind seltene, nicht vorhersehbare Ereignisse, ausgelöst durch neue Technologien (z.B. Batterietechnologie für Uhren) oder einzigartige Kombination bestehender Technologien (z.B. Sony's Walkman), die eine völlig neue Art von Produkten ermöglichen. Technologische Diskontinuitäten können

517 Vgl. hierzu und zu den folgenden Ausführungen Tushman/Anderson/O'Reilly (1997), S. 3ff.; Tushman/O'Reilly III (1997), S. 155ff.; vgl. zur Bedeutung von Technologiezyklen im Rahmen der Unternehmensentwicklung auch Tushman/O'Reilly (1998), S. 33ff.

518 Vgl. Tushman/Anderson/O'Reilly (1997), S. 8 und Tushman/O'Reilly III (1997), S. 162

sowohl kompetenzverstärkend als auch kompetenzzerstörend wirken. Es beginnt eine *"Gärungsphase"*, in der verschiedene technologische Lösungen gegeneinander um Marktakzeptanz konkurrieren, d.h. sowohl neue gegen bestehende Lösungen als auch neue Lösungen untereinander. Diese Phase des Technologiezyklus ist durch eine Vielzahl alternativer *Produktinnovationen* gekennzeichnet. Charakteristisch sind des weiteren eine große Unsicherheit und hohe Kosten für Kunden, Lieferanten, Händler und regulative Institutionen.

Mit der Entstehung eines *dominanten Designs* wird die "Gärungsphase" beendet (z.b. durch die Etablierung von VHS als Standard im Videobereich). Die meisten Unternehmen der Branche wechseln auf diesen Standard, da sie sonst Gefahr laufen, aus dem Markt ausgeschlossen zu werden. Das dominante Design entsteht dabei nicht aus der besten technischen Lösung, sondern ist Ergebnis eines komplexen Wettbewerbsprozesses, in dem die einzelnen Wettbewerber, Unternehmenskooperationen[519] und regulativen Institutionen (insbesondere der Staat), getrieben von jeweils individuellen politischen, ökonomischen und sozialen Interessen, bestimmte technologische Lösungen als Standard forcieren.

Der Begriff des *dominanten Designs* und der des *Branchenstandards* sind sich ähnlich und werden teilweise synonym verwendet. Allerdings beschränkt sich der Begriff des Branchenstandards häufig auf rein technische Standards (z.B. in Form einer bestimmten Computerarchitektur oder eines Betriebssystems), während der Begriff des dominanten Designs allgemeiner gefaßt ist. Ein dominantes Design findet Ausdruck in wenigen, miteinander verknüpften Leistungsdimensionen, anhand derer die Produkte einer Branche charakterisierbar sind. Beispiele hierfür sind das 1952 eingeführte dominante Design im Bereich der Fernseher, mit dem 21-inch Bildschirm und RCA-Übertragungsstandard.[520] Im folgenden wird der Begriff des Branchenstandards ausschließlich für technische Standards verwendet.

Die anschließende Phase des *inkrementalen Wandels* ist gekennzeichnet von einer Vielzahl *inkrementaler Innovationen*, die das dominante Design als Plattform benutzen (z.B. entwickelte Sony vier Walkman-Generationen und über 160 inkrementale Innovationen) und von der Verbreitung der Innovationen auf neuen regionalen Märkten. Gleichzeitig findet ein *Wechsel*

---

[519] Vgl. hierzu die Ausführungen in Kapitel IV. 1.2.1.

[520] Vgl. hierzu Suárez/Utterback (1995), S. 416ff. sowie die von den Autoren aufgeführte Tabelle verschiedener dominanter Designs in unterschiedlichen Branchen. Der Begriff des dominanten Designs geht auf Utterback/Abernathy (1975) zurück.

von Produkt- zu Prozeßinnovationen statt.[521] Neue technologische Diskontinuitäten, die durch Innovationen einzelner Unternehmen ausgelöst werden können, leiten schließlich den nächsten Technologiezyklus ein.

Insbesondere der diskontinuierliche Wandel, verbunden mit dem Übergang in einen neuen Technologiezyklus, verlangt eine fundamentale organisatorische und strategische Neuorientierung der Unternehmen. Diese sollte proaktiv eingeleitet werden: "If strategic reorientations are not proactive, they will be reactive. Reactive reorientations or turnarounds are more risky because they must be implemented under crisis conditions and under considerable time pressure, which hinder a firm's ability to learn."[522] Die Technologiezyklen laufen aus Unternehmenssicht nicht nur sequentiell nacheinander ab, sondern können in verschiedenen Unternehmensbereichen in unterschiedlichen Phasen *parallel verlaufen*. Die Generierung der "Innovation streams", die sich in den verschiedenen Phasen stark unterscheiden, erfordern folglich das Management von Dualitäten, die sich sowohl auf die Gestaltung der Organisationsstruktur, der Kultur, der Systeme und auf die strategische Ausrichtung beziehen.[523]

Potential zur *Veränderung von Wettbewerbsregeln* ergibt sich insbesondere *beim Übergang von Technologiezyklen* sowie in der *"Gärungsphase"*, die in einem dominanten Design mündet. Aus Unternehmenssicht ist es notwendig, diskontinuierliche Innovationen zu schaffen (sei es durch Nutzung neuer Technologien als auch durch innovative Kombination bestehender Technologien), die das Wettbewerbsfeld aus der Phase des inkrementalen Wandels herausreißen und die Stabilität des Wettbewerbsverhaltens ins Schwanken bringen. Anschließend ist im Wettbewerbsprozeß die Etablierung des dominanten Designs voranzutreiben. Hierzu ist auch ein organisatorischer Wandel notwendig: "Managers can attempt to rewrite their industry's rules only if they are willing to rewrite their organization's rules."[524] Aus Sicht der strategischen Analyse geht es jedoch primär darum, proaktiv "Windows of opportunity" zur dis-

---

[521] Vgl. Utterback/Suárez (1993), S. 17f., die anhand einer empirischen Untersuchung mehrerer Branchen feststellten, daß mit der Entstehung eines dominanten Designs ein Wechsel von überwiegend Produktinnovationen hin zu Prozeßinnovationen stattfindet. Des weiteren gewinnen Economies of scale, ausgereifte Produktionstechniken, umfangreiche Forschungsprogramme etc. an Bedeutung und es findet nur noch inkrementaler Wandel statt. Daß inkrementale Innovationen einen wichtigen Wettbewerbsfaktor darstellen können, zeigt eine Untersuchung der Herzschrittmacherbranche von Banbury/Mitchell (1995), S. 167ff. Je öfter Unternehmen inkrementale Innovationen am Markt einführten, desto höher war ihr Marktanteil. Die Adaption von Innovationen hatte hingegen nur einen geringen Einfluß auf den Marktanteil.

[522] Tushman/O'Reilly III (1997), S. 176

[523] Vgl. Tushman/Anderson/O'Reilly (1997), S. 16ff.; Tushman/O'Reilly III (1997), S. 155ff.

[524] Tushman/O'Reilly III (1997), S. 176

kontinuierlichen Veränderung des Wettbewerbsfelds und zur Etablierung eines dominanten
Designs zu erkennen und auszunutzen:

> *"By proactively shaping dominant designs, undertaking architectural innovations,
> and initiating product substitutes, managers can capitalize on windows of oppor-
> tunity to shape technological evolution and, in turn, change the bases of competi-
> tion."*[525]

1.3.2. Dynamik durch Interaktion der Wettbewerber

Ein weiterer Aspekt von Dynamik ist die Interaktionen von Unternehmen im Wettbewerbsprozeß. D'AVENI spricht in diesem Zusammenhang von *"dynamischer strategischer Interaktion"*: Die Wettbewerber eines Wettbewerbsfelds stehen in gegenseitigem Wechselspiel. Unternehmen versuchen, durch Aktionen den Status-quo im Wettbewerbsfeld zu erschüttern und
Wettbewerbsvorteile zu generieren. Dies ruft entsprechende Reaktionen der Wettbewerber
hervor, die darauf abzielen, diese Wettbewerbsvorteile zu neutralisieren und eigene Wettbewerbsvorteile aufzubauen.[526] D'AVENIS dynamische strategische Interaktion basiert damit auf
einem dynamischen Wettbewerbsverständnis, wie es bereits in Kapitel II. 1.1. dargestellt
wurde.

STEINMANN/HEß entwickeln einen konzeptionellen Denkrahmen zur Analyse von Wettbewerbsprozessen und zwar bezogen auf die konkrete Wettbewerbsauseinandersetzung zwischen einzelnen Spielern, wie dies z.B. bei der Etablierung von Branchenstandards der Fall
sein kann.[527] Zentral ist die Reaktionsverbundenheit oder Interdependenz der Handlungen der
konkurrierenden Unternehmen.

Der Wettbewerbsprozeß wird dabei als eine Abfolge von Spielzügen, die Aktionen bzw. Reaktionen auf Gegnermaßnahmen bzw. Umweltveränderungen darstellen, charakterisiert. Anhand des einfachsten Falls, nämlich der Interaktion zwischen zwei Spielern, läßt sich dies verdeutlichen. Spieler 1 prüft seine Umwelt zum Zeitpunkt t1 hinsichtlich Veränderungen, die
den Erfolg seiner Strategie gefährden könnten. Werden diese als strategiebedrohend eingestuft, erfolgt eine strategische Um- bzw. Neuplanung. Zunächst wird angenommen, daß die

---

[525]   Tushman/O'Reilly III (1997), S. 166
[526]   Vgl. D'Aveni (1995), S. 38ff.
[527]   Vgl. Steinmann/Heß (1993), S. 167ff., deren Überlegungen stark auf Ansätzen der neueren spieltheoreti-
        schen Industrieökonomie basieren.

Strategie grundsätzlich ihre Gültigkeit behält. Es werden folglich nur neue, auf die veränderte Lage zugeschnittene strategische Spielzüge formuliert und im Rahmen des operativen Managements realisiert. Damit ist ein Spielzug zum Zeitpunkt t1 abgeschlossen. Die Maßnahmen von Spieler 1 sowie die anderer Mitspieler und Änderungen der allgemeinen Umwelt beeinflussen die Wahrnehmung von Spieler 2 zum Zeitpunkt t2, der ebenfalls einen Spielzug (bestehend aus Umweltprüfung hinsichtlich Gefährdung der bestehenden Strategie, der Um- bzw. Neuplanung und der operativen Umsetzung) durchführt. Die Interaktion der Spieler entwickelt sich solange fort, bis ein Spieler seine Strategie als revisionsbedürftig einschätzt und eine fundamentale Neuorientierung vollzieht, was dazu führt, daß auch die anderen Spieler eine grundlegende Strategieänderung vornehmen müssen. Das Spiel erfährt eine Richtungsänderung und tritt in eine neue Spielphase ein. Eine Sequenz von Spielzügen bzw. -phasen, die gleichsam eine abgeschlossene Einheit im "unendlichen" Wettbewerbsprozeß bildet, kann als Partie bezeichnet werden. STEINMANN/HEß analysieren mit Hilfe ihres konzeptionellen Denkrahmens den Wettbewerbsprozeß in der PC-Branche im Rahmen der von IBM angestrebten Etablierung des IBM PS/2 als Branchenstandard und arbeiten sechs Spielphasen heraus.[528]

Aus einer dynamischen Sichtweise ist auch die *Veränderung von Wettbewerbsregeln eine Vielzahl von Aktionen und Reaktionen der Wettbewerber*, die es im Rahmen der strategischen Analyse gilt bestmöglich zu antizipieren. Der Ausgang einer Spielphase bzw. einer Partie, also die letztendliche Manifestierung (oder Nicht-Manifestierung) der Regeln im Verhalten, ist jedoch bedingt vorhersehbar. Selbst wenn sich neue Regeln bilden und sich konformes Wettbewerbsverhalten einstellt, wird irgendwann ein Unternehmen eine neue Partie eröffnen und damit die Regel erneut verändern.

1.3.3. Strategische Gestaltungsdimensionen zur Etablierung eines Branchenstandards im dynamischen Wettbewerbsprozeß

Die Etablierung eines Branchenstandards, wie z.B. Windows als Betriebssystem, Intel als Mikroprozessoren oder auch Nintendos Videospielsystem Mitte der achtziger Jahre[529] kann zur Veränderung von Wettbewerbsregeln führen. Dabei ist der Branchenstandard, wie bereits dargestellt, Ergebnis eines dynamischen Wettbewerbsprozesses, bei dem die Interaktion der Wettbewerber und die Ausnutzung von Komplementärfunktionen eine wesentliche Rolle

---

[528] Vgl. Steinmann/Heß (1993), S. 167ff. Die Autoren sprechen von Kompatibilitätsstandard, der jedoch unter den hier verwendeten Begriff des Branchenstandards fehlt.

[529] Vgl. hierzu das Fallbeispiel in Kapitel III. 1.1.2.

spielen. Es folgt eine vertiefende Darstellung einiger grundlegender strategischer Entschei-
dungsprobleme.

Eine tragende Funktion bei der Etablierung von Branchenstandards haben sogenannte Nach-
frager-*Netzwerkexternalitäten*[530]: Mit der Nachfrageerhöhung nach einem bestimmten Produktdesign werden die kompatiblen Komplementärprodukte zunehmend ausdifferenzierter
bzw. aufgrund von Kostendegressionseffekten günstiger, was wiederum die Attraktivität des
entsprechenden Produktdesigns für die Nachfrager steigert. Entwickelt sich hingegen keine
signifikante Nachfrage, bleibt auch das Komplementärangebot unattraktiv und verschwindet
eventuell sogar ganz vom Markt. Ist des weiteren der Wechsel zu einem anderen Standard für
den Nachfrager mit Umstellungskosten verbunden, wird seine Investition wesentlich von den
Erfolgschancen der Standardetablierung beeinflußt. Anfängliche Ungewißheit und mangelnde
Transparenz kann zur Verzögerung der Investitionen führen, bis sich aufgrund von Anfangser-
folgen bzw. anderen Erfolgsindikatoren (wie z.B. der Qualität der Komplementärprodukte)
die zukünftige Standardentwicklung abzeichnet.[531]

Durch die Etablierung eines Standards werden die Differenzierungsvorteile der Unternehmen,
die Zugang zum Standard besitzen, eingeschränkt und zwar derart, daß sich zum einen ehemals "originäres" technologisches Know-how branchenweit verbreitet und zum anderen die
Nachfrager generelles Vertrauen in die standardisierte Produktlösung entwickeln und dadurch
unternehmensspezifische Differenzierungsmerkmale wie Markenname oder Reputation an
Bedeutung verlieren.[532]

Aus Unternehmenssicht ergeben sich in Bezug auf die Etablierung eines Standards folglich
zwei grundlegende *strategische Gestaltungsvariablen:*

- Die Verbreitung des Standards bei den Abnehmern.

- Der Zugang der Anbieter zum Standard.

---

[530] Vgl. zu diesen sogenannten "Network externalties" Suárez/Utterback (1995), S. 417ff. und Katz/Shapiro
(1985), S. 424ff.

[531] Vgl. Steinmann/Heß (1993), S. 170f.; zur Etablierung eines Standards müssen folglich den Abnehmern (und
auch gegebenenfalls den Anbietern von Komplementärprodukten) möglichst frühzeitig die Erfolgsaussich-
ten des eigenen Produkts bzw. die schlechten Chancen von Konkurrenzprodukten glaubhaft gemacht werden (vgl. Wiese (1989), S. 17f; Steinmann/Heß (1993), S. 171ff.)

[532] Vgl. Steinmann/Heß (1993), S. 171

Beim *Zugang zum Standard* kann das initiierende Unternehmen jedem anderen Unternehmen die Benutzung des Standards ohne wesentliche Beschränkung ermöglichen (offen), die Benutzung über Lizenzverträge steuern (lizenziert) oder den Standard vor Nachahmung gänzlich abschotten (geschlossen). Die *Verbreitung des Standards* drückt sich darin aus, ob ein den marktbeherrschender, branchenweiter Standard oder die Koexistenz mehrerer Standards, sogenannter fragmentierter Standards, angestrebt wird. Beide Dimensionen stehen in gegenläufigem Verhältnis zueinander und das Unternehmen wird zu Trade-off-Entscheidungen gezwungen.[533]

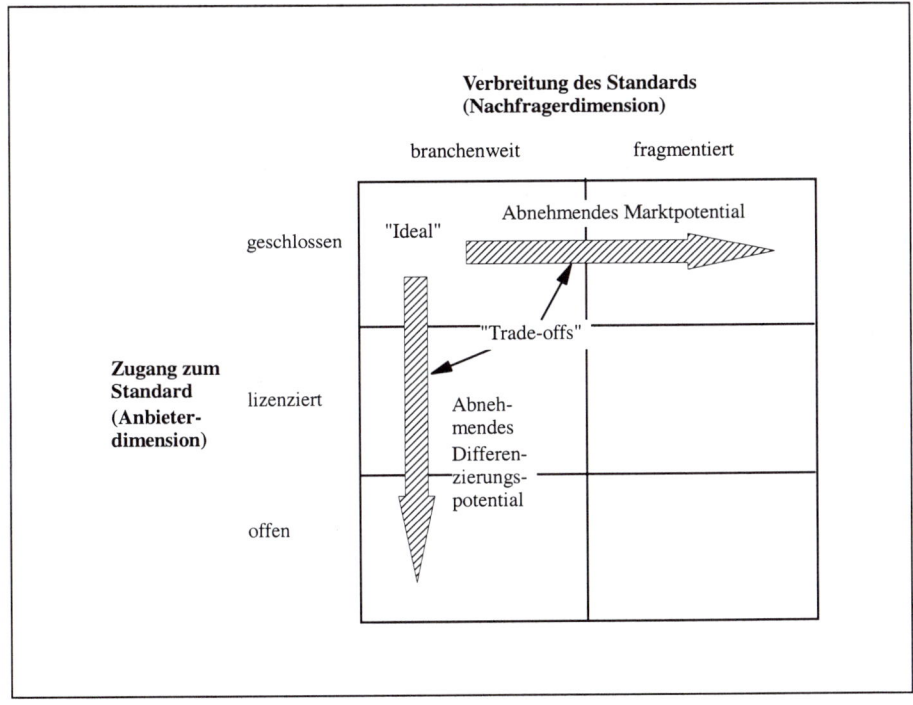

Abb. 18: Strategische Gestaltungsvariablen zur Etablierung eines Standards[534]

[533] Vgl. Steinmann/Heß (1993), S. 171f.; Morris/Ferguson (1993), S. 92, bezeichnen die Bestimmung des "Degree of openness" einer Architektur, die als Standard fungiert, als "the most subtle and difficult decisions in architectural contests."

[534] Vgl. Steinmann/Heß (1993), S. 171f.

Für Unternehmen stellt sich die grundsätzliche Frage, welche Positionierung angestrebt wird. Idealzustand ist ein branchenweiter, geschlossener Standard und damit eine Monopolsituation, die aber aufgrund unternehmens- und wettbewerbsbedingter Faktoren nur schwer zu etablieren ist. Wird der *Zugang anderer Anbieter zum Standard erleichtert*, sinkt einerseits das Differenzierungspotential des Unternehmens und damit die Möglichkeit Monopolgewinne zu realisieren, andererseits ist jedoch gerade solch eine "Öffnung" des Standards zur Anregung der Nachfrage (insbesondere aufgrund von Nachfrager-Netzwerkexternalitäten) und der Auslösung eines Phänomens, das FARRELL/SALONER als *"Pinguin-Effekt"* bezeichnen[535], geeignet. Damit steigt auch die Chance einer branchenweiten Verbreitung des Standards. Umgekehrt, nähert man sich *einem geschlossenen Standard,* steigt das Differenzierungspotential und das Unternehmen kann einen zunehmenden Anteil aus den Gewinnen des Standards selbst realisieren. Gleichzeitig steigt jedoch die Gefahr, daß sich der Standard nicht branchenweit etabliert, sondern eher fragmentiert bleibt und damit das Marktvolumen des Standards gering ausfällt. Er könnte sogar gar keine Verbreitung finden und damit die grundlegende Idee, nämlich dem Abnehmer eine weitverbreitete Produktlösung zu bieten um dessen Risiko zu reduzieren, völlig verlorengehen. Das Unternehmen muß folglich "Trade-offs" zwischen den beiden Gestaltungsdimensionen managen: Verzicht auf Differenzierungsvorteile vs. Vorteile durch zusätzliche Verbreitung des Standards.[536]

Zur Bestimmung der angestrebten Zielposition dienen die folgende Fragestellungen:[537]

- Inwiefern kann der *Zugang* zum Standard überhaupt kontrolliert werden, d.h. welche Eintrittsbarrieren bestehen bzw. können aufgebaut werden?

- Welche *Verbreitung* des Standards kann realisiert werden?

  - Welche "Standardisierungskraft", die insbesondere abhängig ist von der absoluten und relativen Ressourcenbasis bzw. der Reputation aus vorausgegangenen Standardisierungsprozessen, ist vorhanden, um eine Standardisierung erfolgreich voranzutreiben?

  - Welche Kosten-Nutzen-Position nimmt das Produktdesign im Vergleich zum Wettbewerb ein?

---

[535] Hungrige Pinguine stehen am Rande einer Eisscholle. Aufgrund potentiell vorhandener Raubfische wagt jedoch zunächst keiner den Sprung in Wasser. Erst wenn einige Pinguine schließlich doch springen, ist das Risiko vorbei und die anderen folgen (vgl. Farrell/Saloner (1987), S. 13f.).

[536] Vgl. Steinmann/Heß (1993), S. 171ff.

[537] Vgl. Steinmann/Heß (1993), S. 173

1.4.   Grenzenüberwindendes Denken

In der Literatur wird eine zunehmende Veränderung der traditionellen Grenzen von Unternehmen und von Wettbewerbsfeldern, vor allem der Branchen- und regionalen Marktgrenzen,
festgestellt. Zurückgeführt wird dies unter anderem auf einen Wandel der *Wettbewerbsbedingungen* (wie z.b. die Internationalisierung der Märkte), den *Wertewandel* in der Gesellschaft
bzw. der Arbeitswelt (wie z.b. die höhere Bedeutung von Eigenverantwortung, Individualität
und Selbständigkeit oder das zunehmende Ökologiebewußtsein) und die rasante Zunahme des
Leistungspotentials von Informations- und Kommunikationstechnologien (wie z.b. die Mi-
niaturisierung im Bereich der Mikroelektronik oder die weltweite Informationsvernetzung
durch das Internet).[538] Im folgenden wird argumentiert, daß Unternehmen diese Grenzverän-
derungen (bzw. eine potentielle Grenzveränderung) zur Veränderung von Wettbewerbsregeln
nutzen können. Sie stehen dabei dem oben beschriebenen Wandel der Unternehmensumwelt
nicht nur reaktiv gegenüber, sondern sind proaktiver Gestalter ihrer Umwelt.

1.4.1.   Überwindung von Branchen- und regionalen Marktgrenzen

Trotz der beschriebenen Umweltveränderungen werden Branchengrenzen von Unternehmen
vielfach als vorgegeben und fixiert akzeptiert. Der strategische Fokus richtet sich auf die Positionierung innerhalb dieser Grenzen.[539] Die unternehmerischen Realitäten zeigen jedoch oft
deren Bedeutungslosigkeit auf und machen den Bedarf an grenzenüberwindendem Denken
deutlich.

*"The widespread penetration of service technologies has virtually destroyed the
boundaries of all industries ... Airlines no longer compete just against airlines.
They also compete against travel agents, tour groups, retailers (for products sold
from in-flight catalogues), financial service companies (credit cards), ground
transportation providers (rental cars or buses), communications companies
(network and database services), and so on .... As a result, managers can no longer define their corporation as being in a single 'industry'. Technology demands
that they reconceptualize the 'industries with which they compete' to include all*

---

[538]   Vgl. zu Picot/Reichwald/Wigand (1996), S. 2ff.

[539]   Vgl. Hamel (1996), S. 70

functional and potential cross-competitors for the services and products they create.[540]

Neben Branchengrenzen verlieren auch regionale Marktgrenzen an Bedeutung, insbesondere getrieben durch neue Informations- und Kommunikationstechnologien. Dies zeigt sich in Deutschland z.b. im Bankenbereich, wo seit einigen Jahren eine Vielzahl von Direktbanken entstanden sind. Die Kunden können telefonisch (bzw. durch elektronische Informationsübermittlung mit Hilfe von PCs) ihre Bankgeschäfte tätigen, wodurch eine regionale Marktpräsenz durch Bankfilialen nicht mehr nötig ist und ein regionenübergreifender Wettbewerb stattfindet. Hierfür sind bei den Banken umfangreiche Rechner- und Telekommunikationssysteme notwendig.[541] So erfolgt z.b. die telefonische Betreuung der Kunden und die Abwicklung der Transaktionen in Call-Centern. Die Bankangestellten haben dabei meist EDV-technischen Zugriff auf die gespeicherten Kundeninformationen und -historie, was eine "persönliche" und bedürfnisorientierte Geschäftsabwicklung ermöglicht.

Die obigen Beispiele zeigen, daß eine Veränderung der Wettbewerbsfeldgrenzen mit einem Wandel des Wettbewerbsverhaltens - der Art wie Unternehmen konkurrieren - einhergehen kann. Entsprechend der in Kapitel II. 3.2. aufgezeigten Wirkrichtungen zwischen Wettbewerbsverhalten und Wettbewerbsregeln unterliegen damit auch die Wettbewerbsregeln einer Veränderung. Aus Unternehmenssicht wird daher ein grenzüberwindendes Denken notwendig. Dies bedeutet sowohl die Akzeptanz "fließender", sich ständig im Wandel begriffener Wettbewerbsfeldgrenzen als auch das Suchen nach Möglichkeiten, (vermeintlich) bestehende Grenzen durch Wettbewerbsfelderweiterungen bzw. -verengungen zu überwinden.[542] Gleichzeitig muß das zur strategischen Analyse verwendete Instrumentarium solch eine Denkweise unterstützen. Wie die Ausführungen in Kapitel IV. 3.2. verdeutlichen werden, legt das hier entwickelte Framework nicht die Branche (oder Branchensegmente) als Analyseobjekt zugrunde, sondern erlaubt, daß branchenübergreifende Wettbewerber in die strategische Analyse mit einbezogen werden, was eine grenzüberwindende Betrachtung unterstützt.

---

[540]   Quinn (1992), S. 22ff.

[541]   So hat z.B. die im März 1993 gegründete Advance Bank, die eines der modernsten Call-Center in Deutschland besitzt, ca. 50 Mio. DM in diese Systeme investiert. (vgl. Polster (1996), S. 6).

[542]   Vgl. hierzu auch die Ausführungen zur Neudefinition von Wettbewerbsfeldern als Kernelement strategischer Innovationen in Kapitel III. 2.2.1.

1.4.2. Überwindung von Unternehmensgrenzen

Die oben dargestellten, sich wandelnden unternehmerischen Realitäten führen nicht nur zur Veränderung von Branchen- bzw. regionalen Marktgrenzen, sondern erfordern auch das Überdenken des traditionellen Verständnisses von Unternehmensgrenzen. Auch hierbei fungiert das zunehmende Leistungspotential der Informations- und Kommunikationstechnologie als ein zentrale Triebkraft. Die Organisation wirtschaftlicher Tätigkeit kann auf bisher nicht realisierbare Arten erfolgen, die zwischen den typischen Koordinationsformen des Markts und des Unternehmens liegen.[543]

Beispiel hierfür sind interorganisationale Netzwerke.[544] Sie sind Ergebnis Unternehmensgrenzen übergreifender Differenzierung und Integration von ökonomischen Aktivitäten[545] und bieten den eingeschlossenen Unternehmen neue Möglichkeiten zur Erzielung von Wettbewerbsvorteilen gegenüber Unternehmen außerhalb des Netzwerks, die wiederum Teile anderer Netzwerke sein können. Diese kooperativ-geprägten Organisationsformen führen folglich dazu, daß der Wettbewerb von "Unternehmen gegen Unternehmen" zunehmend durch die Dimension des Wettbewerbs von "Netzwerk gegen Netzwerk" ergänzt bzw. substituiert wird. Folglich kommt es auch zu einem neuartigen Wettbewerbsverhalten der Unternehmen und damit verbunden zu Regelveränderungen.[546]

Unternehmen, die die Regeln verändern wollen, sollten daher die Grenzen des eigenen Unternehmens "überwinden", indem gezielt nach Möglichkeiten zum Aufbau von bzw. zur Einbindung in interorganisationale Netzwerke gesucht wird. Wie im folgenden deutlich wird, liefert das zu entwickelnde Framework hierzu einen wesentlichen Beitrag. Ergänzer - als Gegenstück zu Wettbewerbern[547] - werden als Element des Wettbewerbsfelds betrachtet und sind folglich Gegenstand der strategischen Analyse. Unternehmensübergreifende Kooperation, die wiederum die Basis für interorganisationale Netzwerke darstellen, werden damit zu einem tragenden Grundgedanken des Frameworks.

---

[543] Vgl. hierzu Picot/Reichwald/Wigand (1996), S. 56ff.

[544] Vgl. zum Begriff Wüthrich/Philipp/Frentz (1997), S. 83ff.; Sydow (1993), S. 54ff. oder Jarillo (1988), S. 31ff. sowie die Ausführungen in Kapitel IV. 3.2.3.3.

[545] Vgl. Sydow (1993), S. 79

[546] Vgl. hierzu Kapitel II. 3.2., wo auf den Wirkungszusammenhang zwischen Wettbewerbsverhalten und -regeln eingegangen wird.

[547] Wobei keine dichotomische Einteilung in Wettbewerber und Ergänzer vorgenommen werden sollte, da Unternehmen in unterschiedlichem Kontext beide Funktionen im Sinne von "sowohl als auch" erfüllen können.

2.   Heuristischer Denkrahmen als Abbildung des Unternehmens in seiner Umwelt

Die Veränderung von Wettbewerbsregeln verlangt die Genese strategischer Innovationen. Ansatzpunkte hierfür finden sich im Zusammenspiel des Unternehmens mit seiner Umwelt. Die spezifischen Ressourcen bilden dabei die Basis für die Stärken und Schwächen des Unternehmens. Aus der Umwelt resultieren potentielle Gelegenheiten und Bedrohungen. Aus Unternehmenssicht gilt es diese unternehmensinternen und -externen Faktoren zu identifizieren bzw. miteinander zu verbinden und zwar unter Verwendung der Suchperspektiven des Explorierens, Entdeckens und Entwickelns. Basis des Frameworks, das hierzu einen Beitrag leisten soll, bildet ein *heuristischer Denkrahmen*: Er systematisiert die Unternehmensumwelt dadurch, daß Umweltbereiche und -elemente unterschieden sowie Verknüpfungen zwischen diesen aufgezeigt werden. Aus dem umfassenden Denkrahmen leiten sich verschiedene Analysebereiche sowie ein schöpferischer Analyseprozeß zur Genese strategischer Innovationen ab. Der Denkrahmen soll dem Unternehmen ein analytisches Durchdringen der Unternehmens-Umwelt-Interaktion ermöglichen, wobei gezielt ein Freiraum geschaffen wird, um neue Ideen zu entwickeln und diese "gedanklich zu testen". Des weiteren dient der Denkrahmen als "neue Brille", die im Gegensatz zur traditionellen strategischen Analyse, zu einer neuen Betrachtungsweise verhilft.

Abb. 19: Heuristischer Denkrahmen

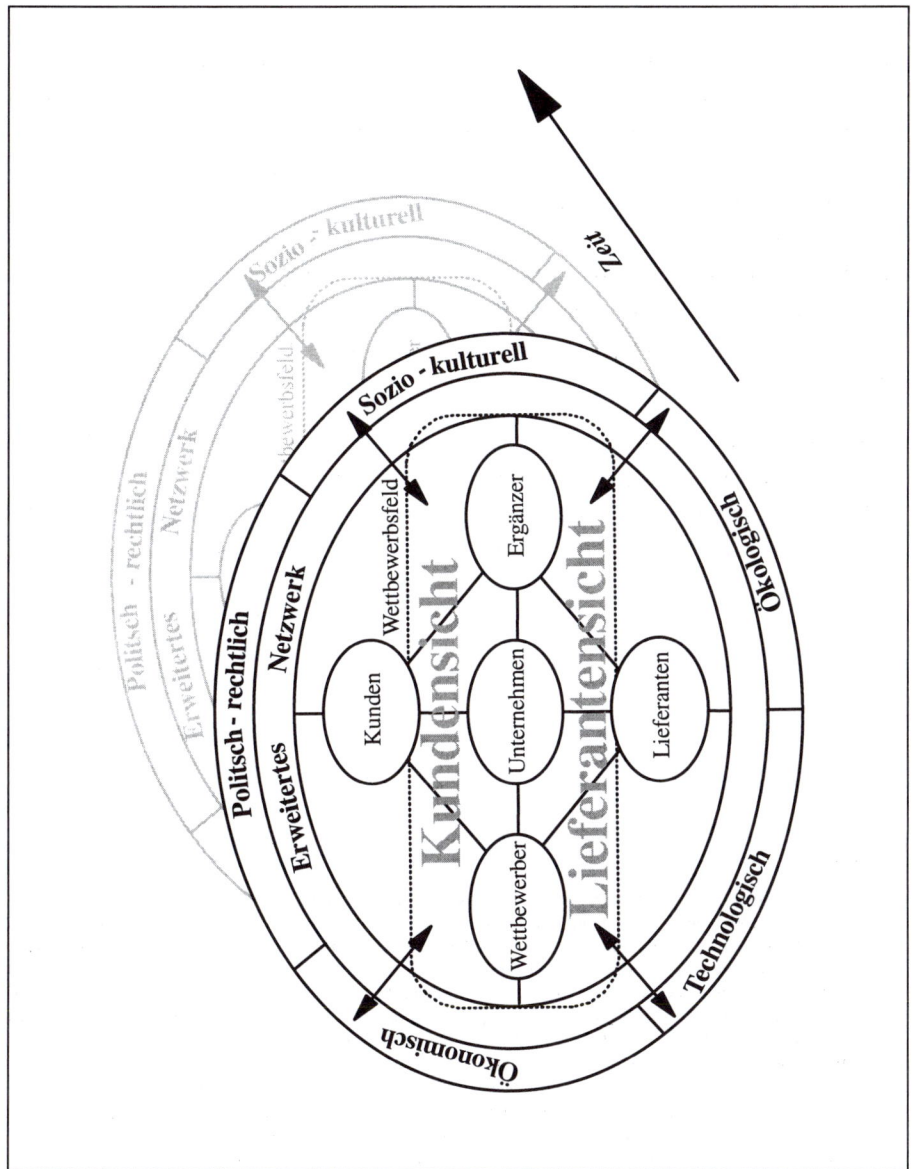

2.1.   Unternehmen als Kern eines Netzwerks

Das Unternehmen ist Kern eines Netzwerks.[548] In vertikaler Richtung steht das Unternehmen mit Lieferanten und Kunden in Verbindung. Vereinfacht dargestellt, verwendet das Unternehmen die von den Lieferanten zur Verfügung gestellten Ressourcen zur Erstellung von Produkten, die es dann an Kunden liefert. Zu den Lieferanten zählen neben externen Zulieferunternehmen auch Kapitalgeber und Mitarbeiter. In horizontaler Richtung bestehen Beziehungen zwischen dem Unternehmen und den Wettbewerbern bzw. Ergänzern.[549] Sie bilden zusammen das Wettbewerbsfeld. Wettbewerber und Ergänzer lassen sich aus zwei Perspektiven bestimmen, nämlich aus Kundensicht und aus Lieferantensicht.[550] Das Unternehmen, die Lieferanten, die Kunden, die Wettbewerber und die Ergänzer werden im folgenden als Netzwerkelemente bezeichnet.

Traditionell werden Wettbewerber als Unternehmen derselben Branche betrachtet, d.h. Unternehmen, die ähnliche oder gleiche Produkte herstellen. Der hier vertretene Wettbewerbsbegriff ist umfassender und überschreitet die herkömmlichen Branchengrenzen. Nicht die Art des Produkts ist Definitionsgrundlage, sondern der Wert bzw. Wertgewinn, den das Produkt liefert.

---

[548]   Die Darstellung des Unternehmens als Kern eines Netzwerks basiert auf dem von Brandenburger/Nalebuff (1995), S. 59ff. und Brandenburger/Nalebuff (1996), S. 16ff. dargestellten Value-net. Brandenburger/Nalebuff versuchen auf Basis spieltheoretischer Ansätze ein Framework zu entwickeln, das Unternehmen hilft, "the game of business" zu verändern. Das Value-net wird dabei als "Schematic map" zur Visualisierung der Spieler und der Interdependenzen zwischen den Spielern verwendet. Die vorliegende Arbeit übernimmt einige Grundgedanken und Konzepte der Autoren, baut sie weiter aus und fügt Ergänzungen hinzu. Die stark spieltheoretische Argumentation von Brandenburger/Nalebuff wird dabei vor allem durch Ansätze des Resource-based-view vervollständigt und teilweise auch relativiert.

[549]   Brandenburger/Nalebuff (1996) sprechen von "Competitors" und "Complementors". Die Wortschöpfung "Complementor" wird als Gegenstück zu Competitor verstanden; vgl. auch Grove (1996), S. 29, der Ergänzer als eine sechste Wettbewerbskraft (neben den von Porter beschriebenen fünf Wettbewerbskräften) versteht. Aufgrund der gleichen Interessenlage und Entwicklungsrichtung wie das Unternehmen bezeichnet er sie als "Fellow travellers".

[550]   Vgl. Brandenburger/Nalebuff (1996), S. 16ff.

		Perspektive	
		Kundensicht	Lieferantensicht
Funktion	Ergänzer	Das Produkt von Unternehmen A verschafft dem Kunden einen höheren Wertgewinn, wenn er gleichzeitig das Produkt von Unternehmen B bezieht.	Die Belieferung von Unternehmen A mit Ressourcen verschafft dem Lieferanten einen höheren Wertgewinn, wenn er gleichzeitig Unternehmen B beliefert.
	Wettbewerber	Das Produkt von Unternehmen A verschafft dem Kunden einen niedrigeren Wertgewinn, wenn er gleichzeitig das Produkt von Unternehmen B bezieht.	Die Belieferung von Unternehmen A mit Ressourcen verschafft dem Lieferanten einen niedrigeren Wertgewinn, wenn er gleichzeitig Unternehmen B beliefert.

Abb. 20: Bestimmung von Wettbewerbern und Ergänzern[551]

Die Einteilung von Unternehmen in Wettbewerber und Ergänzer ist perspektiven- und kontextabhängig:[552]

- Unternehmen können aus Lieferantenperspektive Wettbewerber, aus Kundensicht jedoch Ergänzer sein (bzw. umgekehrt).
- Darüber hinaus können Unternehmen aus Sicht eines *bestimmten* Lieferanten (bzw. Kunden) Wettbewerber, aus Sicht eines *anderen* Lieferanten (bzw. Kunden) jedoch Ergänzer sein.

---

551 Vgl. hierzu ähnlich Brandenburger/Nalebuff (1996), S. 16ff.

552 Vgl. hierzu die bei Brandenburger/Nalebuff (1996), S. 16ff. aufgeführten Beispiele; vgl. auch Chakravarthy (1996), S. 14. Er weist im Zusammenhang mit der zunehmenden Umweltdynamik darauf hin, daß die Grenzen zwischen "Competitors and collaborators" verwischen und Unternehmen oft beides sind.

Deshalb ist eine differenzierte Betrachtung des Netzwerks notwendig und eine dichotomische Einteilung der Unternehmen in Wettbewerber und Ergänzer zu vermeiden.

2.2.   Abnehmender Differenzierungsgrad: Über ein erweitertes Netzwerk zur allgemeinen Umwelt

Das Netzwerk des Unternehmens, bestehend aus Wettbewerbern, Kunden, Ergänzern und Lieferanten entspricht im wesentlichen der Aufgabenumwelt des Unternehmens. Der Übergang zur allgemeinen Umwelt ist fließend. Dabei nimmt der Differenzierungsgrad ab, d.h. die Unterscheidung zwischen einzelnen Akteuren und die Beschreibung ihrer Interaktionen weicht einer Einteilung in lediglich rahmensetzende Umweltsegmente (allgemeine Umwelt unterteilt in ökonomisch, politisch-rechtlich, sozio-kulturell, ökologisch und technologisch). Zwischen dem Netzwerk des Unternehmens und der allgemeinen Umwelt läßt sich eine weitere Betrachtungsebene einziehen, die des erweiterten Netzwerks. Jedes der Netzwerkelemente bildet dabei wieder den Mittelpunkt eines eigenen Netzwerks.[553]

Mit den Elementen des erweiterten Netzwerks bestehen oft keine direkten Interaktionen im Rahmen der Sachzielerfüllung des Unternehmens. Dennoch wirken sie indirekt stark auf die Struktur des Netzwerks, die Wettbewerbsregeln und damit auf das im Wettbewerbsfeld beobachtbare Wettbewerbsverhalten ein. Das Unternehmen muß deshalb ihre Wirkungen verstehen und diese entsprechend in die strategischen Überlegungen zur Veränderung von Wettbewerbsregeln mit einbeziehen. So wirken sich z.B. die Bedürfnisse des "Kunden des Kunden" indirekt auf die Anforderungen aus, die an die Produkte des Unternehmens gestellt werden. Gelingt es dem Unternehmen, diese Bedürfnisse besser zu verstehen und durch eine entsprechende Produktgestaltung zu befriedigen, wird dadurch ein Wertgewinn für den Kunden geschaffen.

2.3.   Zeitliche Dimension und Wechselbeziehungen

Bei der Abbildung des Unternehmens in seiner Umwelt in Form des dargestellten Denkrahmens sind zwei Aspekte von zentraler Bedeutung:

---

[553]   Vgl. Brandenburger/Nalebuff (1996), S. 27f., die in diesem Zusammenhang vorschlagen, für jedes Element ein eigenes Netzwerk zu erstellen.

- Die *Wechselbeziehungen zwischen den Netzwerkelementen untereinander* sowie zwischen den *Elementen und der Umwelt* (in Form des erweiterten Netzwerks und der allgemeinen Umwelt).

- Die *zeitliche Veränderung* der Netzwerk-Umwelt-Konstellationen.

Die Elemente des Netzwerks stehen erstens untereinander und zweitens mit der sie umgebenden Umwelt in Wechselbeziehungen. Innerhalb des Netzwerks bestehen Interaktionen in Form von Austauschbeziehungen (z.B. Informations- oder Warenaustausch) oder arbeitsteiligen Prozessen (z.B. Forschungs- und Entwicklungskooperationen). Darüber hinaus stehen die Zielsetzungen der einzelnen Netzwerkelemente in kongruentem oder konfliktärem Verhältnis zueinander. Auch zwischen Netzwerk und Umwelt besteht ein Wechselspiel: Zum einen gibt die Umwelt Rahmenbedingungen für das Netzwerk vor, zum anderen beeinflussen sowohl die einzelnen Elemente, als auch das Netzwerk in seiner Gesamtheit die Umwelt bzw. einzelne Umweltfaktoren. Insofern besteht zwischen dem Verhalten (bzw. dem intendierten Verhalten) jedes Elements[554] und dem Verhalten anderer Elemente ein direkter bzw. indirekter Zusammenhang.[555] Es entsteht ein "complex system of cooperative and competitive interactions."[556]

Wird das Netzwerk und die Umwelt als ein zusammengesetztes, komplexes (und dynamisches) System[557] betrachtet, so relativiert sich die Vorhersehbarkeit zukünftiger Entwicklungen. Komplexe Systeme sind nicht-deterministisch und weisen "emergent properties" auf. Aufgrund von positivem und negativem Feedback zwischen den Elementen verhält sich solch ein komplexes System nicht linear. Bereits kleine Änderungen können die Ursache von großen Veränderungen sein. Insofern ist auch eine *detaillierte, langfristige Prognose* der Auswirkungen des Verhaltens einzelner Elemente auf das Verhalten des Gesamtsystems nicht möglich.[558] Die Zukunft gleicht einem "Cone of possibility"[559]. Das Unternehmen als Teil des

---

[554] Dabei soll das Verhalten der Umwelt, das wiederum ein Zusammenspiel vieler, aus Unternehmenssicht nicht mehr differenzierbarer Elemente ist, miteingeschlossen werden.

[555] Das Netzwerk kann damit als offenes "Subsystem", als Teil eines größeren "Supersystems" betrachtet werden, welches das erweiterte Netzwerk bzw. die allgemeine Umwelt mit beinhaltet. Je nach Betrachtungsweise bilden die Netzwerkelemente wiederum Subsysteme des Systems Netzwerk (dies ist dann der Fall, wenn man die Vorgänge innerhalb der Netzwerkelemente, also z.B. innerhalb des Wettbewerber bzw. des Unternehmens, analysieren will) oder sind "Elemente" im systemtheoretischen Sinn, d.h. Bestandteile eines Systems, die nicht weiter aufgeteilt werden sollen oder können (vgl. zum Systembegriff Ulrich (1970), S. 105ff.).

[556] Stacey (1996), S. 187

[557] Vgl. McMaster (1996), S. 151, der den Begriff des "compound complex adaptive system" verwendet.

[558] Vgl. zu komplexen Systemen und zum Gegenstand der "Complexity science" McKergow (1996), S. 721ff.; Stacey (1996), S. 182ff.

Netzwerks und seiner Umwelt wird damit zum "Mitgestalter" zukünftiger, nicht-determinierter Entwicklungen: "Your world is under active construction, you are part of the construction crew - and there is not any blueprint."[560]

Zur aktiven Mitgestaltung bedarf das Unternehmen zunächst eines möglichst konkreten und detaillierten Verständnisses seiner *aktuellen Welt*, um den Handlungsspielraum sowie mögliche direkte Auswirkungen bestimmter Handlungen abschätzen zu können. Des weiteren benötigt das Unternehmen für sich selbst eine richtungsweisende gedankliche Konstruktion der zukünftigen Welt, deren Realisierung es anstrebt. Die Forderung "to create the future"[561] impliziert einen kreativen Akt, bei dem sich das Unternehmen von bestehenden Beschränkungen löst. Im Zeitverlauf ist aufgrund der schwierigen Prognose zukünftiger Entwicklung eine fortlaufende Rekonstruktion dieser gedanklichen Konstruktion vorzunehmen, um so neu entstehenden Gelegenheiten und Bedrohungen gerecht zu werden.[562] Strategien sollten deshalb auch adaptiven Charakter aufweisen, so daß sie an unerwartet aufkommende Entwicklungen angepaßt werden können.[563] Strategien vermitteln nicht nur Fokus und Zielrichtung, sondern sollten darüber hinaus auch robust sein, d.h. unter verschiedenen alternativen Zukunftsszenarien funktionieren.[564]

Der heuristische Denkrahmen dient dazu, sowohl die gegenwärtige Welt des Unternehmens, als auch die angestrebten, zukünftigen Welten als ein verknüpftes Ganzes transparent zu machen.

---

[559] Vgl. McMaster (1996), S. 150

[560] Lane/Maxfield (1996), S. 216

[561] Vgl. z.B. Whitehill (1996), S. 146ff.; Godet/Roubelat (1996), S. 164ff.; Raimond (1996), S. 208ff.

[562] Vgl. hierzu Lane/Maxfield (1996), S. 215ff. Basierend auf Erkenntnissen und Ansätzen der "Complexity science" und einem Fallbeispiel eines Telekommunikationsunternehmens stellen die Autoren die "Konstruktion der Welt" des Unternehmens (sie sprechen von "populating the world") als zentrale Anforderung an das strategische Management dar.

[563] Vgl. McMaster (1996), S. 152

[564] Vgl. Beinhocker (1997), S. 33ff. Das Unternehmen muß dadurch notwendigerweise Dualitäten managen, indem es sich einerseits fokussiert (z.B. auf bestimmte Märkte, Entwicklung bestimmter Kompetenzen), sich aber gleichzeitig die Chance bewahrt, unter alternativen Entwicklungen trotzdem erfolgreich zu sein und dadurch teilweise gegensätzliche Ansätze verfolgt.

3.   **Identifikation von bestehenden Wettbewerbsregeln und deren Bestimmungs-
        faktoren sowie von Ansatzpunkten zur Regelveränderung**

Ausgangspunkt zur Veränderung von Wettbewerbsregeln ist der Regelbruch. Folglich ist es
für Unternehmen wichtig, zunächst die bestehenden Regeln eines Wettbewerbsfelds zu verstehen. Anita Roddick, Gründerin des Unternehmens "The Body Shop", hierzu: "I watch
where the cosmetics industry is going and then walk in the opposite direction." [565] Gleichzeitig
müssen konkrete Ansatzpunkte zur Regelveränderung identifiziert und in strategische Innovationen umgesetzt werden.

Der bereits dargestellte heuristische Denkrahmen wird in einzelne, in sich homogene, *modulare Analysebereiche* zerlegt, um das Framework für den Anwender operationaler und flexibler zu machen. Dabei werden die wesentlichen Interdependenzen zwischen den Bereichen
aufgezeigt. Jeder der Analysebereiche dient dazu, bestimmte Teilaspekte der bestehenden
Wettbewerbsregeln bzw. deren Bestimmungsfaktoren zu durchleuchten. Werden alle Bereiche
durchlaufen, ergibt sich eine vollständige Bestandsaufnahme der Wettbewerbsregeln und
gleichzeitig erste Ansatzpunkte zur Regelveränderung.

In der folgenden Darstellung werden Fragen der Verknüpfung der Analysebereiche im Sinne
eines Analyseprozesses (Mit welchem Bereich beginne ich meine Analyse? Welche Implikationen hat dies für die nachfolgenden Analysen? Lege ich meiner Analyse die inside-out oder
die outside-in Perspektive zugrunde? Etc.) nicht und Aspekte einer zukünftigen Veränderung
des Netzwerks und der Umwelt (Wie kann ich die Problematik der Unvorhersehbarkeit zukünftiger Entwicklungen im Rahmen meiner Analyse bewältigen? Etc.) nur bedingt adressiert.
Sie werden in Kapitel IV. 4. unter dem Begriff des "schöpferischen Analyseprozesses" behandelt.

3.1.   Analyse des Unternehmens

Durch die Analyse des Unternehmens sollen Möglichkeiten zur Regelveränderung identifiziert
werden, die im Unternehmen selbst begründet liegen. Dies sind in erster Linie:

(1)   Eine innovative Geschäftsdefinition, da diese die grundlegende Betrachtungsweise des
        Wettbewerbsfelds vorgibt.

---

[565]   Anita Roddick, zitiert nach: Hamel (1996), S. 71

(2) Der Einsatz von Unternehmensressourcen mit Potential zur Veränderung von Wettbewerbsregeln.

(3) Eine Neukonfiguration des Geschäftssystems.

Obwohl die Unternehmensanalyse aus Operationalisierungsgründen zunächst getrennt von
den anderen Bereichen dargestellt wird, ist letztendlich eine integrierte Betrachtungsweise
notwendig. So sind z.b. Ressourcen nur dann zum Aufbau dauerhafter Wettbewerbsvorteile
geeignet, wenn sie Potential zur Nutzenstiftung für den Kunden bieten. Dies erfordert eine
Analyse der Kundenbedürfnisse (im folgenden als Teil der Netzwerkanalyse dargestellt).
Auch der Grad der "Einzigartigkeit" von Ressourcen bedingt einen externen Vergleich mit
den Wettbewerbern des Wettbewerbsfelds.

3.1.1.   Entwicklung einer innovativen Geschäftsdefinition

Wie bei Individuen, so kann auch bei Unternehmen eine spezifische Identität festgestellt werden. Die Identität definiert das Unternehmen über einen Kern grundlegender Eigenschaften,
die sich aus den strukturellen Gegebenheiten, der strategischen Grundhaltung, der Verfassung,
der Unternehmenskultur und den Kernfähigkeiten (bzw. -kompetenzen) rekonstruieren lassen.
Sie läßt selbst unterschiedlichste Aktivitäten als "typisch" für das Unternehmen erscheinen
und prägt das Bild bzw. Image des Unternehmens sowohl nach außen, z.B. bei Kunden und
Wettbewerbern, als auch nach innen bei den Mitarbeitern. Aufgabe des strategischen Managements ist es, festzustellen, was die Identität ausmacht bzw. was sie zukünftig ausmachen
soll, um sie zu einer widerspruchsfreien und strukturierten Einheit weiterzuentwickeln. Besteht eine klare Identität, wird auch die Formierung der Unternehmensaktivitäten zu einem
stimmigen Ganzen unterstützt.[566]

Ausdruck findet die Identität (bzw. die angestrebte Identität) des Unternehmens in seiner Geschäftsdefinition: "The starting point for the formulation of strategy must be some statement
of the firm's identity and purpose ... that answers the question: *"What is our business?"*[567]
Unabhängig davon, ob in kodifizierter Form, z.B. als "Mission-statement", oder in den
"Köpfen der Mitarbeiter", die Geschäftsdefinition bestimmt wesentlich die "Brille des Unter-

---

[566] Vgl. Kirsch (1997), S. 331ff., 292ff.

[567] Grant (1995), S. 115; vgl. auch Bartlett/Ghoshal (1994), S. 79ff. Sie führen das Beispiel von Komatsu an,
die mit dem plakativen Ausdruck "Growth, Global, Groupwide" (drei Gs) ihren "Corporate purpose" zum
Ausdruck bringen. Durch die "drei Gs" werden alle Mitarbeiter des Unternehmens angehalten, neue
Wachstumsoptionen durch internationale Expansion und Nutzung der Kompetenzen zu suchen.

nehmens", durch die Wettbewerbsfelder betrachtet werden. Denn durch Definition dessen, was das Unternehmen grundsätzlich als sein Geschäft versteht, wird zwangsläufig auch festgelegt, wer tatsächliche (oder potentielle) Wettbewerber bzw. Ergänzer sind. Eine neuartige Geschäftsdefinition kann damit Ausgangspunkt für die Neudefinition des Wettbewerbsfelds[568] sein, die wiederum den Impuls zu einer Regelveränderung darstellen kann. So stellt z.b. SIMON bei seiner Analyse der "Hidden Champions"[569] fest, daß diese erfolgreichen Unternehmen die Geschäftsdefinition (bzw. Marktdefinition)[570] der Konkurrenz ablehnten und stattdessen völlig eigenständige, neue Definitionen entwickelten.[571]

Um zu neuen, einzigartigen Geschäftsdefinitionen zu gelangen, müssen sich die Unternehmen folgende Fragen stellen:

(1) Besteht zwischen der Geschäftsdefinition und der gewachsenen Identität des Unternehmens ein grundsätzlicher "Fit"?

TREGOE/ZIMMERMANN[572] führen den metaphorischen Begriff der treibenden Kraft ein. Sie verbinden damit die These, daß Unternehmen vor allem dann erfolgreich sind, wenn sie von einer eindeutigen Kraft getrieben werden, die bestimmt, was das Unternehmen tut bzw. nicht tut. Hinter dieser These verbirgt sich, daß Aktivitäten, die nicht zum Unternehmen passen, also der gewachsenen Unternehmensidentität widersprechen, wenig erfolgversprechend sind. Da die Unternehmensidentität aus einem Kern mehrerer Eigenschaften besteht und auch empirisch kein Beleg für eine Rückführung des Erfolgs auf eine treibende Kraft vorliegt, kann von mehreren treibenden Kräften ausgegangen werden.[573] Definiert das Unternehmen sein Geschäft konträr zur gewachsenen Unternehmensidentität, werden die Wettbewerbsaktivitäten nicht zum Unternehmen passen und folglich wenig aussichtsreich sein.

---

[568] Vgl. hierzu Kapitel III. 2.2.1.

[569] Simon (1996) hat bei ca. 500 kleinen und mittelgroßen Unternehmen die erfolgsbestimmenden Faktoren untersucht. Auswahlkriterien waren eine überragende Marktstellung (Nr.1 bzw. Nr. 2 auf dem Weltmarkt oder Nr. 1 auf dem europäischen Markt), ein Umsatz unter 1,5 Mrd. DM und ein geringer Bekanntheitsgrad.

[570] Simon (1996), S. 44f. verwendet Markt- und Geschäftsdefinition synonym.

[571] Vgl. Simon (1996), S. 44f.

[572] Vgl. Tregoe/Zimmermann (1981)

[573] Vgl. Kirsch (1997), S. 331ff.

(2) Bestehen Möglichkeiten neuartiger Geschäftsdefinitionen, die sich von denen der Wettbewerber unterscheiden?

Das Unternehmen kann produkt-, kunden- oder ressourcen-/kompetenzorientierte Definitionsansätze in Erwägung ziehen. Traditionell sind produktorientierte Definitionsansätze vorherrschend.[574] Folglich bieten sie wenig Potential für Neues. Kundenorientierte Definitionsansätze, die die Kundenbedürfnisse in den Vordergrund stellen, bieten ein größeres Potential, aus bestehenden Konventionen auszubrechen, da sie grundsätzlich die traditionellen Vorstellungen von der Branche als "Wettbewerbsarena" sprengen. Die ressourcen- bzw. kompetenzorientierten Definitionsansätze lösen sich vollständig von Markt- oder Branchenbetrachtungen. Da die Ressourcenverteilung zwischen den Unternehmen heterogen ist und speziell Kompetenzen einen unternehmensspezifischen Charakter besitzen, sinkt auch die Wahrscheinlichkeit einer identischen Geschäftsdefinition durch Wettbewerber. Damit beinhalten sie das größte Potential für eine Neudefinition des Wettbewerbsfelds. Des weiteren bieten sie aufgrund der sich ständig wandelnden Kundenbedürfnisse und Produktkategorien (z.B. durch neue Technologien) mehr Stabilität für die langfristige Unternehmensentwicklung als die externorientierten Definitionsansätze.[575] Um konträre und unkonventionelle Ansätze zu finden, muß das Unternehmen auch die Geschäftsdefinitionen der (potentiellen) Wettbewerber näher analysieren.

Fallbeispiel 7:   Blockbuster - Veränderung von Wettbewerbsregeln und Expansion auf Basis einer bedürfnisorientierten Geschäftsdefinition[576]

Blockbuster Video wurde 1985 von David Cook gegründet.[577] Cook war ein Entrepreneur, der sein erstes Kapital mit Computerprogrammen für die Immobilien- und Ölbranche erwirtschaftet hatte und nach neuen Investitionsmöglichkeiten suchte. Er entwickelte die

---

[574] Vgl. Markides (1997), S. 13ff; Simon (1996), S. 44f.

[575] Vgl. Grant (1991), S. 116

[576] Das folgende Fallbeispiel basiert auf einem Gespräch mit Herrn Rollo (Geschäftsführer der Blockbuster Video Deutschland GmbH). Des weiteren wurde auf diverse Analystenberichte, Zeitschriftenartikel sowie die Publikation von DeGeorge (1996) zur Entstehungsgeschichte von Blockbuster zurückgegriffen (vgl. entsprechende Fußnoten).

[577] 1986 wurde das Unternehmen in Blockbuster Entertainment Corp. umbenannt. Im folgenden wird verkürzt von "Blockbuster" gesprochen, wobei schwerpunktmäßig das Videogeschäft, des heute diversifizierten Unternehmens, untersucht wird.

Kernelemente eines innovativen Videoverleihkonzepts, das später die gesamte Videobranche revolutionieren sollte (so z.B. die Idee der "Superstores", d.h. Geschäfte mit deutlich größerer Verkaufsfläche und einem breiten Angebot an Videokassetten oder die Verpflichtung keine "X-rated films" (jugendgefährdende Filme) anzubieten, die später zum erfolgreichen Slogan des "America's Family Video Store" führten). 1986 übernahm Wayne Huizenga zusammen mit anderen Investoren 60% der damals 19 Geschäfte umfassenden Videokette. Huizenga, heute Symbol für "den" erfolgreichen amerikanischen Unternehmer, baute Blockbuster zum diversifizierten Unterhaltungsunternehmen und weltweit größten Video-retailer[578] mit über 3.800 Geschäften[579] aus. Im Jahre 1994 verkaufte er Blockbuster an den Medienkonzern Viacom.[580]

Ausgangssituation von Blockbuster und Kernelemente des "Blockbuster-Konzepts"

Mitte der achtziger Jahre begann in den USA ein Videoboom. Der Videorecorder entwikkelte sich aufgrund der rasch fallenden Preise zum Standard-Unterhaltungsgerät der US-Amerikaner. Bereits 1985 besaßen 28% der "Fernsehhaushalte" ein Videogerät und man rechnete mit einer Verdoppelung des Prozentsatzes in den folgenden fünf Jahren. Eine Vielzahl von Kleinunternehmern gründete Videotheken, um von diesem Boom zu profitieren. Innerhalb von nur drei Jahren wuchs die Anzahl der Videotheken von 7.000 in 1986 auf geschätzte 19.000 in 1989. Selbst Supermärkte, Buchläden, Musikgeschäfte etc. begannen mit dem Videoverleih. Der stark fragmentierte Markt war gekennzeichnet durch niedrige Eintrittsbarrieren und ein hohes Wachstumspotential.[581] In diesem Umfeld begann Blockbuster mit einem innovativen Konzept, das sich von dem "Videoladen an der Ecke" stark unterschied:

- *Geschäft im Superstore-Format*
  Die Geschäfte von Blockbuster sind typischerweise ca. 560 m^2 groß und bieten ein breites Sortiment von ca. 10.000 Videos an, weit mehr als die branchentypischen Kleinvideotheken.[582] Bei Blockbuster werden nicht nur die Kassettenhüllen in den Regalen

---

[578]   1991 begann Blockbuster erstmals mit dem Verkauf von Videokassetten (vgl. W.I. Carr (1991), o. S.). Der Videoverleih blieb jedoch nach wie vor Hauptumsatzträger.

[579]   Stand 1994. Diese umfassen sowohl eigene Geschäfte als auch Franchise-Niederlassungen.

[580]   Vgl. DeGeorge (1996), S. 92ff.; Merril Lynch Capital Markets (1994), o.S.

[581]   Vgl. DeGeorge (1996), S. 92ff.

[582]   Vgl. W.I. Carr (1991), o.S.

plaziert, sondern auch die Videobänder, so daß sich der Kunde selbst bedienen kann. Alle Geschäfte weisen ein einheitliches Ladendesign auf.

- *Freie Mitgliedschaft und transparente Preisbildung*
  Anders als die meisten anderen Videotheken verlangt Blockbuster keine Mitgliedschaftsgebühren. In den ersten sechs Jahren war die Ausleihgebühr in fast allen lokalen Märkten einheitlich: 3 USD für zwei Nächte. Im September 1991 wurde für neu herausgekommene Filme eine Gebühr von 2,50 USD pro Nacht verlangt, was dazu führte, daß bei diesen Filmen eine höhere Umschlagrate erzielt werden konnte. Die Konkurrenz, die bis dahin oft davon profitierte, daß bei Blockbuster neue Filme vergriffen waren, wurde einem noch stärkeren Wettbewerbsdruck ausgesetzt.[583]

- *Neue Zielgruppe und der Aufbau eines Markenimage als "America's Family Video Store"*
  Blockbuster nahm von Anfang an keine "X-rated films" ins Angebot auf. Unterstützt von gezielten Marketingaktivitäten adressierte Blockbuster konsequent die Familie als Zielgruppe und baute ein Markenimage als "America's Familiy Video Store" auf. Damit nutzte Blockbuster den beginnenden Wandel vom Erwachsenen als typischem Videokonsumenten hin zu älteren Kindern und Familien. Gleichzeitig wurde aber auch das etwas unseriöse Image der Branche korrigiert und Videos als gesellschaftlich akzeptierte Unterhaltungsform propagiert[584], was wiederum zu einer Belebung des Marktes insgesamt führte.[585]

- *Nutzung von innovativen Technologien*
  Von Beginn an setzte Blockbuster auf die gezielte Nutzung von Technologie. Mit Hilfe der Barcode-Scanner-Technologie wurden die Ausleihvorgänge beschleunigt und vereinfacht. Des weiteren bildete sie die Basis für ein effizientes Lager- und Distributionsmanagement. Weitaus wichtigster Effekt der Technologie, die in der Anfangsphase von Blockbuster eine Brancheninnovation darstellte, war der Aufbau einer zentralen Kundendatenbank, in der die demographischen Merkmale der Kunden, deren Ausleihvorgänge etc. gespeichert wurden. In der Expansionsphase des Unternehmens bildete diese

---

[583] Vgl. W.I. Carr (1991), o.S.

[584] Insbesondere in Deutschland ist dieses Negativimage immer noch vorhanden. Blockbuster Deutschland war der erste Videoverleiher, der gezielt eine Imagekorrektur versuchte.

[585] Hierzu Cook, Firmengründer von Blockbuster: "A lot of families came to our store only - not because of the selection and not because of the long hours and not because of the convenient check-out ..., they came because they didn't mind their kids running around the store because they wouldn't see any garbage." (DeGeorge (1996), S. 97).

Kundendatenbank[586] eine strategisch bedeutende Ressource. Zum einen konnten die Kunden proaktiv und gezielt adressiert werden, z.b. über Mailingaktionen, die neue Filme an Kunden mit entsprechendem Ausleihverhalten avisierten. Zum anderen wurde die Datenbank bei der Diversifikation in neue Geschäftsfelder, wie z.B. die Filmproduktion oder den Musikeinzelhandel, als Marketinginstrument genutzt.[587] Die Kundendatenbank war (und ist) für Blockbuster eine Ressource mit Potential zur Veränderung der Wettbewerbsregeln.

Neudefinition des Wettbewerbsfelds - Nationales statt lokales Geschäft

Das Videoverleihgeschäft war ursprünglich stark fragmentiert, lokal und durch niedrige Eintrittsbarrieren gekennzeichnet. Huizenga sah im Aufbau eines nationalen Markennamens sowie der Ausnutzung von Größeneffekten (z.B. beim Filmeinkauf) eine Möglichkeit, die Wettbewerbsregeln in der Branche zu verändern und Blockbuster anhaltende Wettbewerbsvorteile zu verschaffen. Voraussetzung hierfür war ein schnelles Wachstum.

"Huizenga knew the key to Blockbuster's success was growth - at nearly any cost. The company needed to open new stores, buy existing chains, consolidate operations and build enough mass in markets to support advertising and create a loyal base of Blockbuster card-carrying customers."[588]

Neben dem organischen Wachstum verfolgte Huizenga eine konsequente Akquisitionsstrategie. Bereits in den ersten 16 Monaten als Mehrheitseigner von Blockbuster übernahm er zwei Videoverleihketten und vergrößerte das Unternehmen auf 250 Geschäfte. 1989 übernahm Blockbuster seinen Hauptwettbewerber Major Video und eliminierte dadurch eine potentielle starke Nummer 2 im Videogeschäft. Mit Erol's akquirierte Blockbuster 1990 eine weitere große Videoverleihkette. Diese Akquisitionsstrategie zerstörte "what had been a party for a lot of entrepreneurs"[589]. Im Jahre 1994, als Huizenga das Unternehmen an Viacom verkaufte und seinen Austritt aus der Geschäftsführung ankündigte, hatte Blockbuster eine überragende Marktdominanz erreicht: Mit einem nationalen Marktanteil

---

[586] 1995 umfaßte die Datenbank mehr als 50 Millionen Kunden (vgl. Merrill Lynch Capital Markets (1995), o.S.).

[587] Zur Nutzung der Datenbank für neue Geschäfte vgl. Zbar (1994), o.S.

[588] DeGeorge (1996), S. 114

[589] Frank Molstad, Herausgeber von Video Store Magazine, zitiert nach: DeGeorge (1996), S. 144

von ca. 20%, war das Unternehmen größer als die 600 größten Wettbewerber zusammen-genommen.[590]

Die Geschäftsdefinition von Blockbuster - Unterhaltung statt Videoverleih

Obwohl der Großteil des Erfolgs von Blockbuster auf den Verleih von Videokassetten zu-rückgeht, besaß das Unternehmen von Anfang an eine Geschäftsdefinition, die nicht das Produkt "Video" allein in den Mittelpunkt stellte, sondern sich an den Bedürfnissen der Kunden orientierte:[591]

> "Unser Geschäft ist die Unterhaltung und nicht der Verleih von Videos. Dieses Geschäftsverständnis macht uns offen für neue Entwicklungen und sich daraus ergebende Chancen und Risiken. Aus dem Streben heraus, der optimale Anbieter für Unterhaltung zu sein, setzen wir uns ständig mit neuen Technologien ausein-ander, testen und experimentieren."[592]

Anfang der neunziger Jahre begann Blockbuster, basierend auf dieser Geschäftsdefinition, massiv neue Produkte einzuführen und in neue Geschäftsfelder vorzustoßen. Dabei wurden die Kompetenzen und strategisch relevanten Unternehmensressourcen (wie z.B. die Kun-dendatenbank) gezielt eingesetzt. Hierzu einige Beispiele:[593]

- *Vermietung von Videospielen*
  Blockbuster begann in seinen Geschäften Videospiele anzubieten. Zur gezielten Ver-marktung und sogar zur Spielentwicklung nutzte das Unternehmen die aufgebaute Kun-dendatenbank.

- *Superstore-Format im Musikeinzelhandel*
  Blockbuster versuchte, ein neues Format von Einzelhandelsgeschäften in der Musikbran-che zu etablieren. Die Geschäfte hatten typischerweise ca. 1.160 m² Fläche, 70 Sta-tionen, an denen Kunden Musiktitel hören konnten, 35 Videomonitore und ein Sorti-ment von ca. 50.000 Titeln. Das schwierige Wettbewerbsumfeld (Konkurrenz durch an-

---

[590] Vgl. zu den Marktanteilszahlen Merrill Lynch Capital Markets (1994), o.S.

[591] Dies zeigt sich bereits in der Namensgebung. Im Mai 1986, weniger als ein Jahr nach der Firmengründung, änderte der Firmengründer Cook den Namen von Blockbuster Video in Blockbuster Entertainment Corp. (vgl. DeGeorge (1996), S. 96).

[592] John M. Rollo, Interview

[593] Vgl. hierzu Merrill Lynch Capital Markets (1994), o.S.; Merrill Lynch Capital Markets (1995), o.S.; Ladenburg, Thalmann & Co. Inc. (1993), o.S.

dere regionale Superstores, Preiskrieg durch Discounter wie Wal-Mart, Zunahme des Produktanteils an CDs mit geringeren Margen etc.)[594] ließ trotz immenser Marketinganstrengungen eine Wiederholung der Erfolgsstory des Videoverleihgeschäfts nicht zu.

- *Filmbranche*
  Blockbuster hat mit der Beteiligung an Spelling, einem Unternehmen, das verschiedene Fernsehshows und Unterhaltungsprogramme produziert, den Zugang in das Filmproduktionsgeschäft gewagt. Auch dabei sollte die Kundendatenbank gezielt als Marketinginstrument eingesetzt werden.

- *Experimente mit neuen Technologien*
  In Kooperation mit IBM arbeitete Blockbuster an einem innovativen Distributionssystem auf Basis der Recording-on-demand Technologie. Digitalisierte Unterhaltungssoftware (z.B. Musik oder Videospiele) sollte von einem regionalen Server auf einen Computer im Geschäft geladen und dann auf CDs oder Videospielkassetten überspielt werden. Dadurch könnte die Produktpalette enorm erweitert und gleichzeitig die Lagerhaltungskosten drastisch reduziert werden. Durch dieses neue Leistungsangebot würde sich für den Kunden der Wertgewinn enorm steigern.

Übertragung des Konzepts auf neue regionale Märkte - Blockbuster in Deutschland

Wesentlich für den Erfolg von Blockbuster in den USA war die konsequente Etablierung eines Markenimages und eines Standards: Der Kunde kann sicher sein, daß jedes Blockbustergeschäft einen einheitlich hohen und konstanten Wertgewinn bietet. Damit reduziert sich das Risiko eines Fehlkaufs. Blockbuster versucht, die Kernelemente des Blockbuster-Konzepts auf andere regionale Märkte, wie Italien, Spanien und Deutschland zu übertragen und dort ebenfalls solch einen Standard zu schaffen.[595]

1995 erfolgte der Markteintritt von Blockbuster in Deutschland. Der erste Videoboom in Deutschland war bereits vorüber und der Videoverleihmarkt war in den vorausgegangenen Jahren sogar geschrumpft, von 1 Mrd. DM in 1991 auf 720 Mio. DM in 1994. Die Anzahl

---

[594] Zu Profilen und Strategie der Wettbewerber im Musikgeschäft vgl. Hisey (1996), o.S.

[595] Die Übertragung des Kernkonzepts auf andere regionale Märkte verlangt nach Ansicht von John M. Rollo eine gewisse Adaption. Erfahrungsgemäß können bei einer internationalen Expansion 80% des Kernkonzepts übernommen, 20% müssen den jeweiligen nationalen Gegebenheiten angepaßt werden. Die Herausforderung für die Unternehmensführung von Blockbuster besteht darin, den internationalen Töchtern den notwendigen Freiraum für Anpassungen zu lassen, gleichzeitig aber eine "Verwässerung" des Kernkonzepts von Blockbuster und damit eine Veränderung des Images zu verhindern.

der Videotheken war ebenfalls von 9.500 in 1990 auf 6.400 in 1994 zurückgegangen.[596] Anders als in den USA, entstand in Deutschland jedoch keine bedeutende nationale Videoverleihkette. Der Markt war nach wie vor fragmentiert und wurde unprofessionell bearbeitet. Das Negativimage des Videoverleihgeschäfts konnte bisher noch nicht vollständig beseitigt werden. Hierfür spielt, neben dem Angebot an pornographischen und gewaltverherrlichenden Filmen[597], die im Vergleich zu den USA eher kritische gesellschaftliche Haltung gegenüber dem Medium Fernsehen an sich eine wesentliche Rolle. Da jedoch 66% aller Haushalte einen Videorecorder besitzen und der Markt bisher nicht systematisch bearbeitet wurde, ging Blockbuster von einem "eingeschlafenen" Markt mit ungesättigter Nachfrage aus. So gibt es z.B. in Deutschland nur 7% leihaktive Haushalte, im Vergleich zu 21% in England und fast 30% in den USA.

Blockbuster Deutschland hatte sich zum Ziel gesetzt, dieses Marktpotential zu aktivieren und speziell die Familie als unterrepräsentierte Kundengruppe zu adressieren. Beim Markteintritt im Jahre 1995 setzte sich das Unternehmen einen Marktanteil von 30% bis 40% bis Ende 1999 zum Ziel, bei ca. 250 bis 300 Filialen im gesamten Bundesgebiet. Es wurde ein durchschnittlicher Jahresumsatz pro Blockbustergeschäft von 1,3 Mio. DM angestrebt, im Vergleich zum Branchendurchschnitt von 120.000 DM.[598] Neben dem Hauptumsatzträger Videoverleih wurden, ähnlich wie in den USA, auch Videospiele und CD-Roms zum Verleih angeboten, sowie Videos verkauft.[599]

Trotz der aggressiven Ziele von Blockbuster wurde deren Markteintritt nicht als gänzlich negativ und als Auftakt für einen reinen Verdrängungswettbewerb gesehen. Lackhoff vom Videofachhandel-Verband hierzu: "Wir erwarten einen zusätzlichen Umsatz für den Markt. Davon werden alle profitieren."[600] Die Branche hoffte also auch auf ein Revitalisierungseffekt (wie in Kapitel III. 1.1.2. dargestellt). Bei erfolgreicher Etablierung von Blockbuster im deutschen Markt, wäre mit einer Veränderung der Wettbewerbsregeln zu rechnen gewesen:

---

[596]   Vgl. Gillmann (1995), o.S.
[597]   Bei herkömmlichen deutschen Videotheken machen diese Filme ca. 28% des Umsatzes aus (vgl. Gillmann (1995), o.S.).
[598]   O.V. (1995), o.S.
[599]   Vgl. Gillmann (1995), o.S.
[600]   Lackhoff, zitiert nach: Gillmann (1995), o.S.

- Bis auf einige Nischenspieler würde sich die "breite Mitte" der Videotheken, um überhaupt wettbewerbsfähig zu bleiben, in ihrem Leistungsangebot an den von Blockbuster gesetzten Preis-/Leistungs-Standard annähern müssen.

- Die Kapitalintensität im Videothekengeschäft würde zunehmen. Das typische "1-Mann-Geschäft um die Ecke" würde abgelöst durch große, einladend gestaltete Videotheken.

Anfang Januar 1998 gab Blockbuster jedoch das *Scheitern der Strategie und seinen Rückzug aus dem deutschen Markt bekannt.* Die 20 Filialen in München und Berlin wurden geschlossen. Eine Veränderung der Wettbewerbsregeln im deutschen Videomarkt fand nicht statt. Als Gründe hierfür gilt zum einen die schlechte Standortwahl von Blockbuster, die ihre Videotheken teilweise in Geschäftszentren (statt Wohngebieten) plazierten, und das in den bereits stark penetrierten Märkten München und Berlin. Zum anderen wird die mangelnde Akzeptanz des Marktes für ein familienorientiertes Konzept, was sich z.B. in dem nach wie vor hohen Umsatzanteil pornographischer Filme zeigt, als Grund für das Scheitern aufgeführt.[601] Des weiteren mußte sich Blockbuster Deutschland, anders als in den USA, wo Blockbuster als Teil des Videobooms die Regeln veränderte, mit den Rahmenbedingungen eines schrumpfenden Marktes auseinandersetzen.

Blockbuster Deutschland ist ein Beispiel dafür, daß eine *intendierte, gezielte Veränderung der Wettbewerbsregeln*, obwohl sie in anderen Kontexten bereits mehrfach erfolgreich durchgeführt wurde und sich die Vorgehensweise dabei "erprobt" hat, immer *einem hohen Risiko des Scheiterns* ausgesetzt ist, da es um die fundamentale Veränderung gesamter Wettbewerbsfelder geht.

3.1.2. Bestimmung von Unternehmensressourcen mit Potential zur Veränderung von Wettbewerbsregeln

3.1.2.1. Ressourcenarten

In der Literatur findet sich eine Vielzahl verschiedener Ansätze zur Systematisierung von Ressourcenarten.[602] Insbesondere die Zuordnung von Kompetenzen bereitet dabei Schwierigkeiten. Wie bereits in Kapitel II. 2.2.2. dargestellt, versteht die vorliegende Arbeit die Kompetenzen von Unternehmens als wissensbasierte, immaterielle "Sonderform von Ressourcen",

---

[601] Vgl. o.V. (1998a), S. 27
[602] Vgl. hierzu z.B. den chronologischen Überblick von Bogaert/Martens/Cauwenbergh (1994), S. 57ff.

die sich aus einem komplexen Interaktionsmuster zwischen individuellen Fähigkeiten, Routinen[603] (als organisatorisch verankerte Fähigkeiten) und sonstigen materiellen Ressourcen ergeben und dabei stark auf Lernprozessen basieren.[604] KLEIN/EDGE/KASS[605] sprechen vom Zusammenwirken von "Human skills" und "Organisational factors", die wiederum in "Hard factors",wie z.b. Anlagen oder Produktionsstätten und "Soft factors", wie z.b. Unternehmenskultur, unterteilt werden.

Für GRANT[606] bilden die "klassischen" Ressourcen (wie z.b. Kapital oder Material) die Input-
Größen für den Produktionsprozeß. Sie sind für sich genommen nicht produktiv. Produktive
Tätigkeiten erfordern die Koordination und das Zusammenwirken dieser Ressourcen (bzw.
Ressourcengruppen). Eine Kompetenz[607] ist dann die "capacity for a team of resources to per-
form some task or activity."[608]

Zusammenfassend können die "klassischen" Ressourcen folglich primär als Bestandsgrößen
("Having") verstanden werden, während Kompetenzen vor allem aktivitätenorientiert sind
("Doing").[609] Humanressourcen werden im folgenden als eigene Ressourcenart aufgeführt, die
sowohl "Having"- als auch "Doing"-orientierte Elemente aufweisen.

---

[603] Vgl. zum Begriff der Routinen Nelson/Winter (1982), S. 99ff.
[604] Vgl. Rasche (1994), S. 149
[605] Vgl. Klein/Edge/Kass (1991), S. 2; vgl. auch Amit/Schoemaker (1993), S. 35., nach deren Definition sich
       Kompetenzen (sie sprechen von Capabilities) durch "complex interactions among the firm's *Resources*" im
       Zeitablauf entwickeln.
[606] Vgl. Grant (1991), S. 114ff.
[607] Grant (1991), S. 114ff. spricht von "Capability"
[608] Grant (1991), S. 119
[609] Vgl. Bogart/Martens/Cauwenbergh (1994), S. 3

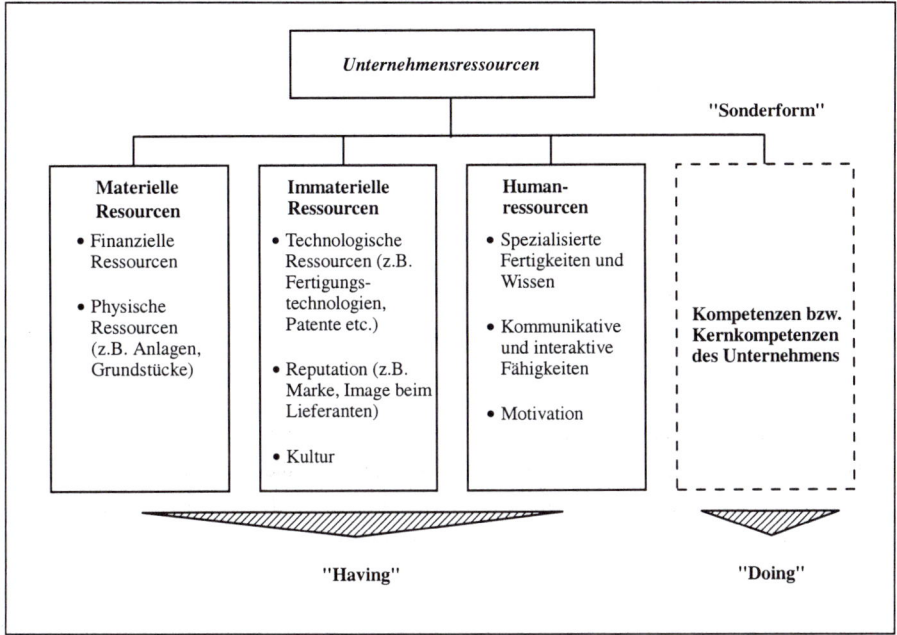

Abb. 21: Klassifizierung von Unternehmensressourcen[610]

Die materiellen Ressourcen des Unternehmens sind am einfachsten zu identifizieren und zu bewerten, da sie bilanziell erfaßt werden können. Die immateriellen Ressourcen sind größtenteils nicht in der Bilanz abgebildet, können jedoch für das Unternehmen von großem Wert sein (wie z.B. eine bestimmte Technologie oder ein Markenname). Es besteht tendenziell die Gefahr, daß diese Ressourcen nicht identifiziert werden bzw. deren Wert nicht erkannt wird. Ähnliche Probleme treten in Bezug auf die individuellen Fertigkeiten, das Wissen und die Fähigkeiten der Humanressourcen auf.[611] Am komplexesten und schwierigsten gestaltet sich die Bestimmung und Bewertung der Kompetenzen bzw. Kernkompetenzen. Gerade diese Ressourcen sind jedoch von hoher strategischer Bedeutung und für die Veränderung von Wettbewerbsregeln besonders relevant.

---

[610] Die Klassifizierung der materiellen und immateriellen Ressourcen sowie der Humanressourcen findet sich bei Grant (1995), 121ff.

[611] Vgl. Grant (1995), S. 121ff.

3.1.2.2.   Merkmale von Ressourcen mit Potential zur Regelveränderung

Die Veränderung von Wettbewerbsregeln dient dazu, Wettbewerbsvorteile zu generieren. Dementsprechend müssen Unternehmen gezielt Ressourcen einsetzen, die ein möglichst *hohes Potential zur Generierung dauerhafter Wettbewerbsvorteile* und somit Potential zur Realisierung überdurchschnittlicher Erträge[612] bieten. Bereits in Kapitel II. 2.2.2. wurden diesbezüglich vier Anforderungen an Ressourcen herausgearbeitet, die Unternehmen zur Identifikation von strategisch bedeutenden Ressourcen dienen können:

- Nicht-Imitierbarkeit

- Nicht-Substituierbarkeit

- Unternehmensspezifität und

- Nutzenstiftungspotential für den Kunden (und damit Potential zur Schaffung von Wertgewinn)

Entsprechend dieser Anforderungen besitzen materielle Ressourcen im allgemeinen ein niedrigeres strategisches Potential als immaterielle Ressourcen und insbesondere als die komplexen Gebilde der Kompetenzen bzw. Kernkompetenzen.

Des weiteren müssen zur Veränderung von Wettbewerbsregeln die *Ressourcen für das Wettbewerbsfeld neuartig* sein. Geht man von einer graduellen Heterogenität der Ressourcenbasis von Unternehmen aus, so sind es ebenfalls die Kompetenzen bzw. Kernkompetenzen des Unternehmens, welche die größte "Einzigartigkeit" aufweisen. Einzigartige Ressourcen sind bei erstmaliger Nutzung im Wettbewerbsfeld bzw. bei Nutzung in einem neuen Wettbewerbsfeld, quasi per Definition, für das Wettbewerbsfeld neu. Insofern sind Unternehmen aufgefordert, diese einzigartigen Ressourcen zu identifizieren und sie als Basis für strategische Innovationen zu nutzen.

Wettbewerbsregeln bestimmen die Art und den Umfang der für erfolgreichen Wettbewerb notwendigen Ressourcen. AMIT/SCHOEMAKER bezeichen diese notwendigen Ressourcen als

---

[612] Dabei können durch Heterogenität der Ressourcen sowohl Ricardo'sche Renten als auch Monopolrenten entstehen. Ricardo'sche Renten sind Überschüsse, die in der Existenz begrenzt verfügbarer, überlegener Produktivfaktoren begründet sind. Monopolrenten werden durch gewollt herbeigeführte Beschränkungen des Outputs und damit der Ausnutzung von Markmacht realisiert (vgl. Peteraf (1993), S. 180ff.); zu Ricardo'scher Rente vgl. Rumelt (1987), S. 142.

Strategic Industry Factors[613]. Zum Erzielen von Wettbewerbsvorteilen und zur Generierung überdurchschnittlicher Erträge sollten die strategisch relevanten Ressourcen (oder "Strategic assets") *möglichst einzigartig sein und mit den Strategic Industry Factors "überlappen"*. Eine ex-ante Bestimmung der zukünftigen Strategic Industry Factors ist aufgrund der Unsicherheit und Komplexität nur eingeschränkt möglich. Gerade darin liegen jedoch Ertragspotentiale für Unternehmen: Würden alle Unternehmen in der Lage sein, die zukünftige Entwicklung eindeutig zu antizipieren und wären sie darüber hinaus in der Lage, die entsprechenden Strategic Industry Factors gleichermaßen aufzubauen (was gerade aufgrund der Einzigartigkeit der Ressourcen nicht möglich ist) wäre kein Potential zur Realisierung überdurchschnittlicher Erträge vorhanden.[614]

Die Strategic Industry Factors beschreiben die in einem bestimmten Branchenkontext tatsächlich notwendigen Ressourcen, also nicht Ressourcen, für die nur eine unterstellte Erfolgsabhängigkeit[615] besteht. Die Veränderung von Wettbewerbsregeln verlangt als Grundausrichtung nicht nur die Identifikation von Strategic Industry Factors, um dann die passenden Ressourcen einzusetzen (bzw. aufzubauen), sondern primär die aktive Gestaltung zukünftiger Strategic Industry Factors und zwar derart, daß sie sich stark von den bestehenden unterscheiden und möglichst mit den strategisch bedeutenden unternehmensspezifischen Ressourcen übereinstimmen.

3.1.2.3. Herausragende Bedeutung von Kernkompetenzen und Ansätze zu deren Identifikation

Kernkompetenzen entstehen durch die Integration mehrerer spezifischer Kompetenzen (oder Einzelkompetenzen). Sie müssen des weiteren die bereits dargestellten Anforderungen an Ressourcen mit Potential zur Generierung dauerhafter Wettbewerbsvorteile erfüllen[616], denn nur dann besitzen sie das konstituierende Merkmal der strategischen Bedeutung.

---

[613] Vgl. Amit/Schoemaker (1993), S. 36ff. Die Strategic Industry Factors auf Marktebene ergeben sich nach ihrer Ansicht durch die komplexe Interaktion von Wettbewerbern, Kunden, rechtlichen Vorschriften, Lieferanten, potentiellen Konkurrenten etc.

[614] Vgl. Amit/Schoemaker (1993), S. 40ff. Die Autoren gehen des weiteren auf die Problematik intraorganisationaler Konflikte im Zusammenhang mit Strategic assets ein. Um das Management von Strategic assets zu gewährleisten, schlagen die Autoren eine multidimensionale Sichtweise vor, die sich der industrieökonomisch geprägten Branchenanalyse, des Resource-based-view und der "Behavioral Decision Theory" bedient.

[615] Vgl. hierzu die Ausführungen zu verhaltensbedingten Wettbewerbsregeln in Kapitel II. 3.2.1.

Diversifizierte Unternehmen verfügen über eine Vielzahl spezifischer Kompetenzen, die sich auf verschiedene Geschäftseinheiten oder Funktionsbereiche verteilen. Kernkompetenzen, die sich durch eine breite Anwendungsmöglichkeit in verschiedenen Produkten und auf verschiedenen Märkten auszeichnen, sind jedoch meist nur wenige vorhanden und dabei oft geschäftsbereichsübergreifend verankert.[617] Die Kernkompetenzenperspektive betrachtet Unternehmen daher als ein "Portfolio von Kernkompetenzen" mit Potential für neuartige Anwendungen und weniger als organisatorisch getrennte, produkt- bzw. marktbezogene strategische Geschäftseinheiten.[618] Eine Möglichkeit der Systematisierung von Kernkompetenzen ist die Unterscheidung in "Market-access competencies", "Integrity-related competencies" und "Functionality-related competencies".[619]

PRAHALAD/HAMEL verstehen Kernkompetenzen als "Wurzeln" des gesamten Unternehmens.[620] Über sogenannte Kernprodukte führen sie zur einer Reihe von Endprodukten. So fließen z.B. Canons Kernkompetenzen "Präzisionsmechanik", "Feinoptik", "Mikroelektronik" und "elektronische Bildverarbeitung" in eine Vielzahl von Produktlinien ein, die von Kameras über Laserdrucker bis zu Kopiergeräten reichen.[621] Entsprechend dieser Logik bedingt eine Identifikation bestehender Kernkompetenzen das Nachvollziehen der spezifischen Verbindung zwischen der Wettbewerbsfähigkeit der Endprodukte und den hierfür verantwortlichen Kompetenzen. Dabei wird zunächst nach den "Einzelbausteinen", also den Einzelkompetenzen und Technologien gesucht, die dann durch Clusterung und Aggregation zu Kernkompetenzen zusammengefaßt werden.[622] Als Instrumente können hierzu das *Einzelkompetenz-Mapping* und die *Einzelkompetenzen-Cluster-Analyse* dienen.

Die spezifischen Kompetenzen können im Rahmen des *Einzelkompetenz-Mapping*[623] identifiziert werden. Zunächst werden die Einzelkompetenzen des Unternehmens aufgelistet. Der

---

[616] Dabei müssen die spezifischen Kompetenzen erst in ihrer Gesamtkonstellation als Kernkompetenzen diesen Anforderungen entsprechen.

[617] Vgl. Prahalad/Hamel (1990), S. 79ff.; Hamel (1994), S. 11ff.; Klein/Hiscocks (1994), S. 185f.

[618] Vgl. Hamel (1994), S. 20ff.

[619] Vgl. Hamel (1994), S. 16

[620] Das Kernkompetenzverständnis der Autoren ist stark technologie- und produktionsorientiert.

[621] Vgl. Prahalad/Hamel (1990), S. 81ff.; Prahalad/Hamel (1995) S. 337ff.

[622] Vgl. Hamel (1994), S. 26

[623] Vgl. zu diesem und dem anschließend skizzierten Instrument der Einzelkompetenzen-Cluster-Analyse sowie weiteren Tools Klein/Hiscocks (1994), S. 183ff. Die Autoren sprechen von "Skills", die mit dem hier verwendeten Begriff der Einzelkompetenzen gleichgesetzt werden können; vgl. auch Binder/Kantowsky (1996), S. 116ff., die das von ihnen entwickelte Modell zur Bestimmung der Ressourcen/Fähigkeiten im

Fortsetzung der Fußnote auf der folgenden Seite

Aggregationsgrad der Kompetenzen muß dabei so gewählt werden, daß diese nicht zu generisch beschrieben werden, aber auch keine zu lange Kompetenzliste ensteht, so daß die Handhabbarkeit und der Informationsgehalt verloren gehen. Potentielle Quellen für das Kompetenz-Mapping sind:

- Analyse der formalen Organisationsstruktur (so kann z.b. angenommen werden, daß in einer organisatorisch getrennten Marktforschungsabteilung auch Marktforschungskompetenzen vorhanden sind).

- Interview mit Organisationsmitgliedern, insbesondere zur Identifikation von Kompetenzen, die nicht aus der formalen Organisationsstruktur ersichtlich werden.

- Analyse der Produkt- bzw. Dienstleistungsmerkmale.

- Interviews mit Kunden und sonstigen Marktbeobachtern.

Anschließend erfolgt eine Bewertung hinsichtlich des "Capability levels", d.h. des Ausprägungsgrads oder der Stärke der jeweiligen Kompetenzen[624], und hinsichtlich der strategischen Bedeutung, d.h. der Relevanz für die Produktherstellung und den Absatz am Markt. Ausgeprägte Kompetenzen mit hoher strategischer Bedeutung werden als "Strategic skills" bezeichnet.[625]

Die Kernkompetenzen werden durch eine *Einzelkompetenzen-Cluster-Analyse* identifiziert. Die Grundüberlegung ist, daß strategisch relevante Einzelkompetenzen, die gemeinsam zur Herstellung von Produkten notwendig sind, ein Indiz für vorhandene Kernkompetenzen bilden. Verlangt die Herstellung bestimmter Produkte z.B ausgeprägte Kompetenzen in "Digital electronics", "Miniaturization" und "Cost engineering", so ist es wahrscheinlich, daß das Unternehmen eine Kernkompetenz im Bereich "Low-cost digital microelectronics" besitzt. In einer Matrix, deren Achsen die Einzelkompetenzen bilden, wird für jede Kompetenzkombination ein sogenannter Clusterindex eingetragen. Er gibt den Prozentsatz der Produkte an, für die die jeweilige Kombination zweier Kompetenzen notwendig ist. Anschließenden lassen sich durch Clusterung der Einzelkompetenzkombinationen Bereiche verknüpfter Kompetenzanwendungen identifizieren. Diese Bereiche bilden die Kernkompetenzen des Unternehmens.

Rahmen des Managements von Technologiepotentialen auf den Überlegungen von Klein/Hiscocks (1994) aufbauen.

[624] Klein/Hiscocks (1994), S. 195f. schlagen eine Skala von 1 ("No capability") bis 5 ("World-leading capability") vor.

[625] Vgl. Klein/Hiscocks (1994), S. 193ff.

Werden statt der bestehenden Produkte zukünftige Produkte analysiert, können damit auch erste Aussagen hinsichtlich notwendiger Kompetenzveränderungen getroffen werden.[626]

Fallbeispiel 8:   Southwest Airlines - Aufbau und Einsatz einzigartiger Ressourcen

> *"Southwest Airlines has chosen to*
> *fly in the face of convention and*
> *conformity."*[627]

Der Aufstieg von Southwest Airlines in einer krisengeschüttelten Branche

Seit der Deregulierung des Flugverkehrs in den USA im Jahre 1978 sind im freien Wettbewerb 120 Fluggesellschaften in Konkurs gegangen. In den Jahren 1990 bis 1994 verzeichnete die Branche Verluste von insgesamt 12,8 Mrd. USD, mehr als in den 60 Jahren zuvor an Gewinnen erwirtschaftet wurden. Selbst große, traditionsreiche Fluggesellschaften wie Pan Am oder Eastern hielten dem zunehmenden Wettbewerbsdruck nicht mehr stand und gaben auf.

Southwest Airlines hingegen gelang ein profitables Wachstum in diesem schwierigen Wettbewerbsumfeld. Das Unternehmen wurde 1967 von Herb Kelleher gegründet. Behindert durch Rechtsstreitigkeiten über die Zulassung von Southwest Airlines als Fluggesellschaft, die von mehreren Wettbewerbern initiert worden waren, konnte das Unternehmen erst 1971 den Flugverkehr zwischen Dallas/San Antonio und Dallas/Houston aufnehmen. In den folgenden Jahren entwickelte sich das Unternehmen von einer kleinen Fluggesellschaft mit vier Flugzeugen und ca. 2,1 Mio. USD Umsatz in 1971 zu einer der bedeutendsten Inlandsfluggesellschaften der USA mit 224 Flugzeugen und ca. 2,9 Mrd. USD Umsatz in 1995. Southwest Airlines ist die einzige US-Fluggesellschaft, die seit 1973 ununterbrochen profitabel war.

Southwest Airlines ist die treibende Kraft für Veränderungen in der Branche. So stellte 1993 das U.S. Department of Transportation (DOT) im Rahmen einer Analyse fest:

---

[626]   Vgl. Klein/Hiscocks (1994), S. 204ff.
[627]   Freiberg/Freiberg (1996), S. 128

*"The principal driving force behind dramatic fundamental changes that have oc-
curred and will occur in the U.S. airline industry over the next few years is the
dramatic growth of low-cost Southwest Airlines."*[628]

Die Fluggesellschaft ist das produktivste Unternehmen mit den niedrigsten Kosten der gesamten Branche. Trotz ihres Low-cost-Ansatzes bietet Southwest Airlines einen exzellen-
ten Kundenservice: So wurde das Unternehmen basierend auf Statistiken zur Gepäckabfer-
tigung, zur Pünktlichkeit der Flüge und zu Kundenbeschwerden mehrmals vom DOT als
beste Fluggesellschaft der gesamten Branche ausgezeichnet.[629]

Kernelemente des Southwest Airlines-Konzepts

Southwest Airlines unterscheidet sich in mehreren Punkten von anderen bedeutenden US-
Airlines: "We've never tried to be like other airlines. From the very beginning we told our
people, 'Question it. Challenge it. Remember, decades of conventional wisdom has some-
times led the airline industry into huge losses.'"[630] Das Geschäftssystem ist dabei konsequent auf Kostenvorteile ausgerichtet, bei gleichzeitiger Gewährleistung eines sicheren und
zuverlässigen Flugverkehrs.

- Southwest Airlines operiert nicht mit dem sogenannten Hub-and-spoke-Routensystem,
  bei dem die Flüge über einen (oder mehrere) zentrale Flughäfen abgewickelt werden
  und die Passagiere entsprechend ihres Flugziels umsteigen, sondern bietet meist nur
  Nonstop-Verbindungen bzw. Flüge mit Zwischenstops an (Point-to-point). [631]

- Der *Verkauf der Flugtickets und die Reservierungsabwicklung* liegt schwerpunktmäßig
  beim *Unternehmen selbst.* Die in der Branche übliche Reservierung über Computersysteme wie Apollo oder Sabre ist nicht möglich. Zwar werden Flugtickets auch über
  Reisebüros verkauft (zu einer Standardkommission von 10%), diese müssen jedoch zur
  Flugbuchung direkten Kontakt zu Southwest Airlines aufnehmen. Der Anteil an Flugtickets, der über Reisebüros verkauft wird, ist daher im Branchenvergleich äußerst gering.[632]

---

[628]   DOT Office of Aviation Analysis, zitiert nach: Freiberg/Freiberg (1996), S. 6
[629]   Vgl. Freiberg/Freiberg (1996), S. 4ff., S. 326
[630]   Herb Kelleher, zitiert nach: Freiberg/Freiberg (1996), S. 130
[631]   Vgl. Robinson-Humphrey Company (1996a), o.S.; Harvard Business School (1996a), S. 4
[632]   Der Anteil betrug 1995 ca. 45% gegenüber den branchenüblichen 80-85% (vgl. Robinson-Humphrey Com-
        pany (1996), o.S.); vgl. auch Harvard Business School (1996a), S. 4

- Southwest Airlines verwendet *nur Maschinen vom Typ Boeing 737*, während viele der anderen großen US-Airlines fünf oder mehr unterschiedliche Flugzeugtypen verwenden. Das Durchschnittsalter der Flotte ist niedriger als bei den meisten anderen Unternehmen der Branche.[633]

- Southwest Airlines versucht, eine möglichst hohe effektive Flugzeugnutzung zu erreichen. Dies erfordert kurze *"Turnaround-times"*. Die Turnaround-time ist die Zeit von der Ankunft des Flugzeugs am Gate bis zum Zurückstoßen vom Gate. Sie liegt bei Southwest Airlines im Durchschnitt bei 20 Minuten und beträgt damit weniger als die Hälfte des Branchendurchschnitts.[634]

- Das Unternehmen leitet *Gepäck nicht direkt an andere Airlines weiter* (Interline baggage), insbesondere deshalb nicht, weil dazu eine aufwendige Koordination mit anderen Gesellschaften notwendig wäre.[635]

- An Bord werden *nur Getränke und Snacks* serviert.[636]

- Southwest Airlines wählt *wenig belebte Flughäfen als Zielmärkte* aus. Diese liegen entweder in kleinen bzw. mittelgroßen Städten oder sind "Zweitflughäfen" in Großstädten.[637]

Dieses Low-cost-Konzept und die damit verbundenen niedrigeren Flugpreise hatten erhebliche Auswirkungen auf die von Southwest Airlines bedienten Märkte. Das Marktvolumen vergrößerte sich und die durchschnittlichen Flugpreise sanken meist auf die Hälfte dessen, was in vergleichbaren Märkten ohne Präsenz von Southwest Airlines üblich war. Die großen Airlines (wie United Airlines oder Delta) waren kaum konkurrenzfähig und gaben die Märkte meist auf. Parallel dazu versuchten neue, kleine Fluggesellschaften in die entstandenen Lücken einzudringen.[638] Southwest Airlines erreichte in ihren Top-100-Märkten mit

---

[633] Vgl. Robinson-Humphrey Company (1996), o.S.; Harvard Business School (1996a), S. 4f.

[634] Vgl. Freiberg/Freiberg (1996), S. 57; Harvard Business School (1996a), S. 5

[635] Vgl. Harvard Business School (1996a), S. 4

[636] Vgl. Harvard Business School (1996a), S. 4

[637] Vgl. Harvard Business School (1996a), S. 4

[638] Am Beispiel des Burbank-Oakland Marktes läßt sich dies verdeutlichen: Anfang 1990 trat Southwest Airlines in den Markt ein. Das Marktvolumen (auf USD-Basis) vergrößerte sich innerhalb nur eines Quartals um 160%, wovon 80% auf Southwest Airlines entfielen und das Unternehmen damit einen Marktanteil von 50% erreichte. In den Folgemonaten mußte Southwest Airlines leichte Marktanteilsverluste bei abnehmender Marktgröße hinnehmen, konnte aber bis zum vierten Quartal 1992 einen Marktanteil von annähernd 100% erobern und hatte damit nahezu alle anderen Airlines vom Markt verdrängt. Das Marktvolumen lag immer noch 80% über dem vor dem Markteintritt von Southwest Airlines (vgl. zur Datenbasis Harvard Business School (1996a), Exhibit 11).

einem Marktanteil von 65% eine klare Marktdominanz, während die anderen Airlines (bis auf Northwest mit 43% Marktanteil) in ihren Top-Märkten unter einem Marktanteil von 40% lagen.[639]

Implikationen des Southwest Airlines-Konzepts für die Unternehmensressourcen

Die Umsetzung des Konzepts von Southwest Airlines verlangt bestimmte Unternehmensressourcen, die sich von denen der Konkurrenz unterscheiden.

Materielle Ressourcen

Ein Beispiel für den unkonventionellen Einsatz von materiellen Ressourcen ist die homogene Flotte mit *nur einem Flugzeugtyp*. Southwest Airlines kann dadurch die Kosten für Training der Piloten, Flugzeugwartung, Ersatzteilbeschaffung und -lagerhaltung etc. senken und die Flexibilität durch einen wechselnden Einsatz der Piloten erhöhen, was insgesamt die Wettbewerbsvorteile des Unternehmens vergrößert. Allerdings sind die Merkmale der Nicht-Imitierbarkeit, Nicht-Substituierbarkeit und Unternehmensspezifität dieser Ressourcen nur bedingt gegeben. Insofern ist auch die strategische Bedeutung dieser Ressource eher gering. Für Wettbewerber, die das Konzept kopieren möchten, würde der Aufbau solch einer Flotte wenig Schwierigkeiten bereiten.

Immaterielle Ressourcen

Die *Unternehmenskultur von Southwest Airlines* ist ein wesentlicher erfolgsbestimmender Faktor[640] zum Aufbau der Wettbewerbsvorteile des Unternehmens. Tragendes Grundelement ist dabei das Streben nach unkonventionellen Lösungen. Southwest Airlines besitzt einen "Maverick spirit". Die Unternehmenskultur verkörpert Werte wie Individualität, "Ownership", Gleichheit, Selbstlosigkeit, Familie (im Sinne des Unternehmens als Familie), Einfachheit, Spaß etc.[641], die sich wiederum im Verhalten des Unternehmens in seiner Gesamtheit und dem Verhalten der einzelnen Mitarbeiter widerspiegeln. Um die Unternehmenskultur und die damit verbundenen Werte zu festigen und zu fördern, wurde 1990

---

[639] Vgl. Harvard Business School (1996a), Exhibit 12 (Zusammenfassung der Studie des U.S. Department of Transportation)

[640] Vgl. z.B. Barney (1986), S. 656ff. oder McKiernan (1997), S. 795, die Unternehmenskultur als eine wesentliche Ressource zum Aufbau von Wettbewerbsvorteilen betrachten.

[641] Freiberg/Freiberg (1996), S. 146ff. nennen die 13 dominanten Werte, die die Kultur von Southwest Airlines beschreiben.

das sogenannte "Culture Committee" eingerichtet. Mitarbeiter, die diese Werte besonders stark verkörpern, von der Flugbegleiterin bis zur Top-Führungskraft, werden in das über 100 Personen umfassende Komitee gewählt. Während ihrer zweijährigen Mitgliedschaft sind sie für die Planung und Durchführung "kulturfördernder" Projekte zuständig. "We're not big on committees at Southwest, .. but of the committees we do have, the Culture Committee is the most important!"[642] Die Unternehmenskultur von Southwest Airlines entspricht den Anforderungen an Ressourcen mit Potential zum Aufbau dauerhafter Wettbewerbsvorteile und hat wesentlich zur Veränderung der Wettbewerbsregeln beigetragen.

Humanressourcen

Die Unternehmenskultur ist stark durch die Mitarbeiter des Unternehmens geprägt. Umgekehrt beeinflußt sie diese in ihrem Verhalten. Southwest Airlines versucht bereits bei der Einstellung, gezielt Mitarbeiter mit Eigenschaften, die der Kultur entsprechen, auszuwählen. So ist das Unternehmen die einzige Fluggesellschaft, die von den Piloten als Grundvoraussetzung zur Teilnahme am Auswahlverfahren, eine Zulassung der Federal Aviation Administration für Boeing 737-Maschinen verlangt. Obwohl die Chancen, als Pilot eingestellt zu werden, nur eins zu fünf sind, müssen potentielle Kanditaten im voraus ca. 10.000 USD für die Lizenz investieren. Folglich bewerben sich vor allem Piloten mit der Bereitschaft zu unternehmerischem Risiko und zu eigenverantwortlichem Handeln.

Diese persönlichen Eigenschaften der Mitarbeiter können sich durch Schaffung entsprechender (kultureller) Rahmenbedingungen im Unternehmen produktiv entfalten.[643] Das Mission-statement von Southwest Airlines spiegelt die Bedeutung, die die Mitarbeiter als Unternehmensressource besitzen, wider:

"We are committed to provide our Employees a stable work environment with equal opportunity for learning and personal growth. Creativity and innovation are encouraged for improving the effectiveness of Southwest Airlines. Above all, Employees will be provided the same concern, respect, and caring attitude within the Organization that they are expected to share externally with every Southwest Customer."[644]

---

[642] Herb Kelleher, zitiert nach: Freiberg/Freiberg (1996), S. 165, vgl. auch S. 74ff.
[643] Freiberg/Freiberg (1996), S. 99, vgl. auch S. 98
[644] Auszug aus dem Mission-statement von Southwest Airlines, zitiert nach: Freiberg/Freiberg (1996), S. 284

Kernkompetenzen

Die zentrale Kernkompetenz von Southwest Airlines ist die *schnelle Abwicklung zeitkritischer logistischer Prozesse*. Dies zeigt sich in den extrem niedrigen Turnaround-times der Flugzeuge mit durchschnittlich 20 Minuten, die eine koordinierte Abfolge von Betanken des Flugzeuges, Flugzeugreinigung, technischem Check, Entsorgen des Abwassers, Entladen des Gepäcks, Ein- und Aussteigen der Passagiere etc. voraussetzt.

Diese Kernkompetenz wird ebenfalls durch die Unternehmenskultur, die eigenverantwortliches, flexibles Handeln und "Gleichheit zwischen den Mitarbeitern" betont, wesentlich beeinflußt. So ist es nicht ungewöhnlich, daß Piloten, falls es erforderlich ist, dem Bodenpersonal beim Boarding helfen oder die Entladung des Gepäcks unterstützen.[645] Um die Tätigkeit der anderen Mitarbeiter besser zu verstehen, um sich in deren Situation hineinversetzen zu können und dadurch zu neuen Optimierungsansätzen für die ablaufenden Prozesse zu gelangen (was wiederum zur Weiterentwicklung der Kernkompetenz beiträgt) wurde bei Southwest Airlines das *"Cutting Edge"-Programm* eingeführt. Piloten führen die Tätigkeit des technischen Bodenpersonals aus, umgekehrt wird das technische Bodenpersonal in die Arbeitsabläufe der Piloten eingewiesen. Es zeigte sich z.B., daß, wenn das technische Bodenpersonal seine Kopfhörer 30 Sekunden früher aufsetzt, die Checkliste mit dem Piloten zusammen früher durchgegangen werden kann und das Flugzeug früher vom Gate abstoßen kann. Diese 30 Sekunden können aufgrund von Warteschlangen beim Take-off, Vorschriften zur Einhaltung von Mindestkilometerabständen für Flugzeuge mit gleicher Flugroute etc. letztendlich bis zu 45 Minuten Flugzeit einsparen.[646]

3.1.3. Innovativer Ressourceneinsatz durch neuartige Geschäftssysteme

Sowohl die "Having"-orientierten Ressourcen als auch die "Doing"-orientierten Kompetenzen werden im Rahmen der Wertschöpfungsaktivitäten eingesetzt. Die folgenden Ausführungen konzentrieren sich auf Möglichkeiten eines innovativen Ressourceneinsatzes durch eine grundlegende Neugestaltung der Wertschöpfungsaktivitäten oder anders formuliert, eine Neukonfiguration des Geschäftssystems. Dabei ist zu bedenken, daß einzigartige Ressourcen häufig erst die Möglichkeit bieten, bestimmte innovative Aktivitäten durchzuführen. Umgekehrt werden vor allem die "Doing"-orientierten Kompetenzen durch Lernprozesse bei der Ausfüh-

---

[645] Vgl. Freiberg/Freiberg (1996), S. 87ff.
[646] Vgl. Freiberg/Freiberg (1996), S. 116ff.

rung der Wertschöpfungsaktivitäten weiterentwickelt oder überhaupt erst gebildet. Ressourcen und Ressourceneinsatz sind daher eng miteinander verknüpft.

3.1.3.1. Wertschöpfungskette als Analyseinstrument des Geschäftssystems

Das von McKinsey and Company entwickelte *Konzept des Geschäftssystems*[647], versteht das Unternehmen als eine Verknüpfung von verschiedenen Funktionen (Forschung und Entwicklung, Einkauf, Produktion, Marketing/Vertrieb etc.), wobei durch eine entsprechende Gestaltung der einzelnen Funktionen sowie durch deren Verknüpfung zu einem Gesamtsystem Wettbewerbsvorteile erzielt werden können. PORTER baut diese Gedanken weiter aus und führt den Begriff der *Wertschöpfungskette* ein.[648] Die Wertschöpfungskette wird dabei in die umfassende Diskussion darüber integriert, wie Unternehmen die generischen Wettbewerbsstrategien (umfassende Kostenführerschaft, Differenzierung oder Konzentration)[649] auswählen und implementieren können, um dauerhafte Wettbewerbsvorteile zu erreichen. Die Wertschöpfungskette ist ein *Instrument zur Analyse des Geschäftssystems* des Unternehmens (oder einer strategischen Geschäftseinheit); ein analytisches Denkraster.[650]

Die Gestaltung des Geschäftssystems umfaßt folgende Dimensionen:

* Die *konsequente Ausrichtung des Gesamtsystems* entsprechend der angestrebten Wettbewerbsvorteile und des gewählten Wettbewerbsfelds.

* Die *Abstimmung der einzelnen Funktionen* im Systemzusammenhang.

* Den *Aufbau überlegener Stärken* in bestimmten Funktionen.

* Die *Veränderung des Integrationsgrads* im Sinne einer Vorwärts- und Rückwärtsintegration oder eines *Verzichts auf bestimmte Funktionen.*[651]

Bei der Gestaltung des Geschäftssystems müssen entsprechend des Grundgedankens der strategischen Analyse, sowohl externe Bestimmungsgrößen (z.B. die Struktur des Wettbewerbsfelds, die Geschäftssysteme der Wettbewerber, die Kunden- und Lieferantenbedürfnisse und die technologischen Rahmenbedingungen) als auch interne Gegebenheiten (z.B. die vorhandenen Ressourcen) integriert betrachtet werden. Vor diesem Hintergrund kann die Wertschöp-

---

[647] Vgl. Gluck (1980), S. 22f.; Buaron (1981), S. 24ff.
[648] Vgl. Porter (1985), S. 33ff. bzw. Porter (1986), S. 59ff.
[649] Vgl. Porter (1980), S. 34ff.
[650] Vgl. Esser/Ringlstetter (1991), S. 525
[651] Vgl. Emans (1988), S. 126ff.

fungskette nicht nur als ein rein unternehmensintern ausgerichtetes Analyseinstrument verwendet werden, sondern kann ebenfalls auch zur Untersuchung der Umwelt des Unternehmens bzw. der Verknüpfung verschiedener Geschäftseinheiten dienen

- Die Wertschöpfungskette von Unternehmen ist eingebetet in ein *Wertschöpfungssystem*, bestehend aus den nachgelagerten Wertschöpfungsketten der Vertriebskanäle, Endabnehmern oder weiterverarbeitenden Unternehmen und den vorgelagerten Wertschöpfungsketten der Lieferanten. Im Mittelpunkt der Analyse stehen die Verknüpfungen der Wertschöpfungsketten bzw. der einzelnen Wertschöpfungsaktivitäten und das Verständnis des Wertschöpfungssystems in seiner Gesamtheit. So sind z.B. die Kaufkriterien eines Kunden aus Unternehmenssicht oft nichts anderes als die aus seiner Wertschöpfungskette abgeleiteten Anforderungen an den Lieferanten. Das Unternehmen muß deshalb die Wertschöpfungskette des Kunden "durchdenken" und sein Geschäftssystem bzw. seine Leistungen entsprechend wertsteigernd gestalten. [652]

- Durch die Analyse der *Wertschöpfungsketten von Wettbewerbern (bzw. Ergänzern)* können Potentiale für Wettbewerbsvorteile (z.B. relative Kostenvorteile bei bestimmten Wertschöpfungsaktivitäten)[653] oder Kooperationspotentiale (z.B. gemeinsame Forschungs- und Entwicklungsaktivitäten) identifiziert werden.

- Die *Wertschöpfungsketten verschiedener Geschäftseinheiten* können analysiert werden, um materielle Verflechtungen, die auf der Durchführung gemeinsamer Aktivitäten (z.B. Beschaffung) beruhen und immaterielle Verflechtungen, die eine Übertragung von Know-how und Fertigkeiten erlauben, zu identifizieren und auszunutzen.[654]

3.1.3.2. Regelveränderung durch Neukonfiguration des Geschäftssystems

Ein Regelveränderung kann durch eine Neukonfiguration des Geschäftssystems erfolgen.[655] Das Unternehmen strebt dabei eine im Vergleich zum Wettbewerbsfeld grundlegend neu strukturierte Wertschöpfungskette an. Hierzu werden

---

[652] Vgl. Porter (1985), S. 33ff.; vgl. auch Esser/Ringlstetter (1991), S. 532ff.

[653] Vgl. Porter (1985), S. 98ff.

[654] Vgl. Porter (1985), S. 317ff.

[655] Porter (1985), S. 107ff., 158ff., 513ff. sieht in der Neustrukturierung der Wertschöpfungskette das größte Potential zur Generierung von Kosten- und Differenzierungsvorteilen und die Möglichkeit zur Veränderung von Wettbewerbsregeln. Die Veränderung des Integrationsgrades des Unternehmens zählt an einer Stelle zur Neustrukturierung der Wertschöpfungskette (S. 158), an anderer Stelle zur Redefinition des "Competitive scope" (S. 523). In der vorliegenden Arbeit wird die Veränderung des Integrationsgrades als ein Teil der Neustrukturierung der Wertschöpfungskette verstanden.

- möglichst viele Wertschöpfungsaktivitäten in einer neuartigen Weise ausgeführt,

- bestimmte Wertschöpfungsaktivitäten innerhalb der Wertschöpfungskette eliminiert oder neu eingefügt und/oder

- eine "Verlängerung" oder "Verkürzung" der Wertschöpfungskette durch Integration bzw. Deintegration vorgenommen.

Bei der Gestaltung der einzelnen Wertschöpfungsaktivitäten müssen immer die Auswirkungen auf die gesamte Wertschöpfungskette berücksichtigt werden. Es bedarf der Zusammenführung der einzelnen Aktivitäten zu einem stimmigen Ganzen. Dies bedeutet vor allem, daß alle Aktivitäten mit der Gesamtstrategie konform sind, so daß eine kumulative Wirkung entsteht, die Aktivitäten sich in bestimmten Bereichen gegenseitig unterstützen (z.b. einzelne kundengruppenspezifische Marketingaktivitäten) und eine Koordination der Aktivitäten entlang der Wertschöpfungskette zur Optimierung der Gesamtleistung stattfindet (z.B. kann durch eine entsprechende Produktgestaltung der Serviceaufwand reduziert werden). Durch ein stimmiges Gesamtsystem wird die Nachhaltigkeit der Wettbewerbsvorteile erhöht, da diese nicht in einzelnen Aktivitäten, sondern in deren komplexem Zusammenspiel begründet liegen, was eine Imitation durch die Konkurrenz erschwert.[656]

Reengineering beschäftigt sich mit der kundenorientierten, organisatorischen Neugestaltung von Geschäftsprozessen und somit einer Neugestaltung der Wertschöpfungskette.[657] In der vorliegenden Arbeit steht die strategische Analyse im Vordergrund. Sie soll dazu beitragen, Ansatzpunkte für die Entwicklung grundlegend neuartiger Geschäftssysteme (wie z.B. das Geschäftssystem von Dell)[658] zu identifizieren. Die Ausgestaltung der hierzu notwendigen einzelnen Geschäftsprozesse, also der Kern des Reengineering, ist eine nachgelagerte Aufgabe und Teil der operativen Umsetzung. Der grundlegende Gedanke des Reengineering, nämlich das "Clean sheet of paper" und die revolutionäre Ausrichtung[659], sind jedoch auch zentrale Elemente der strategischen Analyse. Auch dabei muß man sich von Bestehendem radikal lösen und durch eine revolutionäre Denkweise die Wettbewerbsregeln verändern.

---

[656] Vgl. Porter (1997), S. 50ff.
[657] Vgl. z.B. Dixon et al. (1994), S. 93ff.; Hammer/Champy (1993), S. 31ff.
[658] Vgl. hierzu das Fallbeispiel in Kapitel III. 2.2.2.
[659] Vgl. Dixon et al. (1994), S. 95

**Fallbeispiel 9:   IKEA - Neukonfiguration des Geschäftssystems in der
Möbelbranche**

In der Nachkriegszeit stieg in Schweden die Nachfrage junger Haushalte nach modernen, preiswerten Möbeln. Durch Absprachen und Lieferantenverträge zwischen den schwedischen Möbelherstellern und den Einzelhändlern wurde jedoch ein Markteintritt neuer, günstiger Anbieter unterbunden und dadurch das Preisniveau künstlich hoch gehalten. Ingvar Kamprad, der Gründer von IKEA, empfand diese Situation als sozialen Mißstand und gleichzeitig als Geschäftschance:

"Too many new and beautifully designed products can be afforded by only a small group of better-off people. IKEA's aim is to change the situation. We shall offer a wide range of home furnishing items of good design and function at prices so low that the majority of people can afford to buy them".[660]

Diese Geschäftsidee, ein breites Sortiment von preiswerten Möbeln mit ansprechendem Design anzubieten, wurde in ein Geschäftssystem umgesetzt, das sich in seinem Aufbau von dem traditioneller Möbelanbieter stark unterscheidet. IKEA hat dadurch sowohl die *Wettbewerbsregeln hinsichtlich der Art der Leistung* (insbesondere gegenüber den Kunden) als auch *hinsichtlich der Art des Ressourceneinsatzes* in Form eines neuartigen Geschäftssystems verändert. Das IKEA-Konzept hat zwar den traditionellen Möbelhandel nicht vollkommen verdrängt, dennoch wurde ein "Alternativweg" aufgezeigt, der vorher als nicht erfolgsträchtig eingeschätzt wurde.[661] In seiner Gesamtheit ist das Konzept bis heute unkopiert.[662] Der Erfolg von IKEA basiert auf dem herausragenden Wertgewinn, der für die Kunden geschaffen wird. Das Unternehmen hat sowohl einen Kostenvorteil durch eine entsprechend konsequente Ausrichtung des Geschäftssystems als auch einen Differenzierungsvorteil durch das modische Design der Möbel, die sofortige Mitnahmemöglichkeit, das Parkplatzangebot durch außerstädtische Lagen etc. realisiert. Insofern ist IKEA auch

---

[660] Ingvar Kamprad, zitiert nach: Harvard Business School (1995a), S. 2

[661] Die Regelveränderung durch IKEA zeigt deshalb primär auf, wie Regeln zu Nicht-Regeln werden (vgl. hierzu Kapitel II 3.2.1). Die Imitation bestimmter Elemente des IKEA-Konzepts, deutet auf die Entstehung neuer Regeln hin. So werden z.B. von traditionellen Möbelhändlern zunehmend auch "Mitnahmemöbel" angeboten.

[662] Vgl. auch Schlegel (1995), S. 288

ein Beispiel dafür, wie die beiden Grundtypen von Wettbewerbsvorteilen kombiniert werden können.[663]

Das Geschäftssystem von IKEA unterscheidet sich in folgenden Punkten von dem traditioneller Möbelanbieter. Dabei liegt sowohl eine Verkürzung (insbesondere durch Ersetzen der Auslieferung durch Selbstabholung) als auch eine Verlängerung der Wertschöpfungskette (durch Einflußnahme auf das Produktdesign) vor. Des weiteren wurde eine grundlegende Neugestaltung einzelner Wertschöpfungsaktivitäten vorgenommen.[664]

Produktdesign

Im traditionellen Möbelhandel kaufen die Unternehmen ihre Produkte bei Möbelherstellern. Dabei wird kein Einfluß auf das Produktdesign genommen. IKEA hingegen besitzt eine eigene Designabteilung, in der über 90% des angebotenen Sortiments selbst entwickelt werden. Dadurch ist eine kostenoptimierte Herstellung der Möbelteile, kleine Packmaße der Möbel, eine leichte Montierbarkeit und die charakteristische, modische Produktgestaltung sichergestellt.

Produktion/Beschaffung

Im traditionellen Möbelhandel werden komplett gefertigte und meist montierte Möbelstücke beschafft. Die Möbellieferanten sind primär lokal bzw. national. IKEA hingegen hat ein weltweites Netzwerk mit meist langfristigen Lieferanten aufgebaut, die Einzelteile bzw. zerlegte Möbelstücke liefern. Dadurch reduzieren sich die Transportkosten. Die Lieferanten erhalten von IKEA technische Unterstützung. Des weiteren wird allen Lieferanten das gesammelte Produktions- und Einkaufs-Know-how zur Verfügung gestellt. Zur Sicherstellung der Versorgung mit gewissen Basisprodukten, der Neuproduktentwicklung und der Rationalisierung des Herstellungsprozesses wurde Ende der achtziger Jahre mit dem Aufbau eigener Produktionskapazitäten begonnen.

---

[663] Hier finden sich in der Literatur unterschiedliche Interpretationen. Grant (1995), S. 169 sieht den Erfolg von IKEA in der Kombination von Differenzierungs- und Kostenvorteilen begründet. Porter (1997), S. 47 betrachtet IKEA, entsprechend seiner Systematik der generischen Strategien, als kostengestützten Fokussierer.

[664] Die folgenden Informationen zu IKEA stammen aus dem von Schlegel (1995), S. 278ff. dargestellten IKEA-Fallbeispiel. Zusätzliche Informationen zum IKEA-Geschäftssystem finden sich bei Normann/Ramírez (1993), S. 66ff. und Porter (1997), S. 49f.

Eingangslogistik

Im traditionellen Möbelhandel werden die Möbelstücke vom Lieferanten an kleine Lager bzw. an das Einrichtungshaus direkt geliefert. IKEA besitzt aufgrund der Vielzahl von Lieferanten, die oft nur Teilprodukte liefern, und der großen Bestellmengen ein außergewöhnliches Logistiksystem, das eine kostenoptimierte und zuverlässige Belieferung der Einrichtungshäuser sicherstellt. Kern dieses Systems ist ein Netz von Zentrallägern, die als logistische Knotenpunkte für die Verteilung der Produkte an die Einrichtungshäuser dienen, sowie eine steuernde operative Unternehmenszentrale. Das System erlaubt eine vorausschauende Abstimmung von Angebot und Nachfrage, so daß Engpässe vermieden und die Lagerhaltungskosten gesenkt werden.

Verkauf

Im traditionellen Möbelhandel befinden sich die Einrichtungshäuser meist in zentraler Lage. Verkäufer beraten den Kunden beim Kauf. Die einheitlich gestalteten Einrichtungshäuser von IKEA befinden sich außerhalb der Ballungszentren, ausgestattet mit umfangreicher Infrastruktur wie z.b. Restaurants, Parkplätzen und Kinderspielplätzen. Der Kunde erhält nur in beschränktem Umfang Beratungsleistungen. Ausführliche Produktbeschreibungen in Verbindung mit dem Katalog sollen eine Selbstbedienung ermöglichen.

Marketing

Der traditionelle Möbelhandel betreibt wenig Werbung. Wenn überhaupt, wird in Zeitungen/Zeitschriften mit "Sonderaktionen" geworben. Bei IKEA ist der Katalog[665] zentrales Element des Marketingkonzepts. Neben der Information über das Produktsortiment erlaubt er den Kunden, sich gezielt auf den Einkauf vorzubereiten und kann als Anregung für eine individuelle Wohn- oder Bürogestaltung dienen. Insofern wird durch den Katalog auch die klassische Beratung durch Verkäufer substituiert.

---

[665] Der etwa 300 Seiten umfassende Hauptkatalog erscheint in einer Auflage von über 45 Millionen Exemplaren und in zehn Sprachen (vgl. Schlegel (1995), S. 295).

Auslieferung/Service

Im traditionellen Möbelhandel werden die Möbel ausgeliefert und beim Kunden aufgestellt bzw. montiert. IKEA überläßt bei der Mehrzahl der Produkte dem Kunden die Abholung und Montage. Der Kunde kann hierzu sogar einen Kleintransporter bei IKEA mieten.

3.2.   Analyse des Netzwerks

Die Analyse des Netzwerks bildet den zweiten Analysebereich des Frameworks. Gegenstand ist primär die Untersuchung der Aufgabenumwelt.[666] Zunächst soll auf die Bestimmung der Netzwerkelemente eingegangen werden. Anschließend wird die Analyse der strukturellen Faktoren des Netzwerks und des Wettbewerbsverhaltens im Netzwerk diskutiert. Durch die Analyse des Netzwerks verschafft sich das Unternehmen ein tiefes Verständnis von den bestehenden Wettbewerbsregeln im Wettbewerbsfeld. Gleichzeitig wird das Wettbewerbsfeld durch eine "unkonventionelle Brille" betrachtet, wodurch sich die Chancen erhöhen, Ansatzpunkte für strategische Innovationen zu finden.

3.2.1.   Bestimmung der Netzwerkelemente

Der erste Schritt zur Analyse des Netzwerks ist die Bestimmung der Netzwerkelemente. Das zu untersuchende Netzwerk reicht dabei vom angestammten Tätigkeitsbereich des Unternehmens bis zu vollständig neuen Bereichen, in die das Unternehmen diversifizieren möchte bzw. in denen das Unternehmen gegründet werden soll. Da die Regeln oft von "Außenstehenden" bzw. "Newcomern" verändert werden,[667] ist der zweitgenannte Fall häufig anzutreffen. Im folgenden wird davon ausgegangen, daß das Unternehmen bereits einen zu analysierenden Bereich ausgewählt hat.[668]

Durch die Bestimmung der Netzwerkelemente werden zwei Dinge erreicht:

- Die Identifikation der *bestehenden Wettbewerbsfeldabgrenzung*, d.h. der Wettbewerber bzw. Ergänzer, die aus konventioneller Sicht als abgrenzbare, homogene Wettbewerbsarena verstanden werden.

---

[666] Vgl. Kapitel II. 2.3.2.1. zur Differenzierung der Umwelt in Aufgabenumwelt und allgemeine Umwelt.
[667] Vgl. Grant (1995), S. 301f.; vgl. hierzu auch die Ausführungen in Kapitel III. 1.2.1.
[668] Auf die Problematik der Auswahl wird in Kapitel IV. 4. näher eingegangen.

- Die Identifikation von *Ansatzpunkten zur Redefinition der Wettbewerbsfeldabgrenzung*, d.h. der Wettbewerber bzw. Ergänzer, die bisher nicht als solche erkannt wurden und damit auch nicht Gegenstand der Strategien bzw. des Wettbewerbsverhaltens der Unternehmen im Wettbewerbsfeld waren.

3.2.1.1. Bestimmung der Kunden und Lieferanten

Wie in Kapitel IV. 2.1. bereits dargestellt, bildet das Unternehmen den Mittelpunkt des Netzwerks. Zur Bestimmung der anderen Netzwerkelemente ist zunächst eine Beschreibung der vom Unternehmen hergestellten Produkte notwendig. Bei einer kernkompetenzorientierten Geschäftsdefinition, können ebenfalls die auf Basis der Kernkompetenzen "denkbaren" Produkte mit einbezogen werden. Hierzu bildet man eine umfassende Produktkategorie, die möglichst viele Produkte des Unternehmens zusammenfaßt. Für BMW wäre dies z.B. die Kategorie Automobil. Eine Differenzierung in Mittelklassewagen (5er Reihe), Oberklassewagen (7er Reihe), Cabrios (3er Cabrio, Roadster) etc. ist aufgrund des explorativen Charakters des Frameworks nicht sinnvoll. Das Netzwerk soll dem Unternehmen zunächst den "Blick weiten", um neue Ideen anzuregen. Diese müssen in nachfolgenden Detailanalysen konkretisiert und bewertet werden, was jedoch nicht Gegenstand des hier entwickelten Frameworks ist. Insofern kann das Netzwerk die tiefergehende Untersuchung der identifizierten Netzwerkelemente und deren Bewertung hinsichtlich ihrer strategischen Bedeutung, die Segmentierung der Kunden (und damit der Märkte), die Konkurrenzanalyse einzelner Wettbewerber etc. nicht ersetzen. Allerdings bindet das Netzwerk im Sinne eines grundlegenden Denkrasters diese weiterführenden Untersuchungen in einen Gesamtzusammenhang ein.

Bei diversifizierten Unternehmen, die sich durch verschiedene Wertschöpfungsketten, Produktkategorien und eine Vielzahl unterschiedlicher Geschäftsbereiche auszeichnen, sollten die einzelnen Produktkategorien getrennt betrachtet werden. So gehören z.B. sowohl der Energieversorger Bayernwerk als auch das Aluminiumunternehmen VAW zum Mischkonzern VIAG. Beide Unternehmen stellen aber grundsätzlich verschiedene Produkte her und müssen folglich in verschiedenen Netzwerken analysiert werden.

Kunden sind die (potentiellen) Abnehmer der Produkte des Unternehmens. Zunächst sollten alle Kunden(-gruppen) aufgelistet und als Definitionsbasis des Wettbewerbsfelds verwendet werden. Für eine Veränderung von Wettbewerbsregeln ist es notwendig, daß ein herausragender Wertgewinn oder "Quantum leaps in value"[669]für die Kunden geschaffen werden. Der (subjektive) Wertgewinn für die Kunden ergibt sich insbesondere durch die gezielte Befriedigung ihrer Bedürfnisse (und damit einer Nutzenstiftung) und den damit verbundenen Kosten. Insofern muß sich eine detaillierte Analyse der Kundenbedürfnisse sowie gegebenenfalls eine entsprechende Segmentierung der Kunden anschließen.

Lieferanten sind alle Unternehmen, sonstige Institutionen oder Personen, die einen direkten Beitrag zur Erstellung des Produkts liefern. Als wesentliche Lieferanten sind zu nennen:

- Die "klassischen" Lieferanten, die Rohmaterial, Vorprodukte oder Dienstleistungen für die Wertschöpfungsaktivitäten des Unternehmens liefern.

- Die Mitarbeiter, die ihren Beitrag in Form der Arbeitsleistung erbringen.

- Die Kapitalgeber, die das notwendige Fremdkapital (Fremdkapitalgeber) oder Eigenkapital (Shareholder) liefern.

Das Unternehmen sollte alle Lieferanten(-gruppen) identifizieren und auflisten. Auch hier sollte die Liste zunächst möglichst umfassend sein, da sich bei der späteren Analyse der Netzwerkstruktur bzw. des Wettbewerbsverhaltens bestimmte Lieferantengruppen als strategisch bedeutend herausstellen könnten, ohne daß dies zunächst offensichtlich war.

3.2.1.2.   Bestimmung des Wettbewerbsfelds aus Kunden- und Lieferantensicht

Nachdem die Kunden und Lieferanten identifiziert sind, erfolgt nun die Abgrenzung des Wettbewerbsfelds. Die in Kapitel IV. 2.1. vorgestellte Matrix enthält die zur Identifikation der Ergänzer und Wettbewerber notwendigen Fragestellungen.

3.2.1.2.1. Wettbewerbsfeld aus Kundensicht

Bei der Bestimmung des Wettbewerbsfelds aus Kundensicht stehen die Absatzmärkte im Vordergrund. Es sind die beiden Elemente Wettbewerber und Ergänzer zu unterscheiden. Ihre Bestimmung erfolgt anhand des Wertgewinns für die Kunden.

Vermindert sich der Wertgewinn durch das Produkt aus Sicht des Kunden, wenn dieser gleichzeitig das Produkt eines anderen Unternehmens bezieht, so ist dieses *Unternehmen ein Wettbewerber.* Dies gilt typischerweise für alle gleichartigen Produkte mit Substitutionscha-

---

[669]   Kim/Mauborgne (1997), S. 105

rakter. Der Wert (und damit der Wertgewinn) eines Autos würde sich beim Besitz eines zweiten PKWs verringern, da die wesentlichen Bedürfnisse des Kunden (wie z.b. individueller Transport) bereits befriedigt sind. Aber auch branchenübergreifend sind Wettbewerber identifizierbar. So vermindert sich der Wert des Autos, wenn der Kunde einen Fahrschein für den öffentlichen Nahverkehr oder für Zugreisen besitzt. So verstanden werden z.b. Automobilhersteller zu Wettbewerbern der Deutschen Bahn und umgekehrt. Ein weiteres branchenübergreifendes Beispiel findet sich bei Intel. Mit der Verbereitung ihres Videokonferenzsystems ProShare treten sie in Konkurrenz zu Luftfahrtgesellschaften wie z.b. American Airlines. Besitzt ein Unternehmen ein Videokonferenzsystem, so mindert dies den Wert eines Fluges zu den entsprechenden Gesprächspartnern.[670]

Eine solche branchenübergreifende Wettbewerbsdefinition hat auch wesentlich zur Veränderung der Wetttbewerbsregeln durch Southwest Airlines, der erfolgreichsten Fluggesellschaft der USA, beigetragen.[671] Southwest sieht seine Konkurrenz nicht primär bei den Fluggesellschaften. Colleen Barrett, Executive Vice President von Southwest Airlines, hierzu:

"We've always seen our competition as the car. We've got to offer better, more convenient service at a price that makes it worthwhile to leave your car at home and fly us instead."[672]

Erhöht sich der Wertgewinn durch das Produkt aus Sicht des Kunden, wenn dieser gleichzeitig das Produkt eines anderen Unternehmens bezieht, ist dieses *Unternehmen ein Ergänzer.* Im Extremfall ist das Produkt für den Kunden ohne das Produkt des Ergänzers nutzlos. Klassisches Beispiel hierfür sind Hersteller von Computerhardware und Softwareunternehmen als deren Ergänzer. Wie bereits in Kapitel III. 1.1.2. anhand des Nintendo-Fallbeispiels gezeigt, können durch Ausnutzung der Ergänzerfunktion die Wettbewerbsregeln zugunsten des Unternehmens verändert werden. Nintendo hat durch Etablierung eines Standards ein hohes Qualitätsniveau der Software aufrechterhalten können und dabei die Softwareunternehmen als Ergänzer kontrolliert eingebunden.

---

[670] Vgl. zum Beispiel von Intel Brandenburger/Nalebuff (1996), S. 15ff.; Brandenburger/Nalebuff (1996), S. 16ff. definieren Ergänzer und Wettbewerber darüber, ob ein Produkt für den Kunden "more valuable" oder "less valuable" ist. Diese Wertschätzung sollte dabei nicht nur rein über die Wert- sondern auch über die Kostenkomponente definiert werden, was dem hier verwendeten Begriff des Wertgewinns entspricht.

[671] Vgl. hierzu das Fallbeispiel in Kapitel IV. 3.1.2.

[672] Harvard Business School (1996), S. 2

3.2.1.2.2. Wettbewerbsfeld aus Lieferantensicht

Bei der Bestimmung des Wettbewerbsfelds aus Lieferantensicht stehen die Beschaffungsmärkte im Vordergrund. Auch hier sind die beiden Elemente Wettbewerber und Ergänzer zu
unterscheiden. Ihre Bestimmung erfolgt ebenfalls anhand des Wertgewinns, den der Lieferant
bei Belieferung des Unternehmens erhält.[673]

Vermindert sich der Wertgewinn für den Lieferanten, wenn dieser gleichzeitig ein anderes
Unternehmen mit seinen Ressourcen beliefert, ist *dieses Unternehmen ein Wettbewerber.* Angenommen die Menge der lieferbaren Ressourcen ist beschränkt und die Nachfrage nach diesen Ressourcen ist zumindest gleich groß wie das Angebot, dann stehen in vielen
"klassischen" Lieferbeziehungen Unternehmen in Konkurrenz zueinander. Für den Lieferanten
vermindert sich der Wertgewinn, wenn er statt einem einzigen Unternehmen zwei (oder mehrere) beliefern würde und zwar durch zusätzliche Entwicklungskosten, zusätzliche Transportkosten, höhere Auftragsabwicklungskosten etc. Möchte der Lieferant allerdings nicht gänzlich
von einem Abnehmer abhängig sein, kann ein zweiter Abnehmer den subjektiven Wert erhöhen, was allerdings die oben beschriebenen Kosten erhöht. Insofern ist die Beurteilung, ob ein
Unternehmen mit einem anderen im Wettbewerb steht oder nicht, situationsbezogen und erfordert ein "Hineindenken" in die Motive und Bedürfnisse des Lieferanten. Betrachtet man die
Mitarbeiter als Lieferanten von Arbeitsleistung, so zeigt sich dort häufig ein branchenüber-
greifender Wettbewerb. Die Ressource Arbeitsleistung ist ebenfalls beschränkt und kann im
allgemeinen nur einem Unternehmen zur Verfügung gestellt werden.

Erhöht sich der Wertgewinn für den Lieferanten, wenn dieser gleichzeitig ein anderes Unternehmen mit seinen Ressourcen beliefert, dann ist dieses *Unternehmen ein Ergänzer.* So ist es
z.B. bei Produkten mit hohen kundenspezifischen Entwicklungskosten für den Lieferanten
kostengünstiger (und damit mit größerem Wertgewinn verbunden), wenn er für zwei (oder
mehrere Kunden) ein standardisiertes Produkt anbietet, anstatt verschiedene Individuallösun-
gen erarbeiten zu müssen.[674] Ergänzer aus Lieferantensicht werden insbesondere in wissens-

---

[673] Brandenburger/Nalebuff (1996), S. 17ff. sprechen im Gegensatz zur Definition aus Kundensicht nicht mehr
von "Valuable", sondern von der "Attractivity" für Lieferanten, bestimmte Unternehmen zu beliefern. In der
vorliegenden Arbeit wird jedoch auch hier von Wertgewinn gesprochen, da dieser der Bestimmungsfaktor
für die Attraktivität ist.

[674] Brandenburger/Nalebuff (1996), S. 20 führen als Beispiel hierfür die Neuproduktentwicklung beim Flugzeughersteller Boeing an. Airlines können dabei als Ergänzer auftreten. Werden die höheren Kosten der In-
dividuallösungen voll an die Kunden weitergegeben bzw. ist die Standardlösung mit entsprechend geringe-

Fortsetzung der Fußnote auf der folgenden Seite

basierten Branchen zunehmend zur Norm. So sind z.B. bei Software die Up-front-costs (in Form der Entwicklungs- und Programmierungskosten) extrem hoch, die anschließenden variablen Produktionsstückkosten hingegen vernachlässigbar, da die Software nur noch auf Disketten oder CD-ROMs kopiert werden muß. Insofern unterliegen auch die lieferbaren Ressourcen fertigungsbedingt keinerlei Mengenbeschränkung. Je mehr Kopien verkauft werden, desto höher der Umsatz und desto besser lassen sich die fixen Up-front-costs auf die verkaufte Software umlegen.[675] Damit werden aus Sicht der Softwareunternehmen die Abnehmer von Software zu Ergänzern: "The mass-market program is better and cheaper than what any one person could commission on his own. That's the nature of markets for knowledge-based products."[676]

3.2.1.3. Beitrag der Wettbewerbsfeldbetrachtung zur Veränderung von Wettbewerbsregeln

Die oben beschriebene Vorgehensweise zur Abgrenzung des Wettbewerbsfelds aus Kunden- und Lieferantensicht unterstützt die Veränderung von Wettbewerbsregeln folgendermaßen:

- Das Unternehmen betrachtet das Wettbewerbsfeld auf "traditionelle Art", d.h. als Summe aller Wettbewerber, die gleiche oder ähnliche Produkte anbieten, was der Branchendefinition entspricht.[677] Damit wird die *konventionelle Wettbewerbsfeldabgrenzung* erkennbar.

- Der Wettbewerb auf *Beschaffungsmärkten* wird explizit integriert, so daß die dort liegenden Potentiale zur Veränderung von Wettbewerbsregeln realisiert werden können. Kunden und Lieferanten werden als gleichwertige Elemente betrachtet, um deren Gunst das Unternehmen konkurriert.

- Gleichzeitig wird der *Blick für eine innovative Wettbewerbsfelderweiterung* geöffnet, da erstens die Ergänzer als Element des Wettbewerbsfelds mit einbezogen werden und zweitens eine branchenübergreifende Betrachtung ermöglicht wird. Dadurch bieten sich dem Unternehmen Potentiale für eine Neudefinition des Wettbewerbsfelds:

---

ren Preisen verbunden, läge keine Ergänzersituation vor, da sich der Wertgewinn für den Lieferanten nicht ändern würde.

[675] Vgl. hierzu auch das in Kapitel IV. 1.2.1. dargestellte Konzept der Increasing-returns
[676] Brandenburger/Nalebuff (1996), S. 21
[677] Vgl. Brandenburger/Nalebuff (1996), S. 18, die dies als den "Traditional approach" bezeichnen.

- Bisher nicht erkannte, *branchenübergreifende Wettbewerber* werden mit in die strategischen Überlegungen einbezogen. Dadurch werden ehemals nicht miteinander ver-
  knüpfte Wettbewerbsfelder verschmolzen und neue Regeln definiert.

- *Ergänzerfunktionen* werden gezielt ausgenützt, was ebenfalls zu einer Veränderung von
  Wettbewerbsregeln führen kann.

• Durch die Frage nach dem Wertgewinn des Produkts für den Kunden und ob dieser durch
  ein anderes Produkt erhöht bzw. gemindert wird, löst man sich zwangsläufig von einem
  reinen *"Produktdenken"* und beginnt ein *"Denken in Bedürfnissen"*. Die Geschäftsdefinition des Unternehmens kann dabei trotzdem auf Basis von Kernkompetenzen erfolgen.

• Eine *dichotomische Einteilung* von Unternehmen in Wettbewerber und Ergänzer oder anders formuliert in gut und böse wird vermieden.[678] Unternehmen können aus Lieferantenperspektive Wettbewerber, aus Kundensicht jedoch Ergänzer sein (bzw. umgekehrt).
  Gleichzeitig können sie aus Sicht eines bestimmten Lieferanten (bzw. Kunden) Wettbewerber, aus Sicht eines anderen Lieferanten (bzw. Kunden) Ergänzer sein. Darüber hinaus
  ist eine Veränderung der Position im Zeitablauf denkbar.

---

[678]   Vgl. hierzu die bei Brandenburger/Nalebuff (1996), S. 16ff. aufgeführten Beispiele; vgl. auch Chakravarthy
        (1996) S. 14

Fallbeispiel 10: Starbucks - Der Wandel des Netzwerks

Die folgende Abbildung zeigt die Grobstruktur des Netzwerks von Starbucks aus heutiger Sicht.

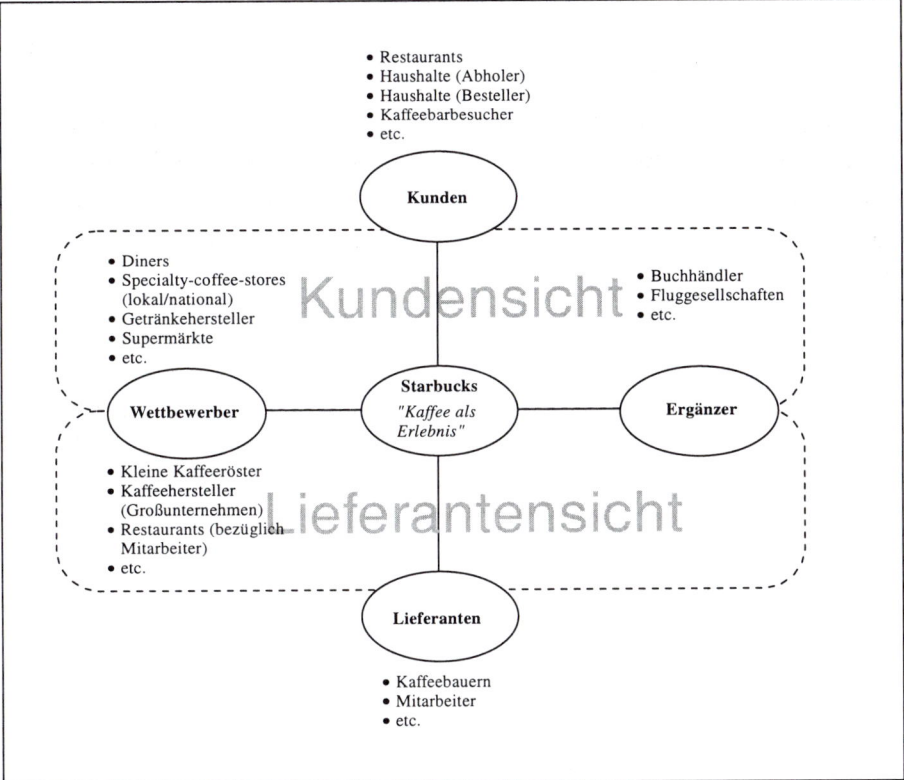

Abb. 22: Netzwerk von Starbucks

Starbucks hat während seiner Unternehmensentwicklung verschiedene Phasen durchlaufen. Damit verbunden war ein Wandel des Netzwerks und der Strategie des Unternehmens.

- In *Phase 1* (Firmengründung 1971 bis Ende der siebziger/Anfang der achtziger Jahre) konzentrierte sich Starbucks auf die *Penetration des lokalen Markts Seattle* mit mehreren Geschäften, die selbstgerösteten Kaffee und Kaffeezubehör anboten. Ende der sieb-ziger Jahre besaß das Unternehmen vier Geschäfte, betrieb etwas Großhandel und Ver-sandgeschäft und realisierte einen Jahresumsatz von 2 Mio USD. "We didn't know squat about business ... but we found it difficult to say no to opportunity."[679] Starbucks verstand sich als Kaffeeröster und -lieferant, die adressierte Klientel waren Kaffeelieb-haber, die Wettbewerber lokale Specialty-coffee-stores sowie regionale Kleinröster. Er-gänzer waren nicht Gegenstand der Strategie.

- Die *Phase 2* (Eintritt von Howard Schultz bis zur Übernahme 1987) kann als *Experi-mentierphase* bezeichnet werden. Das Kaffeebar-Konzept wurde von Howard Schultz zunächst in einem der Starbucksgeschäfte, später in seinem eigenen Unternehmen "Il Giornale", das die Kaffeebohnen von Starbucks bezog, erfolgreich getestet. Durch die Übernahme von Starbucks entstand ein vollintegriertes Unternehmen.[680] Mit dem Kaf-feebar-Konzept verbunden war die grundlegende Neudefinition des Produkts: Weg vom physischen Produkt des hochwertigen Kaffees hin zum "Kaffee als Erlebnis", also einer Mischung aus physischem Produkt, Dienstleistung, Image etc. Damit wandelte sich auch das Netzwerk von Starbucks grundlegend: Unternehmen, die als soziale Interaktions-punkte dienten, wie Restaurants, Diners, Bars etc. wurden neben kaffeeverkaufenden Unternehmen wie Specialty-coffee-stores, Gourmetgeschäften, Supermärkten etc. und Röstern zur Konkurrenz. Das Wettbewerbsfeld von Starbucks wurde branchenübergrei-fend.

- Die *Phase 3* (ab 1987) ist durch eine *regionale Expansion* geprägt. Erklärtes Ziel ist der Aufbau eines nationalen Markennamens. Das Unternehmen verfolgt (bis heute) eine Store-clustering-Strategie, indem lokale Märkte penetriert werden, um dadurch den Be-kanntheitsgrad von Starbucks zu erhöhen sowie Synergien (z.B. bei der Leitung der Ge-schäfte, Lagerhaltung) zu realisieren.[681] Nach und nach wurden zuerst die großen Städte der Westküste, beginnend 1993 mit Washington auch die der Ostküste erobert.[682] Erneut veränderte sich das Netzwerk: Starbucks konkurrierte aufgrund seiner wachsenden Größe nicht mehr allein mit lokalen Specialty-coffee-stores, sondern wurde zum Wett-bewerber der "Mainstream"-Kaffeehersteller wie Procter & Gamble, Nestlé etc.

---

[679] Jerry Baldwin, einer der drei Firmengründer, zitiert nach: Carlin (1995), S. 42
[680] Vgl. Starbucks Coffee Company (1996c), S. 1
[681] Vgl. zur Store-clustering Strategie Alex. Brown & Sons (1992), o.S.
[682] Vgl. Starbucks Coffee Company (1996c), S. 1

- Die *Phase 4* (ab 1993) umfaßt ein *Leverage-and-reinforcement des Markennamens*. Hierzu werden gezielt Kooperationen mit Unternehmen aus verschiedenen Branchen eingegangen. Die regionale Expansion wird parallel weiter vorangetrieben.

Insbesondere in dieser 4. Phase der Unternehmensentwicklung nutzt Starbucks im Rahmen seiner Strategie gezielt *Ergänzer* (aus Kundensicht). Hierzu einige Beispiele:

- 1993 geht Starbucks eine strategische Allianz mit Barnes & Noble, einer nationalen Buchhandelskette in den USA, ein. In kleinen Kaffeebars innerhalb der Barnes & Noble-Geschäfte können Kunden während ihrer Bücherauswahl Starbucks-Kaffee trinken. Dadurch steigert sich für den Kunden der Wert des Kaffee(-erlebnisses), weil durch die Bücher gleichzeitig Unterhaltung möglich ist, und der Wert des Buchkaufs, weil dieser wesentlich gemütlicher und entspannender wird. Für Barnes & Noble bietet die Allianz eine Möglichkeit der Differenzierung gegenüber den Wettbewerbern. Starbucks kann durch die Zusammenarbeit einen weiteren innovativen Absatzkanal für seine Produkte nutzen und den Bekanntheitsgrad der Marke erhöhen. Im Juli 1995 wurde das Konzept mit der kanadischen Buchkette Chapters Inc. erneut angewendet.[683]

- Eine weitere strategische Allianz wurde Ende 1995 mit United Airlines geschlossen. United Airlines bietet den Kunden auf seinen Flügen weltweit Starbucks-Kaffee an. Auch hier steigert sich für den Kunden der Wert des Fluges durch den Genuß qualitativ hochwertigen Kaffees: "This alliance is the perfect blend of the world's most popular coffee and the world's most popular airline. At United, we are committed to offering superior customer service, which means we're determined to offer everything from best aircraft, the best flights and the best employees to the best coffee, which is clearly Starbucks."[684] United unterstützte die Allianz mit eine Marketingkampagne, für die mehrere Millionen Dollar investiert wurden. Probleme bei der Zubereitung des Kaffees im Flugzeug Anfang 1996 zeigen jedoch auch das Risiko einer Markenschädigung durch einen unzureichenden Einfluß auf Qualitätsstandards.[685]

Zur Entwicklung und Einführung neuer Produkte, die ebenfalls zur Erhöhung des Bekanntheitsgrads der Marke sowie der Nutzung des bestehenden Markennamens dienen, wurden

---

[683] Vgl. Starbucks Coffee Company (1996b), S. 1; William Blair & Company (1996), o.S.
[684] Gerald Greenwald, CEO von United Airlines, zitiert nach: Starbucks Coffee Company (1995), o.S.
[685] Vgl. Schultz/Yang (1997), S. 267ff.; Starbucks Coffee Company (1995), o.S.; William Blair & Company (1996), o.S.

mehrere Kooperationen eingegangen. Im Vordergrund stand dabei die Zusammenführung *komplementärer Ressourcen.* Auch hierzu einige Beispiele:

- 1994 wurde das "North American Coffee Partnership", ein Joint-venture von Pepsi-Cola und Starbucks, zur Entwicklung und Vermarktung von kalten Kaffeegetränken gegründet. Im Sommer 1996 begann die Einführung eines kalten Kaffeegetränks ("Frappuccino") in Supermärkten, Convenience-stores etc. Der Starbucks-Markenname und die Kompetenzen in der Herstellung hochwertiger Kaffeegetränke wurden mit den Marketingkompetenzen und dem Distributionssystem von Pepsi kombiniert.[686] Nach Ansicht von Schultz eröffneten sich mit dieser Partnerschaft neue, erhebliche Wachstumsmöglichkeiten: "I viewed it as an earth-jolting paradigm shift, a sign that our business was now about to expand to a far wider concentric circle: coffee-based products."[687]

- Ende 1995 formierten Dreyer's Grand Ice Cream, Inc. und Starbucks ein langfristig ausgerichtetes Joint-venture, um eine Produktlinie mit verschiedenen Premium-coffee-ice-creams zu entwickeln und auf dem Markt einzuführen. Gary Rogers, Chairman und CEO von Dreyer's, hierzu: "The joint venture will combine Starbucks experience and expertise in sourcing and roasting the highest quality coffee and Dreyer's outstanding manufacturing, sales and distribution capabilities."[688]

3.2.2.   Untersuchung struktureller Faktoren des Netzwerks

Nachdem die Netzwerkelemente bestimmt wurden, erfolgt in einem zweiten Schritt die Untersuchung der strukturellen Faktoren des Netzwerks. Dabei werden die strukturellen Bestimmungsfaktoren der Wettbewerbsregeln analysiert und Ansatzpunkte zur Veränderung dieser Faktoren bzw. der daraus resultierenden Wettbewerbsregeln identifiziert. Das Kräfteverhältnis im Netzwerk und somit die Verhandlungsmacht der einzelnen Elemente wird durch deren Added-value bestimmt, der ebenfalls Funktion struktureller Faktoren ist. Insofern wird aufgezeigt, wie sich durch strukturelle Veränderungen der relative Added-value des eigenen Unternehmens steigern läßt. Ergänzt wird diese Betrachtung durch die Darstellung von sogenannten Value-based strategies, die auf die Verbesserung des eigenen Added-value abzielen.

---

[686] Vgl. William Blair & Company (1996), o.S.; Starbucks Coffee Company (1996d), o.S.

[687] Schultz/Yang (1997), S. 222

[688] Gary Rogers, zitiert nach: Starbucks Coffee Company (1995a), o.S.,

3.2.2.1.   Veränderung von strukturell bedingten Wettbewerbsregeln

In Kapitel II. 3.2.1. wurde ein Erklärungsmodell zur Entstehung und Veränderung von Wettbewerbsregeln entwickelt. Dabei wird zwischen strukturell bedingten und verhaltensbedingten Wettbewerbsregeln unterschieden. Die strukturell bedingten Wettbewerbsregeln werden durch die strukturellen Faktoren des Wettbewerbsfelds determiniert. Unternehmen können allerdings diese strukturellen Faktoren (und damit die strukturell bedingten Wettbewerbsregeln) durch ihr Verhalten verändern (3. Wirkrichtung).

Das industrieökonomisch-geprägte Framework der Wettbewerbskräfte von PORTER, dessen Anwendung sowohl im Rahmen der Branchen- als auch der Intra-Branchenanalyse vorgeschlagen wird,[689] kann zur Bestimmung der strukturellen Faktoren des Wettbewerbsfelds herangezogen werden. Es basiert auf dem Grundgedanken, daß durch Analyse der strukturellen Faktoren das Wettbewerbsverhalten erklärt und damit die Profitabilität (oder Attraktivität) des Wettbewerbsfelds ermittelt werden kann. Ferner kann das Unternehmen durch die Analyse der strukturell bedingten Wettbewerbskräfte entsprechende Rückschlüsse auf die im Wettbewerbsfeld notwendigen Strategien (bzw. strategischen Maßnahmen) ziehen. Die Struktur unterliegt dabei dem zeitlichen Wandel, weshalb die Antizipation bzw. Prognose zukünftiger Veränderungen notwendig wird.[690] In der Industrieökonomie werden dabei die strukturellen Faktoren, die PORTER unter den Wettbewerbskräften "Rivalität unter den bestehenden Unternehmen" bzw. "Bedrohung durch neue Wettbewerber" nennt, als die bedeutendsten angesehen.[691]

---

[689]   Vgl. Porter (1986), S. 19ff., Porter (1987a), S. 25ff.

[690]   Porter (1986), S. 562ff. stellt deshalb das Instrument der Branchenszenarien zur Entwicklung von "Zukunftsbildern der Branchenstruktur" dar. Des weiteren geht Porter (1987a), S. 208ff. auf verschiedene Grundkonzepte zur Branchenentwicklung (wie z.B. Lebenszyklusmodelle) ein, die dazu beitragen sollen, Muster von Branchenveränderungen zu prognostizieren. Auf die Problematik zeitlicher Branchenveränderungen wird insbesondere in Kapitel IV. 4. näher eingegangen.

[691]   Vgl. Minderlein (1990), S. 155

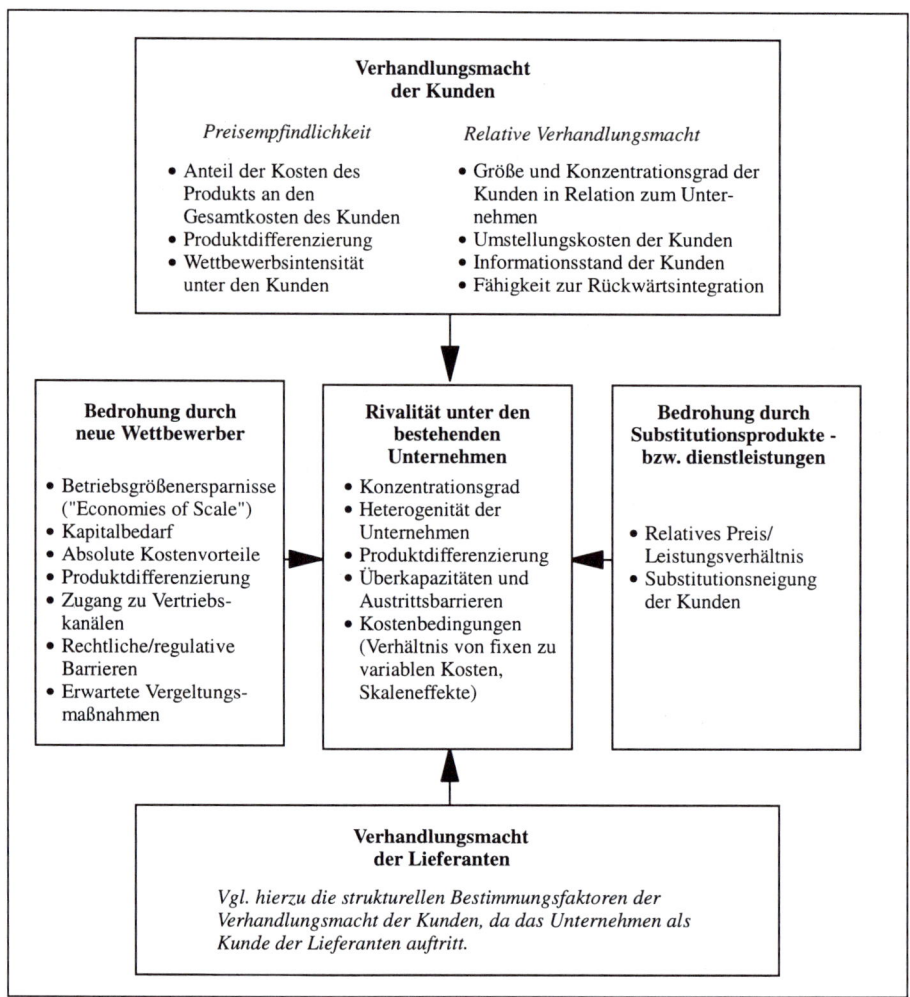

Abb. 23: Die fünf Wettbewerbskräfte und die zugrundeliegenden strukturellen Faktoren[692]

---

[692] Die hier vorgenommene selektive Auswahl der zentralen strukturellen Faktoren lehnt sich an Grant (1995), S. 59ff. an. Zu einer umfassenden Darstellung der strukturellen Faktoren vgl. Porter (1987a), S. 25ff. und Porter (1986), S. 22ff.

Im ausgewählten Wettbewerbsfeld (bzw. Netzwerk) sollten zunächst die oben genannten *strukturellen Faktoren näher bestimmt* werden. Dies erfordert sowohl die Analyse des Ausprägungsgrads der einzelnen Faktoren (besteht z.b. ein hoher oder geringer Konzentrationsgrad der Unternehmen oder ist das Geschäft fixkostenintensiv) als auch der relativen Bedeutung der einzelnen Faktoren und damit der Stärke der einzelnen Wettbewerbskräfte. Basierend auf diesen Analysen und den Ergebnissen der Analyse des Wettbewerbsverhaltens (vgl. Kapitel IV. 3.2.3.), lassen sich die *strukturell bedingten Wettbewerbsregeln ableiten* und zwar durch die logische Verknüpfung von Bereichen konformen Wettbewerbsverhaltens und den hierfür verantwortlichen strukturellen Faktoren. Ist ein Wettbewerbsfeld z.b. durch eine geringe Produktdifferenzierung charakterisiert (struktureller Faktor), konzentrieren sich die Unternehmen auf den Preiswettbewerb und versuchen dementsprechend ihr Geschäftssystem kostenoptimierend zu gestalten (Wettbewerbsverhalten). Oder stellt z.b. der Zugang zu Vertriebskanälen (z.b. zu Regalplätzen in Supermärkten) eine hohe Eintrittsbarriere dar, so konzentrieren sich die etablierten Unternehmen darauf, die Bedeutung dieser Vertriebskanäle zu erhalten (z.b. durch langfristige Liefervereinbarungen mit Supermärkten), während die neu eintretenden Unternehmen versuchen, diese zu überwinden (z.b. durch gesponserte Werbeaktionen in Supermärkten oder extreme Preisnachlässe).

Aus den bestimmten strukturellen Faktoren müssen im nächsten Schritt jene Faktoren herausgefiltert werden, die durch einzelne *Unternehmen gezielt beeinflußt* werden können und *Ansatzpunkte für eine Regelveränderung bieten*. So ist z.b. der Konzentrationsgrad des Wettbewerbsfelds im allgemeinen weit weniger beeinflußbar, als die Eintrittsbarrieren. Inwiefern die strukturellen Faktoren durch einzelne Unternehmen beeinflußbar sind, hängt insbesondere von den *verfügbaren Ressourcen* (wie z.b. Kernkompetenzen oder Patente) und der *relativen Unternehmensgröße* (und somit der Macht im Wettbewerbsfeld)[693] ab. Des weiteren können die sich wandelnde allgemeine Umwelt (z.b. neue Technologien, Wertewandel in der Gesellschaft) bzw. das sich wandelnde erweiterte Netzwerk (z.b. neue Bedürfnisse der "Kunden des Kunden") Ansatzpunkte für strukturelle Veränderungen bieten. Nicht zuletzt liegt die Veränderung struktureller Faktoren in einer "kreativen Idee" begründet, die unternehmensinterne mit unternehmensexternen Gegebenheiten verknüpft.

Die Veränderung von strukturell bedingten Wettbewerbsregeln setzt voraus, daß die Struktur eines Wettbewerbsfelds nicht als gegeben akzeptiert, sondern als Gestaltungsbereich betrach-

---

[693]   Vgl. Porter (1986), S. 27

tet wird. Insofern geht es primär nicht darum, die Strategie und das Verhalten den strukturellen Bedingungen anzupassen, sondern umgekehrt, durch die Strategie und das Verhalten die strukturellen Bedingungen des Wettbewerbsfelds zu verändern. So sollten z.B. Unternehmen bei einer geringen Produktdifferenzierung nach Möglichkeiten suchen, dem Produkt neue Leistungsmerkmale zu geben, die eine höhere Differenzierung erlauben und sich nicht primär auf Preiswettbewerb und den Aufbau eines kostenoptimierten Geschäftssystems konzentrieren. Eintrittsbarrieren, wie z.B. der Zugang zu Vertriebskanälen, sollten "abgebaut bzw. umgangen" und nicht "übersprungen" werden, indem z.B. versucht wird neue Vertriebskanäle zu erschließen und nicht die bestehenden Vertriebskanäle zu benutzen.[694]

Canon ist bei Kopierern durch die *Neukonfiguration des Geschäftssystems* und die *Einführung neuer Leistungsmerkmale* des Produkts eine *Veränderung solcher strukturell bedingter Wettbewerbsregeln* gelungen. Der damalige Marktführer Xerox bot eine breite, stark differenzierte Produktpalette an. Die Geräte wurden mit einer eigenen Vertriebsmannschaft, meist als Leasinggeräte, abgesetzt. Canon hingegen reduzierte die Breite der Produktpalette und produzierte standardisierte Geräte und Komponenten, die über unabhängige Händler für Büroprodukte vertrieben wurden. Durch eine entsprechend wartungsfreie Konstruktion konnte auch der Service von den Händlern direkt übernommen werden. Des weiteren waren Leasingverträge unüblich. Die für den Erfolg von Xerox wesentlichen Faktoren, nämlich das nationale Vertriebs- und Servicesystem und die große Installed-base an Leasinggeräten (welche beide hohe Eintrittsbarrieren darstellten) sowie die hohen Serviceeinnahmen, verkehrten sich zu "Vergeltungsbarrieren", die Xerox in seiner Reaktion auf die strategische Innovation von Canon behinderten.[695] Denn je schneller die Breite der Produktpalette reduziert, neue Vertriebskanäle aufgebaut und die Zuverlässigkeit der Geräte erhöht wurde, desto stärker erodierte die traditionelle Ertragsbasis von Xerox.[696]

---

[694] Beispiel hierfür ist Dell mit seinem direkten Geschäftsmodell (vgl. Kapitel III. 2.2.2.);vgl auch Yip (1982), S. 89ff., der weitere Ansatzpunkte zur Umgehung von Eintrittsbarrieren durch neue, innovative Strategien darstellt. Er spricht von "negate barriers by changing the accepted business structure." (S. 89)

[695] Vgl. hierzu Yip (1982), S. 91. Der Aufbau von Eintrittsbarrieren ist für die etablierten Unternehmen mit hohen "Commitments" verbunden. Werden diese Eintrittsbarrieren, z.B. durch strukturelle Veränderung, obsolet, so wandeln sich diese "Commitments" oft zu "Barriers to response".

[696] Vgl. zum Xerox/Canon-Beispiel Hamel/Prahalad (1989), S. 70f.

3.2.2.2. Kräfteverhältnis im Netzwerk und Added-value der Elemente

Das Kräfteverhältnis innerhalb des Netzwerks wird wesentlich durch den Added-value der Elemente bestimmt.[697] Die Begriffe Added-value, Value-created und Willingness-to-pay werden dem Verständnis von BRANDENBURGER/STUART bzw. BRANDENBURGER/NALEBUFF[698] entsprechend definiert und für die folgende Argumentation verwendet. Added-value oder Value-created dürfen deshalb nicht mit den bereits abgegrenzten und mehrfach verwendeten Begriffen Wert und Wertgewinn verwechselt werden.

Der Added-value eines Elements ergibt sich aus dem Value-created aller Elemente abzüglich des Value-created aller Elemente *ohne* das betrachtete Element. Der Anteil am Value-created, den das Unternehmen dabei realisiert, kann den von ihm eingebrachten Added-value nicht übersteigen.[699] Betrachtet man den einfachsten Fall einer Wertschöpfungskette mit einem Lieferanten, einem Unternehmen und einem Kunden, so ergibt sich der Value-created aus der Differenz des Preises, den der Kunde gerade noch bereit ist zu zahlen (Willingness-to-pay) und dem Preis, zu dem der Lieferant gerade noch bereit ist, seine Ressourcen dem Unternehmen zu liefern (Opportunity-cost). Unter Verwendung des tatsächlichen Kaufpreises, den der Kunde an das Unternehmen bezahlt und den Kosten, die dem Unternehmen für die Beschaffung der Ressourcen beim Lieferanten entstehen, ergeben sich die Anteile des Value-created der einzelnen Spieler. Die Höhe der jeweils realisierten Anteile ist Ergebnis von Verhandlungen zwischen den Spielern.[700]

---

[697] Vgl. Brandenburger/Nalebuff (1996), S. 64ff.

[698] Vgl. Brandenburger/Stuart (1996) und Brandenburger/Nalebuff (1996). Die Ausführungen der Autoren zum Added-value basieren auf spieltheoretischen Überlegungen. Im folgenden wird jedoch keine rein spieltheoretische Betrachtung vorgenommen, sondern nur einige wesentliche, der Spieltheorie entstammende Grundgedanken übernommen und auf das Problem der Veränderung von Wettbewerbsregeln übertragen.

[699] Vgl. Brandenburger/Stuart (1996), S. 13.; Brandenburger/Nalebuff (1996), S. 45 definieren den Added-value pragmatisch als "the size of the pie when you are in the game minus the size of the pie when you are out of the game". Der Added-value "measures what each player brings to the game."

[700] Vgl. Brandenburger/Stuart (1996), S. 7ff.

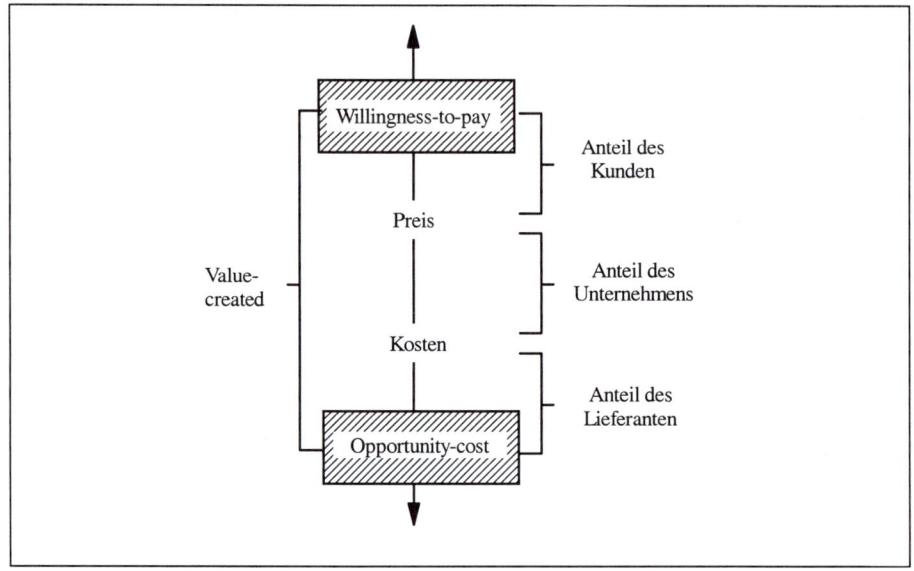

Abb. 24: Value Creation[701]

Da in der oben dargestellten Situation jeder der Spieler zur Schaffung des Value-created notwendig ist, ist der Added-value aller Spieler gleich groß. Meist handelt es sich jedoch um eine Vielzahl von Lieferanten, Unternehmen und Kunden, eine Vielzahl von Interaktionen zwischen diesen Spielern und eine Vielzahl unterschiedlicher Bedürfnisse, so daß der jeweilige Added-value der Spieler stark variieren kann.

Eine gravierende Verschiebung des Added-value der einzelnen Elemente verändert das Kräfte- oder Machtverhältnis im Netzwerk. Aus Unternehmenssicht sollte deshalb der relative Added-value erhöht werden. Prinzipiell gibt es hierfür zwei Stoßrichtungen: Die Erzeugung von Asymmetrien in Bezug auf die Willingness-to-pay und die Opportunity-costs sowie eine Veränderung der Netzwerkstruktur. Beide Stoßrichtungen können durch strategische Innovationen verfolgt werden.

---

[701]   Vgl. Brandenburger/Stuart (1996), S. 10

(1) Erzeugung von Asymmetrien

BRANDENBURGER/STUART stellen vier generische "Value-based strategies" vor, die darauf abzielen, Asymmetrien bezüglich der Willingness-to-pay und der Opportunity-costs in Bezug auf das eigene Unternehmen und der Willingness-to-pay und den Opportunity-costs in Bezug auf die Wettbewerber zu erzeugen. Dadurch kann der eigene Added-value gegenüber dem der Wettbewerber erhöht werden.[702]

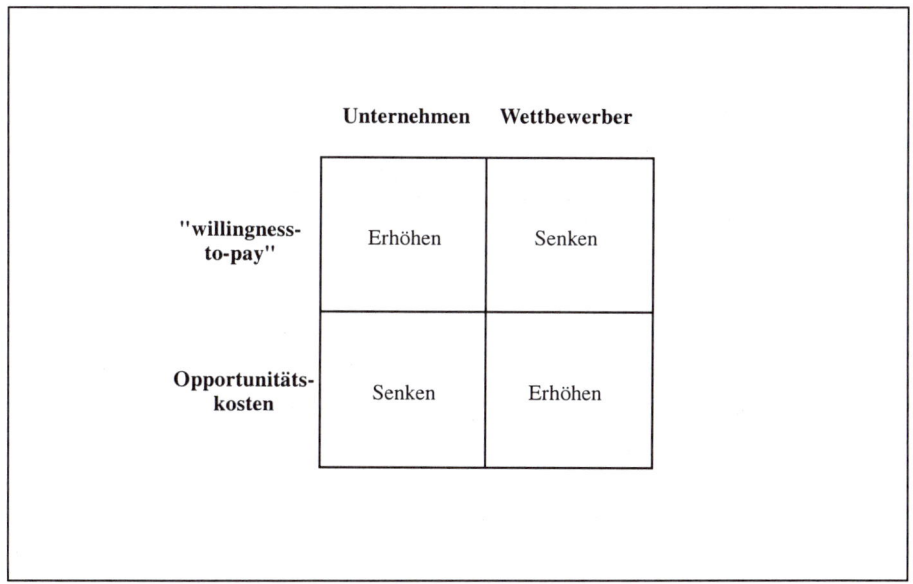

	Unternehmen	Wettbewerber
"willingness-to-pay"	Erhöhen	Senken
Opportunitäts-kosten	Senken	Erhöhen

Abb. 25: Value-based strategies zur Erzeugung von Asymmetrien bezüglich Willingness-to-pay und Opportunity-cost[703]

In Bezug auf das eigene Unternehmen müssen Willingness-to-pay erhöht und Opportunity-costs gesenkt werden. Die Willingness-to-pay läßt sich z.B. dadurch erhöhen, daß versucht wird, die Bedürfnisse des Kunden besser zu befriedigen oder anders formuliert, den Wert der

---

[702] Vgl. Brandenburger/Stuart (1996), S. 15ff.
[703] Vgl. Brandenburger/Stuart (1996), S. 17

Leistung für den Kunden, z.B. durch Differenzierungsansätze, zu steigern[704]. Die Opportunity-costs der Lieferanten lassen sich z.B. durch eine kostenoptimierte Gestaltung der Lieferanten-beziehung (z.B. durch elektronischen Datenaustausch bei der Bestellabwicklung) senken. In Bezug auf die Wettbewerber sind genau die entgegengesetzten Effekte anzustreben. Die Wil-lingness-to-pay für Produkte der Konkurrenz kann z.B. durch Negativwerbung oder durch den Aufbau von Wechselkosten beim Kunden gesenkt werden. Eine Erhöhung der Opportunity-costs läßt sich ebenfalls durch den Aufbau von Wechselkosten oder die Erzeugung einer ne-gativen Einstellung beim Lieferanten gegenüber der Konkurrenz erreichen.

(2) Veränderung der Netzwerkstruktur

Neben dieser gezielten Erzeugung von Asymmetrien kann eine Veränderung der Netzwerk-struktur den relativen Added-value verschieben. Hierbei spielt insbesondere der Konzentra-tionsgrad (sowohl in Bezug auf Lieferanten und Kunden als auch auf Wettbewerber) eine Rolle.[705] Im folgenden werden Ansatzpunkte zur Einbindung neuer Lieferanten, Kunden, Er-gänzer und Wettbewerber in das Netzwerk und die daraus resultierenden Veränderungen auf den Added-value aufgezeigt.[706]

- *Einbindung neuer Lieferanten*

  Durch die Einbindung neuer Lieferanten kann der Added-value des einzelnen Lieferanten und dadurch dessen Verhandlungsstärke verringert werden. Insbesondere bei einer starken Abhängigkeit von wenigen Lieferanten, sollten Unternehmen aktiv versuchen, dies zu rea-lisieren. Eine Möglichkeit hierzu bilden Einkaufskooperationen. Mehrere Unternehmen schließen sich zusammen und bündeln ihr Einkaufsvolumen. Waren vorher nur wenige Lieferanten am Vertragsabschluß mit jedem einzelnen Unternehmen interessiert, steht nun das Gesamtvolumen zur Disposition, wodurch großes Interesse bei vielen Lieferanten ge-weckt wird und diese gegenseitig um den Auftrag konkurrieren. Denkbar ist ferner, daß das

---

[704] Dadurch können Win-win-Situationen für die Kunden und das Unternehmen entstehen. So kann z.B. die Willingness-to-pay durch entsprechende Qualitätsverbesserungen erhöht werden. Dies rechtfertigt eine Preiserhöhung. Sind jedoch die dafür entstandenen Kosten geringer als die realisierte Preiserhöhung und vergrößert sich gleichzeitig die Spanne zwischen Willingness-to-pay und dem vom Kunden bezahlten Preis, haben beide Partien gewonnen; weitere Möglichkeiten zur Erhöhung der Willingness-to-pay bestehen darin, daß bei hoher Nachfrage des Kunden die Lieferung limitiert oder die Kundenbindung z.B. durch höhere Wechselkosten, erhöht wird (vgl. hierzu auch Brandenburger/Nalebuff (1996), S. 120ff.; zu Kundenbindung vgl. Reichheld (1997)).

[705] Vgl. hierzu auch Porter (1986), S. 22.ff und Porter (1987a), S. 25ff., der dieses und weitere Elemente der Branchenstruktur als Determinanten der Lieferanten- und Kundenstärke darstellt.

[706] Vgl. zur Einbindung neuer Netzwerkelemente Brandenburger/Nalebuff (1996), S. 71ff. (die Autoren spre-chen von "New players").

Unternehmen (zumindest teilweise) selbst die Lieferantenfunktion übernimmt und dadurch den Added-value des externen Lieferanten schmälert, was sich in entsprechenden Preissenkungen des Lieferanten niederschlagen kann.

- *Einbindung neuer Kunden*

  Die Einbindung neuer Kunden führt dazu, daß zum einen der Added-value des einzelnen Kunden verringert wird, der Markt sich jedoch gleichzeitig vergrößert. Werden neue Kunden hinzugewonnen, führt dies eher zu Win-win-Situationen für alle Unternehmen als zu einer Verschärfung des Kampfs um bestehende Kunden. Die "Angriffsbereitschaft" der Wettbewerber und somit die Gefahr eines Preiskriegs, der zwar zunächst zu einer Win-lose-Situation zugunsten der Angreifer führen kann, letztendlich aber oft in Lose-lose-Situationen für alle Unternehmen mündet, sinkt. Durch Modifikation des Produkts entsprechend der Bedürfnisse bisher nicht bedienter Kundengruppen oder durch die Erschließung neuer regionaler Märkte lassen sich neue Kunden einbinden. Eine weitere Möglichkeit, um neue Kunden zu gewinnen, liegt im Aufbau komplementärer Produkte bzw. Ergänzer.

- *Einbindung neuer Ergänzer*

  Die Einbindung neuer Ergänzer erhöht den eigenen Added-value: Je mehr komplementäre Produkte existieren, desto größer wird der Wert für den Kunden. Bereits das Fallbeispiel zu Nintendo hat gezeigt, daß es dabei wichtig ist, die Produkte der (des) Ergänzer(s) möglichst nur komplementär zum eigenen Produkt zu gestalten. Insbesondere in Wettbewerbsfeldern mit Potential zur Entwicklung eines Branchenstandards (oder dominanten Designs) müssen möglichst frühzeitig Ergänzer einbezogen werden, um dadurch die Verbreitung des eigenen Produkts zu fördern. Einkaufskooperationen mit dem Kunden bieten ebenfalls die Möglichkeit neue Ergänzer in das Netzwerk einzubinden: So könnte ein Versicherungsunternehmen für seine Mitglieder Kaufverträge mit Autohändlern aushandeln. Während für den einzelnen Versicherungsnehmer im allgemeinen nur regionale Händler in Frage kommen, wären bei einer Verhandlungsführung durch den Versicherer Händler aus verschiedenen Regionen vertreten.[707]

- *Einbindung neuer Wettbewerber*

  Grundsätzlich verringert die Einbindung neuer Wettbewerber den eigenen Added-value. Allerdings gibt es Situationen, in denen der Kunde verlangt, daß alternative Lieferquellen aufgebaut werden. Unternehmen müssen dann auf Druck des Kunden z.B. eine Technologie im Rahmen von Lizenzvereinbarungen an weitere Wettbewerber vergeben, um dadurch ein Second-sourcing zu ermöglichen. Des weiteren kann für die Entwicklung eines Branchenstandards, der den eigentlichen Beginn eines erheblichen Marktwachstums markiert, die rasche Verbreitung der eigenen Produktlösung bzw. Technologie mit Hilfe von Wettbewerbern und deren Produkten notwendig werden (z.b. in der Computerbranche)[708].

Neben den oben dargestellten Ansätzen liegt auch in den unternehmensspezifischen Ressourcen ein großes Potential, den eigenen Added-value zu erhöhen. Richtig eingesetzt, können sie Unternehmen zu einzigartigen Leistungen verhelfen, was sie zu einem nicht substituierbaren Bestandteil des Netzwerks macht.

Fallbeispiel 11: Carmike - Die Veränderung des Kräfteverhältnisses in der Kinobranche

Wie bereits in Kapitel III. 2.2.1. dargestellt, konzentriert sich Carmike mit seinem Multiscreen-Konzept auf lokal monopolisierbare Märkte. Der eigene Added-value wird dadurch gesteigert und damit das Kräftverhältnis im Netzwerk verschoben:

Erzeugung von Asymmetrien

Der Schwerpunkt von Carmike im Sinne einer Value-based-strategy liegt auf der Erhöhung der Willingness-to-pay der Kunden für das eigene Produkt. Das Multiscreen-Konzept bietet im Vergleich zu Kleinkinos für den Kunden einen deutlich höheren Nutzen (breites Filmprogramm zu verschiedenen Vorführzeiten, moderne Vorführtechnologie, Verkauf von Getränken, Snacks, Parkplätze etc.). Das zentrale Informationssystem ermöglicht des weiteren ein an die Bedürfnisse der Kunden des lokalen Markts angepaßtes Filmangebot.

Veränderung der Netzwerkstruktur

Carmike ist es gelungen, den Added-value der Filmverleiher erheblich zu senken bzw. seinen eigenen Added-Value zu erhöhen und damit das Kräfteverhältnis im Netzwerk zu seinen Gunsten zu verschieben. Der Erfolg begründet sich zum Teil im Vergabemodus für

---

[707] In USA wird dies bereits von einigen Versicherungsunternehmen (wie z.B. der USAA) oder der mit dem ADAC vergleichbaren Organisation AAA (American Automobile Association), zumindest in beschränktem Umfang, angeboten (vgl. Brandenburger/Nalebuff (1996), S. 100).

[708] Vgl. hierzu Kapitel IV. 1.3.3., wo der Zugang der Anbieter zum Standard als eine strategische Gestaltungsvariable zur Etablierung eines Branchenstandards dargestellt wird.

Filme. Kinofilme werden immer nur an ein Kinounternehmen pro Filmlizenzzone vergeben. Die Vergabe erfolgt entweder entsprechend des "Höchstgebots" der Kinounternehmen
oder durch Allokation. Da Carmike durch seine Fokussierung auf lokal monopolisierbare
Märkte meist der einzige Anbieter (oder zumindest der größte Anbieter) in der jeweiligen
Filmlizenzzone ist, muß der Filmverleiher den Film an Carmike vergeben oder er läuft Gefahr, die Zone als Absatzmarkt ganz zu verlieren. Damit verringert sich zwar nicht der Added-value der Filmverleiher, der Added-value von Carmike wird jedoch beträchtlich erhöht.[709]

Durch die nationale Präsenz des Unternehmens und dem damit verbundenen hohen Einkaufsvolumen, ist das Interesse der Filmverleiher bzw. Filmproduktionsunternehmen an einem Lieferantenverhältnis mit Carmike größer als an dem mit einem Kleinkino. Des
weiteren besitzt Carmike eine strategische Unabhängigkeit von einzelnen Filmverleihern
bzw. Filmproduktionsunternehmen, die bei anderen Kinoketten oft nicht gegeben ist, da
dort z.B. Kapitalbeteiligungen von Filmproduktionsunternehmen an den Kinoketten
bestehen. Dadurch wird ebenfalls die Anzahl potentieller Filmlieferanten erhöht und damit
der Added-value des einzelnen Filmlieferanten verringert, wodurch sich wiederum das
Kräfteverhältnis zugunsten von Carmike verschiebt.

3.2.3. Untersuchung des Wettbewerbsverhaltens im Netzwerk

Letzter Bereich der Analyse des Netzwerks ist das Wettbewerbsverhalten. Da das Wettbewerbsverhalten sozusagen das Spiegelbild der Wettbewerbsregeln darstellt, ist eine detaillierte
Analyse des Verhaltens, insbesondere im Hinblick auf *Konformitäten,* zur Bestandsaufnahme
bestehender Regeln und zur Identifikation von Ansatzpunkten zur Regelveränderung unabdingbar. Entsprechend der Objektbereiche von Wettbewerbsregeln sind dabei die Strategien
als zukunftsgerichtete Handlungsorientierungen und damit verhaltensprägende Größe, die von
den Unternehmen verwendeten Ressourcen, die Art des Ressourceneinsatzes und die Art der
Leistungen im Netzwerk Gegenstand der Betrachtung.

---

[709] Vgl. zum Filmlizenzverfahren in der Kinobranche der USA und insbesondere zur Strategie von Carmike
Carmike Cinemas (1995a), S. 7ff.; zu den Merkmalen des "Verkäufermarkts" in den achtziger Jahren vgl.
Harris (1990), 39ff.

3.2.3.1. Klammerfunktion von Strategien

Strategien prägen das Wettbewerbsverhalten, da sie zukunftsgerichtete Handlungsorientierungen für das Unternehmen darstellen.[710] So verstanden, ist das Wettbewerbsverhalten der Strategie nachgestellt.[711] *Strategische Rahmenkonzepte* fungieren dabei als ein Art Leitbild, eine Beschreibung der Soll-Vorstellungen für die langfristige Unternehmensentwicklung. Sie enthalten Maxime, die die Ziele, die grundlegenden Strategien und die Grundsätze des Unternehmens zum Ausdruck bringen. Die *strategischen Programme* konkretisieren das Rahmenkonzept für die einzelnen Betätigungsfelder des Unternehmens in Form von strategischen Zielen und strategischen Stoßrichtungen, einer Aufgliederung in Unterziele bzw. -strategien und Maßnahmen sowie robusten Schritten.[712]

Entsprechend der Ausführungen in Kapitel II. 1.2. müssen Strategien Antworten auf die Fragen nach dem "Wo?" und "Wie?" der Konkurrenz liefern, d.h. es wird festgelegt, in welchem(n) Wettbewerbsfeld(ern) das Unternehmen tätig sein will und welches Wettbewerbsverhalten innerhalb des(r) Wettbewerbsfelds(er) zum Aufbau und Erhalt von Wettbewerbsvorteilen praktiziert werden soll. Das Wettbewerbsverhalten bezieht sich dabei auf den Einsatz, Erwerb und Ausbau von *Ressourcen*, die *Art des Ressourceneinsatzes* durch die Gestaltung des Geschäftssystems (und die Verknüpfung mit anderen Netzwerkelementen) sowie die *Festlegung der Leistungen*, die mit Hilfe der Ressourcen und deren Einsatz erbracht werden sollen. Die Strategie, sowohl als strategisches Rahmenkonzept als auch in Form von strategischen Programmen, übernimmt dabei eine *Klammerfunktion* (oder Koordinationsfunktion), da sie die oben genannten Gegenstandsbereiche des Wettbewerbsverhaltens zu einem stimmigen Ganzen zusammenführt, so daß sich die einzelnen Aktivitäten in ihrer Wirkung gegenseitig unterstützen.

---

[710] Vgl. Kirsch (1997), S. 274, der die lebensweltliche Handlungsorientierung (mit dem Charakter von Prinzipien) als Merkmal von Strategien nennt; vgl. auch Bleicher (1996), S. 234ff., S. 82, der die Aufgabe des strategischen Managements in der Konkretisierung der Vorgaben der normativen Unternehmenspolitik durch Strategien (bzw. strategische Programme), die verhaltensleitend wirken, sieht.

[711] Einschränkend ist anzumerken, daß sich Strategien auch erst durch beobachtbares strategisches Verhalten ergeben können und sich die "verfolgte" Strategie erst im Zeitablauf zeigt. Sie ist dann nicht-intendiertes Ergebnis des Zusammenwirkens verschiedener Handlungen. Insofern stehen beobachtbare strategische Verhaltensweisen und formierte bzw. formulierte Strategien in wechselseitiger Interaktion (vgl. Kirsch/Habel (1991), S. 448f.).

[712] Vgl. Kirsch (1997), S. 283ff.; Bleicher (1996), S. 80ff. faßt den Begriff des strategischen Managements enger. Inhalte und Funktion des strategischen Rahmenkonzepts nach Kirsch wären dem normativen Management zuzuordnen, während die strategischen Programme auch bei ihm in den Bereich des strategischen Managements fallen.

Die Analyse des Wettbewerbsverhaltens in einem Wettbewerbsfeld ist damit eng verknüpft mit der *Analyse der Strategien der Elemente des Wettbewerbsfelds*. Zum einen lassen sich aus den Strategien Implikationen für das zukünftige Wettbewerbsverhalten ableiten, zum anderen läßt das beobachtbare Wettbewerbsverhalten Rückschlüsse auf die zugrundeliegenden Strategien zu. Allerdings muß sich der externe Beobachter darüber bewußt sein, daß sich nicht jedes Wettbewerbsverhalten zwangsläufig auf bewußte Strategien zurückführen läßt. "Strategische Manöver" müssen nicht intendiert sein und können z.b. erst durch externe Beobachter ex-post als erfolgreiche "Strategie" interpretiert werden.[713]

Um Rückschlüsse auf die bestehenden Wettbewerbsregeln ziehen zu können, sollte die Konformität von beobachtbarem Wettbewerbsverhalten der Elemente des Wettbewerbsfelds sowie Informationen zu (formulierten) Strategien (z.b. in Geschäftsberichten oder Veröffentlichungen des Unternehmens) ermittelt werden. Da sich in den Strategien und dem Wettbewerbsverhalten der bedeutendsten und etabliertesten Unternehmen des Wettbewerbsfelds die bestehenden Konventionen manifestieren, sollte die Analyse mit diesen Unternehmen beginnen. Darüber hinaus sind innovative, erfolgreiche "Newcomer" einer näheren Untersuchung zu unterziehen, um rechtzeitig eine durch diese Unternehmen eingeleitete Regelveränderung festzustellen. Dem Unternehmen bleibt dann die Möglichkeit der Imitation oder der Genese einer strategischen Innovation, die der eingeleiteten Regelveränderung entgegenwirkt.[714]

Im folgenden wird auf die einzelnen Gegenstandsbereiche des Wettbewerbsverhaltens (bzw. der Wettbewerbsregeln) eingegangen.

3.2.3.2. Verwendete Ressourcen

In Kapitel IV. 3.1.2. wurde eine Systematisierung der Ressourcenarten in materielle Ressourcen, immaterielle Ressourcen, Humanressourcen und Kompetenzen bzw. Kernkompetenzen vorgenommen, die Merkmale von Ressourcen mit Potential zur Regelveränderung herausgearbeitet und Ansätze zur Identifikation von Kompetenzen bzw. Kernkompetenzen dargestellt.

---

[713] Vgl. Kirsch/Habel (1991), S. 415ff. Der Begriff des strategischen Manövers beschreibt das strategische Verhalten von Unternehmen, das als Äquivalent zur Conduct-Komponente der Structure-Conduct-Performance-Kausalkette betrachtet werden kann und daher starke Parallelen zu dem hier verwendeten Begriff des Wettbewerbsverhaltens aufweist.

[714] Vgl. hierzu die Ausführung zur Interessenlage von Unternehmen hinsichtlich der Veränderung von Wettbewerbsregeln in Kapitel III. 1.2.

Bei der Analyse des Wettbewerbsfelds hinsichtlich der verwendeten Ressourcen kann darauf zurückgegriffen werden.

Ziel ist es zunächst die *Konformität der "Having"-orientierten Ressourcen,* d.h. vor allem der materiellen Ressourcen (z.B. Produktionsanlagen) und immateriellen Ressourcen (z.B. Image oder Kultur) sowie der Humanressourcen (z.B. Wissenstand und Fertigkeiten der Mitarbeiter), festzustellen. In einem nächsten Schritt sind die *Kompetenzen bzw. Kernkompetenzen der Unternehmen im Wettbewerbsfeld* zu analysieren. Hierzu kann man sich ebenfalls des Einzelkompetenz-Mapping sowie der Einzelkompetenzen-Cluster-Analyse bedienen, wobei man jedoch bei der Analyse der Wettbewerber häufig auf Probleme der Informationsbeschaffung und mangelnde Transparenz stößt und folglich keine so tiefgehende Untersuchung wie beim eigenen Unternehmen möglich ist. Da Kompetenzen eine hohe Unternehmensspezifität besitzen, lassen sich bei den Unternehmen des Wettbewerbsfelds nur ähnliche, nie jedoch identische Kompetenzen identifizieren. Konformität drückt sich deshalb oft in der Betonung einer bestimmten Art von Kompetenzen aus. So können z.B. Produktionsanlagen bei verschiedenen Wettbewerbern nahezu identisch sein, die Kompetenzen im Produktionsbereich die einen effektiven Betrieb dieser Produktionsanlage ermöglichen, sind hingegen unterschiedlich ausgeprägt. Allerdings läßt sich z.B. feststellen, daß die Unternehmen dem Ausbau und Erwerb der Kernkompetenzen im Produktionsbereich, eventuell mit bestimmten Schwerpunkten wie z.B. der Beherrschung der Prozeßstabilität, eine hohe Bedeutung beimessen und diesen als strategisch besonders relevant bewerten.

Bei der Bestimmung der Konformität der Ressourcen sollte mit den *"traditionellen" Wettbewerbern,* d.h. den Unternehmen der Branche bzw. des Branchensegments begonnen werden und dort zunächst mit den etabliertesten Unternehmen. Die spätere Analyse "entfernterer" Wettbewerber, die beim Kunden gleiche bzw. ähnliche Bedürfnisse befriedigen, jedoch mit oft gänzlich anderen Produkten (und entsprechend unterschiedlichen Geschäftssystemen), kann insbesondere dazu dienen neue Impulse für "branchen-unkonventionelle" Lösungen zu bekommen. Diese können sowohl die verwendeten Ressourcen als auch die später dargestellte Art des Ressourceneinsatzes oder die Leistungsgestaltung betreffen.

Nachdem die Konformität der Ressourcen identifiziert wurde, ist zu prüfen ob diese durch die Existenz bestimmter struktureller Faktoren erklärbar ist oder ob eher von einer traditionell eingespielten Verhaltensweise auszugehen ist. Dementsprechend können Rückschlüsse auf strukturell bedingte oder verhaltensbedingte Wettbewerbsregeln gezogen werden. Des weiteren ist zu analysieren, inwiefern der Aufbau des Geschäftssystems (bzw. dessen Verknüpfung mit anderen Netzwerkelementen) die Verwendung der Ressourcen bedingt, so daß der Einsatz neuartiger Ressourcen eine Veränderung des Geschäftssystems notwendig macht.

3.2.3.3. Art des Ressourceneinsatzes

Die Art des Ressourceneinsatzes betrifft den Aufbau des Geschäftssystems (bzw. der Wertschöpfungskette) und deren Verknüpfung mit den übrigen Netzwerkelementen. Auch hier lassen sich durch Analyse des Konformitätsgrads Rückschlüsse auf die bestehenden Wettbewerbsregeln ziehen.

3.2.3.3.1. Konforme Elemente der Geschäftssysteme

Die Bestimmung der Konformität der Geschäftssysteme kann anhand von drei Merkmalen erfolgen: Der Wertorientierung, der Kostenorientierung und der Autarkieorientierung. Verknüpft ergeben sie einen dreidimensionalen Raum, in den sich die Geschäftssysteme der Unternehmen des Wettbewerbsfelds einordnen lassen. Die *Wertorientierung* bringt zum Ausdruck, wie stark das Geschäftssystem auf eine Befriedigung der Kunden- (bzw. Lieferanten-)bedürfnisse ausgerichtet ist. [715] Die *Kostenorientierung* gibt die Stärke einer kostenoptimierten Gestaltung des Geschäftssystems an. Die *Autarkieorientierung* beschreibt, inwieweit das Unternehmen versucht, alle wesentlichen Aktivitäten selbst durchzuführen (unter Umständen mit Strategien zur Vorwärts- und Rückwärtsintegration), was meist mit einer hohen Kapitalbindung einhergeht, dafür aber auch Sicherheit durch Beherrschung der Aktivitäten innerhalb des eigenen Geschäftssystems gibt, oder stattdessen nur ausgewählte Tätigkeiten ("Centers of excellence") im Unternehmen behält, was die Komplexität innerhalb des Systems verringert, jedoch externe Abhängigkeiten aufbaut. [716]

---

[715] Obwohl die Wertorientierung für die Kunden im Vordergrund steht, sollte auch eine Analyse der Geschäftssysteme hinsichtlich der Wertorientierung für die Lieferanten erfolgen.

[716] Vgl. hierzu Bleicher (1996), S. 258ff., der die Strategien zur der Gestaltung der Wertschöpfungskette anhand zweier Dimensionen typologisiert (kostenorientierte Rationalisierung vs. kundennutzengerichtete Optimierung (Dimension 1) und Wertschöpfungsautarkie vs. Wertschöpfungsverbund (Dimension 2)). Allerdings sollten Kosten- vs. Kundennutzenorientierung als zwei getrennte Dimensionen aufgefaßt werden, da Kosten- und Differenzierungsvorteile im Sinne hybrider Strategien gleichzeitig angestrebt werden können und sich daher nicht gegenseitig ausschließen.

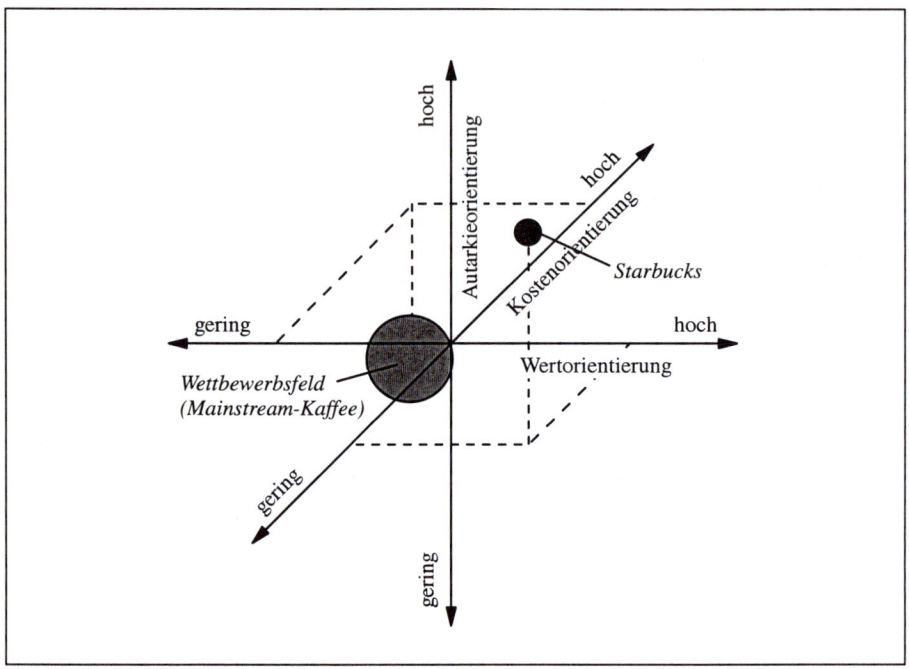

Abb. 26: Bestimmung des Konformitätsgrads der Geschäftssysteme im Wettbewerbsfeld
anhand von drei Merkmalen (Beispiel Starbucks)

Durch Analyse der Unternehmen anhand dieser drei Merkmale und der anschließenden Positionierung im dreidimensionalen Raum können *Cluster* entstehen. Je stärker die Clusterung,
desto konformer sind die Geschäftssysteme des Wettbewerbsfelds. Da das Framework eine
"branchenübergreifende" Wettbewerbsbetrachtung fördert und Unternehmen aus verschiedenen Branchen oft stark heterogene Geschäftssysteme besitzen, können sich durchaus mehrere
Cluster ergeben. Eine Veränderung von Wettbewerbsregeln kann dadurch erreicht werden,
daß ein Geschäftssystem generiert wird, das in einem oder mehreren Merkmalen signifikant
vom Cluster abweicht, wobei zunächst die "traditionellen" Wettbewerber, d.h. die Unternehmen der Branche bzw. des Branchensegments, den Vergleichsmaßstab repräsentieren.

Starbucks hat z.B. den Autarkiegrad im Vergleich zur Branche durch vertikale Integration
gezielt erhöht, was eine strenge Qualitätskontrolle entlang der gesamten Wertschöpfungskette
ermöglichte und gleichzeitig das Geschäftssystem in Richtung (Kunden-) Wertorientierung
optimierte. Die Kostenorientierung im Starbucks-Geschäftssystem ist dabei weniger ausgeprägt. Die Geschäftssysteme der Unternehmen im Wettbewerbsfeld "Mainstream-Kaffee" hin-

gegen waren weniger autarkieorientiert (insbesondere weil man auf unternehmensexterne Vertriebskanäle, wie z.b. Supermärkte, angewiesen war), die (Kunden-) Wertorientierung war ebenfalls deutlich geringer (z.b. aufgrund einer schlechteren Produktqualität), dafür zeigte sich jedoch eine ausgeprägtere Kostenorientierung.[717]

In einem nächsten Schritt gilt es, die *wettbewerbsfeldtypische Wertschöpfungskette* abzubilden, die einzelnen Wertschöpfungsstufen zu charakterisieren und deren Bedeutung aus Wettbewerbsfeldsicht zu bewerten. Dabei ist klar, daß die konkurrierenden Unternehmen versuchen, sowohl durch die individuelle Gestaltung der einzelnen Aktivitäten als auch durch deren Koordination, Kosten- und/oder Differenzierungsvorteile zu erzielen, so daß sich die Wertschöpfungsketten unterschiedlich darstellen werden. Dennoch kann der *prinzipielle Aufbau und die prinzipielle Ausprägung der Aktivitäten* herausgearbeitet werden. Anschließend sind zu dieser wettbewerbsfeldtypischen Wertschöpfungskette konträre Lösungen zu erarbeiten, indem möglichst viele Wertschöpfungsaktivitäten auf eine innovative Art durchgeführt, vollständig eliminiert oder neu eingefügt werden und/oder eine Verlängerung bzw. Verkürzung durch Integration/Deintegration erfolgt.[718]

Die *Analyse der Verknüpfungen* stellt einen weiteren Schwerpunkt der Untersuchung der Art des Ressourceneinsatzes dar. Auch hier gilt es, konforme Elemente zu identifizieren und konträre Lösungen auszuarbeiten. Dabei können *horizontale* und *vertikale Verknüpfungen* unterschieden werden. Die *vertikalen Verknüpfungen* betreffen das Zusammenwirken mit vor- und nachgelagerten Wertschöpfungsketten (die von Lieferanten bzw. von Kunden/Abnehmern) im Sinne eines Wertschöpfungssystems.[719] Es muß analysiert werden, inwiefern die gegenseitige Beeinflussung zwischen den einzelnen Wertschöpfungsstufen des Unternehmens und den vor- und nachgelagerten Wertschöpfungsketten in die Gestaltung der Geschäftssysteme einfließt. So kann z.b. die Lagerhaltung von Vorprodukten im eigenen Unternehmen reduziert werden, wenn die Lieferanten entsprechende Läger vorhalten und Just-in-time liefern. Werden z.b. die Produkte für die Weiterverarbeitung beim Unternehmen vorbereitet bzw. als Teilkomponenten montiert, so kann der Abnehmer (in diesem Fall ein weiterverarbeitendes Unternehmen) die Produktionsaktivitäten minimieren und sich auf die Komponentenmontage beschränken.

---

[717] Vgl. hierzu Kapitel I. 1. (Einleitendes Fallbeispiel). Die Positionierung von Starbucks und des Wettbewerbsfelds dient primär zur Illustration und beruht auf einer groben Einschätzung. Die Anwender des Frameworks sollten jedoch eine differenziertere Betrachtungsweise anstreben und versuchen, die bedeutendsten Unternehmen des Wettbewerbsfelds einzeln zu positionieren.

[718] Vgl. hierzu Kapitel IV. 3.1.3.

[719] Vgl. zum Wertschöpfungssystem einer Branche Esser/Ringlstetter (1991), S. 532ff. und Kapitel 3.1.3.1.

Die *horizontalen Verknüpfungen* betreffen die gemeinsame Durchführung bestimmter Wertschöpfungsaktivitäten von mehreren Unternehmen des Wettbewerbsfelds, durch die Synergien im Sinne von Größenvorteilen (z.B. bei gemeinsamen Produktionstätten) oder Komplementärvorteilen (z.b. durch Ergänzung von Kompetenzen im Bereich von Forschung und Entwicklung) erzielt werden können.[720] Folglich sind Kooperationen im Wettbewerbsfeld, wie z.b. strategische Allianzen, ebenfalls Gegenstand der strategischen Analyse.

3.2.3.3.2. Kooperative Verknüpfungen zwischen Netzwerkelementen

Unter einer Kooperation kann "die Zusammenarbeit von Unternehmen, die auf einer gemeinsamen Zielsetzung aufbaut ... und bei der jedes Partnerunternehmen seine rechtliche Selbständigkeit bewahrt"[721] verstanden werden, wobei horizontale und vertikale Erscheinungsformen unterschieden werden.[722] Kooperationen können zur Erweiterung des Handlungsspielraums von Unternehmen führen, und zwar insbesondere durch:[723]

- Ausdehnung der Produkt-/Marktkombinationen

- Erweiterung der regionalen Positionierung

- Reduktion der eigenen Wertschöpfungsaktivitäten bzw. Erschließung von vor- und/oder nachgelagerten Aktivitäten

- Zugang bzw. Sicherung erfolgskritischer Ressourcen

- Entwicklung von neuen Kernkompetenzen

In der betrieblichen Praxis finden sich diesbezüglich neue zukunftsweisende Wertschöpfungs- und Organisationsformen, die unter dem Begriff des *virtuellen Unternehmens* diskutiert werden. Ein virtuelles Unternehmen ist "eine freiwillige, temporäre Kooperationsform mehrerer, i.d.R. unabhängiger Partner (Unternehmen, Institutionen, Einzelpersonen), die dank optimierter Wertschöpfung einen hohen Kundennutzen stiften. Auf der Basis eines gemeinsamen Geschäftsverständnisses und ausgeprägter Vertrauenskultur stellen die Kooperationspartner ihre Kernkompetenzen, in Form von Ressourcen und Fähigkeiten zur Verfügung, mit dem Ziel

---

[720]   Vgl. Porter (1986), S. 406ff., der diese Fragestellung insbesondere im Zusammenhang mit der Verknüpfung von Unternehmenseinheiten innerhalb eines diversifizierten Unternehmens diskutiert; vgl. auch Esser/Ringlstetter (1991), S. 534ff.

[721]   Perlitz (1997), S. 443

[722]   Vgl. Backhaus/Meyer (1993), S. 330f.

[723]   Vgl. Bleicher (1996), S. 243ff.

besser, billiger, schneller, flexibler und international kompetitiver zu werden."[724] Dabei können insbesondere *intraorganisationale Netzwerke* (z.B. ein Wissensnetzwerk auf Basis einer Wissensdatenbank) und *interorganisationale Netzwerke* (z.B. ein Sourcing-Netzwerk oder ein Netzwerk für die Abwicklung von Großprojekten) unterschieden werden.[725]

Ein Beispiel für ein virtuelles Unternehmen im Sinne eines interorganisationalen Netzwerks ist Nintendo.[726] Nintendo arbeitet bei der Gameboy-Produktion mit mehr als 200 Partnerunternehmen zusammen und kooperierte zeitweilig im Vertriebsbereich sogar mit den Konkurrenten Sega und Sony. Das Unternehmen konzentriert sich im Rahmen einer punktzentrierten Minimalwertschöpfung[727] insbesondere auf die Entwicklung neuer Spielideen, die Schaffung neuer Märkte (und somit die Definition der "Local taste base"), die Kommerzialisierung der Spiele und die Vertriebssteuerung. Der wichtigste hieraus resultierende Wettbewerbsvorteil liegt in extrem kurzen Innovationszyklen für neue Spiele.

---

[724] Wüthrich/Philipp/Frentz (1997), S. 96. Eine Darstellung ausgewählter Definitionen findet sich auf S. 94f.

[725] Vgl. Wüthrich/Philipp/Frentz (1997), S. 65ff., die zwölf Virtualisierungstypen darstellen. Neben verschiedenen Typen innerhalb der Kategorien der intra- und interorganisationalen Netzwerke (die sie unter dem Begriff der "virtuellen Organisationsformen" zusammenfassen) werden virtuelle Märkte und virtuelle Realität als zwei weitere Virtualisierungstypen unterschieden.

[726] Vgl. zu den folgenden Ausführungen Wüthrich/Philipp/Frentz (1997), S. 134ff.; vgl. auch das Fallbeispiel in Kapitel III. 1.1.2., das eine Analyse von Nintendo im Zusammenhang mit der Zerstörung und Revitalisierung von Branchen enthält.

[727] Das Geschäftssystem besitzt daher eine geringe Autarkieorientierung.

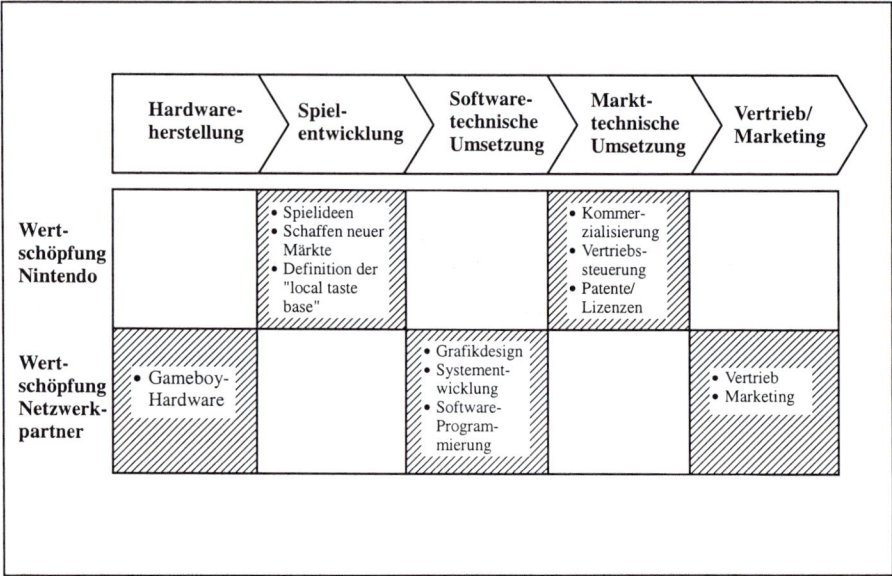

Abb. 27: Wertschöpfung von Nintendo und seinen Netzwerkpartnern[728]

Die Analyse der Geschäftssysteme virtueller Unternehmen wird durch deren temporären Charakter erschwert. Allerdings bleibt das zugrundeliegende Funktionsprinzip des virtuellen Unternehmens oft langfristig erhalten. So wechselt Nintendo zwar die Lieferanten in kurzen Abständen[729] und verändert damit die Zusammensetzung des interorganisationalen Netzwerks; das Prinzip, sich z.b. auf die Entwicklung der Spiele zu konzentrieren, bleibt jedoch erhalten.

Eine Veränderung von Wettbewerbsregeln verlangt, daß solche kooperativen Unternehmenskonstellationen und die zugrundeliegenden Geschäftssysteme identifiziert und eigene "Alternativkonstruktionen" entwickelt werden. Virtuelle Unternehmen besitzen dabei eine herausragende Bedeutung, weil deren Potential als neue Wertschöpfungs- und Organisationsform in der Unternehmenspraxis noch nicht vollständig ausgenutzt wird.

---

[728] In Anlehnung an die Abbildung in Wüthrich/Philipp/Frentz (1997), S. 140
[729] Wüthrich/Philipp/Frentz (1997), S. 140

3.2.3.4. Art der Leistungen im Netzwerk

Die Art der Leistungen im Netzwerk sind Ausdruck der grundlegenden Zielsetzung des Wettbewerbs. Dabei lassen sich zwei Perspektiven unterscheiden: Zum einen *die erbrachten Leistungen der Elemente des Wettbewerbsfelds*, also der Wettbewerber und der Ergänzer, und zum anderen *die Leistungserwartungen der Kunden und der Lieferanten*. Für eine Regelveränderung muß ein möglichst guter "Fit" von erbrachter Leistung und Leistungserwartung bestehen.

3.2.3.4.1. Erbrachte Leistungen der Elemente des Wettbewerbsfelds

Durch die Analyse der im Wettbewerbsfeld erbrachten Leistungen lassen sich Aussagen über die bestehenden Wettbewerbsregeln ableiten sowie Ansatzpunkte für neue Leistungen (oder neue Leistungsmerkmale) identifizieren. Bei den erbrachten Leistungen der Wettbewerber bzw. Ergänzer muß zwischen den Leistungen für die Kunden und den Leistungen für die Lieferanten unterschieden werden.

Die Leistung für die Kunden ergibt sich aus dem Produkt des Unternehmens. Das *Produkt besteht aus einem komplexen Zusammenspiel von immateriellen und materiellen Elementen*, wobei die Grenzen zwischen physischem Produkt und Dienstleistung zunehmend verschwimmen.[730] Zur Analyse des Produkts kann zwischen dem Kernprodukt und den umgebenden "Software-Parametern" unterschieden werden.[731] Das Kernprodukt läßt sich durch seine Produkteigenschaften (z.B. Ausstattung, Design oder Variantenvielfalt) und die Qualität (z.B. Haltbarkeit, Zuverlässigkeit oder Instandsetzbarkeit)[732] beschreiben. Die Software-Parameter beinhalten Faktoren wie Gestaltung der Kundenbeziehung, Informationen an den Kunden bzw. Informationsaustausch, Image des Produkts etc.

---

[730] Vgl. Norman/Ramírez (1993), S. 68f.
[731] Vgl. Simon (1996), S. 126f.
[732] Vgl. Piller (1997), S. 16

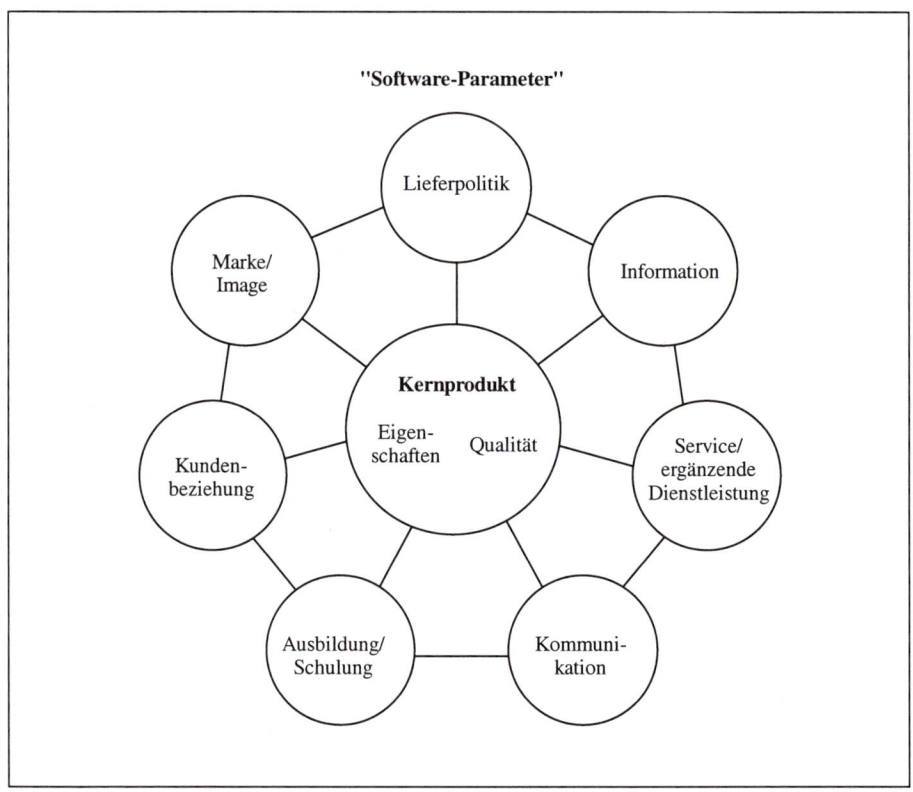

Abb. 28: Kernprodukt und "Software-Parameter" als Ansatzpunkte zur Leistungsgestaltung[733]

Die Produkte von Wettbewerbern werden sich aufgrund von Differenzierungstrategien in der Regel unterscheiden. Meist lassen sich jedoch wettbewerbsfeldtypische Leistungsmerkmale identifzieren. Bestimmte Qualitätsaspekte werden betont, das Image des Produkts wird als wichtig erachtet, das Produkt hat eine bestimmte Größe bzw. ein bestimmtes Gewicht etc. Sie reflektieren die Wettbewerbsregeln bezüglich der Art der Leistung. Diese Leistungsmerkmale gilt es, in ihrer Gesamtheit grundsätzlich zu hinterfragen:

---

[733] Vgl. Simon (1996), S. 127; Piller (1997), S. 16

- Inwiefern tragen die einzelnen Leistungsmerkmale zur Befriedigung der Kundenbedürfnisse bei? Gibt es potentielle Bedürfnisse, die noch nicht artikuliert werden und grundsätzlich andere Leistungsmerkmale erfordern würden?

- Können die bestehenden Bedürfnisse durch neuartige Leistungsmerkmale gleich gut oder sogar besser befriedigt werden?

Die Neugestaltung der Leistungsmerkmale und insbesondere die Entwicklung grundlegend neuer Produkte ist jedoch nicht nur eine Frage der Befriedigung der Kundenbedürfnisse, sondern ebenso eine Frage der Realisierbarkeit durch entsprechende Technologien. So verstanden, stellen Produkte "the *creative* linkage of market and technological possibilities into a *comprehensive* package of attributes"[734] dar.

Für den Kunden ist neben der erbrachten Leistung, der Preis (bzw. die Kosten) des Produkts von Bedeutung. Ein hoher Wertgewinn ergibt sich insbesondere dann, wenn gleichzeitig der Wert (d.h. das Ausmaß der Bedürfnisbefriedigung) erhöht und der Preis (bzw. die Kosten) gesenkt wird. Vor diesem Hintergrund hat die simultane Verfolgung von Differenzierungs- und Kostenvorteilen durch hybride Strategien große Bedeutung. Sie bieten das Potential, um in bisher nicht erreichte Wertgewinndimensionen vorzudringen. Die bekannteste Ausprägung dieser Strategieform ist die *Mass-customization,* d.h. die Zusammenführung von Elementen der Massenfertigung mit denen der kundenindividuellen Einzelfertigung. Dabei sollen Produkte in solch einer Varietät hergestellt werden, daß nahezu jeder Kunde die von ihm gewünschte, individuelle Lösung erhält und diese gleichzeitig noch preiswert bleibt.[735] "Customization" und "Standardization" sind "poles of a continuum of real-world strategies",[736] die eine Vielzahl von unterschiedlichen Ausprägungsformen zulassen.[737]

---

[734] Dougherty (1992), S. 78

[735] Vgl. Piller (1997), S. 15ff., der noch weitere Formen hybrider Wettbewerbsstrategien darstellt; vgl. zur Mass Customization auch Kotha (1995), S. 21ff.

[736] Lampel/Mintzberg (1996), S. 21

[737] Lampel/Mintzberg (1996), S. 23ff. unterscheiden fünf Strategien, die von der "Pure standardization" bis "Pure customization" reichen, je nachdem, welche Wertschöpfungsstufen standardisiert bzw. kundenindividuell ausgerichtet sind. Ihrer Ansicht nach ist zwar der Trend von der reinen Standardisierung zur kundenindividuellen Leistungserstellung offensichtlich, aber z.T. sind auch entgegengesetzte Trends beobachtbar. Als dominante Entwicklung ist daher eine Entfernung von den beiden Polen des Kontinuums hin zur Mitte zu konstatieren.

Folgende Ansätze zur Mass-customization sind in der Praxis verbreitet:[738]

* *Self-customization*
  Die Produktindividualisierung erfolgt durch den Kunden selbst, wie z.b. bei Software, wo der Kunde Tastaturbelegung oder Menüaufbau individuell konfigurieren kann.

* *Point-of-delivery-customization*
  Die kundenspezifische Endproduktion von massenhaft vorgefertigten Standardprodukten wird am Verkaufsort vorgenommen. Beispiel hierfür ist das Ausschäumen von Skischuhen beim Kauf, um eine individuelle Paßform zu gewährleisten.

* *Modularization*
  Modulare Produkte werde im Sinne eines Baukastensystems entsprechend den Kundenwünschen zusammengestellt. Dell ist mit seinen kundenindividuell konfigurierten Computern ein Beispiel hierfür.

* *Time-based-managment*
  Kundenindividuelle Produkte werden mit massenhafter Vorfertigung unter Ausnutzung von Zeitvorteilen hergestellt, wie z.b. die Fertigung von Maßjeans bei Levis: Die Kundenwünsche (wie Farbe, Stoff, Maße etc.) werden im Geschäft erfaßt, über ein Computersystem direkt an die Laser-Schnittroboter des nächsten Fertigungsstandorts übermittelt, die Stoffe zugeschnitten und durch Nähroboter sowie Schneiderinnen zu individuellen Jeans verarbeitet und anschließend per Kurierdienst an die Kunden direkt oder über das Geschäft ausgeliefert. Die Fertigung erfolgt dabei mit denselben Anlagen wie bei Standardjeans.

Mass-customization ist damit die Verknüpfung zweier Denkrichtungen, der "Logic of aggregation" und der "Logic of individualization". Unternehmen die der "Logic of aggregation" folgen, betrachten Kunden als eine homogene Gruppe mit gemeinsamen Merkmalen. Durch entsprechende Produktstandardisierung und Standardisierung der Wertschöpfungskette wird versucht, die typischen Vorteile einer Massenproduktion (z.B. in Form von Skaleneffekten) auszuschöpfen. Diese traditionelle Logik hat in der Vergangenheit die meisten Branchen dominiert. Dem entgegengesetzt impliziert die "Logic of individualization" eine Anpassung des Unternehmens an die individuellen Bedürfnisse der Kunden, indem Produkte und Prozesse individuell konfiguriert werden.[739] Eine Veränderung von Wettbewerbsregeln durch die Beto-

---

[738] Vgl. zur dieser Typologisierung Piller (1997), S. 17
[739] Vgl. Lampel/Mintzberg (1996), S. 21ff.

nung neuer Leistungsmerkmale, bei gleichzeitiger Senkung der Kosten, verlangt vom Unternehmen, daß beide Logiken beherrscht werden.

Wie bei der Bestimmung der erbrachten Leistung für die Kunden, muß das Unternehmen bezüglich der Lieferanten ebenfalls die vom Wettbewerbsfeld betonten Leistungsmerkmale identifizieren und diese kritisch hinterfragen, um dadurch zu neuen Leistungsmerkmalen zu gelangen und durch zusätzliche Veränderung der Preis/Kostenkomponente einen Sprung im Wertgewinn für die Lieferanten zu schaffen.

Die Veränderung von Leistungsmerkmalen für die Mitarbeiter spielte bei der Regelveränderung durch Starbucks eine zentrale Rolle. Bereits im einleitenden Fallbeispiel[740] wurde im Zusammenhang mit der ausgeprägten Stakeholderorientierung von Starbucks auf das einzigartige "Benefits package" des Unternehmens für seine Mitarbeiter hingewiesen. Bereits 1988 führte Starbucks als einzige personenbezogene Kapitalgesellschaft (und später als einzige Aktiengesellschaft) ein umfassendes Programm zur Übernahme der Kosten medizinischer Versorgung für Teilzeitkräfte, die zwei Drittel aller Beschäftigten ausmachen, ein. 1991 startete Starbucks unter dem Begriff "Bean Stock" einen in der Branche einzigartigen Aktienoptionsplan für seine Mitarbeiter.[741] Schultz betrachtet die Mitarbeiter als vollwertige Partner, als Mitglieder einer großen Familie: "Treat people like family, and they will be loyal and give their all. Stand by people, and they will stand by you."[742]

Durch diese Veränderung der Leistungsmerkmale für die Mitarbeiter gelingt es Starbucks erhebliche Wettbewerbsvorteile zu realisieren, wie z.B. eine im Vergleich zur Einzelhandelsbranche oder Fast-food-Ketten deutlich niedrigere Fluktuationsrate.[743] Des weiteren wäre ohne die motivierten, loyalen Mitarbeiter die Umsetzung des auf Qualität ausgerichteten Geschäftskonzepts nicht möglich. Der höhere Wertgewinn für die Mitarbeiter durch die von Starbucks erbrachten Leistungen erhöht den Druck auf Wettbewerber, die ähnliche Leistungen anbieten müssen, um erfolgreich qualifizierte Mitarbeiter anziehen und vor allem diese zu entsprechenden Arbeitsergebnissen führen zu können.

---

[740]   Vgl. Kapitel I. 1.
[741]   Vgl. Schultz/Yang (1997), S. 123ff.
[742]   Howard Schultz, zitiert nach Schultz/Yang (1997), S. 127
[743]   Vgl. Schultz/Yang (1997), S. 128

3.2.3.4.2. Erwartete Leistung der Kunden und Lieferanten

Wie bereits oben deutlich wurde, ist neben der Untersuchung der erbrachten Leistungen des Wettbewerbsfelds eine Analyse der Leistungserwartungen der Kunden (bzw. Lieferanten) notwendig. Zur Veränderung von Wettbewerbsregeln gewinnt *"kundenlenkendes Denken"* gegenüber *"kundengelenktem Denken"* an Bedeutung.

In der Managementliteratur wird häufig eine starke Kundenorientierung verlangt. Diese Kundenorientierung ist grundsätzlich richtig, birgt jedoch eine große Gefahr: Unternehmen gestalten ihre Leistung entsprechend der vom Kunden *artikulierten* Bedürfnisse. Die Kunden sind sich jedoch oft nicht bewußt, welche Bedürfnisse zukünftig befriedigbar sind, da sie keinen Einblick in theoretisch realisierbare Möglichkeiten besitzen (z.B. aufgrund neuer Technologien). Sie sind in ihrer Vorstellungskraft beschränkt. Folglich hat das Unternehmen die Aufgabe, die Kunden "zu lenken", indem es sie dabei unterstützt, die latent vorhandenen, *nicht artikulierten* Bedürfnisse in *artikulierbare* Bedürfnisse umzuwandeln und diese durch einen entsprechende Leistungsgestaltung zu befriedigen.[744] Hierzu Akio Morita von Sony:

> *"Our plan is to lead the public with new products rather than ask them what kind of products they want. The public does not know what is possible, but we do. So instead of doing a lot of market research, we refine our thinking on a product and its use and try to create a market for it by educating and communicating with the public."*[745]

Die Bestimmung der nicht artikulierten Bedürfnisse der Kunden und deren technische Umsetzung in das Produkt erfordert eine permanente enge Zusammenarbeit mit den Kunden und ein Experimentieren mit unterschiedlichen Leistungsmerkmalen. Nur dadurch läßt sich das für erfolgreiche Produktinnovationen notwendige Markt-Technologie-Wissen generieren und nutzen.[746] Um ein besseres Verständnisses für die Kundenbedürfnisse zu entwickeln, müssen Unternehmen zusammen mit den Kunden das "product in use" erkunden:

---

[744] Vgl. hierzu die Argumentation von Hamel/Prahalad (1994) S. 99ff., die diese Denkweise mit dem Begriff "beyond 'customer-led'" beschreiben.

[745] Hamel/Prahalad (1994), S. 100

[746] Vgl. Dougherty (1992), S. 78ff., die diesen Vorgang der "Market-technology knowledge creation" ausführlich darlegt.

"Product innovators become explorers. They immerse themselves in the community of their potential customers, but, like anthropologists or dinosaur hunters, they also stand back and make sense of what they see from the perspective of what they already know. Product innovators use their field work to help them conceive of ways in which they can create value for these potential customers by synthesizing the firm's technologies and other know-how into a variety of performance possibilities or other product features. "[747]

Diese gezielte Identifikation und der zukunftsgerichtete Wandel von nicht-artikulierten in artikulierte Kundenbedürfnisse, sozusagen das *"Lenken des Kunden"*, kann zu einer Veränderung von Wettbewerbsregeln in der Art führen, daß sich die neuartikulierten Bedürfnisse als Leistungserwartung manifestieren und damit neue Leistungsmerkmale notwendig werden. Unternehmen, die diese neuen Bedürfnisse nicht befriedigen (oder befriedigen können), weil ihre Produkte die Leistungsmerkmale nicht aufweisen, verlieren an Wettbewerbsfähigkeit. Unternehmen sollten ihre einzigartigen Ressourcen als Basis für diese "Kundenlenkung" verwenden, denn dadurch werden die Wettbewerber an einer Imitation gehindert.

Unternehmen können im allgemeinen aufgrund ihrer Stärken und Schwächen, die insbesondere auf den Kernkompetenzen basieren, nicht alle Bedürfnisse der Kunden gleich gut befriedigen. Deshalb wird im Rahmen der strategischen Analyse versucht, die Kunden hinsichtlich der Bedürfnisunterschiede zu segmentieren, um dann den Stärken des Unternehmens entsprechende Kundensegmente auszuwählen und zu bedienen.

---

[747] Dougherty (1992), S. 82; vgl hierzu auch die Vorgehensweise von Silicon Graphics, die ausgewählte Forschungs- und Entwicklungsmitarbeiter mit den kreativsten Kunden, den sogenannten "lighthouse customers", zusammenarbeiten lassen, um ein Gefühl zu bekommen, was die Kunden in Zukunft wünschen, "how they might define a brand-new product that would do things differently." (Prokesch (1993), S. 139, vgl. auch S. 138); Brown, Vice President von Xerox und Director des Xerox Palo Alto Research Centers, vertritt einen ähnlichen Standpunkt: "The successful company of the future must understand how people really work and how technology can help them work more effectively... It must rethink traditional business assumptions and tap needs that customers don't even know they have yet." (Brown (1991), S. 104). Im zukünftigen "Envisioning laboratory" könnten die Kunden mit Hilfe eines Computersystems die Auswirkungen neuer Systemkonfigurationen auf ihre Arbeitswelt simulieren und diese entsprechend ihren Bedürfnissen modifizieren (vgl. S. 111).

Fallbeispiel 12: Sixt - Neue Leistungsmerkmale in der Autovermietungsbranche[748]

Sixt ist klarer Marktführer in der Autovermietungsbranche in Deutschland

Sixt wurde 1912 von Martin Sixt gegründet. Unter Erich Sixt, dem Sohn des Firmengründers und heutigen Vorsitzenden des Vorstandes der Sixt AG, entwickelte sich das Unternehmen zum größten deutschen Autovermieter. Der Sixt-Konzern erzielte 1996 einen Umsatz von ca. 2,1 Mrd. DM, wovon ca. 35% auf die Vermietung, ca. 58% auf den Fahrzeugverkauf und ca. 7% auf den Bereich Leasing entfallen. Während der Autovermietungsmarkt in Deutschland seit 1988 mit durchschnittlich 2,6% pro Jahr nur schwach wuchs, steigerte Sixt den Vermietumsatz um durchschnittlich 22,5% pro Jahr und konnte damit seinen Marktanteil von 5,7% auf 24% in 1996 ausbauen.[749] Auf Sixt folgen Europcar (15% Marktanteil), Avis (11% Marktanteil), Hertz (10% Marktanteil) und Alamo (6% Marktanteil). Die Summe der Marktanteile der übrigen 900 meist lokal operierenden Anbieter beträgt 34%. Ein weiteres Wachstum des Sixt-Konzerns auf 4 Mrd. DM Umsatz im Jahre 2000 wird angestrebt.

Redefinition der Leistungsmerkmale

In den sechziger Jahren war Sixt einer von ca. 2000 lokal operierenden Anbietern. Die überregional/international agierenden Top-Fünf Autovermietungsunternehmen waren 1968 InterRent (Nr. 1), Avis (Nr. 2), Hertz (Nr. 3), Autohansa (Nr. 4) und Europcar (Nr. 5). Im Vergleich zu Sixt lagen deren Stärken insbesondere in ihrem hohen Bekanntheitsgrad, der internationalen Anbindung, der Flughafenpräsenz und dem überregionalen Stationsnetz. Angriffspunkte boten jedoch deren geringe Innovationsbereitschaft und Flexibilität sowie die aufgrund der Eigentumsverflechtungen mit Automobilunternehmen meist auf bestimmte Marken beschränkten Fahrzeugflotten. Sixt gelang es, in den folgenden Jahren durch eine *äußerst innovative, zielgruppenfokussierte Produkt- bzw. Leistungsgestaltung* die Wettbewerbsregeln der Branche zu verändern und vom lokalen Anbieter zum klaren Marktführer aufzusteigen.

---

[748] Das folgende Fallbeispiel basiert im wesentlichen auf zwei Gesprächen mit Frau Brenner (Leitung Marketing Sixt AG), internen Unterlagen der Sixt AG sowie Aussagen des Vorstandsvorsitzenden auf der Hauptversammlung am 16.5.1997 in München.

[749] Vgl. Sixt AG (1996), S. 2ff, eigene Berechnungen

(1) Innovative Fahrzeugflotte mit Zielgruppenfokus

Bereits frühzeitig konzentrierte sich Sixt auf Geschäftsreisende[750]. Als Point of sale wurden demenstprechend Vermietstationen[751] an Flughäfen und in Innenstädten ausgewählt. Die internationale Anbindung wurde über eine Kooperation mit Budget sichergestellt. Wesentlicher Unterschied zu den Hauptkonkurrenten war jedoch die Zusammenstellung einer attraktiven und der Kundenstruktur entsprechenden Fahrzeugflotte. Den Schwerpunkt bilden dabei Mercedes-Fahrzeuge.[752]. Sixt brachte weitere *neue Leistungsmerkmale* in den Markt. Der Mietwagen sollte nicht nur der komfortablen und sicheren Fortbewegung von A nach B dienen, sondern Spaß und Lebensfreude vermitteln. Folglich wurden eine Reihe von Special cars wie Rover und Jaguar aufgenommen sowie die größte Cabrio-Flotte Deutschlands aufgebaut. Die anderen Hauptwettbewerber waren aufgrund der Herstellerabhängigkeit in ihrer bedarfsgerechten Flottenzusammenstellung eingeschränkt und konnten erst langsam und nur in beschränktem Umfang den neuen Leistungsmerkmalen entsprechen.

(2) Schnelle und flexible Prozeßabwicklung

Die Fahrzeugflotte ist nur ein Bestandteil der Leistung eines Autovermieters. Der Wertgewinn des Kunden wird wesentlich durch die Prozesse im Rahmen der Anmietung und der Rückgabe des Fahrzeugs bestimmt. Sixt besitzt mit dem "CarExpress Service" trotz Imitationsversuchen von Wettbewerbern ein bisher konkurrenzloses System zur automatisierten Abwicklung der Vermietvorgänge. Der Kunde kann per Selbstbedienung am CarExpress Automaten ein Fahrzeug anmieten. Die Vertragserstellung, Schlüsselausgabe sowie die Rechnungserstellung bei Fahrzeugrückgabe erfolgt automatisch. Durch neue Technologien wie ChipCard-Schlüssel und Transponder-Systeme wird eine weitere Automatisierung in Richtung vollintegrierter 24-Stunden-Selbstbedienungszentren (Selfservice Center) vorangetrieben. Wesentlicher Vorteil des CarExpress Service ist die verkürzte Abwicklungdauer und Vereinfachung der Vorgänge (z.B. Verringerung der Wartezeit und kürzere Laufwege durch zentral aufgestellte Automaten). Der CarExpress Service stößt bei den Kunden auf große Resonanz: Die Anmietungen über CarExpress Service stiegen von ca. 2.000 im 4.

---

[750] Die Fokussierung auf diese Kundengruppe spiegelt sich im Kundensplit von Sixt wider. Während im Branchenschnitt 1996 nur ca. 35% der Kunden Geschäftsreisende waren, betrug der Anteil bei Sixt 63%.

[751] Sixt ist an deutschen Flughäfen mit 36% Marktanteil klarer Marktführer vor Europcar mit 26%.

[752] Sixt besitzt die größte Mercedes-PKW-Flotte aller Autovermieter weltweit (vgl. Sixt AG (1996), S. 13).

Quartal 1994 auf ca. 30.000 im 4. Quartal 1996 und entsprechen damit ungefähr 20% des Sixt Flughafen-Umsatzes. Als weiterer Schritt wird über den Ausbau der vollintegrierten Selfservice Center zu einem flächendeckenden Carsharing-Konzept (z.B. durch Stationen an Tankstellen, Hotels oder Bahnhöfen) nachgedacht, die dem Kunden ein noch einfacheres Anmieten und Abgeben der Fahrzeuge ermöglichen.

In seiner Leistungsgestaltung gegenüber dem Kunden sieht sich Sixt als Teil einer Reiseservice-Kette zur Beförderung der Kunden von A nach B bzw. als Teil eines Wertschöpfungssystems.[753] Ziel ist es, das Reisen für den Kunden schneller und einfacher zu machen. Insofern steht bei Sixt neben der Optimierung des Kettenglieds "Mietwagenservice" dessen Einbindung in die gesamte Reiseservice-Kette im Vordergrund. Kooperationen mit der Lufthansa und der Deutschen Bahn spiegeln diesen Ansatz wider und führen zu neuen Leistungsmerkmalen in der Autovermietungsbranche.

- Mit Lufthansa besteht seit 1993 eine enge Kooperation. Die Partner streben ein "One-Stop-Shopping/Seamless Travel" an. So erhalten die Kunden durch einen einmaligen Check-in bei Lufthansa oder Sixt ihre Bordkarte und ihren Mietvertrag. Ein weiteres konkurrenzloses Produkt ist der CarExpress OnBoard Service. Die Lufthansa-Crew weist an Bord auf aktuelle Angebote von Sixt hin. Der Kunde kann bei Interesse den Mietvertrag durch Angabe der persönlichen CarExpress Nummer oder mit Hilfe einer banküblichen Kreditkarte bereits während des Fluges abschließen. Bei Ankunft kann er ohne Formalitäten den Fahrzeugschlüssel am Sixt-Schalter abholen.

- Mit der Deutschen Bahn kooperierte Sixt im Rahmen des Pilotprojekts "InnerCity E-Mobil". Ein mit Navigationssystem und Telefon ausgestattetes Elektrofahrzeug mit einer Reichweite von 95 km konnte an verschiedenen Bahnhöfen angemietet werden. Es sollte eine direkte Verknüpfung umweltfreundlicher, individueller, urbaner Mobilität mit Bahn-Fernreisen ermöglichen. Eine weitere Kooperationsstufe war die Integration von Sixt-Verkaufstellen in Reisezentren der Deutschen Bahn.

Die Kooperationen von Sixt spiegeln auch das "Ergänzer-Denken" wider, da sich durch entsprechende Verknüpfung der Leistungsangebote für die Kunden ein höherer Wertgewinn ergibt.

---

[753] Vgl. hierzu Kapitel IV. 3.1.3.1.

3.3. Analyse des erweiterten Netzwerks und der allgemeinen Umwelt

Die Analyse des erweiterten Netzwerks und der allgemeinen Umwelt stellt den dritten Analysebereich des Framework dar. Im Vergleich zum Netzwerk nimmt der Differenzierungsgrad ab. Dennoch bestehen Wirkungsbeziehungen zwischen den Netzwerkelementen und diesen Umweltbereichen, die die Entstehung und Veränderung von Wettbewerbsregeln mitbegründen und die folglich ebenfalls Gegenstand der strategischen Analyse darstellen.

3.3.1. Analyse des erweiterten Netzwerks

Das erweiterte Netzwerk besteht aus den Netzwerken der Kunden, Lieferanten, Wettbewerber und Ergänzer, in die das Unternehmen in seiner Funktion als Lieferant, Kunde, Wettbewerber oder Ergänzer entsprechend eingebunden ist. Insofern "überlappt" das erweiterte Netzwerke mit dem Netzwerk des Unternehmens. So sind z.B. die Wettbewerber der Kunden teilweise Kunden des Unternehmens oder die Wettbewerber der Lieferanten teilweise Lieferanten des Unternehmens. Oft steht jedoch das Unternehmen in *keiner direkten Interaktion* mit den Elementen des erweiterten Netzwerks. Es besteht jedoch ein *indirektes Beeinflussungsverhältnis* zwischen dem erweiterten Netzwerk und der Struktur des Netzwerks sowie den Wettbewerbsregeln und dem Wettbewerbsverhalten im Wettbewerbsfeld, das es zu analysieren gilt. Dabei kann sich das Unternehmen der gleichen Instrumenten und Prinzipien wie bei der Analyse des Netzwerks bedienen. Allerdings erfolgt ein Perspektivenwechsel, indem die Untersuchung aus Sicht der Kunden, Lieferanten, Wettbewerber oder Ergänzer erfolgt. Der Detailgrad der Analyse muß dabei aufgrund der oft eingeschränkten Beschaffbarkeit von Informationen und zu Gunsten eines vertretbaren Aufwands ("keine Paralyse durch Analyse") geringer ausfallen.

Von besonderer Bedeutung sind die *Netzwerke der Kunden und der Lieferanten.* Das Unternehmen (und die Wettbewerber bzw. Ergänzer) versuchen durch eine entsprechende Gestaltung der Leistung (und damit verbunden eine entsprechende Gestaltung des Geschäftssystems sowie dem Einsatz bestimmter Ressourcen) einen Wertgewinn zu schaffen. Durch Analyse des erweiterten Netzwerks lassen sich Rückschlüsse ziehen, welche Faktoren den Wert (bzw. die Kosten) für die Kunden (bzw. die Lieferanten) determinieren. Durch Beeinflussung dieser Faktoren (sofern möglich) bzw. einer entsprechenden Modifizierung der Leistungen kann der Impuls für eine Regelveränderung gesetzt werden.

Handelt es sich bei den *Kunden* nicht um Endabnehmer, sondern *um weiterverarbeitende Unternehmen oder um Vertriebskanäle*, sind diese in vollständige Netzwerke, bestehend aus Kunden, einem Wettbewerbsfeld (Wettbewerber und Ergänzer) und Lieferanten, zu denen das eigene Unternehmen zählt, eingebunden. Der Wert für die Kunden läßt sich dann z.B. steigern, wenn durch eine entsprechende Leistungsgestaltung eine bessere Bedürfnisbefriedigung des "Kunden des Kunden" erreicht werden kann. Es ist des weiteren denkbar, daß durch Modifizierung der eigenen Leistung der Kunde in die Lage versetzt wird, Ergänzer mit in sein Netzwerk einzubinden, was für ihn ebenfalls eine wertsteigernde Komponente schafft. Durch Analyse der Lieferanten des Kunden lassen sich außerdem bedeutende Ergänzer zum eigenen Unternehmen identifizieren. Durch Kooperationen mit diesen Ergänzern kann die Leistung für den Kunden wertsteigernd (oder kostenreduzierend) gestaltet werden. Hinsichtlich der *Lieferanten*, die in den meisten Fällen[754] ebenfalls Teil vollständiger Netzwerke sind, treffen ähnliche Überlegungen zu. Für den Lieferanten kann z.B. eine Kostenreduzierung (und damit eine Steigerung des Wertgewinns) erreicht werden, wenn das eigene Produkt bzw. Geschäftssystem so angepaßt wird, daß der Lieferant bei seiner Leistungserstellung auf Produkte anderer, günstigerer Lieferanten zurückgreifen kann.

Die obigen Überlegungen zeigen, daß die Analyse des erweiterten Netzwerks ein hohes Maß an Kreativität erfordert und dabei stark explorativ geprägt ist. Die Offenheit beim Anwender für neue, unkonventionelle Ansätze spielt eine wesentliche Rolle. Dabei gilt es generell Win-win-Situationen zu schaffen: Ein Wertgewinn für Kunden und Lieferanten muß immer mit einem Wertgewinn für das eigene Unternehmen verbunden sein.

3.3.2.   Analyse der allgemeinen Umwelt

Die allgemeine Umwelt läßt sich in ein ökonomisches, ein politisch-rechtliches, ein soziokulturelles, ein ökologisches und ein technologisches Umweltsegment unterteilen.[755] Sie umgibt das erweiterte Netzwerk, das Netzwerk sowie die Elemente des Netzwerks und hat damit mittelbaren Einfluß auf das Unternehmen. Entwicklungen der allgemeinen Umwelt müssen nicht passiv hingenommen werden, sondern können ebenfalls durch das Unternehmen bzw. die Netzwerkelemente beeinflußt werden, allerdings weniger stark als die unmittelbare Aufgabenumwelt. Ziel der Analyse der allgemeinen Umwelt ist es, die für die Formierung von Wettbewerbsregeln und deren Veränderung durch das Unternehmen relevanten Entwicklungen in den oben genannten Umweltsegmenten zu erfassen. Dabei ist zu beachten, daß sich die einzelnen Umweltsegmente gegenseitig beeinflussen.

---

[754] Insbesondere bei den "klassischen" Lieferanten, die Rohmaterial, Vorprodukte oder Dienstleistungen für die Wertschöpfungsaktivitäten des Unternehmens liefern.

[755] Vgl. Kapitel II. 2.3.2.1.

(1) Ökonomische Umwelt

"Die ökonomische Umwelt ist primär durch die gesamtwirtschaftliche Entwicklung einschließlich der wirtschaftlichen Entwicklung der Export- und Importländer charakterisiert."[756] Gesamtwirtschaftliche Indikatoren, wie z.b. das Bruttosozialprodukt, dienen zur Abbildung ökonomischer Umweltentwicklungen. Die anderen Umweltsegmente verhalten sich interdependent zur ökonomischen Umwelt, so daß diese bei Annahmen hinsichtlich zukünftiger Entwicklungen integriert werden müssen (so z.b. die politisch-rechtliche Umwelt, die durch Schaffung des Rechtsrahmens und durch wirtschaftspolitische Maßnahmen die ökonomische Umwelt wesentlich beeinflußt bzw. durch diese beeinflußt wird).[757]

(2) Politisch-rechtliche Umwelt

Die politisch-rechtliche Umwelt wird primär durch das politische System eines Staates sowie die Gesetze und Vorschriften, die die Handlungsergebnisse bzw. die allgemeinverbindlichen Willensbekundungen eines politischen Systems darstellen, charakterisiert. Sie setzt wichtige Rahmenbedingungen für die Aktivitäten von Unternehmen. Dem normativen Zwang von Gesetzen (z.B. den vom bundesdeutschen Gesetzgeber erlassenen Mitbestimmungsnormen oder des Steuerrechts) können sich Unternehmen nicht entziehen. [758] Insofern wird durch das jeweilige politische System auch die Standortwahl von Unternehmen beeinflußt.

Veränderungen der politisch-rechtlichen Umwelt haben direkte Auswirkungen auf die Wettbewerbsregeln. Jüngstes Beispiel ist die Deregulierung des deutschen Telekommunikationsmarktes. So wird erwartet, daß sich die Art der Leistung gegenüber den Kunden signifikant verändern wird (z.b. durch besseren Service[759]) und gleichzeitig die Preise sinken werden[760], was insgesamt zu einem höheren Wertgewinn für die Kunden führt. Zwangsläufig werden sich auch der Aufbau des Geschäftssystems sowie die Kernkompetenzen des bisherigen Monopolisten Deutsche Telekom verändern müssen.

---

[756] Macharzina (1995), S. 18

[757] Vgl. Ulrich (1987), S. 76ff.; Macharzina (1995), S. 18ff.

[758] Vgl. Macharzina (1995), S. 24ff.

[759] Die Deutsche Telekom kündigte z.b. an, daß auf Antrag kostenlos eine detaillierte Auflistung der monatlichen Verbindungen mit Dokumentation der Rufnummern möglich ist (vgl. o.V. (1998), S. 25).

[760] In einer ganzseitigen Anzeige in der Süddeutschen Zeitung vom 2. Januar 1998, S. 29 wirbt die Deutsche Telekom bereits mit erheblichen Preisreduzierungen ab 1.3.1998 (vorbehaltlich der Genehmigung durch die Regulierungsbehörde), z.b. bis zu minus 50% bei Citygesprächen, bis zu minus 59% bei langen Fern- und Auslandsgesprächen und bis zu minus 50% bei Ferngesprächen.

(3) Sozio-kulturelle Umwelt

Zwischen der sozio-kulturellen Umwelt und den Unternehmen besteht ein doppeltes Wir-
kungsgefüge. Einerseits stellen Unternehmen den Mitgliedern der Gesellschaft Güter und
Dienstleistungen zur Verfügung, andererseits sind diese Mitglieder selbst am Leistungserstellungsprozeß im Unternehmen sowie dessen Gestaltung beteiligt. Die in der sozio-kulturellen
Umwelt bestehenden *Wertvorstellungen* (und deren Veränderung) als wesentliche Einflußfaktoren auf die Unternehmen gilt es deshalb bei der Leistungsgestaltung für die Kunden und
der Beschäftigung der Mitarbeiter zu berücksichtigen.[761] Dem Unternehmen fällt dabei als
Element der Gesellschaft auch eine soziale Verantwortung zu. Weitere Schwerpunkte der
Analyse der sozio-kulturellen Umwelt sind Veränderungen der Bevölkerungsdichte und -
struktur, der Einkommensverteilung, der kulturellen Rahmenbindungen und des Bildungs-
stands der Mitglieder der Gesellschaft.[762]

(4) Ökologische Umwelt

Unternehmen sind Teil eines natürlichen Systems. Jedes Wirtschaften ist "letztlich ein Benutzen und Verändern von naturgegebenen Stoffen, Kräften und Lebewesen"[763]. Insofern müssen
einerseits Entwicklungen in der ökologischen Umwelt hinsichtlich der Verfügbarkeit von
ökologischen Ressourcen untersucht werden, andererseits sind die Auswirkungen bestimmter
Unternehmenshandlungen auf die ökologische Umwelt abzuschätzen und bei der Entscheidungsfindung mit zu berücksichtigen. Wird z.B. eine neue Produktionstechnologie eingeführt,
die zwar eine erhebliche Reduzierung der Kosten ermöglicht, gleichzeitig aber die ökologische Umwelt stark belastet, so kann dies nur zu einem vordergründig höheren Wertgewinn für
die Kunden führen. Verlangen diese aufgrund des zunehmend ökologiebewußten Denkens in
der Gesellschaft (als sozio-kulturelle Umweltentwicklung) umweltfreundliche Produkte, so
kann der Wert für dieses kostengünstige, aber "umweltfeindliche" Produkt, sinken. Selbst
wenn sich die Produkte verkaufen ließen, stellt sich für das Unternehmen immer noch die
Frage seiner gesellschaftlichen Verantwortung und der ethischen Vertretbarkeit einer Bela-
stung der ökologischen Umwelt.

---

[761] So können sich z.B. durch einen Wertewandel in der Gesellschaft die Bedürfnisse der Kunden verschieben.
       Gelingt es Unternehmen, dies frühzeitig zu erkennen und in eine entsprechende Neudefinition der Lei-
       stungsmerkmale des Produkts umzusetzen, kann dies den Impuls für eine Regelveränderung geben.
[762] Vgl. Macharzina (1995), S. 22f.
[763] Ulrich (1987), S. 67

(5) Technologische Umwelt

Entwicklungen der technologischen Umwelt besitzen eine große Bedeutung für unternehmerisches Handeln. Neue Technologien ermöglichen neue Produkte, verändern Produktionsprozesse, wandeln Branchenstrukturen etc. Dabei ist eine Beschleunigung technologischer Entwicklungen und eine Zunahme technologischer Diskontinuitäten[764] beobachtbar, wodurch die Chancen-, aber auch die Gefahrenpotentiale für Unternehmen wachsen. Die sich daraus ergebenden Herausforderungen für Unternehmen machen das Innovations- und Technologiemanagement zu einer wesentlichen strategischen Aufgabe.[765] Zur Veränderung von Wettbewerbsregeln ist es notwendig, einen Wandel in der technologischen Umwelt möglichst frühzeitig zu erkennen, gleichzeitig aber auch das Potential bestehender Technologien für eine Neudefinition des Wettbewerbsfelds, für die Realisierung neuer Leistungsmerkmale, für eine Neukonfiguration des Geschäftssystems etc. auszunutzen.

3.3.3.   Szenariotechnik als Instrument zur Analyse des erweiterten Netzwerks und der allgemeinen Umwelt

3.3.3.1.   Szenarien als intuitiv-logische Beschreibungen zukünftiger Welten

Szenarien werden allgemein als "Zukunftsbilder" verstanden. Dabei können sie einen festgelegten zukünftigen Zeitpunkt oder eine Entwicklung über einen Zeitraum beschreiben.[766] Die Wurzeln des "Scenario thinking" oder instrumentell betrachtet, der Szenariotechnik, reichen bis zur Anwendung von Computer-Simulationen im Rahmen des Manhattan-Projekts im Jahre 1942 zurück, wo Physiker wie Lawrence, Oppenheimer und andere versuchten, die Auswirkungen einer Atombombenexplosion zu analysieren. In den folgenden Jahren wurde die Verwendung von Szenarien zur Analyse sozialer Probleme vor allem durch die Entwicklung leistungsfähiger Computer, die theoretischen Beiträge der Spieltheorie zur Analyse sozialer Interaktion und Konfliktsituationen sowie der Entwicklung von "War games" im Rahmen der Nachkriegs-Verteidigungsstrategie der USA weiter vorangetrieben.[767] Die Anwendung der

---

[764] Vgl. hierzu Kapitel IV. 1.3.1.2.

[765] Vgl. Macharzina (1995), S. 23; vgl. zur Technologieentwicklung im strategischen Kontext Schülin (1995), S. 43ff.

[766] Vgl. Meyer/Schönherr (1992), S. 15

[767] Vgl. Schoemaker (1993), S. 193ff.; der Begriff des Szenarios geht ursprünglich auf die Arbeiten Kahns zurück, der im Auftrag der Rand Corp. an militärstrategischen Studien für die US-Regierung arbeitete (vgl. z.B. Kahn (1978), S. 99ff.).

Szenariotechnik als Instrument zur Strategieentwicklung beruht stark auf den *Erfahrungen der Royal Dutch/Shell-Gruppe* (kurz "Shell"), die seit Mitte der sechziger Jahre mit Szenarien arbeitet.[768] Das ursprüngliche Interesse von Shell an Szenarien resultierte aus dem *zunehmenden Versagen von Planungen auf Basis traditioneller Prognosen*. Zunächst bildete die Ölpreisentwicklung den Hauptgegenstand der Shell-Szenarien, später wurden zunehmend ökologische Aspekte integriert und diese als Kontext für Unternehmensentscheidungen verwendet.

Szenarien können als "focused descriptions of fundamentally different futures presented in coherent script-like or narrative fashion"[769] verstanden werden. Diesem Grundverständnis entsprechend liegt der Fokus von Szenarien nicht auf "single-line forecasting nor on fully estimating probability distributions, but rather on *bounding* and better understanding future uncertainties."[770] Szenarien sind dabei langfristig orientiert.[771] Im Gegensatz zu Prognosen, die auf der Annahme basieren, daß sich Entwicklungen der Vergangenheit in die Zukunft fortschreiben lassen, im einfachsten Fall z.B. durch Extrapolation,[772] implizieren Szenarien, daß *zukünftige Entwicklungen in der Unternehmensumwelt aufgrund der inhärenten Unsicherheiten und der Komplexität nur bedingt vorhersehbar sind*: "Scenario planning does not attempt to predict what is unpredictable".[773] Folglich werden im Rahmen der Szenariotechnik mehrere mögliche, in sich konsistente und plausible Zukünfte "vorweg durchdacht" und deren Implikationen für das Unternehmen und für dessen Strategie analysiert. Jedes Szenario wird dabei als gleich wahrscheinlich betrachtet und besitzt keine präskriptive Funktion für die Unterneh-

---

[768] Vgl. zur Szenariotechnik bei Royal Dutch/Shell Wack (1985), S. 73ff.; van der Heijden (1996), S. 15ff.; de Geus (1988), S. 70ff.

[769] Schoemaker (1993), S. 195 [im Original kursiv]

[770] Schoemaker (1993), S. 196

[771] Zur Abbildung von Entwicklungen der allgemeinen Umwelt, bei der z.B. unterschiedliche sozio-politische oder ökonomische Veränderungen zu Alternativ-Szenarien führen, ist ein Zeithorizont von 10-15 Jahren angebracht. Leemhuis (1985), S. 30f. bezeichnet diese als "Archetype scenarios". Bei einem Betrachtungszeitraum von weniger als 5 Jahren spricht er von "Business-cycle scenarios", bei mehr als fünfzehn Jahren von "Exploratory scenarios". Das Hauptanwendungsfeld der Szenariotechnik liegt wohl im Bereich der "Archetype scenarios".

[772] Bei der Extrapolation wird von Gesetzmäßigkeiten zwischen bestimmten Variablen ausgegangen, wobei diese als Invarianzen, d.h. als im Zeitablauf stabil, angesehen werden. In sozio-ökonomischen Zusammenhängen werden jedoch solche Invarianzen insbesondere durch Diskontinuitäten oft gebrochen. Vorboten von Diskontinuitäten können sogenannte "Weak signals" sein (vgl. Krystek/Müller-Stewens (1997), S. 917; zum Konzept der "Weak signals" vgl. Ansoff (1975)).

[773] Van der Heijden (1996), S. 53; Elkington/Trisoglio (1996), S. 763f.

mensentwicklung.[774] Das hier zugrundeliegende Szenarioverständnis geht von einer *systematischen Vorgehensweise* bei der Erstellung von Szenarien aus, bei der *qualitative und quantitative Informationen* einfließen und gleichzeitig die *Intuition* stark betont wird.[775] Intuition ist vor allem beim Erkennen von Mustern und dem Erfassen aller relevanten Aspekte, insbesondere derer, die am Rand oder außerhalb des üblichen Blickwinkels liegen, von Bedeutung.[776] Zusätzlich bedarf es der Logik, vor allem beim Aufbau konsistenter Annahmen und zur Identifikation von Kausalzusammenhängen.[777]

Szenarien befassen sich mit Entwicklungen, die von den Aktionen des betrachten Unternehmens weitgehend unabhängig sind. Betroffene Umweltbereiche sind in der vorliegenden Terminologie insbesondere *die allgemeine Umwelt sowie teilweise das erweiterte Netzwerk*. Die Interaktionen mit direkten Wettbewerbern, Lieferanten, Kunden etc., bei denen ein unmittelbarer Zusammenhang zwischen der Aktion des Unternehmens und der Reaktion der entsprechenden Akteure besteht, fallen hier nicht unter den Begriff des Szenarios.[778]

Mit Hilfe von Szenarien wird nicht versucht, die Entwicklung einzelner, spezifischer Variablen abzuschätzen, sondern die *"Key uncertainties"* denen sich das Unternehmen gegenüber sieht durch Identifikation und Analyse der grundlegenden "Triebkräfte" in der Unternehmensumwelt besser zu verstehen.[779] Gegenstand von Szenarien wäre also z.B. nicht die Nachfrage-

---

[774] Vgl. van der Heijden (1996), S. 53ff.; bei Leemhuis (1985), S. 31 hingegen müssen die Alternativ-Szenarien keine gleiche Wahrscheinlichkeit besitzen. Wie später noch aufgezeigt wird, kann die Szenariotechnik jedoch gerade dadurch zur Bewältigung von Unsicherheit beitragen, daß man nicht versucht, sich auf subjektiv wahrscheinlichere Entwicklungen einzustellen, sondern zukünftige Entwicklungen der Umwelt als nicht planbar akzeptiert und sich auf die Entwicklung "robuster" Strategien konzentriert.

[775] Vgl. hierzu die Systematisierung der Methoden zur Szenarioerstellung bei Meyer-Schönherr (1992), S. 22ff. Neben den Methoden, die auf einer intuitiven Logik basieren, finden sich Methoden, die primär auf modellgestützte Logik aufbauen. Dabei werden wertmäßige Wahrscheinlichkeitsschätzungen vorgenommen und mit mathematischen Ansätzen verarbeitet. Die Wahrscheinlichkeitsschätzungen sind jedoch logisch oft nicht nachvollziehbar und führen zu einer Scheinperfektion.

[776] Vgl. van der Heijden (1996), S. 194f.

[777] Vgl. Oberkampf (1976), S. 9

[778] Vgl. van an der Heijden (1996), S. 154ff., der in diesem Zusammenhang vom "Contextual environment" als dem Gegenstandsbereich von Szenarien spricht, im Unterschied zum "Transactional environment", welches das Spielfeld des Unternehmens darstellt, in dem zur Entscheidungsfindung spieltheoretische Ansätze verwendet werden können. Porter (1986), S. 559ff. zeigt allerdings auf, wie sich Szenariodenken auch auf Branchenebene, was das "transactional environment" des Unternehmens umfaßt, anwenden läßt (vgl. hierzu Kapitel IV 4.3.2.)

[779] Vgl. van der Heijden (1996), S. 103f.; anders Schoemaker (1993), S. 197, der die Anwendung der Szenariotechnik stärker in der Erklärung der zukünftigen Entwicklung einzelner Variablen innerhalb eines festgelegten Zeitraums sieht (z.B. die Ölpreisentwicklung in Fernost in den nächsten fünf Jahren). Dabei besteht jedoch die Gefahr, in die Denkweise der traditionellen Prognosetechniken zu verfallen und durch eine zu

Fortsetzung der Fußnote auf der folgenden Seite

entwicklung nach Pkws in Deutschland bis zum Jahr 2000, sondern die zukünftige Entwicklung des Personentransports. Grundannahme ist dabei, daß sich beobachtbare Erscheinungen in der Umwelt (also z.b. die Standortverlagerung der Pkw-Fertigung vieler deutscher Unternehmen ins Ausland) nicht rein zufällig ergeben, sondern aus Ursache-Wirkungs-Zusammenhängen resultieren und gleichzeitig weitere Entwicklungen anregen. Da für diese Zusammenhänge meist unterschiedliche Erklärungs- und Interpretationsansätze bestehen, ergeben sich unterschiedliche kausale Strukturen. Diese wiederum bilden die Basis für verschiedene Szenarien.[780] Den Input für Szenarien können Informationen bilden, die im Rahmen der fortlaufenden strategischen Frühaufklärung gewonnen werden. So verstanden, wird die Szenario-Technik zu einer Methode der Weiterverarbeitung von Frühaufklärungsinformationen.[781]

Eine wesentliche Anforderung an die Entwicklung von Szenarien ergibt sich durch die zunehmende *strategische Bedeutung der "Sustainable development"*. "Sustainable" bedeutet in diesem Zusammenhang "meeting the needs of the present without compromising the ability of future generations to meet their own needs."[782] Die Bedeutung der "Sustainability" zeigt sich z.B. in der Zunahme von Umweltschutzvorschriften sowie der wachsenden Nachfrage nach umweltverträglichen Produkten oder in Reaktionen der Unternehmensumwelt auf (vermeintlich) "umweltfeindliche" Aktionen wie z.B. die geplante Versenkung der Bohrinsel Brent Spar durch Shell. Shell sah sich plötzlich mit Protest- und Boykottaktionen durch Greenpeace und Teile der Bevölkerung in vielen Ländern konfrontiert, die zu einem Umsatz- und Imageverlust des Unternehmens geführt haben.

Für die Szenariotechnik bedeutet dies, daß insbesondere *ausgewählte externe Stakeholder* mit in die Szenarioerstellung einbezogen werden, um *soziale und wertorientierte Fragestellungen* entsprechend adressieren zu können: Unternehmen "need to consult a growing range of environmental 'stakeholders'. In doing so .. they may find that developing scenarios jointly with

---

starke Fokussierung grundlegende Veränderungen in der Unternehmensumwelt nicht zu erkennen. Der Beitrag der Szenariotechnik sollte jedoch gerade darin liegen, durch einen "weiten Blick" neue Chancen und Risiken für das Unternehmen zu erfassen.

[780] Vgl. van der Heijden (1996), S. 94ff. Als technisches Hilfsmittel zur Erfassung der Kausalität können "Influence diagrams" verwendet werden. Die einzelnen Strukturelemente (oder Variablen) werden bestimmt und anschließend deren Wechselwirkungen (durch Pfeile und Symbole wie z.B. + für einen positiven Einfluß oder - für einen negativen Einfluß) ermittelt. Die Elemente, die als wesentliche Triebkräfte fungieren, werden dadurch erkennbar.

[781] Vgl. Krystek/Müller-Stewens (1997), S. 930f.

[782] Elkington/Trisoglio (1996), S. 764, der sich auf die Definition der World Commission on Environment (1987) bezieht.

stakeholders offers a new way of building areas of convergent thinking, if not outright consensus."[783]

3.3.3.2. Beitrag der Szenariotechnik zur Veränderung von Wettbewerbsregeln

Am Beispiel des Windkanalversuchs läßt sich die Funktionsweise der Szenariotechnik bildhaft verdeutlichen.[784] Die Strategie bzw. eine strategische Option stellt dabei das im Windkanal zu testende Modell (z.B. ein Flugzeug) dar. Die Szenarien bilden die unterschiedlichen Bedingungen im Windkanal, die durch Parameter wie Windrichtung, Windstärke, Temperatur etc. bestimmt werden. Testet man das Modell im Windkanal, so zeigen sich dessen Schwachstellen und Stärken unter den verschiedenen Bedingungen. Ziel des Windkanaltests ist es, das *Modell so "robust" wie möglich zu gestalten*, d.h. durch eine Verbesserung der Modellmerkmale die Schwachstellen zu minimieren und die Stärken auszubauen, so daß sich die Leistungsfähigkeit des Modells für möglichst alle Bedingungen verbessert.

Da die Wahrscheinlichkeiten der verschiedenen Szenarien als gleich groß erachtet werden, muß *eine Strategie unter allen Szenarien Bestand haben*. Eine Strategie, die zwar unter einem bestimmten Szenario zu optimalen Ergebnissen führt, bei Eintritt eines anderen Szenarios jedoch das Überleben des Unternehmens gefährdet, ist zu vermeiden. So reicht es z.b. auch nicht aus, ein Flugzeug im Windkanal bei Reisegeschwindigkeit und unter normalen Windbedingungen zu optimieren. Vielmehr muß das Flugzeug so gestaltet werden, daß ein langsamer Landeanflug oder Turbulenzen ebenfalls bewältigbar werden. Da sich bestimmte Schwächen und Stärken bei Modifikation der Modellmerkmale unter den verschiedenen Bedingungen gegensätzlich verhalten können, lassen sich hierbei zwangsläufig Kompromisse nicht vermeiden.

Szenarien können also dazu beitragen, die *"Robustheit" von Strategien*, d.h. deren Erfolgspotential unter verschiedenen Bedingungen, zu erhöhen.[785] Insofern lassen sich auch strategische Innovationen, die auf eine Veränderung von Wettbewerbsregeln abzielen, unter verschiedenen Szenarien testen und dadurch deren Robustheit steigern.

---

[783] Elkington/Trisoglio (1996), S. 766. Diese Anforderung leiten Elkington/Trisoglio (1996), S. 765ff. aus der Analyse mehrerer Szenarien von Shell ab. Sie stellen fest, daß diese Szenarien zwar individualistische sowie hierarchische Perspektiven beinhalten, eine notwendige egalitäre Sichtweise jedoch fehlt.

[784] Die Metapher lehnt sich an das von van der Heijden (1996), S. 232ff. beschriebene "Windtunnelling" an.

Des weiteren können Szenarien die *Wahrnehmungsfähigkeit für Neues* erhöhen. Erfolgreiche Unternehmen unterliegen der Gefahr, daß sie an obsoleten Annahmen festhalten und neue Realitäten nicht wahrnehmen: "Considerable initial success with a focusing strategy leads to strong re-inforcement of the 'success formula' through cognitive, cultural and structural mechanisms."[786] Es besteht die Tendenz, daß Veränderungen der Unternehmensumwelt, die konträr zum "shared mental model" des Unternehmens hinsichtlich erfolgreichen Verhaltens sind, nicht wahrgenommen, verleugnet, "weginterpretiert" oder als nicht zuverlässig kategorisiert werden.[787]

Szenarien können dazu beitragen, diese Aspekte der selektiven Wahrnehmung zu reduzieren, indem sie als *institutionalisierte "Memories of the future"* fungieren. Der Begriff "Memories of the future" beschreibt ursprünglich ein psychologisches Phänomen auf individueller Ebene:[788] Menschen entwickeln "Story lines" über die zukünftige Entwicklung und leiten daraus gedankliche Bezugsrahmen oder Konzepte ab. Diese werden von den Individuen zur Interpretation eintretender Ereignisse bzw. Situationen und zur Entscheidungsfindung verwendet, indem die Ereignisse in einen entsprechenden Kontext eingeordnet und die gedanklich bereits durchgespielten notwendigen Schritte, "an die man sich jetzt erinnert" (deshalb "Memories of the future"), ergriffen werden. Dadurch werden Dinge wahrgenommen, die ohne entsprechende gedankliche Bezugsrahmen unbeachtet blieben.

Szenarien, die von einem bestimmten Personenkreis gemeinschaftlich entwickelt und getragen werden, erfüllen im Sinne "geteilter" gedanklicher Bezugsrahmen oder Konzepte eine ähnliche Funktion auf institutionaler Ebene. Die Organisation wird zu einem *sensiblen Wahrnehmer*, der bereits schwache Signale aufnimmt, durch Einordnung in den entsprechenden Kontext interpretiert und umgehend Maßnahmen einleitet. Um ein möglichst breites Spektrum zukünftiger Entwicklungen abzudecken, sollten verschiedene Szenarien entwickelt werden. Es ist darauf zu achten, daß bei der Szenarioentwicklung bestehende Ansichten (oder gedankliche Bezugsrahmen), über die Konsens besteht, zwar kritisch hinterfragt, aber nicht vollständig

---

[785] Vgl. hierzu auch Bettis/Hitt (1995), S. 15ff., die den Begriff der "Robustness" im Zusammenhang mit den "Strategic response capabilities" von Unternehmen diskutieren und die Verwendung von Szenarien zum Test der "Robustness" vorschlagen; vgl. zu robusten Strategien auch Beinhocker (1997), S. 33f.

[786] Van der Heijden (1996), S. 3

[787] Van der Heijden (1996), S. 116, vgl. S. 31f.; vgl hierzu auch die Ausführung zum Konzept der dominanten Logik in Kapitel II. 3.2.2., das solche "shared mental models" beinhaltet.

[788] Der Begriff "Memories of the future" wird von Ingvar (1985), S. 127ff. verwendet. Van der Heijden (1996), S. 116ff. überträgt dessen Überlegungen auf die Anwendung der Szenariotechnik.

aufgegeben werden, da sonst die "Plausibilität" und Akzeptanz der Szenarien im Unternehmen sinkt. Sie können als Plattform dienen, auf der, durch neue Denkrichtungen, Know-how und Ideen ergänzt, Szenarien entwickelt werden. [789]

Szenarien liefern folglich einen Beitrag zur *Wahrnehmung von Neuem in der Unternehmensumwelt*. Umweltkonstellationen und -veränderungen werden als strategisch relevant erkannt, ohne daß sie im unmittelbaren Fokus der Organisation liegen. [790] "Building multiple scenarios, with broad organizational input, appears a practical way to stretch people's thinking collectively and individually". [791] Eine schnelle Wahrnehmung von Neuem (insbesondere vor den Wettbewerbern) und ein entsprechendes Wettbewerbsverhalten kann den Impuls zur Veränderung von Wettbewerbsregeln geben.

3.4.   Zwischenergebnis

In Kapitel IV. 3. wurden die drei Analysebereiche, die sich aus dem heuristischen Denkrahmen ableiten lassen, dargestellt. Bereits bei der definitorischen Abgrenzung von Wettbewerbsregeln und der Entwicklung eines Erklärungsmodells zu deren Entstehung [792] wurde festgestellt, daß der Regelbruch den ersten Schritt zu deren Veränderung darstellt. Somit dienen die Analysebereiche zum einen der vollständigen Bestandsaufnahme und Untersuchung der bestehenden Wettbewerbsregeln und deren Bestimmungsfaktoren. Zum anderen werden jedoch auch erste Ansatzpunkte zur Regelveränderung identifiziert, die dann in strategische Innovationen umgesetzt werden können.

Der erste Analysebereich umfaßt die *Untersuchung des Unternehmens*. Potential zur Genese strategischer Innovationen und damit zur Regelveränderung besteht zunächst in einer *innovativen Geschäftsdefinition* des Unternehmens. Die Geschäftsdefinition legt die "Brille des Unternehmens", durch die Wettbewerbsfelder betrachtet werden, fest. Damit verknüpft ist die Möglichkeit, "Dinge anders zu sehen", was eine wesentliche Voraussetzung für die Neudefinition von Wettbewerbsfeldern ist. Von besonderer Bedeutung sind hierbei ressourcen- bzw. kernkompetenzorientierte Geschäftsdefinitionen. Insofern ist eine tiefergehende *Analyse und*

---

[789]   Vgl. van der Heijden (1996), S. 116ff.; für Wack (1985), S. 89 bringen Szenarien einen "common view, a shared understanding of the new realities" zum Ausdruck.

[790]   Van der Heijden (1996), S. 57

[791]   Schoemaker (1993), S. 209. Diese Aussage ist Ergebnis von Experimenten mit MBA-Studenten und deren Freunden oder Kollegen an der University of Chicago mit dem Schwerpunkt, psychologische Phänome, die im Rahmen der Szenariotechnik auftreten, näher zu untersuchen.

die Identifikation von Unternehmensressourcen mit Potential zur Regelveränderung notwendig. Großes Potential bieten die komplexen Gebilde der Kompetenzen bzw. Kernkompetenzen, die sich durch eine tendenziell hohe Nicht-Imitierbarkeit, Nicht-Substituierbarkeit und Unternehmensspezifität auszeichnen und die daher sowohl die Basis der Geschäftsdefinition als auch die Grundlage *neuartiger Geschäftssysteme* bilden sollten. Solche regelverändernden Geschäftssysteme stellen grundlegend neu strukturierte Wertschöpfungsketten dar, bei denen Wertschöpfungsaktivitäten in einer neuartigen Weise ausgeführt werden, bestimmte Aktivitäten eliminiert bzw. eingefügt werden und/oder eine "Verlängerung" bzw. "Verkürzung" der Wertschöpfungskette stattfindet.

Den zweiten Analysebereich bildet die *Untersuchung des Netzwerks*. Zunächst werden die *Netzwerkelemente* Kunden und Lieferanten bestimmt. Anschließend werden aus Kunden- und Lieferantensicht die Wettbewerber und Ergänzer des Unternehmens festgelegt, was der näheren Abgrenzung des Wettbewerbsfelds entspricht. Die hier vorgeschlagene Wettbewerbsfeldbetrachtung ermöglicht sowohl eine traditionell-branchenorientierte Perspektive als auch eine unkonventionelle, branchenübergreifende Sichtweise, bei der die Ergänzerfunktion integriert und die Betrachtung der Beschaffungsmärkte explizit berücksichtigt wird. Somit werden bestehende Wettbewerbsregeln und gleichzeitig Ansätze zur Regelveränderung erkennbar. An die Bestimmung der Netzwerkelemente schließt sich die *Analyse der Netzwerkstruktur* an. Ziel ist es, die strukturellen Bestimmungsfaktoren der Wettbewerbsregeln zu identifizieren und Ansatzpunkte für deren Beeinflussung aufzuzeigen. In diesem Zusammenhang unterstützt das Konzept des Added-values die Untersuchung des Kräfteverhältnisses im Netzwerk. Es werden Stoßrichtungen vorgezeichnet, wie durch strategische Innovationen der relative Added-value verändert und damit das Kräfteverhältnis zu Gunsten des eigenen Unternehmens verschoben werden kann. Den Abschluß der Analyse des Netzwerks bildet die *Untersuchung des Wettbewerbsverhaltens*, das quasi das Spiegelbild der Wettbewerbsregeln darstellt. Hierbei werden zwei grundsätzliche Stoßrichtungen verfolgt: Die Bestimmung von Konformitäten im Wettbewerbsverhalten und Ansatzpunkte zum Ausbruch aus den Konformitäten. Strategien stellen für Unternehmen zukunftsgerichtete Handlungsorientierungen dar. Sie sind demnach verhaltensprägende Größen und damit ebenfalls Gegenstand der Betrachtung.

Die *Untersuchung des erweiterten Netzwerks und der allgemeinen Umwelt* bildet den dritten Analysebereich des Frameworks. Ziel ist es, die Wirkungsbeziehungen zwischen den Netzwerkelementen und dem erweiterten Netzwerk bzw. der allgemeinen Umwelt aufzuzeigen, da

---

[792] Vgl. hierzu Kapitel II. 3.

diese die Entstehung und Veränderung von Wettbewerbsregeln mitbegründen. Das *erweiterte Netzwerk* wird dabei als Integration der Netzwerke der Kunden, Lieferanten, Wettbewerber und Ergänzer verstanden. Die Untersuchung der *allgemeinen Umwelt* erfolgt anhand der Differenzierung in ein ökonomisches, politisch-rechtliches, sozio-kulturelles, ökologisches und technologisches Umweltsegment, wobei die gegenseitige Beeinflussung der Segmente mitberücksichtigt werden muß. Bei der Umweltanalyse kann das Instrument der Szenariotechnik eine Veränderung von Wettbewerbsregeln unterstützen, da es beim Unternehmen die Wahrnehmungsfähigkeit für Neues steigert und die Robustheit strategischer Innovationen erhöht.

4.   Schöpferischer Analyseprozeß durch Integration von inside-out- und outside-in-orientierter Vorgehensweise

Folgende Problembereiche, die in Kapitel IV. 3. nicht explizit untersucht wurden, sind Gegenstand der nachstehenden Betrachtung:

- Die Verknüpfung der Analysebereiche im Sinne eines *Analyseprozesses* bzw. einer *sukzessiven und iterativen Abfolge von Analyseschritten.*

- Die Veränderung des Netzwerks und der Umwelt im Zeitablauf, die verlangt, daß sowohl der *Antizipationsbedarf hinsichtlich zukünftigen, unternehmensexternen Wandels* (und den sich daraus ergebenden Gelegenheiten und Bedrohungen) als auch die Möglichkeit des Unternehmens als *proaktiver "Mitgestalter" eine nicht-determinierte zukünftige Entwicklung zu beeinflussen,* bei der strategischen Analyse gleichermaßen berücksichtigt werden.

Ziel der Ausführungen ist nicht die detaillierte Beschreibung und präskriptive Vorgabe eines bestimmten strategischen Analyseprozesses, sondern die Entwicklung eines groben Grundgerüsts, mit dem der Anwender seine Analysetätigkeiten kontextabhängig zu einem individuell konfigurierten Prozeß zusammenführen kann. Zunächst wird die Auswahl potentieller Aktionsfelder als wesentlicher Bestandteil des Analyseprozesses diskutiert. Anschließend werden zwei grundsätzlich verschiedene, jedoch notwendigerweise komplementäre Vorgehensweisen zur Durchführung des Analyseprozesses dargestellt. Abschließend geht es um die Integration der beiden Vorgehensweisen, denn erst sie führt letztendlich zur Genese von strategischen Innovationen. Hierzu werden zwei Ansätze entwickelt und verglichen.

4.1.   Potentielle Aktionsfelder zur Regelveränderung

Die betriebswirtschaftlich-strategische Fragestellung "Wo?" das Unternehmen konkurrieren soll,[793] stellt sich auch im Zusammenhang mit der Regelveränderung. Diesbezüglich lassen sich zwei Extrema eines Kontinuums von Handlungsmöglichkeiten unterscheiden.

(1) Das Unternehmen versucht, innerhalb des angestammten Wettbewerbsfelds die Wettbewerbsregeln zu verändern.

(2) Das Unternehmen versucht, in vollständig neue Wettbewerbsfelder, in denen es bisher nicht tätig war, einzutreten und dort die Wettbewerbsregeln zu verändern.

---

[793] Vgl. Kapitel II. 1.2.2

Ein für das Unternehmen vollständig neues Wettbewerbsfeld ist dadurch charakterisiert, daß das Unternehmen auf gänzlich neue Wettbewerber und Ergänzer trifft, die Produktkategorie sich grundlegend von den bestehenden unterscheidet und die Lieferanten bzw. Kunden nicht Bestandteil des bisherigen Netzwerks waren. Ein Vordringen in neue regionale Märkte wäre demzufolge eine Handlungsmöglichkeit, die zwischen den beiden Extremen liegt, da zwar Wettbewerber, Ergänzer, Kunden und Lieferanten zum Teil unbekannt sind, die Produktkategorie jedoch dieselbe bleibt.[794]

Beide Extreme des Kontinuums von Handlungsmöglichkeiten können von strategischen Innovationen begleitet sein, die sowohl eine Neudefinition des Wettbewerbsfelds als auch eine neue Art zu konkurrieren umfassen. Durch Kombination der beiden Dimensionen "Arena des Wettbewerbs" und "Kernelement der strategischen Innovation" ergeben sich aus Unternehmenssicht vier potentielle Aktionsfelder für die Veränderung von Wettbewerbsregeln.[795]

---

[794] Der Eintritt in neue Wettbewerbsfelder kann mit Einschränkungen der Diversifikation gleichgestellt werden. Der Begriff der Diversifikation wird typischerweise anhand einer reinen Produkt/(Absatz)Markt- Betrachtung definiert. Danach diversifiziert ein Unternehmen, wenn es mit neuen Produkten in neue Absatzmärkte vorstößt (vgl. hierzu die Produkt/Markt-Matrix von Ansoff (1957), S. 114; vgl. zum Diversifikationsbegriff auch Jacobs (1992), S. 6ff.).

[795] Die Schaffung eines vollständig neuen Wettbewerbsfelds wurde der Neudefinition des Wettbewerbsfelds zugeordnet (vgl. Kapitel III. 2.2.1.). Per Definition ist dies allerdings nur im Aktionsfeld III möglich.

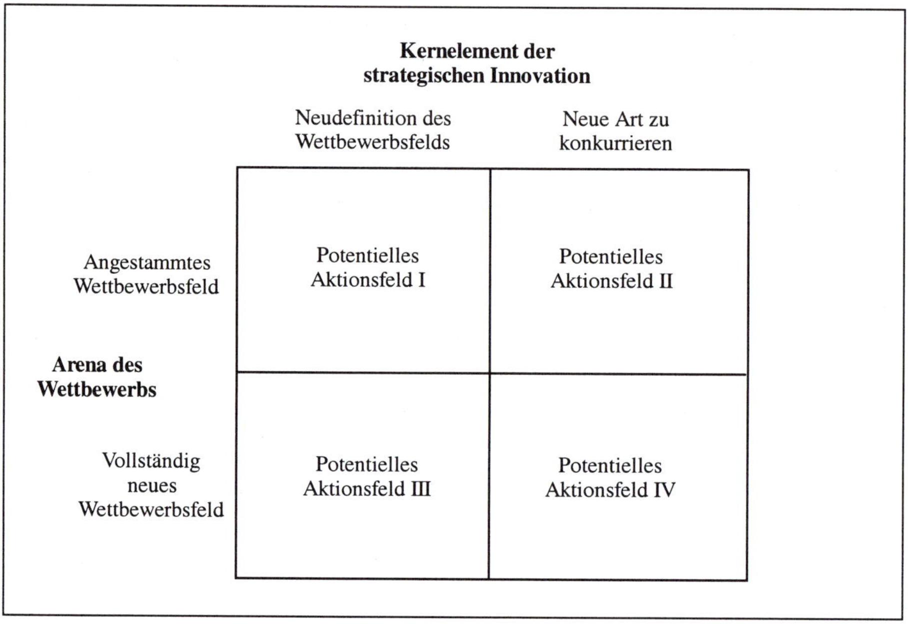

**Kernelement der
strategischen Innovation**

	Neudefinition des Wettbewerbsfelds	Neue Art zu konkurrieren
Angestammtes Wettbewerbsfeld	Potentielles Aktionsfeld I	Potentielles Aktionsfeld II
Vollständig neues Wettbewerbsfeld	Potentielles Aktionsfeld III	Potentielles Aktionsfeld IV

**Arena des
Wettbewerbs**

Abb. 29:   Potentielle Aktionsfelder

Was "qualifiziert" nun ein Unternehmen für die Besetzung eines potentiellen Aktionsfelds und zu einer Regelveränderung? Zum einen ist sicherlich die Idee, die einer strategischen Innovation zugrundeliegt, Grundvoraussetzung für alle vier Felder. Zum anderen muß jedoch das Unternehmen selbst bestimmte Voraussetzungen erfüllen, damit die Idee in eine strategische Innovation umgesetzt und somit eine Regelveränderung eingeleitet werden kann. Entsprechend der Argumentationsführung des Resource-based-view kommt der unternehmensspezifischen Ressourcenbasis hierbei eine herausragende Bedeutung zu. So kann z.B. die Idee für ein innovatives Geschäftssystem, das bestimmte Kompetenzen und Ressourcen verlangt, bestehen, das Unternehmen ist jedoch aufgrund seiner bisherigen Entwicklung und der aufgebauten Ressourcenbasis (inkl. der Kompetenzen) nicht in der Lage, diese mittelfristig zu realisieren.[796] Eventuell kann versucht werden, langfristig die entsprechenden Ressourcen aufzu-

---

[796] Insofern könnte das Unternehmen selbst nicht nach den angestrebten neuen Regeln konkurrieren (vgl. hierzu ergänzend auch die Ausführungen zu den Aspekten des "nicht nach den Regeln konkurrieren können" in Kapitel III. 1.1.1. und der Interessenlage des Unternehmens im Rahmen der Veränderung von Wettbewerbsregeln in Kapitel III. 1.2.).

bauen bzw. diese zu beschaffen. Aber auch hier stellt sich vor dem Hintergrund der unvollständigen bzw. fehlenden Faktormärkte für Ressourcen und der Problematik des Wandels von Unternehmen die Frage nach der Realisierbarkeit.

Grundsätzlich ist es deshalb vorteilhafter, die *bestehende Ressourcenbasis* für strategische Innovationen zu nutzen. Die potentiellen Aktionsfelder III und IV bieten sich aus Unternehmenssicht folglich besonders dann zur Regelveränderung an, wenn existierende Ressourcen und/oder darauf aufbauende Geschäftssysteme bzw. Strategien in neuen Wettbewerbsfeldern verwendet werden können und dort zu strategischen Innovationen führen.[797]

4.2.   Inside-out-orientierte Vorgehensweise: Unternehmensressourcen als treibende Kraft zur Schaffung zukünftiger Welten

Die inside-out-orientierte Vorgehensweise greift auf die *Argumentationsführung des Resource-based-view* zurück:[798] Unternehmenspezifische Ressourcen bilden die Basis für die Erzielung dauerhafter Wettbewerbsvorteile. Diese gilt es, im Wettbewerb einzusetzen und auszubauen, wodurch die strukturellen Faktoren des Wettbewerbsfelds (und damit verbunden auch die Wettbewerbsregeln) verändert werden können.

Vor dem Hintergrund einer ungewissen Zukunft und der Rolle des Unternehmens als proaktiver "Mitgestalter" zukünftiger Entwicklungen sollte ausgehend von den bestehenden, strategisch bedeutenden Ressourcen versucht werden, zukünftige Welten zu entwerfen. Es handelt sich dabei um einen stark kreativen, schöpferischen Akt. Die grundlegende Frage ist nicht, welche Zukünfte entstehen könnten, sondern wie *wünschenswerte Zukünfte* auszusehen hätten. Diese besitzen deshalb normativ-präskriptive Funktionen, da sie anzustrebende Zustände (bzw. anzustrebende Entwicklungen) beschreiben.

Die im folgenden dargestellte schöpferische, inside-out-orientierte Vorgehensweise verlangt einerseits den Mut zu freiem, von bestehenden Restriktionen losgelöstem "Wunschdenken" (das kreativitätsfördernd wirkt). Andererseits dürfen die erarbeiteten Lösungen nicht unplau-

---

[797]   Üblicherweise wird davon ausgegangen, daß Diversifikationen ein höheres Erfolgspotential besitzen, wenn eine strategische Affinität zum Stammgeschäft besteht. Aus Sicht des Resource-based-view ergibt sich diese Affinität insbesondere durch die gemeinsame Nutzung bzw. den Transfer von Kernkompetenzen, wie dies z.B. von Prahalad/Hamel (1990), S. 79ff. in ihrem "Baummodell" beschrieben wird. (vgl. ausführlich zu Diversifikationsüberlegungen vor dem Hintergrund des Resource-based-view Rasche (1994), S. 316ff.) Folglich besitzt auch eine Regelveränderung in Wettbewerbsfeldern, in denen auf die bestehende Ressourcenbasis zurückgegriffen werden kann, ein höhere Erfolgsaussicht.

siblel werden. Folglich ist ein zwischen "Realitätsferne" und "Realitätsnähe" ausbalanciertes Vorgehen erfolgskritisch.

4.2.1.   Unternehmensressourcen als Ausgangsbasis

Erster Schritt der inside-out-orientierten Vorgehensweise ist die Bestimmung der bestehenden, strategisch bedeutenden Ressourcen, wobei die Kernkompetenzen im allgemeinen das größte Potential für dauerhafte Wettbewerbsvorteile bieten. Die Suche nach diesen Unternehmensressourcen ist verknüpft mit der Frage nach den Stärken bzw. Schwächen des Unternehmens, die es im Wettbewerbsprozeß einzusetzen bzw. zu vermeiden gilt.[799]

Bereits hier kann das Unternehmen allerdings gezwungen sein, den Blick nach außen zu richten. Denn die Überprüfung der Anforderungen an Ressourcen mit strategischem Wert, wie z.B. die Nicht-Substituierbarkeit oder das Nutzenstiftungspotential für Kunden, verlangt oft detaillierte Kenntnisse über unternehmensexterne Faktoren wie z.B. neue Technologien oder Kundenbedürfnisse. Hier greift, wie später gezeigt wird, die komplementäre outside-in-orientierte Vorgehensweise.

Die identifizierten Kernkompetenzen können außerdem die Grundlage für eine innovative Geschäftsdefinition bilden.[800] Zur Bestimmung der Unternehmensressourcen kann entsprechend Kapitel IV. 3.1.2. vorgegangen werden.

4.2.2.   Definition der Leistung und der Art des Ressourceneinsatzes

Nachdem die Unternehmensressourcen mit strategischem Wert identifiziert sind, stellt sich die Frage, welche Leistungen davon ausgehend erbracht werden könnten und welches Geschäftssystem hierzu notwendig wäre. Zu diesem Zweck müssen zunächst zukünftig *mögliche Produktlösungen* bestimmt werden.

Generell sollte sich das Unternehmen von bereits realisierten Produktlösungen entfernen und nach alternativen, neuartigen Produktlösungen, wenn möglich in Form vollständig neuer Produktkategorien, suchen. Dies bedeutet nicht, daß die dazu notwendigen Ressourcen bereits

---

[798]   Vgl. hierzu Kapitel II. 2.2.2.

[799]   Dieser erste Analyseschritt entspricht folglich dem linken Ast des SWOT-Bezugsrahmens der strategischen Analyse, der in Kapitel II. 2.3.1. dargestellt wurde.

[800]   Vgl. hierzu Kapitel IV. 3.1.1.

vollständig im Unternehmen vorhanden sein müssen. Vielmehr kann der Ausbau bzw. die Weiterentwicklung bestehender Ressourcen und/oder der Zugang zu komplementären Ressourcen notwendig werden.[801] Da die Entwicklung eines *zukünftigen Netwerks* angestrebt wird, kann eine "Ressourcenlücke" identifiziert werden, die es durch ein entsprechendes Management der Ressourcenbasis zu schließen gilt. Des weiteren ergeben sich bereits an dieser Stelle Hinweise für kooperative Verknüpfungen im Netzwerk und damit die Notwendigkeit bestimmter Netzwerkelemente. Ferner muß geprüft werden, ob durch die Kombination bestehender Ressourcen aus unterschiedlichen Geschäftsbereichen innovative Produktlösungen verwirklicht werden könnten.

Die Generierung neuer Produktlösungen wird unterstützt, wenn Produkte in die Funktion(en), die sie erfüllen, zerlegt werden. So ist es z.B. die Funktion einer Tafel oder eines Flipcharts, Informationen zu vermitteln. Diese werden visuell von mehreren Personen gleichzeitig erfaßt. Problematisch ist allerdings die schriftliche Dokumentation und Vervielfältigung der Informationen. Entweder werden diese abgeschrieben oder photografiert. Bei Flipcharts können eventuell auch die Blätter kopiert werden. Alle genannten Möglichkeiten sind mit hohem Aufwand und Zeitverlust verbunden. Zur Lösung dieser Probleme wurde eine elektronische Tafel, die ein Scanner- und Kopiersystem enthält und den sofortigen Ausdruck der notierten Informationen erlaubt, entwickelt.[802] Sowohl die Hersteller von "traditionellen" Tafeln als auch die von Kopier- und Scannergeräten besitzen Kompetenzen bzw. Ressourcen, die die Verwirklichung dieser Produktlösung unterstützen. Beim Tafelhersteller liegen diese z.B. im Vertriebskanalmanagement oder im Markenname begründet. Beim Kopier- und Scannerhersteller wären die Ressourcen hauptsächlich technologischer Art. Da Produkte meist aus dem Zusammenspiel eines Kernprodukts und umgebenden "Software-Parametern" bestehen und daher eine Vielzahl von Unternehmensressourcen erfordern, ist die Definition und Realisierung einer innovativen Produktlösung häufig weitaus komplizierter als im oben genannten Beispiel.

Nachdem Ideen für zukünftige Produktlösungen entwickelt sind, werden die Implikationen für die Gestaltung des Geschäftssystems geprüft. Dies geschieht entlang der in Kapitel IV. 3.1.3. dargestellten Gestaltungsdimensionen des Geschäftssystems. Eine neue Produktlösung erfordert allerdings nicht grundsätzlich ein neuartiges Geschäftssystem. Des weiteren kann auch auf Basis der Unternehmensressourcen ein innovatives Geschäftssystem generiert werden, das

---

[801]   Vgl. zu komplementären Ressourcen Kapitel IV. 1.2.2.

zur "Optimierung" bestehender Produktlösungen dient. Denkbar ist ferner, daß erst durch die gedankliche Neukonfiguration des Geschäftssystems Ideen für innovative Lösungen entstehen, die dann in Form einer Feedback-Schleife in den Prozeß der Produktlösungsentwicklung eingesteuert und erneut bearbeitet werden. Abschließend wird die Leistungsgestaltung gegenüber den anderen Bezugsgruppen, wie z.B. den Lieferanten, definiert.

4.2.3. Entwicklung des zukünftigen Netzwerks

Nachdem Optionen für die zukünftige Leistungsgestaltung (insbesondere in Form der Produktlösungen) und das hierzu notwendige Geschäftssystem generiert sind, muß ein fiktives Netzwerk (bzw. bei grundlegend verschiedenen Produktkategorien mehrere Netzwerke) mit dem Unternehmen als Mittelpunkt erarbeitet werden. Dies geschieht entsprechend der Ausführungen in Kapitel IV. 3.2., allerdings immer vor dem Hintergrund, daß es nicht um die Untersuchung bestehender Netzwerke geht, sondern um die *Beschreibung eines zukünftig wünschenswerten* Netzwerks.

Für jede innovative Produktkategorie ist folgendermaßen vorzugehen: Zunächst werden mögliche Kunden (-gruppen) und mögliche Lieferanten (-gruppen) bestimmt und anschließend das Wettbewerbsfeld aus Kunden- und Lieferantensicht abgegrenzt. Hier zeigt sich z.B., welche Ergänzer für die erdachten Produkte notwendig werden und ob Kooperationen mit diesen erforderlich sind. In einem nächsten Schritt wird versucht, die strukturellen Faktoren und die daraus resultierenden Wettbewerbskräfte im Netzwerk zu bestimmen. Ist z.B. mit Substitutionsprodukten oder mit einer hohen Verhandlungsmacht der Lieferanten zu rechnen, da man z.B. aufgrund technologisch anspruchsvoller Vorprodukte auf wenige Lieferanten angewiesen wäre?[803] Die Untersuchung des zukünftigen Wettbewerbsverhaltens bildet den Abschluß der Betrachtung. So ist beispielsweise die Leistungserwartung der Kunden von großer Bedeutung für den Erfolg der Produktkategorie.

4.2.4. Entwicklung des erweiterten Netzwerks und der allgemeinen Umwelt

Die Entwicklung des erweiterten Netzwerks und der allgemeinen Umwelt beschränkt sich bei der inside-out-orientierten Vorgehensweise im wesentlichen auf die Beschreibung bestimmter Umweltentwicklungen, die die Realisierung des Netzwerks und die optimale Positionierung

---

[802]   Vgl. hierzu Hamel/Prahalad (1995), S. 143

des Unternehmens unterstützen. Wäre also z.b. ein Wertewandel in der sozio-kulturellen Umwelt hin zu umweltbewußterem Denken der Entstehung des Netzwerks zuträglich (bzw. sogar Voraussetzung) oder gibt es gesetzliche Rahmenbedingungen, die einen weitreichenden Einfluß hätten?

4.3. Outside-in-orientierte Vorgehensweise: Unternehmensexterne Bestimmungs- faktoren als treibende Kraft zur Entstehung zukünftiger Welten

Die outside-in-orientierte Vorgehensweise orientiert sich an der Argumentationsführung der industrieökonomisch geprägten Strategielehre.[804] Die Untersuchung der allgemeinen Umwelt und der strukturellen Faktoren ist Ausgangspunkt der strategischen Analyse und dient der Identifikation attraktiver Wettbewerbsfelder und der erfolgsbestimmenden Faktoren. Darauf aufbauend wird versucht, eine günstige strategische Positionierung im Wettbewerbsfeld zu erlangen.

Für ein Unternehmen ist dabei die Antizipation, d.h. die gedankliche Vorwegnahme zukünfti- ger Entwicklungen in der allgemeinen Umwelt, im erweiterten Netzwerk und im Netzwerk bzw. im Wettbewerbsfeld von zentraler Bedeutung. Im Vordergrund steht daher die Frage, welche *Zukünfte aufgrund externen Wandels entstehen könnten* und weniger die Frage, wie wünschenswerte Zukünfte aussehen könnten.

In den folgenden Ausführungen wird die outside-in-orientierte Vorgehensweise dargestellt: Das Unternehmen klammert sich selbst zunächst aus der Betrachtung aus und beginnt mit einer Analyse möglicher Veränderungen in der allgemeinen Umwelt und im erweiterten Netzwerk. Anschließend werden die Auswirkungen auf das Netzwerk bestimmt und versucht, einen Wandel im Netzwerk zu antizipieren.[805] Danach gilt es, die Anforderungen an die Res- sourcenbasis des Unternehmens und das Geschäftssystem für eine erfolgreiche Positionierung im Wettbewerbsfeld abzuleiten.

---

[803] Auch hier zeigt sich die Notwendigkeit des "Blicks nach außen" und damit der komplementären outside-in- orientierten Vorgehensweise.

[804] Vgl. Kapitel II. 2.2.1.

[805] Diese Analyseschritte entsprechen dem rechten Ast des SWOT-Bezugsrahmens der strategischen Analyse, der in Kapitel II. 2.3.1. dargestellt wurde.

4.3.1.   Antizipation von Veränderungen der allgemeinen Umwelt und des erweiterten Netzwerks

Die Anwendung der outside-in-orientierten Vorgehensweise setzt voraus, daß das Unternehmen bereits Wettbewerbsfelder identifiziert hat, die zu analysieren sind. Nur dann läßt sich das erweiterte Netzwerk bzw. die relevante allgemeine Umwelt abgrenzen. Am naheliegendsten ist die Untersuchung des angestammten Wettbewerbsfelds. Ferner kann durch Analogiebetrachtungen zwischen dem angestammten und sonstigen bestehenden Wettbewerbsfeldern eine mögliche Übertragbarkeit des Geschäftskonzepts identifiziert werden und sich erste Hinweise auf näher zu untersuchende Wettbewerbsfelder herauskristallisieren. Insofern kann bereits hier eine Analyse vorhandener Netzwerke und damit der geltenden Wettbewerbsregeln entsprechend der Vorgehensweise in Kapitel IV 3.2. erfolgen. Wird der Analyse eine völlig neue Produktkategorie zugrundegelegt, die z.b. Ergebnis der inside-out-orientierten Vorgehensweise ist, gibt es bisher kein existierendes Wettbewerbsfeld bzw. Netzwerk. Folglich kann nur versucht werden, die hierfür potentiell relevanten Umweltbereiche in die outside-in-Analyse einzubeziehen.

Die Antizipation von Veränderungen in der allgemeinen Umwelt erfolgt unter Verwendung der in Kapitel IV. 3.3.3. dargestellten Szenariotechnik. Basierend auf qualitativen und quantitativen Informationen werden logisch-intuitiv alternative Szenarien entwickelt, die keine präskriptive Funktion besitzen, sondern mögliche Zukünfte beschreiben. Die unmittelbare Interaktion des Unternehmens wird nicht mit einbezogen. Zentraler Gegenstand der Szenarien sind Entwicklungen in der allgemeinen Umwelt, es können jedoch auch Elemente des erweiterten Netzwerks mit berücksichtigt werden.

4.3.2.   Bestimmung der Wirkungen auf das Netzwerk

Im nächsten Schritt der outside-in-orientierten Vorgehensweise wird geprüft, inwiefern die antizipierten Veränderungen der allgemeinen Umwelt bzw. des erweiterten Netzwerks eine Veränderung der strukturellen Faktoren des Netzwerks bewirken können. Dadurch werden die strukturellen Faktoren selbst zu Unsicherheitsfaktoren, die dann ebenfalls Gegenstand von Szenarien sind.

PORTER stellt in diesem Zusammenhang das Instrument der Branchenszenarien dar, das dazu beitragen soll, den Unsicherheiten bezüglich Veränderungen struktureller Branchenfaktoren besser begegnen zu können.[806] Allerdings erfährt der Begriff des *Szenarios* im Vergleich zu dem in Kapitel IV. 3.3.3. dargestellten Verständnis, eine Bedeutungserweiterung: Das *Konkurrentenverhalten* (sowohl als Ergebnis der Veränderungen in der allgemeinen Umwelt und den damit verbundenen strukturellen Veränderungen als auch als Reaktion auf das Verhalten anderer Unternehmen) wird zu einer *eigenen Quelle der Unsicherheit*; zu einer zusätzlichen Variablen des Szenarios.

Die Verhaltensweisen einzelner Konkurrenten (im Sinne strategischer Spielzüge) in verschiedenen Netzwerkstrukturszenarien und die damit verbundenen "Rückkopplungseffekte" auf die Netzwerkstruktur können bei der Antizipation zukünftiger Veränderungen ebenfalls "durchgespielt" werden. Als Instrument hierzu kann der in Kapitel IV. 1.3.2. dargestellte konzeptionelle Denkrahmen zur Analyse von dynamischen Wettbewerbsprozessen dienen. Da jedoch das eigene Unternehmen aus der Betrachtung ausgeklammert bleibt, stellt sich die Frage, inwiefern diese strategischen Spielzüge ohne die Berücksichtigung der eigenen Aktionen bzw. Reaktionen vorweg durchdacht werden können. Insofern sollte bei der Integration der beiden Vorgehensweisen eine erneute Diskussion möglicher Interaktionen unter Einbeziehung des eigenen Unternehmens erfolgen.

Da die allgemeine Umwelt bzw. das erweiterte Netzwerk mittelbar über die strukturellen Faktoren bzw. unmittelbar auf das Wettbewerbsverhalten im Netzwerk wirken, sind die Konsequenzen der bereits antizipierten Veränderungen auf das Wettbewerbsverhalten ebenfalls zu berücksichtigen und in Form von Szenarien abzubilden.

4.3.3.   Bestimmung der Implikationen für das Unternehmen im Netzwerk

Aus den oben genannten Analyseschritten ergeben sich antizipierte Veränderungen der Netzwerkstruktur und des Wettbewerbsverhaltens und somit Hinweise auf mögliche Regelveränderungen. Treiber des Wandels sind dabei immer *unternehmensexterne Faktoren*. Für die Unternehmen ergeben sich Anforderungen an die zukünftig notwendige Ressourcenbasis, das Geschäftssystem bzw. dessen Verknüpfung mit externen Bezugsgruppen und die Gestaltung der Leistung. Da diese nicht von allen Unternehmen gleich bzw. gleichzeitig antizipiert und in entsprechende Strategien bzw. entsprechendes Wettbewerbsverhalten umgesetzt werden (können), besteht Potential für den Aufbau von Wettbewerbsvorteilen.

---

[806]   Vgl. Porter (1986), S. 559ff.

Die aktiv gestaltende Rolle des Unternehmens, d.h. die Erzeugung externen Wandels durch strategische Innovationen, die auf der kreativen Kraft des Unternehmens selbst basieren, wurde bisher nicht berücksichtigt. Genauso wurden Chancen, die sich durch die Verknüpfung der Stärken des Unternehmens mit den Gelegenheiten aufgrund von Umweltveränderungen ergeben, nicht mit in die Überlegungen einbezogen. Dies wird erst durch die Integration der Vorgehensweisen gewährleistet.[807]

4.4.   Grundlegende Ansätze zur Integration der inside-out- und outside-in-orientierten Vorgehensweise

Die hier dargestellten Ansätze stellen *grundsätzliche Möglichkeiten* zur Integration der beiden Vorgehensweisen dar. In der Unternehmenspraxis können sich durch eine individuelle Konfiguration jedoch "Mischformen" herausbilden.

4.4.1.   Ansatz 1: Isolierte Durchführung von inside-out- und outside-in-orientierter Vorgehensweise und Abbau der kreativen Spannung durch Rekursivläufe

Der erste Integrationsansatz verlangt zunächst eine weitgehend isolierte Durchführung der beiden Vorgehensweisen. Das Unternehmen entwickelt *inside-out ein zukünftiges Netzwerk* bzw. falls unterschiedliche Wettbewerbsfelder erschlossen werden sollen, mehrere Netzwerke. Es versucht dabei "aus dem Unternehmen heraus" zukünftige Welten zur erschaffen. Während dieses Prozesses sind extern ausgerichtete "Verifizierungsanalysen" (wie z.B. eine Analyse der Wettbewerber hinsichtlich ähnlicher Produktlösungen) möglichst zu vermeiden. Diese könnten nämlich dazu verleiten, daß das Unternehmen am Bestehenden haften bleibt oder sich an allgemein bekannten Trends orientiert und dadurch nicht zu wirklich "revolutionären" Ansätzen gelangt. Somit wird primär auf allgemeines Wissen im Unternehmen bzw. "in den Köpfen" der am Prozeß Beteiligten zurückgegriffen und stark auf intuitive Elemente gesetzt.

Im nächsten Schritt wird versucht, *outside-in-orientiert Veränderungen in der allgemeinen Umwelt bzw. dem erweiterten Netzwerk* zu antizipieren und deren Wirkungen auf das bestehende bzw. das entwickelte Netzwerk abzuleiten sowie den sich daraus ergebenden Wandel im Netzwerk zu bestimmen. Ergebnis sind mehrere "extern getriebene", alternative zukünftige Netzwerke und die damit verbundenen Anforderungen an das Unternehmen.

---

[807]   So verstanden, geht es im folgenden um die Gestaltung des Schnittpunkts der beiden Äste des SWOT-Bezugsrahmens (vgl. Kapitel II. 2.3.1).

Inside-out entwickelte und outside-in abgeleitete Netzwerke bzw. die zugrundeliegenden Annahmen werden nun *gegenübergestellt*. In den seltensten Fällen werden sich diese decken, vielmehr besteht meistens eine deutliche Diskrepanz, die eine "kreative Spannung"[808] markiert. Extern identifizierte Trends decken sich nicht mit den inside-out als förderlich erarbeiteten allgemeinen Umweltentwicklungen; die zur Herstellung der inside-out entwickelten Produktlösungen notwendigen Lieferanten können outside-in nicht identifiziert werden etc. Des weiteren entstehen während des outside-in Prozesses neue Ideen (z.B. aufgrund bisher nicht erkannter Technologieentwicklungen), die inside-out nicht berücksichtigt wurden. Auch die Anforderungen an das Unternehmen als Ergebnis des outside-in Prozesses blieben bislang unbeachtet. Umgekehrt wurden die Möglichkeiten der Beeinflussung bestimmter Umwelttrends oder Kausalfaktoren der Netzwerkszenarien durch das Unternehmen im outside-in-Prozeß ausgeklammert. Insofern werden *Rekursivläufe notwendig*, die zu einer Adaption der inside-out entwickelten und der outside-in abgeleiteten Netzwerke führen.

Endergebnis des Integrationsansatzes ist ein einzelnes oder mehrere zukünftige Netzwerke mit meist veränderten Wettbewerbsregeln, die die Möglichkeiten einer proaktiven Einflußnahme durch das Unternehmen in Richtung eines wünschenswerten Zustands und die Rahmenbedingungen aufgrund nicht beeinflußbarer zukünftiger Entwicklungen gleichermaßen berücksichtigen. Da mehrere alternative Umweltentwicklungen möglich sind, sollte sich das Unternehmen bei seiner Strategieentwicklung nicht auf ein Netzwerk beschränken, sondern möglichst robuste Strategien entwickeln, die auch ein Überleben in "ungünstigeren" Netzwerken garantieren. Trotzdem ist die Entstehung des "günstigsten" Netzwerks (bzw. bei mehreren Wettbewerbsfeldern der jeweils günstigsten Netzwerke) voranzutreiben. Letztendlich ist es eine Frage der unternehmerischen Risikobereitschaft, ob ausschließlich auf das "günstigste" Netzwerk gesetzt wird oder ob Kompromisse eingegangen werden.[809]

---

[808] Der Begriff der "kreativen Spannung" wird deshalb verwendet, weil die Konfrontation, das Gegenüberstellen von Gegensätzen, zur Ideenauslösung dienen kann und dementsprechend von vielen Kreativitätstechniken ausgenutzt wird (vgl. Kapitel IV. 1.1.3.).

[809] Vgl. hierzu auch Olmsted Teisberg (1993), S. 6ff., die die Handlungsmöglichkeiten aufgrund unsicherer zukünftiger Entwicklungen in vier Kategorien unterteilt: "Choices of bets", "Choices of Robustness", "Choices of Timing" und "Coices that change the uncertainty". Die Prüfung der Handlungsmöglichkeiten sollte auf Basis einzelner Unternehmensaktivitäten erfolgen: "These choices must be considered activity by activity, rather than be viewed as mutually exclusive "boxes" that describe a firm's entire strategy, because strategy is not simply one big bet or one big robust choice, but a pattern of goals, policies, and actions."

Im Sinne eines "Backcasting" kann versucht werden, einzelne Meilensteine oder Teilschritte zur Realisierung der Netzwerke zu definieren.[810] Ein laufendes Monitoring der Zielerreichung dieser Meilensteine und die Analyse möglicher Abweichungen erlaubt frühzeitig ein entsprechendes Gegensteuern bzw. gegebenenfalls eine Adaption der zukünftigen Welt.

4.4.2.   Ansatz 2: Parallele Durchführung von inside-out- und outside-in-orientierter Vorgehensweise mit mehrfachem "Perspektivenwechsel"

Beim zweiten Integrationsansatz werden die inside-out- und outside-in-orientierte Vorgehensweise nicht sukzessive sondern mehr oder weniger parallel durchgeführt. Es findet im Prozeßablauf ein mehrfacher "Perspektivenwechsel" mit entsprechenden Rekursivläufen statt.

Beginnt man mit der inside-out-orientierten Vorgehensweise, kann bereits bei der Bestimmung der strategisch bedeutenden Ressourcen und den damit möglichen Produktlösungen bzw. Geschäftssystemen ein Perspektivenwechsel zur outside-in-orientierten Vorgehensweise erfolgen. So können z.b. antizipierbare Veränderungen in der allgemeinen Umwelt bzw. beim Netzwerkelement "Kunde" eine mögliche Nutzenstiftung der Ressourcen und damit deren strategische Bedeutung verändern. Dieser mögliche Wandel wird rekursiv im inside-out-Prozeß berücksichtigt, d.h. die Bewertung (zukünftig) strategisch bedeutender Ressourcen wird überarbeitet, ein notwendiger Anpassungs- bzw. Entwicklungsbedarf definiert und gegebenenfalls veränderte Produktlösungen konzipiert. Des weiteren werden Impulse für neue Produktideen durch externen Wandel mit aufgenommen. Umgekehrt wird geprüft, inwiefern eine Beeinflussung der externen Entwicklungen möglich ist, so daß die Unternehmensressourcen zukünftig an strategischer Bedeutung gewinnen.

Ein weiterer Perspektivenwechsel kann bei der eigentlichen Entwicklung des Netzwerks erfolgen. Werden inside-out die notwendigen Netzwerkelemente bestimmt und die zu erwartenden strukturellen Faktoren ermittelt, kann durch die outside-in-orientierte Analyse geprüft werden, inwiefern externe Veränderungen die Enstehung der Netzwerkelemente in dieser Konfiguration bzw. die Entstehung der strukturellen Faktoren unterstützen oder dieser entgegenstehen. Ferner sind die Möglichkeiten einer gezielten Beeinflussung externer Entwicklungen in Richtung des gewünschten Zustands zu analysieren. Entsprechende Perspektivenwech-

---

[810]   Vgl. zur Methodik des Backcasting Wang/Guild (1995), S. 33ff.; vgl. auch Hamel/Prahalad (1995), S. 135ff., die zur Entwicklung von Industrievorausblick eine ähnliche Vorgehensweise vorschlagen. Allerdings basiert die antizipierte Zukunft dort auf externen Entwicklungen und hat damit nicht den Charakter einer "wünschenswerten Zukunft".

sel sind für das Wettbewerbsverhalten, und dort insbesondere für die erwarteten Leistungen im Netzwerk, notwendig.

Ergebnis des Integrationsansatzes ist, wie entsprechend bei Ansatz 1, ein oder mehrere zukünftige Netzwerke mit meist veränderten Wettbewerbsregeln. Auch hier werden sowohl die Möglichkeiten einer proaktiven Einflußnahme durch das Unternehmen in Richtung des gewünschten Zustands als auch mögliche zukünftige Rahmenbedingungen aufgrund nicht beeinflußbarer zukünftiger Entwicklungen berücksichtigt.

4.4.3. Diskussion der beiden Ansätze im Vergleich

Beide Ansätze weisen Grundcharakteristika auf, die sie klar voneinander unterscheiden und die, obwohl dasselbe Ziel angestrebt wird, tendenziell zu unterschiedlichen Ausprägungen der Ergebnisse führen.

Der *Integrationsansatz 1* versucht, durch die zunächst isolierte Durchführung der inside-out-orientierten Vorgehensweise, die im Unternehmen vorhandenen Ressourcen und schöpferischen Kräfte zur "realitätslosgelösten" Ideengenerierung zu nutzen. Dadurch wird die Entstehung grundlegend neuer Lösungsansätze gefördert. Erst die anschließende outside-in-orientierte Vorgehensweise und die Rekursivläufe dienen der Relativierung erarbeiteter Lösungen durch die Berücksichtigung externer Gegebenheiten. Die kreativitätsfördernde Wirkung dieses Ansatzes kann erhöht werden, wenn inside-out- und outside-in-Prozeß von unterschiedlichen Personen (bzw. Teams) durchgeführt werden. Dadurch wird vermieden, daß die inside-out gewonnenen Erkenntnisse zu stark bei der outside-in-Betrachtung mit einfließen, daß z.B. "unpassende" Entwicklungen ignoriert oder bei beinflußbaren Faktoren gewünschte Entwicklungsrichtungen unterstellt werden, und damit bereits vorab eine "Harmonisierung" der beiden Vorgehensweisen stattfindet. Es entsteht somit eine größere kreative Spannung, die dann von den verschiedenen Teams gemeinsam abgebaut werden soll.

Der *Integrationsansatz 2* führt von seiner Grundausrichtung her zu weniger fundamental neuen Lösungen, da durch den laufenden Perspektivenwechsel eine Bindung an bestehende bzw. zukünftige (extern getriebene) Realitäten gewahrt bleibt. Allerdings kann im Prozeß bereits frühzeitig eine Fokussierung auf bestimmte Ideen bzw. Lösungsansätze, deren Konkretisierung und die Entwicklung entsprechender zukünftiger Netzwerke, erfolgen. Dies senkt Zeit und Kosten und wirkt komplexitätsreduzierend. Auch die Personenidentität bei inside-out- und outside-in-Betrachtungen stellt im Hinblick auf die kreativitätsfördernde Wirkung des Ansatzes kein Problem dar. Insgesamt kommt dieser Ansatz der traditionellen strategischen

Analyse wohl näher als der Integrationsansatz 1 und wird daher in Unternehmen leichter zu implementieren sein.

V. Zusammenfassung und Ausblick

Problemkomplex der Praxis als Ausgangspunkt der Forschungsarbeit

Eine Vielzahl von Wettbewerbsfeldern sind durch eine hohe Konformität der Strategien und des Wettbewerbsverhaltens etablierter Unternehmen gekennzeichnet. Wettbewerbsfähigkeit wird dabei mehr als eine Frage des "besser" als des "anders" werdens verstanden. Primäres Ziel ist die inkrementale Optimierung bestehender Ansätze und Konzepte. Vor allem "Newcomern" gelingt es jedoch immer wieder, durch unkonventionelle Strategien und Verhaltensweisen diese Gleichheit zu durchbrechen. Sie "revolutionieren" die bis dahin erfolgreiche Art zu konkurrieren bzw. verändern die Wettbewerbsregeln, zerstören dadurch die Wettbewerbsvorteile der etablierten Unternehmen und generieren für sich selbst günstige strategische Positionierungen. Solche Regelveränderungen stellen für die Praxis einen zentralen strategischen Problemkomplex dar, da sie für die betroffenen Unternehmen sowohl ein enormes Chancen- als auch ein beträchtliches Risikopotential beinhalten.

Die vorliegende Arbeit greift diesen Problemkomplex auf. Sie konzentriert sich dabei auf Aspekte der bewußten Regelveränderung durch Strategien bzw. strategische Innovationen. Zentrale Zielsetzung ist die Entwicklung eines Frameworks zur strategischen Analyse, das die Unternehmenspraxis bei der Identifikation bestehender Regeln und Ansatzpunkte zur Regelveränderung sowie bei der Genese strategischer Innovationen unterstützt.

Beitrag der Arbeit zum strategischen Management

Die zunehmende Bedeutung der Veränderung von Wettbewerbsregeln für die Überlebensfähigkeit und zur Erzielung von Wettbewerbsvorteilen wird sowohl in der Literatur zum strategischen Management als auch in der Unternehmenspraxis erkannt. Auch die Notwendigkeit der strategischen Analyse als elementarer Bestandteil der Strategieentwicklung bzw. -entstehung ist unumstritten. Allerdings fehlt bisher ein umfassendes Instrumentarium, das der Unternehmenspraxis dabei hilft, das Chancen- (und Risiko-) potential, das sich im Zusammenhang mit der Veränderung von Wettbewerbsregeln bietet bei der strategischen Analyse adäquat zu berücksichtigen.

Die Literatur bietet ein breites Spektrum an Analyseinstrumenten, die vor allem der präskriptiven Strategielehre entstammen und im Anwendungszusammenhang vielfach erprobt wurden. Allerdings existiert bisher kein Gesamtbezugsrahmen, der die nützlichen Instrumente integriert, gegebenenfalls adaptiert und "Leerstellen" durch die Entwicklung neuer Instrumente ausfüllt, wobei die spezifischen Anforderungen, die die Veränderung von Wettbewerbsregeln

an das zu verwendende Instrumentarium als auch an die Analystätigkeit selbst stellen, berücksichtigt werden. Das hier entwickelte Framework trägt dazu bei, diese Lücke zu schließen.

Neben der Entwicklung des Frameworks leistet die Arbeit einen wesentlichen Beitrag zur be-
grifflichen Definition von Wettbewerbsregeln sowie zum Verständnis der Entstehung bzw.
Veränderung von Regeln und den daraus resultierenden Wirkungen. Dies ist deshalb von großem Wert, weil in der Managementliteratur der Begriff der Wettbewerbsregeln häufig eingeführt, jedoch nur selten klar abgegrenzt und dort so gut wie nie auf den Regelentstehungs-
bzw. -veränderungsprozeß eingegangen wird. Somit bleiben auch die in der Literatur dargestellten Konzepte und Ad-hoc-Erklärungen, wie Regelveränderungen erreicht werden können,
oft ohne Begründungszusammenhang und sind damit, sowohl für eine weiterführende Forschungsarbeit als auch für die Unternehmenspraxis, nur bedingt verwendbar. Insofern kann
das hier entwickelte Grundverständnis von Wettbewerbsregeln auch als Fundament für weitere Forschung dienen, die die Entwicklung alternativer Frameworks mit einschließt.

Theoretische Grundlagen und Definitionen

Zur Entwicklung des Frameworks bedarf es klarer theoretischer Grundlagen. Im Mittelpunkt
steht dabei die Klärung der Begriffe des Wettbewerbs, der strategischen Analyse und darauf
aufbauend der Wettbewerbsregeln.

Mit der modernen dynamischen Wettbewerbstheorie, die durch SCHUMPETER und den von
ihm dargestellten Prozeß der schöpferischen Zerstörung beeinflußt wurde, verankerte sich in
der *Volkswirtschaftslehre* wieder ein dynamisch-prozessuales Wettbewerbsverständnis. Wettbewerb ist ein dynamischer Prozeß in Raum und Zeit, charakterisiert durch Vorstoß und Verfolgung, durch Machtentstehung und -abbau, der der Umsetzung wirtschaftspolitischer Primärziele dienen soll. Aus *betriebswirtschaftlich-strategischer Sicht,* steht die Sicherstellung
des langfristigen Überlebens einzelner Unternehmen durch die Erzielung individueller Wettbewerbsvorteile im Mittelpunkt wettbewerbsorientierter Betrachtungen. Kern der Strategie
von Unternehmen ist dabei die Antwort auf die Fragen "Wo?" und "Wie?" konkurriert werden
soll.

Obwohl die *strategische Analyse* bisher stark durch die präskriptive Strategielehre geprägt
war, ist sie unersetzbarer Bestandteil jeder Strategieentstehung bzw. -entwicklung. Sie dient
zur Problemstrukturierung und hilft Unternehmen bei der Beantwortung der oben genannten
Fragen. Voraussetzung hierfür ist allerdings, daß die bisherige formalisierte und mechanistische Orientierung der strategischen Analyse zugunsten einer kreativ-schöpferischen Ausrichtung aufgegeben wird und bewußt die Suchperspektiven des Explorierens, Entdeckens und

Entwickelns mit einbezogen werden. Dabei kann auf Modelle und Ansätze der industrieökonomisch geprägten Strategielehre und des Resource-based-view gleichermaßen zurückgegriffen werden.

Basierend auf den Überlegungen zum Wettbewerb und zur strategischen Analyse läßt sich das *Begriffsverständnis von Wettbewerbsregeln* ableiten. Wettbewerbsregeln sind durch konstituierende Merkmale gekennzeichnet, die sie insbesondere von dem in der Volkswirtschaftslehre und der Rechtswissenschaft etablierten Begriff der Wettbewerbsregeln, abgrenzen. Diese Merkmale sind die meist fehlende Kodifizierung, der normative Einfluß auf das Wettbewerbsverhalten und die daraus resultierende konformitätserzeugende Wirkung, die dynamische Veränderbarkeit, die Tendenz zur Selbstverstärkung und der variierende Ausprägungsgrad. Wettbewerbsregeln beeinflussen das Wettbewerbsverhalten bzw. die zugrundeliegenden Strategien der Unternehmen: Sie betreffen die notwendigen Unternehmensressourcen, die Art des Ressourceneinsatzes und die Art der erbrachten Leistung. Anhand eines Erklärungsmodells läßt sich zeigen, daß Regeln sowohl strukturell als auch verhaltensbedingt sind. Die Entstehung von Wettbewerbsregeln wird dabei von Kognitionen bzw. kognitiven Prozessen mitbestimmt. Für Unternehmen besteht die Möglichkeit, durch "Regelbrüche" in Form von unkonventionellen Strategien bzw. Wettbewerbsverhaltensweisen, Impulse zur Regelveränderung zu setzen.

Die Veränderung von Wettbewerbsregeln durch strategische Innovationen

Die aus dem Erklärungsmodell ableitbaren grundlegenden Ansatzpunkte zu Regelveränderungen werden durch eine tiefergehende Analyse konkretisiert. Zunächst stellt sich die Frage nach den *Wirkungen der Veränderung von Wettbewerbsregeln.* Hierbei zeigt sich, daß Regelveränderungen zu beträchtlichen Verschiebungen von Wettbewerbsvorteilen führen können und zwar meist zu Ungunsten der etablierten Unternehmen. Des weiteren kann es zu einer Revitalisierung bzw. Zerstörung von Wettbewerbsfeldern kommen. Aufgrund dieser Wirkungen wird deutlich, daß vor allem Unternehmen mit einer schwachen Wettbewerbsposition bzw. Unternehmen, die noch nicht im Wettbewerbsfeld tätig sind, Interesse an einer Regelveränderung besitzen und diese aus einer revolutionären strategischen Grundhaltung heraus vorantreiben.

Als *Mittel zur Regelveränderung* dienen strategische Innovationen. Strategische Innovationen sind durch zwei Kernelemente charakterisiert: Erstens durch eine Neudefinition des Wettbewerbsfelds, die die Grenzen und/oder die Aufteilung (bzw. Segmentierung) verändert oder sogar ein vollständig neues Wettbewerbsfeld schafft und zweitens durch eine neue Art innerhalb des Wettbewerbsfelds zu konkurrieren. Zur Genese strategischer Innovationen wird unternehmensexterner Wandel, wie. z.B. die Entstehung neuer Technologien, genutzt. Gleichzeitig erzeugen die Innovationen jedoch auch unternehmensexternen Wandel, wie z.b. strukturelle Veränderungen im Wettbewerbsfeld.

Framework zur strategischen Analyse

Das Framework gliedert sich in vier Hauptbestandteile: Die Grundprinzipien zur Veränderung von Wettbewerbsregeln, den heuristischen Denkrahmen, die Analysebereiche und den schöpferischen Analyseprozeß. Dieser modulare Aufbau des Frameworks und die Vielschichtigkeit der Bestandteile sollen dem Anwender eine individuelle Konfiguration und einen flexiblen Einsatz in unterschiedlichen Kontexten ermöglichen.

Die Regelveränderung verlangt vom Anwender, daß er seine gesamte Analysetätigkeit so ausrichtet, daß *vier Grundprinzipien* verwirklicht werden: kreatives Denken, komplementäres Denken, dynamisches Denken und grenzenüberwindendes Denken. Hierzu muß dem Anwender die inhaltliche Bedeutung der Grundprinzipien im Kontext der strategischen Unternehmens-Umwelt-Interaktion bewußt sein und er muß die Instrumente und Konzepte kennen, die ihn bei der Umsetzung der Grundprinzipien im Rahmen seiner Analyseaktivitäten unterstützen. Ferner ist der methodische Aufbau des Frameworks so zu gestalten, daß die Verwirklichung der Prinzipien gezielt gefördert wird. Insofern resultieren aus den Grundprinzipien sowohl Anforderungen an den Anwender als auch an das hier entwickelte Framework.

Ansatzpunkte für die Veränderung von Wettbewerbsregeln finden sich im Unternehmen, in der Umwelt und vor allem im Zusammenwirken der beiden Bereiche. Der *heuristische Denkrahmen* liefert ein "Grundgerüst" zur gedanklichen Durchdringung dieses Zusammenspiels. Er unterstützt die systematisch strategische Analyse und gleichzeitig die Entwicklung innovativer Ideen, da er im Gegensatz zu den meisten traditionellen Analyseframeworks eine neuartige Betrachtungsweise von Wettbewerbsfeldern bzw. Umweltbereichen ermöglicht. Das Unternehmen wird dabei als Kern eines Netzwerks verstanden, das aus dem Unternehmen selbst, aus Lieferanten, Kunden, Wettbewerbern und Ergänzern besteht. Das Wettbewerbsfeld (Wettbewerber und Ergänzer) wird aus Kunden- und Lieferantensicht unter wertgewinnorientierten Gesichtspunkten definiert. Über ein erweitertes Netzwerk findet ein fließender Übergang zur allgemeinen Umwelt statt, wobei aus Unternehmenssicht die Differenzierung einzelner Elemente und die direkte Interaktion mit diesen Elementen abnimmt.

Aus dem heuristischen Denkrahmen lassen sich *drei Analysebereiche* ableiten: Die Analyse des Unternehmens, die Analyse des Netzwerks und die Analyse des erweiterten Netzwerks bzw. der allgemeinen Umwelt. Jeder dieser Bereiche umfaßt die Untersuchung spezifischer

Teilaspekte der bestehenden Wettbewerbsregeln bzw. deren Bestimmungsfaktoren sowie die Identifikation von Ansatzpunkten zur Regelveränderung. Die *Analyse des Unternehmens* dient primär der Bestimmung strategisch bedeutender Ressourcen, die als Basis für eine Regelveränderung dienen können. Außerdem werden Möglichkeiten eines innovativen Ressourceneinsatzes durch eine Neukonfiguration des Geschäftssystems exploriert. Die *Analyse des Netzwerks* beinhaltet die Untersuchung der strukturellen Faktoren sowie des bestehenden Wettbewerbsverhaltens, wodurch die strukturell bedingten bzw. verhaltensbedingten Wettbewerbsregeln deutlich werden und sich gleichzeitig Ansatzpunkte für "regelbrechendes" Wettbewerbsverhalten ergeben. Die Analyse des erweiterten Netzwerks und der allgemeinen Umwelt zeigt die Wirkungszusammenhänge mit dem Netzwerk, die die Entstehung der Wettbewerbsregeln bzw. deren Veränderung mitbegründen, auf.

Um das volle Potential zur Regelveränderung auszuschöpfen, werden die einzelnen Analysebereiche zu einem *schöpferischen Analyseprozeß* verknüpft. Dabei muß sowohl der Antizipationsbedarf hinsichtlich des zukünftigen, unternehmensexternen Wandels als auch die Möglichkeit des Unternehmens, proaktiv nicht-determinierte zukünftige Entwicklungen zu beeinflussen, gleichermaßen berücksichtigt werden. In Anlehnung an die Argumentationsführung des Resource-based-view und der industrieökonomisch geprägten Strategielehre, lassen sich eine inside-out-orientierte und eine outside-in-orientierte Vorgehensweise erarbeiten, die notwendigerweise komplementär zueinander sind und deshalb mittels zweier alternativer Ansätze integriert werden.

Ansatzpunkte für weitere Forschungsarbeiten

Weitere Forschungen könnten sich mit drei Problemfeldern beschäftigen:
- Der Erprobung und dem Ausbau des hier dargestellten Frameworks.
- Der Entwicklung von Frameworks bzw. Instrumenten, die eine Verdichtung, Bewertung und Auswahl der im Rahmen der strategischen Analyse generierten Handlungsoptionen erlauben.
- Der Diskussion der Veränderung von Wettbewerbsregeln im Kontext des organisatorischen Wandels von Unternehmen.

Anwendungsorientierte Forschung kann als ein fortlaufender Prozeß verstanden werden, bei dem die zu erarbeitenden Aussagen (z.B. in Form von Frameworks) in der Praxis "getestet" werden und die dabei gewonnen Erkenntnisse wiederum Ausgangspunkt für weitere Forschungsarbeiten sind, die eine Optimierung der ursprünglichen Aussagen (im Sinne einer Erhöhung der Nützlichkeit) anstreben. Insofern ist das hier entwickelte Framework kein festgeschriebenes Endresultat, sondern vielmehr ein Konstrukt, das einer *permanenten Verbesserung* unterliegen sollte. Hierzu könnte z.B. die Aktionsforschung beitragen.[811] Dazu sollten einzelne Unternehmen ausgewählt werden, die konkret eine Veränderung von Wettbewerbsregeln anstreben. Im Rahmen von Aktionsforschungsprojekten begleitet der Forscher die Anwendung des Frameworks zur Bewältigung dieser Problemstellung und verwendet die dabei gewonnenen Einsichten zur Weiterentwicklung und Verbesserung des Frameworks. In diesem Zusammenhang könnte auch eine, in der Arbeit ausgeklammerte, kontextspezifische Ausrichtung des Frameworks realisiert werden.

Ein weiteres Problemfeld eröffnet sich mit der *Verdichtung, Bewertung und Auswahl strategischer Handlungsoptionen.* Das hier erarbeitete Framework hat stark explorativen Charakter. Es dient primär der Ideen- und Handlungsoptionsgenerierung. Die Verdichtung dieser Optionen zu grundlegenden Entscheidungsalternativen, deren Bewertung (z.B. unter Risikogesichtspunkten) und schließlich die Auswahl und Festlegung der Strategie, wurden nicht explizit adressiert. Während die hier zugrundeliegende Betrachtung eher varietätsgenerierend gestaltet ist, sollte ergänzend ein Instrumentarium zur Vielfaltsreduzierung entwickelt werden und zwar ebenfalls vor dem Hintergrund der Veränderung von Wettbewerbsregeln.

Das letzte Problemfeld für weitere Forschungsarbeiten ist die Diskussion der *Veränderung von Wettbewerbsregeln im Kontext des organisatorischen Wandels* von Unternehmen. Dabei geht es sowohl um die Frage, wie Unternehmen einer Regelveränderung durch reaktiven Wandel begegnen können, als auch um die Initiierung von Regelveränderungen durch proaktiven Wandel. Da sich Veränderungen von Wettbewerbsregeln nicht nur einmal, sondern im Rahmen des "unendlichen" dynamischen Wettbewerbsprozesses immer wieder vollziehen, ist eine wiederkehrende strategische Neuorientierung der Unternehmen, verknüpft mit organisatorischem Wandel, unabdingbar. Gegenstand von Untersuchungen könnte dabei, neben struk-

---

[811] Vgl. zur Diskussion der Aktionsforschung in der Betriebswirtschaftslehre z.B. Kühn/Grünig (1986), S. 118ff.

turellen Aspekten, vor allem die Frage nach dem Management unternehmenskultureller und identitätsbestimmender Faktoren in solchen Transformationsprozessen sein.[812] Weitere Forschungsansätze könnten sich mit der Funktion des organisatorischen Lernens bei der Veränderung von Wettbewerbsregeln beschäftigen. So spielen z.b. Lernvorgänge im Zusammenhang mit dem Aufbau und Erhalt von Kernkompetenzen eine zentrale Rolle. Auch die Genese strategischer Innovationen wird wesentlich durch organisatorische Lernprozesse mitbestimmt.

---

[812] Eine wesentliche Fragestellung ist dabei, welche Faktoren im Transformationsprozeß bewahrt und welche verändert werden sollten. Dies führt zu Gestaltungsmöglichkeiten eines dualen Managements im Sinne eines "Preserve the Core - Stimulate Progress" (vgl. Collins/Porras (1994), S. 80ff.).

Verzeichnis der Gesprächspartner

Martina S. Brenner

Sixt AG

Leitung Marketing

(25.6.1997; 17.7.1997)

Dr. Dirk Drechsler

Advance Bank AG

Mitglied des Vorstands

(10.3.1997)

Werner K. Koepf

Compaq Computer EMEA GmbH

Vice President, Managing Director General

Business Group Europe, Middle East, Africa

(23.4.1997)

Hans-Jürgen Mammitzsch

Dell Computer GmbH

Geschäftsführer Deutschland

(29.4.1997)

John M. Rollo

Blockbuster Video Deutschland GmbH

Geschäftsführer Deutschland

(16.4.1997)

Dr. Helmut Schlicksupp

Berater für Innovationsmanagement

(28.4.1997)

Dr. Kirsten Schrick

Advance Bank AG

Leiterin Service-Management

(24.4.1997)

Literaturverzeichnis

Aberle, G. (1992): Wettbewerbstheorie und Wettbewerbspolitik, 2., überarb. Aufl., Stuttgart/ Berlin/Köln: Kohlhammer

Achi, Z. et al. (1995): The Paradox of Fast Growth Tigers, in: The McKinsey Quarterly, o. Jg., Nr. 3, S. 4-17

Achleitner, P.M. (1985): Sozio-politische Strategien multinationaler Unternehmungen, Bern/ Stuttgart: Haupt (Veröffentlichungen der Hochschule St. Gallen für Wirtschafts- und Sozialwissenschaften: Schriftenreihe Betriebswirtschaft, Bd. 13)

Aharoni, Y. (1993): In Search for Unique: Can Firm-Specific Advantages Be Evaluated?, in: Journal of Management Studies, 30. Jg., Special Issue, Nr. 1, S. 31-49

Ahrns, H.-J./Feser, H.-D. (1985): Wirtschaftspolitik: Problemorientierte Einführung, München/Wien: Oldenbourg

Alex. Brown & Sons, Inc. (1992): Starbucks Corporation: Company Report, Unternehmens- analyse von Alex. Brown & Sons, Inc., 17. August 1992, aus InvestText, 2.12.1996

Amit, R./Schoemaker, P.J.H. (1993): Strategic Assets and Organizational Rent, in: Strategic Management Journal, 14. Jg., S. 33-46

Andrews, K.R. (1995): The Concept of Corporate Strategy, in: Mintzberg, H./Quinn, J.B./ Voyer, J. (Hrsg.): The Strategy Process, Englewood Cliffs, NJ: Prentice Hall, S. 66-73

Andrews, M.C. (1992): Avenues for Growth: A 20-Year Review of the U.S. Specialty Coffee Market, Studie der Specialty Coffee Association of America

Ansoff, H.I. (1957): Strategies for Diversification, in: Harvard Business Review, 35. Jg., Nr. 4, S. 113-124

Ansoff, H.I. (1975): Managing Strategic Surprise by Response to Weak Signals, in: California Management Review, 17. Jg., Nr. 2, S. 21ff.

Ansoff, H.I./Declerck, R.P./Hayes, R.L. [Hrsg.] (1976): From Strategic Planning to Strategic Management, London et al.: John Wiley & Sons

Arndt, H. (1975): Wettbewerb der Nachahmer und schöpferischer Wettbewerb, in: Herdzina, K. (Hrsg.): Wettbewerbstheorie, Köln: Kiepenheuer & Witsch, S. 246-268

Arndt, H. (1979): Irrwege der Politischen Ökonomie: Die Notwendigkeit einer wirtschaftstheoretischen Revolution, München: Beck (Beck'sche schwarze Reihe, Bd. 187)

Arthur, W.B. (1994): Increasing Returns and Path Dependence in the Economy, Ann Arbor, MI: Michigan Press

Arthur, W.B. (1996): Increasing Returns and the New World of Business, in: Harvard Business Review, 74. Jg., Nr. 4, S. 100-109

Auerbach, P./Campbell, J./Stone, M. (1992): Problems in the Conceptualization of Markets for the Analysis of Competitive Processes, in: Audretsch, D.B./Siegfried, J.J. (Hrsg.): Empirical Studies in Industrial Organization: Essays in Honor of Leonard W. Weiss, Dordrecht/Boston/London: Kluwer Academic Publishers, S. 115-131

Backhaus, K./Meyer, M. (1993): Strategische Allianzen und strategische Netzwerke, in: Wirtschaftswissenschaftliches Studium (WiSt), 22. Jg., Nr. 7, S. 330-334

Baden-Fuller, C. (1995): Strategic Innovation, Corporate Entrepreneurship and Matching Outside-in to Inside-Out Approaches to Strategy Research, in: British Journal of Management, 6. Jg., Special Issue December, S. 3-16

Baden-Fuller, C./Stopford, J.M. (1994): Rejuvenating the Mature Business: The Competitive Challenge, Boston, MA: Harvard Business School Press

Bain, J.S. (1968): Industrial Organization, 2. Aufl., New York/London/Sidney: John Wiley & Sons

Banbury, C.M./Mitchell, W. (1995): The Effect of Introducing Important Incremental Innovations on Market Share and Business Survival, in: Strategic Management Journal, 16. Jg., Special Issue Summer, S. 161-182

Bank, D. (1997): Starbucks Faces Growing Competition: Its Own Stores, in: The Wall Street Journal, Tuesday, January 21, S. B1 und B9

Barney, J.B. (1986): Organizational Culture: Can it Be a Source of Sustained Competitive Advantage? in: Academy of Management Review, 11. Jg., Nr. 3, S. 656-665

Barney, J.B. (1986a): Strategic Factor Markets: Expectations, Luck, and Business Strategy, in: Management Science, 32. Jg., Nr. 10, S. 1231-1241

Barney, J.B. (1991): Firm Resources and Sustained Competitive Advantage, in: Journal of Management, 17. Jg., Nr. 1, S. 99-120

Barney, J.B./Ouchi, W.G. [Hrsg.] (1986): Organizational Economics, San Francisco/London: Jossey-Bass

Barrett, W.P. (1988): A Wal-Mart for the Movies, in: Forbes, o. Jg., 22. August, S. 60ff., aus Lexis/Nexis, 9.12.1996

Bartlett, C.A./Ghoshal, S. (1994): Changing the Role of Top Management: Beyond Strategy to Purpose, in: Harvard Business Review, 72. Jg., Nr. 5, S. 79-88

Bauer, H.H. (1989): Marktabgrenzung: Konzeption und Problematik von Ansätzen und Methoden zur Abgrenzung und Strukturierung von Märkten unter besonderer Berücksichtigung von marketingtheoretischen Verfahren, Berlin: Duncker & Humblot (Schriften zum Marketing, Bd. 23, zugl. Habilitationsschrift Univ. Mannheim)

Beinhocker, E.D. (1997): Strategy at the Edge of Chaos, in: The McKinsey Quarterly, o. Jg., Nr. 1, S. 25-39

Bettis, R.A./Hitt, M.A. (1995): The New Competitive Landscape, in: Strategic Management Journal, 16. Jg., Special Issue Summer, S. 7-19

Bharadwaj, S.G./Varadarajan, P.R./Fahy, J. (1993): Sustainable Competitive Advantage in Service Industries: A Conceptual Model and Research Propositions, in: Journal of Marketing, 57. Jg., Nr. 4, S. 83-99

Bhide, A. (1994): How Entrepreneurs Craft, in: Harvard Business Review, 72. Jg., Nr. 2, S. 150-161

Biddle, D. (1994): Der Ritt auf der Ökowelle bringt Gewinn und ein gutes Gewissen, in: Harvard Business Manager, 16. Jg., Nr. 2, S. 44-55

Binder, V./Kantowsky, J. (1996): Technologiepotentiale: Neuausrichtung der Gestaltungsfelder des strategischen Technologiemanagements, Wiesbaden: Dt. Univ.-Verl. (DUV: Wirtschaftswissenschaft)

Bleicher, K. (1992): Change Management als unternehmerische Herausforderung: Wachstum als Leitmotiv der Unternehmungsentwicklung, in: Thexis, 9. Jg., Nr. 2, S. 4-13

Bleicher, K. (1996): Das Konzept integriertes Management, 4., rev. und erw. Aufl., Frankfurt a. M./New York: Campus (St. Galler Management-Konzept, Bd. 1)

Blum, U. (1994): Volkswirtschaftslehre, 2., überarb. Aufl., München/Wien: Oldenbourg

Bogaert, I./Martens, R./Cauwenbergh, A. van (1994): Strategy as a Situational Puzzle: The Fit of Components, in: Hamel, G./Heene, A. (Hrsg.): Competence-Based Competition, Chichester et al.: John Wiley & Sons, S. 57-74

Brandenburger, A.M./Nalebuff, B.J. (1995): The Right Game: Use Game Theory to Shape Strategy, in: Harvard Business Review, 73. Jg., Nr. 4, S. 57-71

Brandenburger, A.M./Nalebuff, B.J. (1996): Co-opetition, New York et al.: Doubleday

Brandenburger, A.M./Stuart, H.W. (1996): Value-Based Business Strategy, in: Journal of Economics & Management Strategy, 5. Jg., Nr. 1, S. 5-24

Brockhaus-Enzyklopädie (1990): 19., völlig neubearb. Aufl. u.d.T.: Der große Brockhaus, Bd. 18 und dritter Nachtrag, Mannheim: Brockhaus

Brockhaus-Enzyklopädie (1990a): 19., völlig neubearb. Aufl. u.d.T.: Der große Brockhaus, Bd. 12 und zweiter Nachtrag, Mannheim: Brockhaus

Brockhaus-Enzyklopädie (1990b): 19., völlig neubearb. Aufl. u.d.T.: Der große Brockhaus, Bd. 24 und vierter Nachtrag, Mannheim: Brockhaus

Bronder, C. (1993): Kooperationsmanagement: Unternehmensdynamik durch Strategische Allianzen, Frankfurt a. M./New York: Campus (zugl. Diss. Hochsch. St. Gallen 1992)

Brown, J.S. (1991): Research that Reinvents the Corporation, in: Harvard Business Review, 69. Jg., Nr. 1, S. 102-111

Buaron, R. (1981): New Game Strategies, in: The McKinsey Quarterly, o. Jg., Spring, S. 24-40

Bülow, D.F. von (1806): The Spirit of the Modern System of War, London: C. Mercier

Carlin, P. (1995): Will Rapid Growth Stunt Corporate Do-Gooders?, in: Business & Society Review, 93. Jg., Spring, S. 36-43, aus Laser Disclosure, 15.12.1996

Carmike Cinemas (1995): Annual Report 1995

Carmike Cinemas (1995a): Carmikes Cinemas, Inc., Annual Report on Form 10-K, Geschäftsjahr 1995, hinterlegt bei der Securities and Exchange Commission Washington D.C. 20545, Commission File Number 0-14993, aus Disclosure Online, 7.2.1997

Carqueville, P. et al. (1991): Prozeßberatung zur Einführung eines Strategischen Managements - A-Projekt, in: Kirsch, W. (Hrsg.): Beiträge zum Management strategischer Programme, München: Barbara Kirsch, S. 41-161 (Münchener Schriften zur angewandten Führungslehre, Bd. 65)

Casper, C. (1996): Caffeine Rush: Customers are High on Gourmet Coffee - and so are Operators, in: Restaurant Business, 95. Jg., Nr. 1, S. 92ff., aus Lexis/Nexis, 5.12.1996

Caves, R.E./Porter, M.E. (1977): From Entry Barriers to Mobility Barriers: Conjectural Decisions and Contrived Deterrence to New Competition, in: The Quarterly Journal of Economics, XCI. Jg., Nr. 2, S. 241-261

Chakravarthy, B. (1997): A New Strategy Framework for Coping with Turbulence, in: Sloan Management Review, 38. Jg., Nr. 2, S. 69-82

Chakravarthy, B.S. (1996): Flexible Commitment: A Key to Strategic Success, in: Strategy & Leadership, 24. Jg., Nr. 3, S. 14-20

Clapham, R. (1977): Von der Preistheorie zur Wettbewerbstheorie, in: Das Wirtschaftsstudium (Wisu), 6. Jg., Nr. 3, S. 115-125

Clark, C. (1994): The Friendly Coffee War: Starbucks, The Coffee Connection, Green Mountain Coffee Roasters, Part 1, in: Tea & Coffee Trade Journal, 166. Jg., Nr. 8, S. 18ff., aus Lexis/Nexis, 5.12.1996

Clark, J.M. (1975): Zum Begriff eines funktionsfähigen Wettbewerbs, in: Herdzina, K. (Hrsg.): Wettbewerbstheorie, Köln: Kiepenheuer & Witsch, S. 143-160

Clausewitz, C. von (1980): Vom Kriege, neunzehnte Auflage - Jubiläumsausgabe, mit erneut erweiterter historisch-kritischer Würdigung von Dr. phil. Werner Hahlweg, Bonn: Dümmlers

Collins, J.C./Porras, J.I. (1994): Built to Last: Successful Habits of Visionary Companies, New York: Harper Business

Collins, J.C./Porras, J.I. (1996): Building Your Company's Vision, Harvard Business Review, 74. Jg., Nr. 5, S. 65-77

Collis, D.J. (1991): Organizational Capability as a Source of Profit, Working Paper, Harvard Business School

Cool, K./Dierickx, I. (1993): Rivalry, Strategic Groups and Firm Profitability, in: Strategic Management Journal, 14. Jg., Nr. 1., S. 47-59

Corsten, H. (1984): Die Unternehmungsgröße als Determinante der Innovationsaktivitäten, in: Wirtschaftswissenschaftliches Studium (WiSt), 13. Jg., Nr. 5, S. 224-228

Cummings, A./Oldham, G.R. (1997): Enhancing Creativity: Managing Work Contexts for the High Potential Employee, in: California Management Review, 40. Jg., Nr. 1, S. 22-38

Curran, J.G.M./Goodfellow, J.H. (1989): Theoretical and Practical Issues in the Determination of Market Boundaries, in: European Journal of Marketing, 24. Jg., Nr. 1, S. 16-28

D'Aveni, R.A. (1995): Hyperwettbewerb: Strategien für die neue Dynamik der Märkte, Frankfurt a. M./New York: Campus

Day, G.S. (1990): Market Driven Strategy: Process for Creating Value, New York: The Free Press

De Geus, A.P. (1988): Planning as Learning, in: Harvard Business Review, 66. Jg., Nr. 2, S. 70-74

De Groot, A.D. (1965): Thought and Choice in Chess, Den Haag: Mouton

DeGeorge, G. (1996): The Making of Blockbuster: How Wayne Huizenga Built a Sports and Entertainment Empire from Trash, Grit, and Videotape, New York: John Wiley & Sons

Dell Computer (o.J.): Erfolg aus Prinzip, Firmenbroschüre der Dell Computer GmbH, Deutschland

Dell Computer Corporation (1996): Dell Computer Corporation Annual Report on Form 10-K, Geschäftsjahr 1995/96, hinterlegt bei der Securities and Exchange Commission Washington D.C. 20545, Commission File Number 0-17017, aus Disclosure Online, 7.2.1997

Dierickx, I./Cool, K. (1989): Asset Stock Accumulation and Sustainability of Competitive Advantage, in: Management Science, 35. Jg., Nr. 12, S. 1504-1514

Diesch, P. (1986): Strategisches Management und strategischer Erfolg: Theoretische Grundlagen, Konzeption und Grundzüge der Anwendung des Korrespondenzgrades als einer Dimension strategischen Unternehmungserfolgs, Frankfurt a. M./Berlin/New York: Lang (Schriften zur Unternehmensführung, Bd. 4)

Dixon, R.J. et al. (1994): Business Process Reengineering: Improving in New Strategic Directions, in: California Management Review, 36. Jg., Nr. 4, S. 93-108

Dosi, G. et al. (1992): Towards a Theory of Corporate Coherence: Preliminary Remarks, Working Paper, University of Rome/University of California at Berkely, March 1992

Dougherty, D. (1992): A Practice-Centered Model of Organizational Renewal Through Product Innovation, in: Strategic Management Journal, 13. Jg., Special Issue Summer, S. 77-92

Drevdahl, J. (1956): Factors of Importance for Creativity, in: Journal of Clinical Psychology, 12. Jg., Nr. 1, S. 21-26

Drucker, P.F. (1994): The Theory of the Business, in: Harvard Business Review, 72. Jg., Nr. 5, S. 95-104

Drucker, P.F. (1995): Managing in a Time of Great Change, New York: Truman Talley Books/Dutton

Duncker, K. (1935): Zur Psychologie des produktiven Denkens, Berlin: Springer

Elkington, J./Trisoglio, A. (1996): Developing Realistic Scenarios for the Environment: Lessons from Brent Spar, in: Long Range Planning, 29. Jg., Nr. 6, S. 762-769

Emans, H. (1988): Konzepte zur strategischen Planung, in: Henzler, H.A. (Hrsg.): Handbuch Strategische Führung, Wiesbaden: Gabler, S. 109-131

Esser, W.-M./Ringlstetter, M. (1991): Die Rolle der Wertschöpfungskette in der strategischen Planung, in: Kirsch, W. (Hrsg.): Beiträge zum Management strategischer Programme, München: Barbara Kirsch (Münchener Schriften zur angewandten Führungslehre, Bd. 65), S. 511-537

Farrell, J./Saloner, G. (1987): Competition, Compatibility and Standards: The Economics of Horses, Penguins and Lemmings, in: Gabel, H.L. (Hrsg.): Product Standardization and Competitive Strategy, Amsterdam et al.: North-Holland, S. 1-21

Feider, J./Schoppen, W. (1988): Prozeß der strategischen Planung: Vom Strategieprojekt zum strategischen Management, in: Henzler, H.A. (Hrsg.): Handbuch Strategische Führung, Wiesbaden: Gabler, S. 665-689

Feurer, R./Chaharbaghi, K. (1994): Defining Competitiveness: A Holistic Approach, in: Management Decision, 32. Jg., Nr. 2, S. 49-58

Fiegenbaum, A./Thomas, H. (1990): Strategic Groups and Performance: The U.S. Insurance Industry, in: Strategic Management Journal, 11. Jg., Nr. 3, S. 197-215

Fiegenbaum, A./Thomas, H. (1995): Strategic Groups as Reference Groups: Theory, Modeling and Empirical Examination of Industry and Competitive Strategy, in: Strategic Management Journal, 16. Jg., Nr. 6, S. 461-476

Ford, D./Ryan, C. (1983): Die Vermarktung von Technologien, in: Harvard Manager, o. Jg., Nr. 2, S. 22-30

Foster, R.N. (1986): Innovation: Die technologische Offensive, Wiesbaden: Gabler

Francis, A. (1992): The Process of National Industrial Regeneration and Competitiveness, in: Strategic Management Journal, 13. Jg., Special Issue Winter, S. 61-78

Freeman, C./Clark, J./Soete, L. (1982): Unemployment and Technical Innovation: A Study of Long Waves and Economic Development, London: Frances Pinter

Freiberg, K.L./Freiberg, J.A. (1996): Nuts! Southwest Airlines' Crazy Recipe for Business and Personal Success, Austin: Bard Press

Galbraith, J.R./Kazanjian, R.K. (1986): Strategy Implementation: Structure, Systems and Process, St. Paul: West Publishing

Gälweiler, A. (1986): Unternehmensplanung: Grundlagen und Praxis, Neuausgabe bearbeitet und ergänzt von Markus Schwaninger, Frankfurt a. M./New York: Campus

Gälweiler, A. (1987): Strategische Unternehmensführung, Zsgest., bearb. u. erg. von Markus Schwaninger, Frankfurt a. M./New York: Campus

Gateway 2000, Inc. (1996): Annual Report 1996

Geschka, H. (1986): Kreativitätstechniken, in: Staudt, E. (Hrsg.): Das Management von Innovationen, Frankfurt: Frankfurter Allgemeinen Zeitung, S. 147-160

Geschka, H./Dahlem, S. (1996): Kreativitätstechniken und Unternehmenserfolg, in: Technologie & Management, 45. Jg., Nr. 3, S. 106-110

Ghemawat, P. (1991): Commitment: The Dynamic of Strategy, New York: The Free Press

Gillmann, W. (1995): "Wir wollen Unterhaltung für die ganze Familie bieten", in: Handelsblatt, 4/5.8.1995, o.S., aus einer Literatursuche durch MID Marktinformationsdienst GmbH, Düsseldorf

Glasersfeld, E. von (1985): Einführung in den radikalen Konstruktivismus, in: Watzlawick, P. (Hrsg.): Die erfundene Wirklichkeit: Wie wissen wir, was wir zu wissen glauben? Beiträge zum Konstruktivismus, 3. Aufl., München: Piper, S. 16-38

Glasersfeld, E. von (1991): Fiktion und Realität aus der Perspektive des radikalen Konstruktivismus, in: Rötzer, F./Weibel, P. (Hrsg.): Strategien des Scheins: Kunst, Computer, Medien, Boer, S. 161-175

Gluck, F.W. (1980): Strategic Choice and Resource Allocation, in: The McKinsey Quarterly, o. Jg., Winter, S. 22-23

Godet, M./Roubelat, F. (1996): Creating the Future: The Use and Misuse of Scenarios, in: Long Range Planning, 29. Jg., Nr. 2, S. 164-171

Gomes-Casseres, B. (1997): Competing in Constellations: The Case of Fuji Xerox, in: Strategy & Business, o. Jg., Nr. 6, S. 69-81

Gordon, W.J.J. (1961): Synectics: The Development of Creative Capacity, New York/ Evanston/London: Harper and Row

Grant, R.M. (1991): The Resource-Based Theory of Competitive Advantage: Implications for Strategy Formulation, in: California Management Review, 33. Jg., Nr. 3, S. 114-135

Grant, R.M. (1995): Contemporary Strategy Analysis: Concepts, Techniques, Applications, Second Edition, Cambridge, MA: Blackwell

Graumann, M. (1994): Ältere Theorien des Unternehmenswachstums, in: Das Wirtschafts-studium (Wisu), 23. Jg., Nr. 6, S. 501-504

Graumann, M. (1994a): Jüngere Theorien des Unternehmenswachstums, in: Das Wirtschafts-studium (Wisu), 23. Jg., Nr. 11, S. 911-914

Grimm, U. (1983): Analyse strategischer Erfolgsfaktoren: Ein Beitrag zur Theorie der strategischen Unternehmungsplanung, Wiesbaden: Gabler (Beiträge zur betriebswirt-schaftlichen Forschung, Bd. 56)

Grove, A.S. (1996): Only the Paranoid Survive: How to Exploit the Crisis Points that Challenge Every Company and Career, New York et al.: Doubleday

Grünig, R./Heckner, F./Zeus, A. (1996): Methoden zur Identifikation strategischer Erfolgs-faktoren, in: Die Unternehmung, 50. Jg., Nr. 1, S. 3-12

Guilford, J.P. (1950): Creativity, in: American Psychologist, 5. Jg., S. 444-454

Guilford, J.P. (1962): Creativity: Its Measurement and Development, in: Parnes, S.J./Harding (Hrsg.): A Source Book for Creative Thinking, New York: Scribner's Sons

Guilford, J.P./Hoepfner, R. (1976): Analyse der Intelligenz, Weinheim/Basel

Hahn, D. (1997): US-amerikanische Konzepte strategischer Unternehmungsführung, in: Hahn, D./Taylor, B. (Hrsg.): Strategische Unternehmungsplanung - strategische Un-ternehmungsführung: Stand und Entwicklungstendenzen, 7., völlig neu bearb. und erw. Aufl., Heidelberg: Physica-Verlag, S. 144-164

Hahn, D. (1997a): Unternehmungsziele im Wandel, in: Hahn, D./Taylor, B. (Hrsg.): Strategische Unternehmungsplanung - strategische Unternehmungsführung: Stand und Entwicklungstendenzen, 7., völlig neu bearb. und erw. Aufl., Heidelberg: Physica-Verlag, S. 303-323

Hall, R. (1992): The Strategic Analysis of Intangible Resources, in: Strategic Management Journal, 13. Jg., S. 135-144

Hamel, G. (1994): The Concept of Core Competence, in: Hamel, G./Heene, A. (Hrsg.): Competence-Based Competition, Chichester et al.: John Wiley & Sons, S. 11-33

Hamel, G. (1996): Strategy as Revolution, in: Harvard Business Review, 74. Jg., Nr. 4, S. 69-82

Hamel, G. (1997): Killer Strategies that Make Shareholders Rich, in: Fortune, o. Jg., 23. Juni, S. 22-34

Hamel, G. (1998): Strategy Innovation and the Quest for Value, in: Sloan Management Review, 39. Jg., Nr. 2, S. 7-14

Hamel, G./Prahalad, C.K. (1989): Strategic Intent, in: Harvard Business Review, 67. Jg., Nr. 3, S. 63-76

Hamel, G./Prahalad, C.K. (1994): Competing for the Future, Boston, MA: Harvard Business School Press

Hamel, G./Prahalad, C.K. (1995): Wettlauf um die Zukunft: Wie Sie mit bahnbrechenden Strategien die Kontrolle über Ihre Branche gewinnen und die Märkte von morgen schaffen, Wien: Wirtschaftsverl. Ueberreuter

Hamel, G/Heene, A. (1994): Introduction: Competing Paradigms in Strategic Management, in: Hamel, G./Heene, A. (Hrsg.): Competence-Based Competition, Chichester et al.: John Wiley & Sons, S. 1-7

Hammer, M./Champy, J. (1993): Reengineering the Corporation: A Manifesto for Business Revolution, New York: Harper Business

Harrigan, K.R. (1989): Unternehmensstrategien für reife und rückläufige Märkte, Frankfurt a. M./New York: Campus

Harrigan, K.R./Porter, M.E. (1983): End-Game Strategies for Declining Industries, in: Harvard Business Review, 61. Jg., Nr. 4, S. 111-120

Harris, K. (1990): Squeezing the Customers, in: Forbes, o. Jg., Nr. 2, S. 39-40

Harvard Business School (1995): Power Play (A): Nintendo in 8-Bit Video Games, Harvard Business School Case, 3 February 1995, Nr. 9-795-102

Harvard Business School (1995a): Ingvar Kamprad and IKEA, Harvard Business School Case, Rev. 30 March 1995, Nr. 9-390-132

Harvard Business School (1996): Dell Computer Corporation, Harvard Business School Case, Rev. 25 September 1996, Nr. 9-596-058

Harvard Business School (1996a): Southwest Airlines: 1993 (A), Harvard Business School Case, Rev. 19 December 1996, Nr. 9-694-023

Hauschildt, J. (1993): Innovationsmanagement, München: Vahlen (Vahlens Handbücher der Wirtschafts- und Sozialwissenschaften)

Hax, A.C./Majluf, N.S. (1984): Strategic Management: An Integrative Perspective, Englewood Cliffs, NJ: Prentice-Hall

Hax, A.C./Majluf, N.S. (1991): The Strategy Concept and Process: A Pragmatic Approach, Englewood Cliffs, NJ: Prentice-Hall

Heene, A. (1994): Preface, in: Hamel, G./Heene, A. (Hrsg.): Competence-Based Competition, Chichester et al.: John Wiley & Sons, S. XXV-XXVII

Heertje, A. (1988): Schumpeter and Technical Change, in: Hanusch, H. (Hrsg.): Evolutionary Economics: Applications of Schumpeter's Ideas, Cambridge et al.: Cambridge University Press, S. 71-89

Heil, O./Robertson, T.S. (1991): Toward a Theory of Competitive Market Signaling: A Research Agenda, in: Strategic Management Journal, 12. Jg., Nr. 6, S. 403-418

Hemmer-Junk, K. (1995): Kreativität: Weg und Ziel, Frankfurt a. M. et al.: Lang (Europäische Hochschulschriften, Reihe XI Pädagogik, Bd. 648, zugl. Diss. Univ. Trier 1994)

Henkoff, R. (1996): Growing Your Company: Five Ways to Do it Right!, in: Fortune, o. Jg., Nr. 10, S. 78-88, aus Lexis/Nexis, 9.12.1996

Henzler, H. (1997): Innovation: Lehren aus den Sportarenen, in: Süddeutsche Zeitung, 53. Jg., 13.5.1997, S. 23

Herdzina, K. (1975): Einleitung: Zur historischen Entwicklung der Wettbewerbstheorie, in: Herdzina, K. (Hrsg.): Wettbewerbstheorie, Köln: Kiepenheuer & Witsch, S. 15-28

Herdzina, K. (1993): Wettbewerbspolitik, 4. überarb. Aufl., Stuttgart: G. Fischer (UTB für Wissenschaft: Uni-Taschenbücher 1294)

Heuman, J. (1994): The Specialty Coffee Star, in: Tea & Coffee Trade Journal, 166. Jg., Nr. 5, S. 5ff., aus Lexis/Nexis, 5.12.1996

Hill, T./Westbrook, R. (1997): SWOT Analysis: It's Time for a Product Recall, in: Long Range Planning, 30. Jg., Nr. 1, S. 46-52

Hinterhuber, H.H. (1997): Struktur und Dynamik der strategischen Unternehmungsführung, in: Hahn, D./Taylor, B. (Hrsg.): Strategische Unternehmungsplanung - strategische Unternehmungsführung: Stand und Entwicklungstendenzen, 7., völlig neu bearb. und erw. Aufl., Heidelberg: Physica-Verlag, S. 51-74

Hinterhuber, H.H./Friedrich, St.A. (1997): Markt- und ressourcenorientierte Sichtweise zur Steigerung des Unternehmungswertes, in: Hahn, D./Taylor, B. (Hrsg.): Strategische Unternehmungsplanung - strategische Unternehmungsführung: Stand und Entwicklungstendenzen, 7., völlig neu bearb. und erw. Aufl., Heidelberg: Physica-Verlag, S. 988-1016

Hisey, P. (1996): Talkin' about a Revolution in Music Sales, in: Discount Store News, 35. Jg., Nr. 6, S. 21-23, aus Lexis/Nexis, 9.12.1996

Hofer, C.W./Schendel, D.E. (1978): Strategy Formulation: Analytical Concepts, St. Paul: West Publishing

Hofer, C.W./Schendel, D.E. [Hrsg.] (1979): Strategic Management: A New View of Business Planning and Policy, Boston, MA: Little, Brown and Company

Höft, U. (1992): Lebenszykluskonzepte: Grundlage für das strategische Marketing- und Technologiemanagement, Berlin: Erich Schmidt (Technological economics, Bd. 46, zugl. Diss. Freie Univ. Berlin)

Holyoak, K.J./Thagard, P. (1996): Mental Leaps: Analogy in Creative Thought, Paperback Edition, Cambridge, MA: MIT Press

Homeyer, J. (1997): Regeln brechen, in: Wirtschaftswoche, 51. Jg., Nr. 27, S. 62-65

Hornbach, K. (1996): Competing by Business Design: the Reshaping of the Computer Industry, in: Long Range Planning, 29. Jg., Nr. 5, S. 616-628

Ingvar, D. (1985): Memories of the Future: An Essay on the Temporal Organisation of Conscious Awareness, in: Human Neurobiology, o. Jg., Nr. 4, S. 127-136

Itami, H./Roehl, T.W. (1987): Mobilizing Invisible Assets, Cambridge, MA et al.: Harvard University Press

Jacobs, S. (1992): Strategische Erfolgsfaktoren der Diversifikation, Wiesbaden: Gabler (Neue betriebswirtschaftliche Forschung, Bd. 88, zugl. Diss. Univ. Mannheim 1991)

Jacobson, R. (1992): The "Austrian" School of Strategy, in: Academy of Management Review, 17. Jg., Nr. 4, S. 782-807

Jacquemin, A. (1986): Industrieökonomik: Strategie und Effizienz des modernen Unternehmens, Frankfurt a. M./New York: Campus

Jarillo, J.C. (1988): On Strategic Networks, in: Strategic Management Journal, 9. Jg., Nr. 1, S. 31-41

Jaspers, K. (1953): Einführung in die Philosophie, Tübingen: Piper

Kahn, H. (1978): Thinking about the Unthinkable, aus Henshel, R.L.: Self-altering Predictions, in: Fowles, J. (Hrsg.): Handbook of Futures Research, Westport, S. 99-123

Kantzenbach, E. (1967): Die Funktionsfähigkeit des Wettbewerbs, 2. durchges. Aufl., Göttingen: Vandenhoeck & Ruprecht (Wirtschaftspolitische Studien, Bd. 1)

Katayama, O. (1996): Japanese Business into the 21st Century, London/Atlantic Highlands, NJ: Athlone

Katz, M.L./Shapiro, C. (1985): Network Externalties, Competition, and Compatibility, in: American Economic Review, 75. Jg., Nr. 3, S. 424-440

Kaufer, E. (1980): Industrieökonomik: Eine Einführung in die Wettbewerbstheorie, München: Vahlen

Keßler, U. (1992): Unternehmensgröße, Innovation und Wertschöpfungswachstum: Eine empirische Untersuchung im Lichte der Schumpeterschen Innovationsdiskussion, Frankfurt a. M. et al.: Lang (Europäische Hochschulschriften, Reihe 5, Volks- und Betriebswirtschaft, Bd. 1259, zugl. Diss. Technische Hochschule Darmstadt 1991)

Kim, S.H. (1990): Essence of Creativity: A Guide to Tackling Difficult Problems, New York/Oxford: Oxford University Press

Kim, W.C./Mauborgne, R. (1997): Value Innovation: The Strategic Logic of High Growth, in: Harvard Business Review, 75. Jg., Nr. 1, S. 103-112

Kirkpatrick, D. (1997): Now Everyone in the PCs Wants To Be Like Mike, in: Fortune, o. Jg., 8 September, S. 47ff.

Kirsch, W. (1991): Grundzüge des Strategischen Managements, in: Kirsch, W. (Hrsg.): Beiträge zum Management strategischer Programme, München: Barbara Kirsch (Münchener Schriften zur angewandten Führungslehre, Bd. 65), S. 3-37

Kirsch, W. (1997): Strategisches Management: Die geplante Evolution von Unternehmen, Völlig überarb. Neuaufl. wesentlicher Teile der Veröffentlichungen "Beiträge zum Management strategischer Programme" und "Unternehmenspolitik und strategische Unternehmensführung", München: Barbara Kirsch (Münchener Schriften zur angewandten Führungslehre, Bd. 88)

Kirsch, W./Habel, S. (1991): Das strategische Manövrieren von Unternehmen, in: Kirsch, W. (Hrsg.): Beiträge zum Management strategischer Programme, München: Barbara Kirsch (Münchener Schriften zur angewandten Führungslehre, Bd. 65), S. 411-458

Kirsch, W./Ringlstetter, M. (1991): Geschäftsfeldplanung - neu betrachtet, in: Kirsch, W. (Hrsg.): Beiträge zum Management strategischer Programme, München: Barbara Kirsch (Münchener Schriften zur angewandten Führungslehre, Bd. 65), S. 237-261

Klein, J.A./Edge, G.M./Kass, T. (1991): Skill-Based Competition, in: Journal of General Management, 16. Jg., Nr. 4, S. 1-15

Klein, J.A./Hiscocks, P.G. (1994): Competence-based Competition: A Practical Toolkit, in: Hamel, G./Heene, A. (Hrsg.): Competence-Based Competition, Chichester et al.: John Wiley & Sons, S. 183-213

Knyphausen, D. zu. (1993): "Why are Firms Different?": Der "Ressourcenorientierte Ansatz" im Mittelpunkt einer aktuellen Kontroverse im Strategischen Management, in: Die Betriebswirtschaft (DBW), 53. Jg., Nr. 6, S. 771-792

Knyphausen-Aufsess, D. zu (1995): Theorie der strategischen Unternehmensführung: State of the Art und neue Perspektiven, Wiesbaden: Gabler (Neue betriebswirtschaftliche Forschung, Bd. 152, zugl. Habilitationsschrift Univ. München 1994)

Konrad, L. (1991): Strategische Früherkennung: Eine kritische Analyse des "Weak signals"-Konzeptes, Bochum: Universitätsverlag Brockmeyer (Bochumer wirtschaftswissenschaftliche Studien, Nr. 127, zugl. Diss. Univ. Bochum 1991)

Korallus, L. (1988): Die Lebenszyklustheorie der Unternehmung: Eine Analyse ihrer Bedeutung für die Managerialismus-Debatte sowie ihre empirische Überprüfung für deutsche Aktiengesellschaften, Frankfurt a. M. et al.: Lang (Europäische Hochschulschriften, Reihe 5, Volks- und Betriebswirtschaft, Bd. 918; zugl. Diss. Univ. Dortmund 1988)

Kotha, S. (1995): Mass Customization, in: Strategic Management Journal, 16. Jg., Special Issue Sommer, S. 21-42

Kotler, P./Bliemel, F. (1995): Marketing-Management: Analyse, Planung, Umsetzung und Steuerung, 8., vollst. neu berab. und erw. Aufl., Stuttgart: Schäffer-Poeschel

Kraft, A. (1993): Wettbewerbsrecht und Unternehmung, in: Wittmann, W. (Hrsg.): Handwörterbuch der Betriebswirtschaft, Teilbd. 3, 5., völlig neu gestaltete Aufl., Stuttgart: Poeschel, Sp. 4671-4686

Krubasik, E.G. (1982): Strategische Waffe, in: Wirtschaftswoche, 36. Jg., Nr. 25, S. 28-33

Krüger, W./Homp, C. (1997): Kernkompetenz-Management: Steigerung von Flexibilität und Schlagkraft im Wettbewerb, Wiesbaden: Gabler

Krüger, W./Schwarz, G. (1997): Strategische Stimmigkeit von Erfolgsfaktoren und Erfolgspotentialen, in: Hahn, D./Taylor, B. (Hrsg.): Strategische Unternehmungsplanung - strategische Unternehmungsführung: Stand und Entwicklungstendenzen, 7., völlig neu bearb. und erw. Aufl., Heidelberg: Physica-Verlag, S. 75-104

Krystek, U./Müller-Stewens, G. (1997): Strategische Frühaufklärung als Element strategischer Führung, in: Hahn, D./Taylor, B. (Hrsg.): Strategische Unternehmungsplanung - strategische Unternehmungsführung: Stand und Entwicklungstendenzen, 7., völlig neu bearb. und erw. Aufl., Heidelberg: Physica-Verlag, S. 913-933

Kühn, R./Grünig, R. (1986): Aktionsforschung und ihre Anwendung in der praktisch-normativen Betriebswirtschaftslehre, in: Die Unternehmung, 40. Jg., Nr. 2., S. 118-133

Kuhn, R.L. (1984): The Entrepreneurial Elements: Fire in the Belly and Brains in the Head, in: Smilor, R.W./Kuhn, R.L. (Hrsg.): Corporate Creativity: Robust Companies and the Entrepreneurial Spirit, New York et al.: Praeger, S. 3-21

Kuhn, T. (1970): The Structure of Scientific Revolutions, 2. Aufl., Chicago, IL: University of Chicago Press

Kurtzman, J. (1997): From Fledgling Enterprise to Global Player, Interview mit Michael S. Dell, in: The Art of Taking Charge - The Heidrick & Struggles Leadership Journal, 2. Jg., Nr. 1, S. 1-12

Kutschker, M./Bäurle, I./Schmid, S. (1997): Quantitative und qualitative Forschung im internationalen Management: Ein kritisch-fragender Dialog, Diskussionsbeiträge der Wirtschaftswissenschaftlichen Fakultät Ingolstadt, Nr. 82, Januar 1997

Ladenburg, Thalmann & Co. Inc. (1993): Blockbuster Entertainment Corporation: Company Report, Unternehmensanalyse von Ladenburg, Thalmann & Co. Inc., 20. Dezember 1993, aus InvestText, 2.12.1996

Lado, A.A./Boyd, N.G./Wright, P. (1992): A Competency-Based Model of Sustainable Competitive Advantage: Toward a Conceptual Integration, in: Journal of Management, 18. Jg., Nr. 1, S. 77-91

Lado, A.A./Wilson, M.C. (1994): Human Resource Systems and Sustained Competitive Advantage: A Competency-Based Perspective, in: Academy of Management Review, 19. Jg., Nr. 4, S. 699-727

Lampel, J./Mintzberg, H. (1996): Customizing Customization, in: Sloan Management Review, 37. Jg., Nr. 1, Fall 1996, S. 21-30

Landau, E. (1971): Psychologie der Kreativität, 2. verb. Aufl., München/Basel: Reinhardt (Psychologie und Person, Bd. 17)

Lane, D./Maxfield, R. (1996): Strategy und Complexity: Fostering Generative Relationships in: Long Range Planning, 29. Jg., Nr. 2, S. 215-231

Leemhuis, J.P. (1985): Using Scenarios to Develop Strategies, in: Long Range Planning, 18. Jg., Nr. 2, S. 30-37

Levitt, T. (1960): Marketing Myopia, in: Harvard Business Review, 38. Jg., Nr. 4, S. 24-47

Macharzina, K. (1995): Unternehmensführung: Das internationale Managementwissen - Konzepte, Methoden, Praxis, 2. aktualisierte und erw. Aufl., Wiesbaden: Gabler

Mahoney, J.T./Pandian, J.R. (1992): The Resource-based View within the Conversation of Strategic Management, in: Strategic Management Journal, 13. Jg., Nr. 5, S. 363-380

Markides, C. (1997): Strategic Innovation, in: Sloan Management Review, 38. Jg., Nr. 3, S. 9-23

Marr, R. (1984): Betrieb und Umwelt, in: Vahlens Kompendium der Betriebswirtschaftslehre, Band 1, München: Vahlen, S. 47-110

März, E. (1989): Joseph Alois Schumpeter, in: Starbatty, J. (Hrsg.): Klassiker des ökonomischen Denkens, 2. Bd. von Karl Marx bis John Maynard Keynes, München: Beck, S. 251-272

Mason, E.S (1939): Price and Production Policies of Large-Scale Enterprise, in: The American Economic Review, Jg. XXIX, Nr. 1, S. 61-74

McDowell, B. (1995): The Bean Counters, in: Restaurants & Institutions, 105. Jg., Nr. 31, S. 40-53

McGrath, R.G. (1996): The Trouble with Competence: Opportunities and Limitations in the Adolescence of the Resource-Based View, Working Paper, Submitted to the Business Policy and Strategy Division of the Academy of Management for Consideration at the 1996 Annual Meeting, January 4, 1996

McGrath, R.G. (1996a): Robust Technology Strategy, Working Paper, Columbia University Graduate School of Business, Revised as of September 9, 1996

McGrath, R.G./MacMillan, I.C. (1996): A Real Options Framework for Technology Strategy: When to Move, When to Wait, and When to Try Something Completely Different, Working Paper, Columbia University Graduate School of Business/Wharton School, 28. Juni 1996

McGrath, R.G./MacMillan, I.C./Venkataraman, S. (1995): Defining and Developing Competence: A Strategic Process Paradigm, in: Strategic Management Journal, 16. Jg., Nr. 4, S. 251-275

MCI Market Research Business Information Services (1997): Competition 2000, MCI Sponsored Gallup Survey, April 1997

McKergow, M. (1996): Complexity Science and Management: What's in it for Business?, in: Long Range Planning, 29. Jg., Nr. 5, S. 721-727

McKiernan, P. (1997): Strategy Past; Strategy Futures, in: Long Range Planning, 30. Jg., Nr. 5, S. 790-798

McMaster, M. (1996): Foresight: Exploring the Structure of the Future, in: Long Range Planning, 29. Jg., Nr. 2, S. 149-155

Merrill Lynch Capital Markets (1994): Viacom, Inc.: Company Report, Unternehmensanalyse von Merrill Lynch Capital Markets, 9. November 1994, aus InvestText, 2.12.1996

Merrill Lynch Capital Markets (1995): Viacom, Inc.: Company Report, Unternehmensanalyse von Merrill Lynch Capital Markets, 1. Mai 1995, aus InvestText, 2.12.1996

Meyer-Schönherr, M. (1992): Szenario-Technik als Instrument der strategischen Planung, Ludwigsburg/Berlin: Verlag Wissenschaft & Praxis (Schriftenreihe Unternehmensführung, Bd. 7, zugl. Diss. Univ. Frankfurt a. M. 1991)

Miles, R.E./Snow, C.C. (1978): Organizational Strategy, Structure and Process, New York: McGraw-Hill

Minderlein, M. (1990): Markteintrittsbarrieren und strategische Verhaltensweisen, in: Zeitschrift für Betriebswirtschaft, 60. Jg., S. 155-178

Mintzberg, H. (1988): Strategie als Handwerk: Von den Grenzen formaler Planung, in: Harvard Manager, o. Jg., Nr. 1, S. 73-80

Mintzberg, H. (1990): Strategy Formation: Schools of Thought, in: Fredrickson, J.W. (Hrsg.): Perspectives on Strategic Management, Grand Rapids et al.: Harper Business, S. 105-235

Mintzberg, H. (1990a): The Design School: Reconsidering the Basic Premises of Strategic Management, in: Strategic Management Journal, 11. Jg., Nr. 3, S. 171-195

Mintzberg, H. (1991): Strategic Thinking as "Seeing", in: Näsi, J. (Hrsg.): Arenas of Strategic Thinking, Helsinki: Foundation for Economic Education, S. 21-25

Mintzberg, H. (1994): The Fall and Rise of Strategic Planning, in: Harvard Business Review, 72. Jg., Nr. 1, S. 107-114

Mintzberg, H./Quinn, J.B./Voyer, J. (1995): Introduction, in: Mintzberg, H./Quinn, J.B./ Voyer, J. (Hrsg.): The Strategy Process, Collegiate Edition, Englewood Cliffs, NJ: Prentice Hall, S. XIII-XXI

Mintzberg, H./Quinn, J.B./Voyer, J. (1995a): Chapter Introduction: Business Level Strategy Analysis, in: Mintzberg, H./Quinn, J.B./Voyer, J. (Hrsg.): The Strategy Process, Collegiate Edition, Englewood Cliffs, NJ: Prentice Hall, S. 80-86

Mintzberg, H./Quinn, J.B./Voyer, J. (1995b): Chapter Introduction: The Strategy Concept, in: Mintzberg, H./Quinn, J.B./Voyer, J. (Hrsg.): The Strategy Process, Collegiate Edition, Englewood Cliffs, NJ: Prentice Hall, S. 1-6

Mintzberg, H./Quinn, J.B./Voyer, J. (1995c): Chapter Introduction: Structure and Systems, in: Mintzberg, H./Quinn, J.B./Voyer, J. (Hrsg.): The Strategy Process, Collegiate Edition, Englewood Cliffs, NJ: Prentice Hall, S. 133-138

Mintzberg, H./Quinn, J.B./Voyer, J. (1995d): Chapter Introduction: Strategy Formation, in: Mintzberg, H./Quinn, J.B./Voyer, J. (Hrsg.): The Strategy Process, Collegiate Edition, Englewood Cliffs, NJ: Prentice Hall, S. 103-109

Mintzberg, H./Waters, J.A. (1985): Of Strategies, Deliberate and Emergent, in: Strategic Management Journal, 6. Jg., Nr. 6, 257-272

Moore, J.F. (1993): Predators and Prey: A New Ecology of Competition, in: Harvard Business Review, 71. Jg., Nr. 3, S. 75-86

Morris, C.R./Ferguson, C.H. (1993): How Architecture Wins Technology Wars, in: Harvard Business Review, 71. Jg., Nr. 2, S. 86-96

Müller, G. (1987): Strategische Suchfeldanalyse: Die Identifikation neuer Geschäfte zur Überwindung struktureller Stagnation, Wiesbaden: Gabler (Neue betriebswirtschaftliche Forschung, Bd. 36)

Müller-Merbach, H. (1996): Kontrollierte Kreativität - Gebändigte Phantasie - Gezügeltes Querdenken: Von der Kultur zur schöpferischen Neugestaltung, in: Technologie & Management, 45. Jg., Nr. 3, S. 99-104

Mullins, B. (1995): The Elusive Coffeea Budgetus: Opening a Retail Coffee Business, in: Tea & Coffee Trade Journal, 167. Jg., Nr. 6, S. 54ff., aus Lexis/Nexis, 5.12.1996

Mütze, S. (1990): Strukturwandel und Wirtschaftsentwicklung bei J.A. Schumpeter: Kritische Würdigung und Alternativen, Frankfurt a. M. et al.: Lang (Europäische Hochschulschriften, Reihe 5, Volks- und Betriebswirtschaft, Bd. 1071, zugl. Diss. Univ. Frankfurt a. M. 1989)

Nelson, R.R./Winter, S.G. (1982): An Evolutionary Theory of Economic Change, Cambridge, MA/London: Harvard University Press

Neumann, C.W. (1982): Historische Entwicklung und heutiger Stand der Wettbewerbstheorie, Königstein: Athenäum

Newman, W.H. (1951): Administrative Action: The Techniques of Organization and Management, Englewood Cliffs, NJ: Prentice-Hall

Nielsen, R.P. (1988): Cooperative Strategy, in: Strategic Management Journal, 9. Jg., Nr. 5, S. 475-492

Normann, R./Ramírez, R. (1993): From Value Chain to Value Constellation: Designing Interactive Strategy, in: Harvard Business Review, 71. Jg., Nr. 4, S. 65-77

O.V. (1995): Blockbuster will den Videothekenmarkt aufrollen, in: Süddeutsche Zeitung, 51. Jg., 7.9.1995, o.S., aus einer Literatursuche durch MID Marktinformationsdienst GmbH, Düsseldorf

O.V. (1997): Compaq setzt Konkurrenten zu, in: Süddeutsche Zeitung, 53. Jg., 14.4.1997, S. 2

O.V. (1998): Telekom will 85 DM bei festem Netzwechsel, in: Süddeutsche Zeitung, 54. Jg., 2.1.1998, S. 25

O.V. (1998a): Endgültiges Aus für Blockbuster, in: Süddeutsche Zeitung, 54. Jg., 2.1.1998, S. 27

Oberkampf, V. (1976): Szenario-Technik: Darstellung der Methodik, Frankfurt a.M.: Battelle-Institut, e.V.

Olmsted Teisberg, E. (1993): Strategic Response to Uncertainty, Harvard Business School Note, April 1993, Nr. 9-391-192

Olten, R. (1995): Wettbewerbstheorie und Wettbewerbspolitik, München/Wien: Oldenbourg

Osterloh, M./Grand, S. (1995): Modellbildung versus Frameworking: Die Positionen von Williamson und Porter, in: Wächter, H. (Hrsg.): Selbstverständnis betriebswirtschaftlicher Forschung und Lehre: Tagung der Kommission Wissenschaftstheorie, Wiesbaden: Gabler, S. 1-26

Penrose, E.T. (1959): The Theory of the Growth of the Firm, Oxford: Blackwell

Perlitz, M. (1997): Spektrum kooperativer Internationalisierungsformen, in: Macharzina, K./Oesterle, M.-J. (Hrsg.): Handbuch Internationales Management: Grundlagen - Instrumente - Perspektiven, Wiesbaden: Gabler, S. 441-457

Peteraf, M.A. (1993): The Cornerstones of Competitive Advantage: A Resource-Based-View, in: Strategic Management Journal, 14. Jg., Nr. 3, S. 179-191

Pfeiffer, G.H. (1989): Kompatibilität und Markt: Ansätze einer ökonomischen Theorie der Standardisierung, Baden-Baden: Nomos Verl.-Ges.

Phillips, A. (1971): Technology and Market Structure: A Study of the Aircraft Industry, Lexington, MA: Lexington Books

Picot, A./Reichwald, R./Wigand, R.T. (1996): Die grenzenlose Unternehmung: Information, Organisation und Management, Wiesbaden: Gabler

Piller, F.T. (1997): Kundenindividuelle Produkte - von der Stange, in: Harvard Business Manager, 19. Jg., Nr. 3, S. 15-26

Polster, S. (1996): Mit Schlips am Telefon: Besuch im Call-Center einer Direktbank, in: Die Woche - Verlagsbeilage unter dem Titel "Direct Banking", 26. April 1996, S. 6

Popper, K.R. (1989): Logik der Forschung, 9., verb. Aufl., Tübingen: Mohr

Porter, M.E. (1980): Competitive Strategy: Techniques for Analyzing Industries and Competitors, New York: The Free Press

Porter, M.E. (1985): Competitive Advantage: Creating and Sustaining Superior Performance, New York: The Free Press

Porter, M.E. (1986): Wettbewerbsvorteile: Spitzenleistung erreichen und behaupten, Frankfurt a. M./New York: Campus

Porter, M.E. (1987): From Competitive Advantage to Corporate Strategy, in: Harvard Business Review, 65. Jg., Nr. 3, S. 43-59

Porter, M.E. (1987a): Wettbewerbsstrategie: Methoden zur Analyse von Branchen und Konkurrenten, 4. Aufl., Frankfurt a. M./New York: Campus

Porter, M.E. (1991): Towards a Dynamic Theory of Strategy, in: Strategic Management Journal, 12. Jg., Special Issue Winter, S. 95-117

Porter, M.E. (1996): What is Strategy? in: Harvard Business Review, 74. Jg., Nr. 6, S. 61-78

Porter, M.E. (1997): Nur Strategie sichert auf Dauer hohe Erträge, in: Harvard Business Manager, 19. Jg., Nr. 3, S. 42-58

Prahalad, C.K./Bettis, R.A. (1986): The Dominant Logic: A New Linkage Between Diversity and Performance, in: Strategic Management Journal, 7. Jg., Nr. 6, S. 485-501

Prahalad, C.K./Hamel, G. (1990): The Core Competence of the Corporation, in: Harvard Business Review, 68. Jg., Nr. 3., S. 79-91

Preiser, S. (1986): Kreativitätsforschung, 2., unveränd. Aufl., Darmstadt: Wissenschaftliche Buchgesellschaft (Erträge der Forschung, Bd. 61)

Primozic, K.I./Primozic, E.A./Leben, J. (1995): Strategic Choices: Supremacy, Survival, or Sayonara, New York et al.: McGraw-Hill

Prokesch, S.E. (1993): Mastering Chaos at the High-Tech Frontier: An Interview with Silicon Graphic's Ed McCracken, in: Harvard Business Review, 71. Jg., Nr. 6, S. 134-144

Pümpin, C. (1989): Das Dynamik-Prinzip: Zukunftsorientierung für Unternehmer und Manager, Düsseldorf/Wien/New York: Econ

Pümpin, C./Geilinger, U.W. (1988): Strategische Führung: Aufbau strategischer Erfolgspositionen in der Unternehmungspraxis, in: Die Orientierung, Nr. 76, Schriftenreihe der Schweizerischen Volksbank, Bern

Pümpin, C./Prange, J., (1991): Management der Unternehmensentwicklung: Phasengerechte Führung und der Umgang mit Krisen, Frankfurt a. M./New York: Campus (St. Galler Management-Konzept, Band 2)

Quinn, J.B. (1992): Intelligent Enterprise: A Knowledge and Service Based Paradigm for Industry, New York: The Free Press

Raimond, P. (1996): Two Styles of Foresight: Are We Predicting the Future or Inventing It?, in: Long Range Planning, 29. Jg., Nr. 2, S. 208-214

Rasche, C. (1994): Wettbewerbsvorteile durch Kernkompetenzen: Ein ressourcenorientierter Ansatz, Wiesbaden: Dt. Univ.-Verl. (Gabler Edition Wissenschaft, zugl. Diss. Univ. Bayreuth 1994)

Rasche, C./Wolfrum, B. (1994): Ressourcenorientierte Unternehmensführung, in: Die Betriebswirtschaft (DBW), 54. Jg., Nr. 4, S. 501-517

Raudsepp, E. (1984): So steigern Sie Ihre Kreativität, München: Wilhelm Heyne

Raymond James & Associates, (1995): Carmike Cinemas, Inc.: Company Report, Unternehmensanalyse von Raymond James & Associates, 12. Dezember 1996, aus InvestText, 2.12.1996

Reese, J. (1996): Starbucks: Inside the Coffee Cult, in: Fortune, o. Jg., Dezember, S. 190ff.

Reger, R.K./Huff, A.S. (1993): Strategic Groups: A Cognitive Perspective, in: Strategic Management Journal, 14. Jg., Nr. 2, S. 103-124

Reichheld, F.F. (1997): Der Loyalitäts-Effekt: Die verborgene Kraft hinter Wachstum, Gewinnen und Unternehmenswert, Frankfurt a. M./New York: Campus

Report of the World Commission on Environment Development (1987): Our Common Future, Oxford University Paperbacks

Robinson-Humphrey Company (1996): Carmike Cinemas, Inc.: Company Report, Unternehmensanalyse von Robinson-Humphrey Company, 5. Juni 1996, aus InvestText, 2.12.1996

Robinson-Humphrey Company (1996a): Southwest Airlines Co.: Company Report, Unternehmensanalyse von Robinson-Humphrey Company, 7. Februar 1996, aus InvestText, 3.12.1996

Roemer, F. (1988): Wachstumsschwellen in der Unternehmensentwicklung: Ein System Dynamics Modell zur Erklärung und Gestaltung von Wachstumsprozessen, Diss. Univ. Mannheim 1988 [masch.]

Rumelt, R.P. (1987): Theory, Strategy, and Entrepreneurship, in: Teece, D.J. (Hrsg.): The Competitive Challenge: Strategies for Industrial Innovation and Renewal, Cambridge, MA: Ballinger, S. 137-158

Rumelt, R.P. (1991): How Much Does Industry Matter, in: Strategic Management Journal, 12. Jg., Nr. 3, S. 167-185

Rumelt, R.P. (1994): Foreword, in: Hamel, G./Heene, A. (Hrsg.): Competence-Based Competition, Chichester et al.: Wiley, S. XV-XIX

Rumelt, R.P./Schendel, D./Teece, D.J. (1991): Strategic Management and Economics, in: Strategic Management Journal, 12. Jg., Special Issue Winter, S. 5-29

Sanchez, R. (1993): Strategic Flexibility, Firm Organization, and Managerial Work in Dynamic Markets: A Strategic-Options Perspective, in: Shrivastava, P./Huff, A.S./Dutton, J.E. (Hrsg.): Advances in Strategic Management, 9. Jg., Greenwich, CT/London: JAI Press, S. 251-291

Schendel, D. (1995): Strategy Futures: What's Left to Worry About? in: Shrivastava, P./Huff, A.S./Dutton, J.E. (Hrsg.): Advances in Strategic Management, 11. Jg., Part B, Greenwich, CT/London: JAI Press, S. 143-188

Scherer, F.M. (1980): Industrial Market Structure and Economic Performance, Second Edition, Boston et al.: Houghton Mifflin Company

Scherer, F.M. (1984): Innovation and Growth: Schumpeterian Perspectives, Cambridge, MA/London: The MIT Press

Schlegel, D. (1995): Dynamisches Wachstum durch Multiplikation innovativer Handelskonzepte: Voraussetzungen und Erfolgsfaktoren internationaler Multiplikationsstrategien im Einzelhandel, Diss. Hochsch. St. Gallen 1995 [masch.]

Schlender, B. (1996): A Conversation with the Lords of Wintel, in: Fortune, o. Jg., 8 July, S. 42-58

Schlicksupp, H. (1989): Innovation, Kreativität und Ideenfindung, 3. überarb. und erw. Aufl., Würzburg: Vogel

Schlicksupp, H. (1995): Führung zu kreativer Leistung: So fördert man die schöpferischen Fähigkeiten seiner Mitarbeiter, Renningen-Malmsheim: Expert-Verlag

Schmalensee, R. (1985): Do Markets Differ Much? in: American Economic Review, 75. Jg., Juni, S. 341-351

Schmalensee, R. (1982): The New Industrial Organization and the Economic Analysis of Modern Markets, in: Hildenbrand, W. (Hrsg.): Advances in Economic Theory, Cambridge et al.: Cambridge University Press, S. 253-285

Schmidt, I. (1993): Wettbewerbspolitik und Kartellrecht: Eine Einführung, 4., neubearb. Aufl., Stuttgart/Jena/New York: G. Fischer

Schmidt, S.J. (1987): Der Radikale Konstruktivismus: Ein neues Paradigma im interdisziplinären Diskurs, in: Schmidt, S. (Hrsg.): Der Diskurs des Radikalen Konstruktivismus, Frankfurt a. M.: Suhrkamp, S. 11-88

Schmidt, S.J. [Hrsg.] (1987a): Der Diskurs des Radikalen Konstruktivismus, Frankfurt a. M.: Suhrkamp

Schmidt, S.J. [Hrsg.] (1992): Der Diskurs des Radikalen Konstruktivismus 2, Frankfurt a. M.: Suhrkamp

Schmookler, J. (1966): Invention and Economic Growth, Cambridge, MA.: Harvard University Press

Schoemaker, P.J.H. (1993): Multiple Scenario Development: Its Conceptual and Behavioral Foundation, in: Strategic Management Journal, 14. Jg., Nr. 3, S. 193-213

Schreyögg, G. (1984): Unternehmensstrategie: Grundfragen einer Theorie strategischer Unternehmensführung, Berlin/New York: de Gruyter

Schülin, P. (1995): Strategisches Innovationsmanagement: Ein konzeptioneller Ansatz zur strategischen Steuerung der betrieblichen Innovationstätigkeit - dargestellt am Beispiel pharmazeutischer Unternehmen, Diss. Hochsch. St. Gallen 1995 [masch.]

Schultz, H./Yang, D.J. (1997): Put Your Heart Into It: How Starbucks Built a Company One Cup at a Time, New York: Hyperion

Schumpeter, J.A. (1961): Konjunkturzyklen: Eine theoretische, historische und statistische Analyse des kapitalistischen Prozesses, Band I, Göttingen: Vandenhoeck & Ruprecht

Schumpeter, J.A. (1964): Theorie der wirtschaftlichen Entwicklung: Eine Untersuchung über Unternehmergewinn, Kapital, Kredit, Zins und den Konjunkturzyklus, 6. Aufl., Berlin: Duncker & Humblot

Schumpeter, J.A. (1993): Kapitalismus, Sozialismus und Demokratie, 7., erw. Aufl., Tübingen/Basel: Francke

Servatius, H.-G. (1985): Methodik des strategischen Technologie-Managements: Grundlage für erfolgreiche Innovationen, Berlin: Erich Schmidt (Technological Economics, Bd. 13)

Serwer, A.B. (1997): Inside Out: Micheal Dell Turns the PC World, in: Fortune, o. Jg., 8 September, S. 38-44

Shapiro, C. (1989): The Theory of Business Strategy, in: RAND Journal of Economics, 20. Jg., Nr. 1, S. 125-137

Simon, H. (1996): Die heimlichen Gewinner: Die Erfolgsstrategien unbekannter Weltmarktführer, Frankfurt a. M./New York: Campus

Simon, H.A. (1979): Information Processing Models of Cognition, in: Annual Review of Psychology, 30. Jg., S. 363-396

Simon, H.A. (1985): What We Know About the Creative Process, in: Kuhn, R.L. (Hrsg.): Frontiers in Creative and Innovative Management, Volume 4 of Series on Econometrics and Management Sciences, Cambridge, MA: Ballinger, S. 3-20

Sixt AG (1996): Geschäftsbericht 1996

Skinner, B.F. (1953): Science and Human Behavior, New York: Macmillan

Smircich, L./Stubbart, C. (1985): Strategic Management in an Enacted World, in: Academy of Management Review, 34. Jg., Nr. 4, S. 724-736

Spencer, B.A. (1990): Reframing Techniques for Creative Strategy Development, in: SAM Advanced Management Journal, 55. Jg., Nr. 1, S. 4-8

Spender, J.-C. (1989): Industry Recipes: An Enquiry into the Nature and Sources of Managerial Judgement, Oxford: Blackwell

Stacey, R. (1996): Emerging Strategies for a Chaotic Environment, in: Long Range Planning, 29. Jg., Nr. 2, S.182-189

Starbucks Coffee Company (1995): Starbucks, the Coffee of Choice, to be Served on United, the Airline of Choice, Pressemitteilung der Starbucks Coffee Company vom 7. November 1995

Starbucks Coffee Company (1995a): Starbucks Freezes their Favorites; Dreyer's and Starbucks Dish Up Coffee Ice Cream, Pressemitteilung der Starbucks Coffee Company vom 31. Oktober 1995

Starbucks Coffee Company (1996): Annual Report 1996

Starbucks Coffee Company (1996a): Company Fact Sheet, Unternehmensinformation der Starbucks Coffee Company, 11/96

Starbucks Coffee Company (1996b): Company Profile, Unternehmensinformation der Starbucks Coffee Company, 11/96

Starbucks Coffee Company (1996c): Time Line, Unternehmensinformation der Starbucks Coffee Company, 11/96

Starbucks Coffee Company (1996d): Coming Soon: The Great Taste of Starbucks Frappuccino in a Bottle, Pressemitteilung der Starbucks Coffee Company vom 25. Januar 1996

Starbucks Corporation (1994): Annual Report 1994

Starbucks Corporation (1996): Starbucks Corporation Annual Report on Form 10-K, Geschäftsjahr 1995/96, hinterlegt bei der Securities and Exchange Commission

Washington D.C. 20545, Commission File Number 0-20322, aus Disclosure Online, 7.2.1997

Stark, J. (1991): Starbucks: At the Helm of Seattle's Espresso Adulation, in: Tea & Coffee Trade Journal, 163. Jg., Nr. 4, S. 11ff., aus Lexis/Nexis, 5.12.1996

Steinmann, H./Heß, G. (1993): Die Rolle von Marktsignalen bei der Etablierung von Kompatibilitätsstandards im Rahmen der Wettbewerbsstrategie, in: Die Betriebswirtschaft (DBW), 53. Jg., Nr. 2, S. 167-186

Steinmann, H./Schreyögg, G. (1990): Management: Grundlagen der Unternehmensführung, Wiesbaden: Gabler

Stigler, G.J. (1975): Die vollständige Konkurrenz im historischen Rückblick, in: Herdzina, K. (Hrsg.): Wettbewerbstheorie, Köln: Kiepenheuer & Witsch, S. 30-53

Stocker, T. (1988): Die Kreativität und das Schöpferische: Leitbegriffe zweier pädagogischer Reformperioden, Frankfurt a. M.: Brandes & Apsel (Wissen & Praxis, Bd. 16, zugl. Diss. Pädagogische Hochschule Ludwigsburg 1987)

Strebel, P. (1992): Breakpoints: How Managers Exploit Radical Business Change, Boston, MA: Harvard Business School Press

Suárez, F.F./Utterback, J.M. (1995): Dominant Designs and the Survival of Firms, in: Strategic Management Journal, 16. Jg., Nr. 6, S. 415-430

Sun Tzu (1963): The Art of War, übers. von Samuel B. Griffith, New York: Oxford University Press

Sydow, J. (1993): Strategische Netzwerke: Evolution und Organisation, Wiesbaden: Gabler (Neue betriebswirtschaftliche Forschung, Bd. 100, zugl. Habilitationsschrift Freie Univ. Berlin 1991/92)

Teece, D.J. (1987): Profiting from Technological Innovation: Implications for Integration, Collaboration, Licensing and Public Policy, in: Teece, D.J. (Hrsg.): The Competitive Challenge: Strategies for Industrial Innovation and Renewal, Cambridge, MA: Ballinger, S. 185-219

Teece, D.J. (1988): Capturing Value from Technological Innovation: Integration, Strategic Partnering, and Licensing Decisions, in: Interfaces, 18. Jg., Nr. 3, S. 46-61

Teece, D.J./Pisano, G./Shuen, A. (1991): Dynamic Capabilities and Strategic Management, Working paper, University of California at Berkeley/Harvard University, November 1991

Teece, D.J./Pisano, G./Shuen, A. (1997): Dynamic Capabilities and Strategic Management, Strategic Management Journal, 18. Jg., Nr. 7, S. 509-533

Tezuka, H. (1997): Success as the Source of Failure? Competition and Cooperation in the Japanese Economy, in: Sloan Management Review, 38. Jg., Nr. 2, S. 83-93

Thom, N. (1980): Grundlagen des betrieblichen Innovationsmanagements, 2., völlig neu bearbeitete Aufl., Königstein/Ts.: Hanstein

Tregoe, B.B./Zimmermann, J.W. (1981): Top-Management-Strategie: Der Schlüssel zum erfolgreichen Management, Zürich: Verlag Moderne Industrie

Trommsdorff, V. (1993): Käuferverhalten, in: Wittmann, W. (Hrsg.): Handwörterbuch der Betriebswirtschaft, Teilbd. 2, 5., völlig neu gestaltete Aufl., Stuttgart: Poeschel, Sp. 2139-2159

Tushman, M.L./Anderson, P.C./O'Reilly, C.A. (1997): Technology Cycles, Innovation Streams, and Ambidextrous Organizations: Organization Renewal Through Innovation Streams and Strategic Change, in: Tushman, M.L./Anderson, P. (Hrsg.): Managing Strategic Innovation and Change: A Collection of Readings, New York/Oxford: Oxford University Press, S. 3-42

Tushman, M.L./O'Reilly III, C.A. (1997): Winning Through Innovation: A Practical Guide to Leading Organizational Change and Renewal, Boston, MA: Harvard Business School Press

Tushman, M.L./O'Reilly, C.A. (1998): Unternehmen müssen auch den sprunghaften Wandel meistern, in: Harvard Business Manager, 20. Jg., Nr. 1, S. 30-44

Ulmann, G. (1973): Einleitung - Psychologische Kreativitätsforschung, in: Ulmann, G. (Hrsg.): Kreativitätsforschung, Köln: Kiepenheuer & Witsch, 1973, S. 11-22

Ulmann, G. (1980): Kreativität, in: Asanger, R./Wenninger, G. (Hrsg.): Handwörterbuch der Psychologie, Weinheim/Basel: Beltz, S. 238-242

Ulrich, H. (1970): Die Unternehmung als produktives soziales System: Grundlagen der allgemeinen Unternehmungslehre, 2., überarb. Aufl., Bern/Stuttgart: Haupt (Schriftenreihe Unternehmung und Unternehmungsführung, Bd. 1)

Ulrich, H. (1981): Die Betriebswirtschaftslehre als anwendungsorientierte Sozialwissenschaft,
in: Geist, M.N./Köhler, R. (Hrsg.): Die Führung des Betriebes, Festschrift für Curt
Sandig, Stuttgart: Poeschel, S. 3-25

Ulrich, H. (1982): Anwendungsorientierte Wissenschaft, in: Die Unternehmung, 36. Jg., Nr.
1, S. 1-10

Ulrich, H. (1984): Management, Bern/Stuttgart: Haupt

Ulrich, H. (1987): Unternehmungspolitik, 2., durchges. Aufl., Bern/Stuttgart: Haupt
(Schriftenreihe Unternehmung und Unternehmungsführung, Bd. 6)

Utterback, J.M./Abernathy, W.J. (1975): A Dynamik Model of Process and Product Innovation, in: Omega, 3. Jg., Nr. 6, S. 639-656

Utterback, J.M./Suárez, F.F. (1993): Innovation, Competition, and Industry Structure, in:
Research Policy, 22. Jg., Nr. 1, S. 1-21

Van den Bosch, F.A.J./De Man, A.-P. (1993): Towards a Conceptual Definition of Organizational Innovation: The Case of Strategic Alliances, Management Report Series No.
159, Rotterdam School of Management, Erasmus University

Van der Heijden, K. (1996): Scenarios: The Art of Strategic Conversation, Chichester et al.:
John Wiley & Sons

Varadarajan, P.J./Clark,T./Pride, W.M. (1992): Controlling the Uncontrollable: Managing
Your Marketing Environment, in: Sloan Management Review, 33. Jg., Nr. 2, S. 39-47

Vasconcellos e Sá, J.A.S. de/Hambrick, D.C. (1989): Key Success Factors: Test of a General
Theory in the Mature Industrial-Product Sector, in: Strategic Management Journal, 10.
Jg., Nr. 4, S. 367-382

Von Krogh, G./Roos, J. (1992): Corporate Divesture and the Phantom Limb Effect, Working
Paper 1992/20, Norwegian School of Management, April 1992

Von Krogh, G./Roos, J. (1992a): Figuring Out Your Competence Configuration, Working
Paper 1992/26, Norwegian School of Management, May 1992

Von Krogh, G./Ross, J. (1992b): Towards a Competence-Based Perspective of the Firm, Working Paper 1992/15, Norwegian School of Management, March 1992

W.I. Carr (1991): Blockbuster Entertainment: Company Report, Unternehmensanalyse von W. I. Carr, 20. Dezember 1991, aus InvestText, 2.12.1996

Wack, P. (1985): Scenarios: Uncharted Waters Ahead, in: Harvard Business Review, 63. Jg., Nr. 5, S. 73-89

Walton, S./Huey, J. (1993): Sam Walton - Made in America: My Story, New York et al.: Bantam Books

Wang, C.K./Guild, P.D. (1995): The Strategic Use of Organizational Competencies and Backcasting in Competitive Analysis, in: Foster, L.W. (Hrsg.): Advances in Applied Business Strategy, Band 4, S. 33-56

Wernerfelt, B. (1984): A Resource-Based View of the Firm, in: Strategic Management Journal, 5. Jg., Nr. 2, S. 171-180

Wernerfelt, B. (1995): The Resource-Based View of the Firm: Ten Years After, in: Strategic Management Journal, 16. Jg., Nr. 3, S. 171-174

Wertheimer, M. (1964): Produktives Denken, 2. Aufl., Frankfurt a. M.: Kramer

Western Business School (1995): Compaq Computer Corporation, Western Business School Case, University of Western Ontario, Rev. 12.12.1995, Nr. 9-95-A011

Whitehill, M. (1996): Introduction, in: Long Range Planning, 29. Jg., Nr. 2, S. 146-148

Wieandt, A. (1994): Die Entstehung, Entwicklung und Zerstörung von Märkten durch Innovationen, Stuttgart: Poeschel (Schriftenreihe der Wissenschaftlichen Hochschule für Unternehmensführung Koblenz: Forschung, Bd. 20, zugl. Diss. Wissenschaftliche Hochschule für Unternehmensführung Koblenz 1993)

Wiese, H. (1989): Netzeffekte und Kompatibilität, Koblenz

William Blair & Company (1996): Starbucks Corporation: Company Report, Unternehmensanalyse von William Blair & Company, 3. Juni 1996, aus InvestText, 2.12.1996

Wissema, J.G./Euser, L. (1991): Successful Innovation Through Inter-Company Networks, in: Long Range Planning, 24. Jg., Nr. 6, S. 33-39

Woll, A. (1996): Allgemeine Volkswirtschaftslehre, 12., überarb. u. erg. Aufl., München: Vahlen

Wüthrich, H.A. (1990): Neuland des strategischen Denkens: Wege zu einem postkompetitiven Strategieverständnis in: Die Unternehmung, 44. Jg., Nr. 3, S. 178-201

Wüthrich, H.A. (1991): Neuland des strategischen Denkens: Von der Strategietechnokratie zum mentalen Management, Wiesbaden: Gabler (Neue betriebswirtschaftliche Forschung, Bd. 68, zugl. Habilitationsschrift)

Wüthrich, H.A./Philipp, A.F./Frentz, M.H. (1997): Vorsprung durch Virtualisierung: Lernen von virtuellen Pionierunternehmen, Wiesbaden: Gabler

Wüthrich, H.A./Winter, W.B. (1994): Die Wettbewerbskraft globaler Unternehmen, in: Die Unternehmung, 48. Jg., Nr. 5, S. 303-322

Yip, G.S. (1982): Gateways to Entry, in: Harvard Business Review, 60. Jg., Nr. 5, S. 85-92

Zahn, E. (1995): Kreativität als Erfolgsfaktor, in: Zahn, E. (Hrsg.): Mit Kreativität die Zukunft meistern, Stuttgart: Schäffer-Poeschel, S. 1-24

Zbar, J.D. (1994): Blockbuster's Database to Fuel Future Expansion, in: Advertising Age, 65. Jg., Nr. 30, S. 26ff., aus Lexis/Nexis, 9.12.1996

Zepelin, J. (1997): Statt Neuerungen verbesserte Computer, in: Süddeutsche Zeitung, 53. Jg., 12.11.1997, S. 32

Zwicky, F. (1966): Entdecken, Erfinden, Forschen im Morphologischen Weltbild, München/Zürich: Knaur

DUV Deutscher UniversitätsVerlag
GABLER · VIEWEG · WESTDEUTSCHER VERLAG

"Internationalisierung und Management"
Herausgeber: Prof. Dr. Hans A. Wüthrich

GABLER EDITION WISSENSCHAFT

Holger Kleingarn
Change Management
Instrumentarium zur Gestaltung und Lenkung einer lernenden Organisation
1997. XXV, 311 Seiten, 48 Abb., Broschur DM 98,-/ ÖS 715,-/ SFr 89,-
ISBN 3-8244-6533-7
Der Autor entwickelt ein Modell, mit dessen Hilfe ein Unternehmen zur lernenden Organisation wird und sich selbst kontinuierlich wandelt. Er stellt das erforderliche Instrumentarium anhand von Fallbeispielen vor und unterzieht es einer empirischen Prüfung.

Tobias Naujoks
Unternehmensentwicklung im Spannungsfeld von Stabilität und Dynamik
Management von Dualitäten
1998. XIV, 270 Seiten, 53 Abb., Broschur DM 98,-/ ÖS 715,-/ SFr 89,-
ISBN 3-8244-6736-4
Aufbauend auf dem Prinzip einer dualen Logik und auf der Basis einer systemisch-evolutionären Sicht von Unternehmensentwicklung identifiziert der Autor zentrale Interessenskonzepte der Unternehmensführung.

Thomas Tischler
Strategie und Change
Ein integrativer Ansatz zur Strategiengenerierung im Unternehmen
1999. XXI, 289 Seiten, 40 Abb., 8 Tab., Broschur DM 108,-/ ÖS 788,-/ SFr 96,-
ISBN 3-8244-6831-X
Thomas Tischler entwickelt einen ganzheitlichen theoretischen Ansatz für eine Change-Management-orientierte Strategiengenerierung, mit dessen Hilfe eine proaktive kontinuierliche Zukunftsorientierung in Unternehmen dauerhaft institutionalisiert werden kann.

Die Bücher erhalten Sie in Ihrer Buchhandlung!
Unser Verlagsverzeichnis können Sie anfordern bei:

Deutscher Universitäts-Verlag
Abraham-Lincoln-Straße 46
65189 Wiesbaden

http://www.duv.de